U0448820

祖孙天伦

家庭教育中的事、情、理

管怀伦 著

黑龙江教育出版社

图书在版编目（CIP）数据

祖孙天伦 / 管怀伦著. — 哈尔滨：黑龙江教育出版社，2021.11
 ISBN 978-7-5709-2771-5

Ⅰ．①祖… Ⅱ．①管… Ⅲ．①儿童教育－家庭教育 Ⅳ．① G782

中国版本图书馆 CIP 数据核字（2021）第 243835 号

祖孙天伦
Zu-sun Tianlun

管怀伦 著

责 任 编 辑　王海燕
装 帧 设 计　安　吉
内 文 编 排　安　吉

出版发行	黑龙江教育出版社
地址邮编	哈尔滨市道里区群力第六大道 1305 号（150070）
印　　刷	三河市嵩川印刷有限公司
开　　本	710 毫米 × 1000 毫米　1/16
字　　数	410 千字
印　　张	26
版　　次	2021 年 11 月第 1 版
印　　次	2022 年 1 月第 1 次印刷
标准书号	ISBN 978-7-5709-2771-5
定　　价	88.00 元

版权所有　侵权必究
黑龙江教育出版社网址：www.hljep.com.cn
如有印装质量问题，请与印刷厂联系。联系电话：0316-3650395
如发现盗版图书，请向我社举报。举报电话：0451-82533087

本书介绍：父祖共养晚辈是普遍的社会现象。物质的养育固然重要，精神的养育更加重要。经验证明，家庭教育是孩子的人生奠基工程。但家庭教育不是以望子成龙的心情揠苗助长，更不是一厢情愿地强加于人，而是顺其天性有所引领，顺其自然适时提升，顺理成章重视精神，顺应天道更重德行。究竟怎么更好地实践人之初的养育，本书记录的系列故事，或可为有心者提供一份参考。本书作者是一位学识丰富、涵养深厚、勤于思考、长于表达的知名学者，在养育两个幼孙的过程中，真实记录祖孙相处中发生的点点滴滴，把这些家家都会发生的生活琐事、祖孙真情、教育理念熔于一炉，相互贯通，庄谐与共，既有可读性，更有启发性，相信读者开卷有益。

序 一

写给盟盟和优优的话

2010年9月7日,盟盟(学名管亦苏)出生,2013年4月10日优优(学名管德好)降世。相隔3年的两个孩子的降生,对于每一个家庭来说都是喜事,对于具有特殊身世、特殊命运的我和我的家庭来说更是惊雷震天,新瑞伊始,想想是何等不易,何等庆幸啊!

一看再看反复观看上天赐予的两个优美小生命,最想说的就是:谢谢你们,既为家庭添丁增口,也对我们"提拔重用"。为了回报你们的赐予,我将随笔记录你们成长的点滴,究竟能够写到什么时候、什么程度,那就听天由命吧,但我会一直努力地写下去,直到你们背上书包,走进学校。因为从这时开始,你们已经有了正常的记忆能力。

我终将老去,但不愿像风一般来去无痕,总想为你们留下一点什么。今生如此,谅无大富,唯有精神薄产聊以自慰,虽然未必久传于世,但是对于你们来说,相信并非全无助益。现在我就把记录你们成长的《祖孙天伦》出版,首先是专门赠予你们,同时也向社会大众呈送一本或可一读的育孙实录。如果你们今后读起该书,能够有益于人生之万一,也就不枉我的用心与努力。

首先,它是你们的成长实录。只要方便,必有点滴。之所以如此迫不及待,那是因为如果不能及时记录,不用说你们今后,就是我们现在,哪怕几个小时后再来完整复述当时发生的事情都不是轻而易举的事情，所以必须即时实录，才能将你们的事情加以保全保真保鲜。

其次，它是我对你们期望的特殊表达。实录并非全录，目的是既为你们留下有意义的成长印记，同时也能够让我借题发挥——通过记录你们的点滴精彩表达我的感受与教育理念。相信你们今后会依此回望成长，品尝人生，体会生活，感悟生命，理解世界，参照、总结并汲取你们应该获得的东西。

最后，这些记录始终坚持事、情、理相统一。"事"是事实，是你们或围绕你们发生的原生事件；"情"是我们彼此之间基于祖孙亲情之爱的情感表达，它是我们彼此最宝贵的天伦维系；"理"是理性，是对事实的把握和情感的控制，更是对于事实与情感的深度发掘，并把朴素的事与情带到更高的层面。

当然，要真正做到却需要一种价值的支持。家国与世界情怀是我们民族士子的传统价值观，今天仍不失意义，也早已融入我的血液。我固平凡，但是每做一事，哪怕再平凡不过的小事，都会考量其价值与意义。我非常希望你们能够与我具有相同的价值坚守，那样我们的思想情感和精神道统将会形成超越时空的契合。

相信你们在获得更高阅读能力之后，会认真阅读我们共同的曾经，这能勾起你们早已模糊的记忆，让你们不断体会其中的精神意蕴，也包括我和奶奶为你们付出的点点滴滴。那样，我们生命的剩余价值将因你们的记忆与追思而更加绵延久长。当然最好能够把我们为你们所做的一切注入你们的光荣之中，那将是你们给予我们的最高幸福。提前谢谢你们！

（祖父于2021年2月7日）

序 二

百年树人，以德为本

——在爱德美幼儿园小四班家长会上发言要点

承蒙尊敬的谢老师、徐老师、卢老师的盛情邀请，我愿在此以《百年树人，以德为本》做个发言。但这并不代表我是孙子教育的成功者，我很清楚我还差得很远，以下发言只代表我已有的认识和将来的努力。

首先，我们需要想一想，为什么把孩子送到爱德美来，当然是为了教育。既为教育，就要想一想什么是"教育"。顾名思义，"教"是让人知道新的知识，"育"是培育塑造。中国有个成语，十年树木，百年树人，教育其实就是一个"树人"的工程。

这又提出一个教什么、怎么育的问题。我很敬佩陶行知先生。先生有句教育名言："千教万教教人求真，千学万学学做真人。"他以通俗而精辟的语言，从教与学两个方面把教育的真谛返璞归真。"教人求真"就是教人学习真知识、真学问、真道理。"学做真人"就是要做一个真正的人。

什么才是真正的人？照我的简单理解，德才兼备的人就是真正的人。引用一句熟语，没有肉体的精神是神，没有精神的肉体是兽。人既不是神也不是兽，而是既有肉体也有精神的高级灵长类动物，其"高级"之处就是有精神。

精神的核心内涵是道德，因此道德不仅是人特有的，也是人的高贵之处。精神文明，道德高尚，使人高贵；精神粗野，道德败坏，使人卑微。

但是人仅有道德仍然不够，还要有知识才能，因为动物是被动地服从自然，而人却要能动地改造世界，改造世界需要本领，就是才能，所以说只有德才兼备的人才是真正高贵的人。

说到这里，就产生另一个问题，就是德与才的关系问题。德与才本是两个问题，但统一于人这个主体上。这当然不是说才与德没有主次之分、本末之别，用司马光的话说："才者，德之资也；德者，才之帅也。"一个"帅"字就说明了德重于才。为什么？德是规范，才是能量，能量的运行发挥具有方向的选择性，正因如此，人的能量一旦失去道德规范，极易成为危害社会的利器，能量越大，破坏力越强。

道德不是自然生成的，而是必须通过教育获得，教育的以人为本，本质上就是以德为本。当然，这是一个价值判断，还需要美学支持。美学的意义在于从情感上激动人心，感动灵魂。"爱德美"的名字就体现了这个意涵，"以德为美""以美塑德"的园训，也贯彻了以德为本的根本原则。所以我十分欣赏，但愿我的孙子以及他的朋友们，能在这里得到良好的道德教养。

联系我教育孙子的实际，一般是以德为纲，牢牢把握以下原则：

一是**塑造灵魂**。无论是在精神世界还是世俗世界，人都要有归宿。在世俗世界，最大的归宿就是家庭、国家和民族；在精神世界呢，文化就是归宿。身为中国人，要有中国魂，其灵魂的性质是由文化规定的，所以我很注重对孩子进行国家民族文化的启蒙，尤其重视激发他对祖国文化的兴趣。

二是**注重细节**。对孩子教育要讲大原则，没有大原则就没有方向感。但是大原则教育的艺术贯透力则取决于细节化。兄友弟恭、知过必改、与人为善、遵守法纪、热爱劳动、不贪不义之财等都是大原则，我们总是紧密联系着孩子的一个个细小行为，使它与之发生联系，相信久而久之，大原则就可以在观念中定格成形。

三是**灌输常识**。常识是知识，是更加必要的知识，甚至是不可缺少的知识，常识丰富，行为自由，进退自如。常识教育要根据孩子的处境与实际需要，否则脱离他的实际，反倒打击他对常识学习的兴趣。灌输常识本身也是在贯彻一种品德教育，比如安全常识就包含对于生命的尊重，交通常识包含对于法纪的遵守等。

四是修正错误。人无完人，都会犯错。在孩提阶段，人会不断犯着不同性质的错误，可以说，孩子就是在不断犯错的过程中成长起来的。对于教育者来说，要允许孩子犯错，宽恕孩子犯错，纠正孩子犯错。对于孩子来说，则需要获得认识错误的能力和修正错误的品质，获得这种能力与品质，也就获得长远进步的动力机制。我真诚希望我的孙子从幼儿阶段就获得这样的品质。

五是以身作则。孔子说，"其身正，不令而行；其身不正，虽令不从"，其基本意旨就是肯定教育者身教的意义。在现代教育理论中，身教重于言教同样是基本的教育信条。家长就是家庭的老师，家庭成员的特殊关系，决定其行为对于孩子具有特殊的影响力，这是绝对不可忽视的。我们平时尽量注意表里如一，言行一致，努力充当孩子的好老师。

六是明辨是非。没有明确的是非观，轻则糊涂，重则愚蠢。是非判断的根据是价值观。价值观是世界观人生观的归结，一旦形成，就能拥有正确的是非观、荣辱观，从而产生理性行为。人能如此，立身处世有定力，言论行为有遵循，精神力量就强大。是非观同样需要从幼儿时期直至青少年时代塑造，所以我在孙子面前，对待是非通常没有模棱两可的态度。

总而言之，我所讲的这些意见，反映的是我的教育理念与价值选择，至于实际功效，不可能立竿见影，但我会长期坚持，希望能够更加接近理想的目标。

尊敬的谢老师、徐老师、卢老师和各位家长：会上没有时间多讲，回家后，我把发言要点做一个简单整理，发到群里，既与大家进一步分享，也盼望大家批评指教。谢谢！

（2015年3月6日下午发言，晚上整理）

目 录

2011年 / 1
- 轻轻地亲 1
- 一串节目 2

2012年 / 4
- 模仿爷爷做"评论" 4
- 乘地铁 4
- 胜太广场 5

2013年 / 7
- 终于大便 7
- 盟盟有弟弟了 7
- 玩 水 8
- 盟盟的笑 9
- 又是玩水 10
- "管德好" 11
- 摔碎了杯子 12
- 背经典 13
- 不受赠品 13
- 打喷嚏打出了纽扣 14
- 感人的白头翁 15
- 为我擦汗 16
- "我也去讲课" 16
- 灌输阳刚意识 17
- 甘为牛马 18
- 指定奶奶穿衣服 19

盟盟有"女朋友"了	20
忽然哭了	20
钉纽扣	21
电话响了	22

2014年（上） / 23

给我端水	23
不工作吃狗屁啊	23
学习植物	24
不给弟弟吃	25
用冷漠惩罚盟盟	26
盟盟变"坏"	26
上螺丝	27
被狗吓了	28
踢足球	29
又是一串节目	29
优优回家	32
盟盟"破财"	32
优优真会笑	33
珍视作品	34
换电池	35
优优摇头	35
和优优躲猫猫	36
盟盟吃亏了	36
喷嚏逗笑	37
"朱奶奶，你回家去吧！"	37
锻炼锻炼	38
优优和朱奶奶真好	39
优优得意地笑	39
盟盟做老师	40
常识必需	40
优优有了竞争意识	41
赏　梅	41
分　享	42
深夜的哭声	43
细雨之中	43

念念不忘巧克力	44
优优练爬	45
"你怎么不穿裤子呢?"	45
盟盟的"变奏曲"	46
盟盟的"三部曲"	47
优优看"龙"	47
盟盟"造句"	48
剪指甲	49
兄弟争母	49
早晨的变化	50
斗智斗勇	51
理发：一场战争	51
开门，不是出门	52
红橙黄绿青蓝紫	53
闻乐而舞	53
盟盟，辛苦了	54
优优敏感	54
悄悄地探望	55
看　病	55
关怀弟弟	56
和优优贴面舞蹈	56
自己向奶奶汇报	57
优优一步一回首	58
"爷爷，你的手一会儿就热了"	58
最高礼遇	59
优优的"嗯——"	60
"我不要奶奶腰疼"	60
优优的伟大"进步"	61
看　琴	61
挠　痒	62
玩　具	62
这才是亲兄弟	63
远离"三不"	64
盟盟挨训	64
吃比萨	65
优优"异常"	66
"要，我要奶奶!"	66

3

泡　脚	67
找爷爷	68
"腿袖"	68
盟盟浇葱	69
"和平相处"	69
优优说"走"	70
专门搞破坏的"坏蛋"	70
优优开灯	71
优优的第一声"拜拜"	72
"终于大功告成"	72
优优摇头	73
两凤引三凰	73
不要爷爷奶奶死	74
"灰——机"被纠正了	75
优优发出卷舌音	75
王顾左右而言他	76
移山填海	76
优优唱歌	77
这是什么东东？	77
和盟盟打牌	78
盟盟很绅士	79
兄弟合吃棒棒糖	80
奶奶的妙招	80
人要吃饭，草要喝水	81
一个"洗"字三个忙	82
优优迸出个"好"	82
讲讲C阿姨的两个细节	83
胡楂挠痒	84
优优生气了	84
上班咪	85
盟盟"帮"我换电脑	85
优优的"指语"	86
不能拿走牙签	86
优优的特殊节目	87
优优的兄弟情	88
要做第一名	88
盟盟为我开灯	89

我怕摔倒	90
盟盟真摔倒了	90
真的有些担心	91
盟盟偷懒	91
看木偶、听南音	92
认识郑成功	93
给盟盟做曲张运动	93
孔融让梨不虚伪	94
真聪明与假聪明	95
吃　饭	96
不能拒绝做事	97
留恋小托班	98
碰头的"智慧"	98
优优被批评了	99
优优手舞足蹈	100
盟盟"逃学"了	100
桌上摆些钱	101
盟盟的"创举"	102

2014年（下） / 104

爷爷，日本人很坏吧？	104
明星盟盟	104
遇到好人	105
最倒霉的一天	106
盟盟的义举	107
树要喝水	107
盟盟贪吃棒棒糖	108
"水流浃背"	109
盟盟极度恐慌	110
优优会"上"楼梯了	110
家里的舞会	111
路边的野花不能采	112
盟盟的逆反	113
盟盟"溺反"	114
盟盟骑车	114
盟盟摆个"骑马蹲"	115

优优有分寸	116
I'm meng meng	116
抱抱也要讲公平	117
再和盟盟打牌	118
与盟盟聊蝉	119
优优的两套政策	120
优优急中生智	120
优优的"反常"	121
盟盟"赴汤蹈火"	122
优优拾物	123
优优洗手	123
优优转弯快	124
优优不理朱奶奶	124
盟盟护弟弟	125
优优也会"用人"	125
优优的"行胜于言"	126
优优跳舞	126
朱奶奶做得对	127
优优用药	128
与盟盟拉钩	128
盟盟爱桌球	129
我与优优隔窗对指	130
17个就是17个	130
不就是个座位吗	131
啃个桃核	132
智商、情商和逆商	133
地球外面有月球	134
莫轻小事	135
盟盟知错就改	137
盟盟让我的腰包瘦了一圈	137
盟盟的新破坏	138
盟盟游中台禅寺	139
盟盟经受了考验	140
亲密接触太平洋	141
盟盟入园了	142
风雨兼程	143
盟盟打了人家	144

盟盟，给我看看 —————————————————— 144
奶奶"吸毒" —————————————————————— 145
我是最后一名 —————————————————————— 146
盟盟泡澡与尿尿 ———————————————————— 147
英明的决策 ——————————————————————— 147
优优爱家 ———————————————————————— 148
优优与人分享玩具 ——————————————————— 149
两个小玩意儿 ————————————————————— 150
高举优优 ———————————————————————— 151
好样的，盟盟 ————————————————————— 151
幸亏还怕警察 ————————————————————— 152
"我不要你这样的爷爷啦！" ——————————————— 153
优优的"讲究" ————————————————————— 154
让盟盟懂钱 —————————————————————— 155
被优优讹了 —————————————————————— 155
捡起果皮 ———————————————————————— 156
优优的出人意料 ———————————————————— 157
盟盟"高高在上" ——————————————————— 158
厚待善者 ———————————————————————— 159
盟盟拖地 ———————————————————————— 160
做沙包 ————————————————————————— 161
筷子组字 ———————————————————————— 161

2015 年　／　163

"那《梁惠王》下呢？" ————————————————— 163
优优真厉害 —————————————————————— 163
盟盟和优优 —————————————————————— 165
啊，黄鼠狼 —————————————————————— 166
"爷爷，钱，摇摇摇" ————————————————— 167
买了4幅书法作品 ——————————————————— 168
盟盟的针线活 ————————————————————— 169
打气球、背对联 ———————————————————— 170
优优的掩耳盗铃 ———————————————————— 171
盟盟的笑容 —————————————————————— 171
我教盟盟诵"大风" —————————————————— 172
餐桌上练兵 —————————————————————— 174

7

2016年 / 175

- 想吃，又放下 ... 175
- 兄弟斗尿 ... 176
- 花生米里的大道理 ... 177
- 我被感动了 ... 178
- 和盟盟算账 ... 179
- "小孩子们好！" ... 181
- 优优不是猴子变的 ... 182
- 树荫下 ... 182
- 广场球趣 ... 183
- 哥俩别有用心 ... 184
- 优优哄我 ... 185
- 我中了调虎离山计 ... 186
- 睡前随想 ... 187
- 谢谢并期待 ... 188
- 优优蒙冤 ... 189
- 爷爷喜欢"我们" ... 190
- 爷爷的面条真好吃 ... 191
- 高手过招 ... 192
- 我才不打人呢 ... 193
- 跆拳道精神与数学 ... 193
- 优优哭得有文化 ... 194

2017年 / 196

- 昨晚睡得真香 ... 196
- 人是需要教养的 ... 196
- 让盟盟做字典 ... 198
- 不行，行 ... 199
- "我要当警察！" ... 200
- 立体施教 ... 201
- 我们不是坏人 ... 202
- 自己穿 ... 202
- 盟盟的"家" ... 203
- 形象化教诗 ... 204
- 两人的脚都要闻 ... 205

终于轻松地睡去	206
搞清东西南北	207
"你是哪个班的？"	208
"爷爷，你出名啦！"	209
手抓饭	210
阅读《小饼干的大道理》	211
再谈《小饼干的大道理》	211
优优的耻感	213
优优打人了	215
作壁上观	216
优优和我玩概念	217
我和盟盟读绘本	218
考训数学	219
写个寓言	220
什么叫"层次"	221
训练盟盟用纸	222
优优和鞋子	223
早晨的风景	224
盟盟参加升旗仪式	225
教盟盟"瓜田李下"	226
优优被打屁股	227
适应新老师	229
学前教育报告	230
热胀冷缩	231
狼来了	232
盟盟挑出语病了	233
优优宠辱不惊	234
盟盟学骑车	235
不能抽烟	236
"爷爷，你笑什么啊？"	237
分析一件事情	239
优优成精了	240
儿童安全"十大宣言"	241
优优悄悄请我	243
"老板，请你打个电话找我妈妈"	244
特殊考试	245
非礼勿视	246

我和优优雨中行……248
学前家庭第一课……250
"我是中国人"……251
"天地人"……252
表扬好的就是批评差的……254
盟盟的认字趣闻……255
散记优优贵州游……256
规则与变通……261
优优喜欢小蚂蚁……262
绘本《点》的故事……264
香，香，香……265
盟盟语文考了99分……266
吃枣子，学数学……267
学习《登鹳雀楼》……268
记优优一笔坏账……269
优优拖车……270
盟盟修车……271
审　题……272
一路漫谈李煜词……273
倾听与听课……275
温良恭俭让……276
讲两则外国人的故事……277
战斗的晚上……279
一只彩色的乌鸦……280
我唱《小耗子》……282
高贵要从小事起……284
一根橡皮筋……285
优优将我军……286
秋阳下的阅读……287
怎么阅读……289
给盟盟买书……291
盟盟，你做得对……292
笑醒了……294
途中的阅读……294

2018年 / 297

走在回家的路上 ………………………………… 297
盟盟甘做无名事 ………………………………… 298
是"le",不是"yue" ……………………………… 299
盟盟的期末评语 ………………………………… 300
盟盟送我的新年大礼 …………………………… 301
盟盟纠正《数学报》 …………………………… 303
看"揭发"爷爷的大字报 ……………………… 304
优优认字 ………………………………………… 307
盟盟阅读《拉封丹寓言》 ……………………… 308
指导盟盟看图写话 ……………………………… 309
我和盟盟学《周易》 …………………………… 311
《春晓》"是爷爷写的" ………………………… 313
盟盟装灯 ………………………………………… 314
盟盟一年级下学期的成绩 ……………………… 315
享受文化的快乐 ………………………………… 316
"望梅止渴"呢? ………………………………… 317
北大清华都要上 ………………………………… 318
和盟盟聊基础知识 ……………………………… 320
盟盟,你出色完成了任务 ……………………… 321

2019年 / 325

学《荀子》,做弓箭 …………………………… 325
我们家的"老师观" …………………………… 326
我和盟盟说作文 ………………………………… 328
给盟盟写一篇"范文" ………………………… 330
我给盟盟说才德 ………………………………… 330
被哲学误了带书包 ……………………………… 332
买书有用吗? …………………………………… 333
一篇好故事 ……………………………………… 335
打草激发的哲学课 ……………………………… 336
一颗荔枝 ………………………………………… 338
优优的命题作文 ………………………………… 340
一篇富有想象力的作文 ………………………… 341
我的弟弟 ………………………………………… 342

2020年 / 344

- 为盟盟示范写植物 344
- "爷爷，你又不是古代人" 344
- 初试句读 345
- "搭配"地学习 346
- 一碗荷包蛋 347
- 盟盟学《诗》 348
- 分配西红柿 349
- 诚心诚意 350
- 睦　邻 352
- 优优害怕"大道理" 353
- "不要听人的鬼话" 354
- 做一张好的名片 355
- 和优优聊《孔雀和神后赫拉》 356
- 今日游记 358
- 山寨作文 359
- 再写一个范文 361
- 难得大笑 362
- 用故事治好优优的"顽症" 363
- 接孙归 364
- 优优黯然神伤 365

家族直系亲人 / 367

后　记 / 392

2011年

（盟盟1岁）

轻轻地亲

中午，太平南路上，车辆不少，行人不多，家人和保姆阿姨都在饭店吃饭，我饿着肚子抱着出生368天的盟盟出来逛逛。血缘使然吧，盟盟与我不管分别多久，从来没有陌生感。

盟盟现住外婆家，还没回到我们身边，今天是难得相会中的一次。看着金枝玉叶一般的盟盟，喜从心来，情感激荡，无限感慨，轻轻地对着他说："盟盟，请让爷爷亲亲吧！"我用了"请"，显示对于新生命的庄严与尊重！

盟盟似乎感受到我的心，我的情，应我的"请"，很乖巧地递过左边的小脸蛋，我轻轻地亲他一口；他轻轻地一笑，好像有些不好意思。我不满足——那是多么甜蜜的亲啊，当然还想再吮吸一口。

我走了几步，停了下来，又庄重而又轻轻地对他说："爷爷好爱盟盟啊，还想再亲亲，可以吗？"盟盟闻声，浅浅地笑，又把右边的小脸蛋递了过来；我又轻轻地亲了，再一次品尝了甜蜜的滋味。同时也好奇：他怎么就知道我要亲的就是右面的面颊呢？

亲罢，他还像上次一样腼腆，把头深深地埋在我的肩膀与脖子之间，是陶醉呢，依恋呢，还是不好意思呢？也许都有吧！盟盟，我最亲爱的盟盟，你的亲吻胜过任何最甜的蜜汁和最香的玉液琼浆，爷爷的心醉了，甜蜜地醉了。

（2011年9月10日）

一串节目

盟盟回来了，回到自己的家，有了新的天地，新的舞台，自然成为闪亮登场的主角儿，仅仅昨晚到今天，就一出又一出地不停演出，这里先记录一串。

1. 音乐催眠

音乐是人间创造的天籁之音，喜欢音乐是人的天性。盟盟也不例外，很小很小就很喜欢音乐，只要能在乐声中，他就特别安静，有时眼睛睁得大大的，一动不动，一动不动地倾听那些美妙的旋律。

15个月回到我们身边，晚上与我们同住一房，同睡一床，我们就像获得一件意外的却是盼望已久的艺术品，一边赏玩眼前的宝贝，一边有些担心，既怕他哭闹，又准备着应对他的哭闹。

第一个晚上，他还真的哭了，怎么哄也不能安静下来，我们无计可施。忽然想起他喜欢音乐，拿来音乐盒子，按键，放乐。乐声响起，他马上停止哭闹，而且百试不爽，终于安静。

2. 找鞋子

鞋子是脚最好的朋友，但是再好的朋友看不好也会乱跑。早上，盟盟醒了，我赶紧抱起他，给他披上一件棉衣，对他说，去马桶上给猫猫撒泡尿喝——我们用这种方法逗他和诱他撒尿。

孩子喜欢动物，所以给猫猫喂尿的方法总是有效。尿过了，我一边让盟盟听音乐，一边为他穿衣服。衣服穿好了，哎，鞋子呢？我东张张、西望望，眼睛就像扫描仪，嘴里还不由自主地嘀咕着：盟盟，你脚的好朋友哪里去啦？

没有想到，盟盟竟然听懂了我的自言自语，马上准确而又果断地用手指给我看，我顺着他的手势，顺利地找到了他那个乱跑的"朋友"，心疼地亲着他，热情地表白："盟盟，你的心真灵，爷爷好喜欢。"

3. "用人"

姑奶奶在家做客，奶奶在厨房做饭，我在书房工作，爸爸妈妈都不在家。

盟盟别的地方玩腻了吧，想到爷爷的书房里遛遛，不会说，但会示意，示意姑奶奶抱抱；姑奶奶抱起了他，他就紧紧地搂住姑奶奶，还在姑奶奶脸蛋上亲了一下，然后再用小手指着书房的方向。

姑奶奶会意了，知道盟盟要她做什么，一边笑容满面地走进来，一边把这个情节说给我听，我们一起开心。我觉得他才15个月就很会"用人"，至少说明还不傻。我一边高兴着，一边打开文档，留下盟盟这则英明的"用人"故事。

4. 钻"隧道"

下午，我们逗着盟盟玩一会儿，顺手把那个圆形的绿色的尼龙"隧道"放到塑料垫子上，奶奶在这头，盟盟在那头，互相张望着，嬉笑着，我在旁边张罗打杂，为他们提供场务服务。

那个不长的距离在他看来一定非常非常遥远吧，要不哪来的热情？为了保持他的兴奋，我们假装和他比赛，他就更加迫不及待地钻过去又钻回来，再钻过去又钻回来，就这么乐此不疲。

但看他那个不须扬鞭自奋蹄的样儿，让人感到稚嫩的生命对于世界、对于生活的好奇，而且探索世界是那么富有活力，尤其是在比赛的状态下，生命的活力简直就是光芒四射。

每每看见这个隧道，还有盟盟那么喜欢钻隧道的样儿，我就会想象着另一个隧道——时光隧道的情景。比如，人是哪里来的？科学的回答非常简单，但是科学太年轻了。细细想来，其实神秘莫测，也许就是从另一个世界穿过漫漫的时光隧道呱呱地"唱"着降落到眼前的世界，所以几乎每一个孩子都很本能地记着自己的来路——那个也许真实的时光隧道。

盟盟钻隧道的样儿，也许就是人类本能的一种反应吧！但愿是这样的。

（2011年12月8日）

2012年

（盟盟2岁）

模仿爷爷做"评论"

昨天，我在南京电视台发表一个评论，盟盟在家大概也看到了——他是经常看我评论的。奶奶和妈妈反复问他："爷爷在电视上是怎么讲话的？"他就叽里咕噜一番。今天又问起昨天的评论，他又是一番叽里咕噜，逗得大家直笑。

大笑之余，大家也感到奇怪：他前后叽里咕噜的口型基本一致，说明他要表达的意思也是清楚的，究竟爷爷的哪句话被他听进去，还记下了，竟然能模仿着发表自己的"评论"呢。盟盟，我们一头雾水，如在谜中，等你揭开谜底啊！

都说模仿是孩子的天性，其形体动作、语言表达、动手技能、行为习惯以及思想品质等的形成和发展都离不开模仿，但是模仿得像却是一种能力。模仿如此重要，模仿者就在身边，还是让我们感到有些压力。

因为我们的"模"，就是他们"仿"的对象，他们天天都在仿，我们也就需要天天做得有模有样。这种天然的彼此约束，又是彼此促进，所以，盟盟，爷爷愿意和你一起成长，也必须和你一起成长，你愿意带着我一起成长吗？

（2012年2月17日）

乘地铁

盟盟能走的路我们尽量让他自己走，哪怕很心疼，也会约束自己的心情，当然，特殊情况除外，比如地铁的阶梯很高，就要帮助他了。但是没有想到，盟盟今天所到之处都是明星，尤其是上下地铁，既走出精神又走得精彩。

下地铁，危险性大，我和奶奶总要牵着他的小手；他呢，今天却要摆脱我们的牵制，自己一直往下走。我们没当一回事，心想也就走个几级吧。他一级一级地下，我们也跟着一级一级地下，终于下到最后一级时，我们还没来得及松口气，他竟然兴奋地发出一声"ye——"的欢呼，引起周围一片惊讶。

回来就不是下而是上了，心想他病了几天，饭也没有吃好，该没有力气了吧。但是我们拗不过他，只好再次顺着他让他一级一级地上。身边的一位阿姨看到他的壮举，一直快乐地给他打气。一位奶奶带着比他大的孙子，一边羡慕，一边要自己的孙子"看看人家小妹妹"——盟盟在更多的时候都被人们误认为是"小妹妹"。

就这样，他不停顿地完成了几十级台阶，最后又发出一声"ye——"的欢呼。有的乘客竟然为他鼓掌。看着他，我流到肚子里的口水也是甜的，是甜的，真的很甜，就是现在想起，还是那么甜蜜蜜的。

（2012年6月11日）

胜太广场

自从盟盟回到家，只要天气晴好，我们总是带他到户外活动，最近去的远处就是胜太广场。广场，名副其实，的确开阔，开阔得可以让盟盟自由地奔跑撒野。

尤其是夜晚的胜太广场，凉风习习，温度宜人；月色朦胧，灯光迷离；绿意盎然，枝叶轻摇；浑厚、沉郁、悠远的腾格尔歌声，指挥着一群男女整齐划一地舞。

盟盟在我们的陪伴下、视野里，尽情地逛着、玩着、疯着，笑声跟着两脚随风翻滚，两脚踏着笑声，节拍鲜明。走到集体舞场边，他立即安静下来，专注地观摩一群男女的舞动，一定在想：我应该怎样才能和他们跳得一样呢？他对舞蹈似乎有些天赋。

重点当然在儿童乐园。跷跷板上的惊恐，让他觉得刺激，上去了喊着下来，下来了又叫着上去。挡不住大小滑梯有弯有直的诱惑，从直梯滑到曲梯，再从曲梯滑到直梯。落地后，还想学着别的大孩子逆行，由下而上地艰难攀缘，结果一次次地失败，又一次次地再来……

　　应该回家了，但他乐不思蜀，经过几次好好商量，终于取得妥协，这才同意，但是必须乘坐自己的"专车"，还要遵循着他所指引的路线。广场渐行渐远，家却渐行渐近，路上，不仅洒满我们的甜蜜与快乐，也留下一个个漫不经心的故事。

（2012年6月11日）

2013年

（盟盟3岁，优优出生）

终于大便

通则不痛，痛则不通，所以医家历来都把通便看作人体健康的重要标志。依此道理，通便当然也是儿童健康成长的重要条件。奶奶不是医家，但是懂得此道，因此"大便要及时"，几乎就是她天天要念的经。

只要关心就会操心。盟盟早上应该大便却没有大便，这本来也是正常的事，却让我们大不放心，终于熬到下午4点钟，喝好水，我想诱导他，便对他说："盟盟，撒泡尿给猫咪喝好吗？"

与小动物联系起来总能激发他的兴趣，他高兴地同意了。刚一坐上马桶，也就来了大便，我们就像迎来盼望已久的喜事，感觉连排放的气体也是别样鲜美的味道。拉完了，我立即凑上去为他效劳，他却直喊奶奶，非要奶奶来擦。

这是他给予奶奶的特权，别看我贵为爷爷，却轻易享受不到他所给予的这份殊荣，所以现在，也就只能站在一边慢慢地体会拍马屁的艰难和拍不上马屁的失落。

（2013年2月25日）

盟盟有弟弟了

盟盟是2010年9月7日14点20分（未时）诞生，与我共同属虎，相隔一个甲子。我第一眼见到他时，感觉他浑身洋溢着贵气，喜不自禁，难以自持，当场塞给两位阿姨一人一个红包。

今天，2013年4月10日，农历三月初一早上6点50分（卯时），盟盟的弟弟带着8斤2两的体重也来了，真是巧合，他与奶奶共同属蛇，也是相隔一个甲子。感觉他有一种特别的大气，但愿他能无愧天赋。

喜从天降，喜从天降啊，盟盟有弟弟了！不仅使全家人丁增至6口，这在今天已经属于稀有家庭了，更让我这个从10岁开始就形影相吊的花甲之人，生出无限感叹，甚至喜极而泣。

本来，我们对于男孩女孩并不刻意，对于老二，心态依旧，因为来了孙女龙凤呈祥，来了孙子二龙戏珠，都很不错。现在是二龙戏珠，也很满足。盟盟从此有了小伙伴、小助手，希望他们今后能够兄友弟恭，相辅相成，共享快乐人生。

孩子们，谢谢你们，不投权贵，不慕豪门，来此陪伴一个秋后的书生，让我人生圆满，门庭生辉，更使我获得一份从容——百年之后我可以含笑九泉，当面告慰列祖列宗。我还要感谢上天，虽然你曾经让我少年蒙难，但是终不弃我，现在又给我如此丰厚的补偿与馈赠，使我更加相信吉人天佑的古老圣训。

小东西很快就有了爸爸妈妈赐予的乳名优优。我在完成内心的礼拜之后，紧张地张罗着优优回家。已经连续几天大扫除，今天乘盟盟睡觉的工夫，再把家里的几个水管安装好，好方便为他们兄弟洗涤衣物。他们专用的洗衣机明天就要到货安装。

明天，就是明天，可是优优来到这个世界首次进入家门，我们正怀着太阳一般的心情期待，期待他的光临。相信他会以自己的方式，把我们的生活照耀得更加明亮生辉。

（2013年4月12日）

玩　水

有一句历史名言，说运动就是一切，目的则微不足道。如果把这句话降格到自然的层面，对于孩子来说，还真的是运动就是一切，目的微不足道。不是吗，他们的运动总是一副专心致志却又漫无目的的样子。

下午4点多钟，盟盟醒来，奶奶也从超市回家了，马上送来一杯酸奶。好喝，他喝了不过瘾，还要，但我们规定不能多喝，那就再吃一块巧克力吧。总之，肚子要饱，心情才好。

终于起床了，我在安装阳台上的自来水管，他却先来调查研究，还不断虚心请教，不停地问这问那。终于逮着机会，坚持以水为中心，先把企鹅水枪玩起来；不多时，换节目，再玩喷壶。

几番轮回，他有些腻了，吭哧吭哧地，却又任劳任怨地搬过来另一个浇花的塑料壶，从新水管里接水。在我的指导下，他很有规矩，先把水接到塑料壶里，满了再转到小喷壶里，小喷壶满了，又转到大喷壶里，如此折腾，不厌其烦。

看来他训练有素，进步最大的地方就是衣服基本没有弄湿，而且可以把底部是锥形的中号喷壶装满，然后从水池里搬到门外。这可是个力气活，还是一个技术活——掌握不好就会打滑。但他基本干得不错，让我觉得只要愿意干，总会干得好。

（2013年4月12日）

盟盟的笑

黎明时分，奶奶早去忙碌"天大"的事情，我睁开眼，没有起床，不是偷懒，而是想和身边的盟盟多黏一会儿。看一幅可意的画尚且令人陶醉，欣赏一个美丽的新生命呢，那种快乐真是无与伦比，无与伦比的天乐！

他还在梦乡里，静静地躺在我的身边，我舍不得浪费这个美好的机会，仔细地端详，端详，端详着他美好的面容和香甜的睡态，心里虽有无尽的话语想与他说说，却只能耐着性子盼他快点长大。

我正在心里自言自语，一阵咯咯咯的响，清脆悦耳，原来是他在笑，是在梦中发出的笑声。我听着他的梦笑，看着他的笑颜，体会着他梦中笑出的意义，甜蜜滋滋，溢满情怀。

盟盟，我最亲爱的孙儿，你知道吗，你的笑声就是世上最珍贵的礼品，令我陶醉，也是对我和奶奶的最高奖赏。但愿这样的笑意能够长萦你心，这样的笑声，常常在你的梦里出现，那是你给我们带来的天籁之音，没有一点杂质，有的仅是幸福与纯真快乐。

（2013 年 4 月 12 日）

又是玩水

盟盟是离不开奶奶的。奶奶要去买菜，没法带他，他一觉醒来，哭着非要找奶奶，而且一直哭到小区外面。我只好抱着他、哄着他，向着"东方"——也许早了，但我却有意识地开始训练他的方位感——去找奶奶。

当然找不到奶奶，回来了，不能没有工作吧，那就玩水。这可是百玩不厌的，我也是不怕弄湿衣服的，让他玩。他呢，有水玩，就顾不上想奶奶了。但是水管太高，那就搬个凳子来，马上人就高了，高到正好。

关键时刻电话响了，我要接课，腾不出时间照顾他，后果，后果吗，就是与水有关的后果，还要讲吗？这就是失去监督的后果。奶奶回来了，看到盟盟从脚下到身上一片湿漉漉的景象，尤其是两只袖子，何止湿了，湿得直往下滴水，就像流着快乐的泪，又心疼，又生气，心疼她的孙子，生气她的老公。

我已经适应了奶奶的训，南京人嘛，老头怕老太太，本来就是生活中的见怪不怪的"怪"。这厢训话刚刚结束，那边又一道命令下来，要我赶紧准备老二的小床。为防污染，小床已经在草地上暴晒多日，但要拼装。这肯定是我责无旁贷的任务！

这边的盟盟一看有了新节目，马上积极投入，那个工作积极性让我恨不得发给他双份薪水，就连那些简单处理的衣服，也被他那感人的"劳动"热情给慢慢蒸干了。

（2013 年 4 月 13 日）

"管德好"

盟盟有了弟弟，起个什么名字呢？我不发表意见，心想盟盟已经采用"林则徐"模式叫管亦苏了，老二哪怕叫作"管也苏"也行啊。儿子问我，我很少感受到他是这么谦虚，我也就不谦虚了，直截了当地说："那就叫'管德好'吧！"

他虽然觉得太土气，但最后还是采纳了。我认为他们做了一个正确的选择。不信请听我慢慢道来——

第一，在中国哲学中，"道"是宇宙的本体，"德"则是对道的遵循。"德配天地，道贯古今"，就是镌刻在我们朝天宫东西门楣上的黄钟大吕，说明只有德才能与道相配。德因此成为中国文化的一个基础性范畴，当然也就是做人的基础。

第二，名字是随人一生的符号，是社会交际的信息工具，越是上口好记，越是容易被别人记住，交际效果也就越好。"管德好"就是一个顺口而有意义的词汇，与人交际，可以让人自然而然地记住，也容易给人以信任感。

第三，名字对人的心理暗示作用极大，助人成长。我曾经有一个专文叫作《刘皇叔与大桑树》，载入《笔下风流》一书，讲的就是心理暗示的成功案例。相信"管德好"对他今后成长就是一个隐性的约束与引导。

第四，名字也可以成为人的一种努力方向。人是有肉体也有精神的高级灵长类动物，道德就是人性的花朵。法安天下，德润人心。今天礼崩乐坏，道德更是稀缺资源，能做一个德好的人，就是自觉贡献社会的宝贵资源。

第五，"管德好"谐音"管得好"与"管的好"，同样具有心理诱导作用，有助于提高他的社会责任感。就我的期待而言，衷心希望他能热爱劳动，做个诚实劳动者。管理也是劳动，与低端劳动相比，其所创造的价值通常更高一些。所以今后他倘若能够"管得好""管的好"，何尝不是人与社会之幸！

我从不主张盲目做事,对于给优优起名字这类大事,我其实早有思考,既然现在需要我来发挥作用,我就不仅提出主张,还要说明主张。以上几点就是我的说明。

(2013年4月14日)

摔碎了杯子

错误总是在社会行为中犯下的。社会行为具有好与坏等不同性质,但是往往也有好心办错事甚至办坏事的,这就是社会问题复杂性的一面。对一个3岁不到的小儿当然不可以论这样的理,但是应该通过具体的事件进行初步的道理灌输。

盟盟已经能做一些事情了,而且很愿意做一些事情。刚才我正在准备文稿,他来书房要我喝水,这是对我的关怀——也是我教育的成果。我说谢谢盟盟,但是水凉了,爷爷不喝。他不勉强我,又去厨房倒了满满一杯。可能是想加点热的,结果还是凉的。这当然不是他力所能及的,我也理解他需要"原心不原迹"。

为不挫伤他,我带他一道去加热水,他要自己动手,我也满足他。水满了,杯子却从他手上掉了下来,摔个粉碎。他有些不知所措,我安慰他:"乖乖,没事的,因为你这是在做事的时候出现了失误,属于可原谅的错误。爷爷永远不会批评因为做事而出现失误的人。"

尽管他很释然地走了,但是心理上的影响不会完全消失。都说孩子容易忘事,我看未必,一些"健忘"其实是在本能地转移焦点。这不,他转身非要我带他去小区里的儿童乐园,实际上他是在通过转移焦点寻求一种调节的方式。我们一起去了,在那里,他非常开心,看来真的放下了摔碎杯子的心理负担。

我有事要回,才对他说,爷爷马上要去开会,他还是舍不得回来。他喜欢我背着他,我就用"背"来引诱他。在我的背上,我们一边摇晃着,一边把《千字文》一连背到"始制文字,乃服衣裳",也就到家了。

(2013年4月21日)

背经典

人是有文化的动物。人的成长既需要物质滋养，也需要文化教养，前者使人物质性地成长，后者使人精神性地成长。

文化需要传承，传承需要教养，教养需要资源，最好的文化资源无非是中外古今的一些材料。但是物有本末，事有终始，一切文化均不是无源之水、无本之木。其"源"其"本"就是传统，就在传统中，所以传统文化资源对于人的成长是不可或缺的条件。

我对一切有益的文化都不拒绝，但对我们中华文化又有一种真诚信仰，自然也会影响到我给盟盟选择启蒙教材。不论其他，从传统思想的角度，《三字经》《千字文》与《弟子规》就是中国传统的童蒙读物，也是学习做人的开始。这些东西是要背诵的，现在背诵的越多，将来发挥的作用也就越大。

怎样让两岁多的盟盟背诵呢，我的方法就是通过不要他背诵实现要他背诵的目的。具体做法就是我给他念叨，只要可能，天天当儿歌一样念念有词，渐渐地，他就喜欢上了，自然而然地跟着学习念叨。抑扬顿挫的语调颇有乐感，他也就越来越喜欢。

现在他已经能够背诵数十句的《千字文》，《三字经》也会十几句，还开始接触《弟子规》的绪论部分。诗歌没有开始，因为那些东西比较容易掌握，而且地位也不及"经典"，所以我把它往后摆摆。当然要学的东西很多很多，这些只是一个方面，而且刚刚开始。

（2013年5月5日）

不受赠品

贪小便宜者没有大出息。这是我观察社会体会到的一条生活经验，并始终坚持不贪小便宜，现在已经转化成我对于盟盟教育的一条原则。

前几天，我们带着盟盟去外婆家看优优，买了一些水果，可能买的较多，临走，卖水果的爷爷把几只小西红柿作为赠品塞到盟盟手里。我们谢绝,然后对盟盟说,这是没有花钱的,我们不能接受;盟盟闻言,很自觉地放下已经拿在手里的赠品。

奶奶带着盟盟走了,我再转过头来向卖水果的爷爷说,不是我们不领情,而是不想给孩子养成贪小的习惯。因为孩子没有分析判断能力,如果接受了,就等于向孩子表明不花钱也能得到东西。老爷爷满面微笑,竖起大拇指,连连夸赞:"这样的教育好!"

真是巧了,今天,我参加单位组织的春游,在苏州渔洋山,看到一件尴尬事:一个外团游客摘下村民的一个枇杷,遭到村民纠缠,坚持一个枇杷罚100元,喧声闹人,场景难堪。我想:一个贪小,一个贪大,现象不同,本质一样,无非都想多占别人一点便宜。而这正是我在盟盟身上所要避免的。联想我们对于盟盟不收赠品的约束,更加觉得很有意义。

欲壑难填,任其发展,独霸地球也未必就能满足,结果必然是灾难。所以人不仅必须受到约束,更要学会约束,而且要把自我约束作为一种习惯。良好的习惯养成,既要早,也要小。早是人之初,小是事之始。

(2013年5月10日)

打喷嚏打出了纽扣

盟盟的鼻子有点问题,还不是很严重,为求放心,我和奶奶准备带他去看医生,他却被来看优优的外婆带走了。

外婆喂饭的时候,盟盟打了一个喷嚏,竟然喷出一颗小纽扣。这是我们没有想到的,当然谁都没有想到,更是谁都不会想到。可是没有想到、不会想到,不等于不会发生。

去年,就有一次类似情形,他把一粒喇叭花种塞进鼻孔里,我们发现他的鼻涕流个不停,把他带到医院就医,花种才被掏了出来,他表示今后不会再向鼻子里面塞东西了。谁知这次竟然故技重演,只是把喇叭花种换成了衣服上的小纽扣。

带孩子可真是不容易,他会做出让你意想不到的事情来,有些还是危险的事情。最近有电视节目报道,有的孩子竟然在耳道里、鼻孔里长出决明子,这其实都是大人在无意之间造成的过失,但又是极其危险的过失。

孩子贪玩而又好奇，这是天性，不可泯灭也不能泯灭，但是需要培养孩子正确的"玩念"，选择的玩具更要注意安全。当然了，再注意选择也难保不出问题，所以，小心小心再小心才是最好的选择。

（2013年6月12日）

感人的白头翁

自从盟盟和优优来了之后，家里人口增多，喂养的猫咪们受到排挤，不得不把它们安排到外面吃住。但又担心猫食被蚂蚁侵蚀，我们就把它放到窗台上，开始没有在意，近来发现白头翁经常造访。

原来是来找吃的。我不愿惊扰它们，只是远远地看着它们来觅食，终于发现规律：它们先吞下一颗，也许是两颗或三颗，再叼起一颗，也许也是两颗或者更多一点，然后再迅速地飞走。我很好奇，循着它的飞行路线，发现就在不远处的树上有它们的孩子，叼走的猫食显然是喂养孩子们的。

是怕孩子们吃不饱吧？当然也可能还有更多的孩子，也应该还有更多的孩子，要不怎么又是一趟一趟地来回？每每看到这种情形，不由得感叹：可怜天下父母心，辛苦天下父母们，原来不独社会如此，自然界也是这样啊！

我能不感动吗？谁看到都会感动的，感动于它们那伟大的舐犊之情。羊有跪乳之恩，鸦有反哺之义，这是人类对于回馈恩泽的描绘与歌颂。但是任何回馈几乎都无法与哺育之恩等量齐观。

我看看酣睡中的盟盟和优优，心里真有无限感慨：小鸟尚能如此，何况人类乎？我常跟奶奶说，我只做我觉得应该做的，从不考虑能够获得多少回报。无私，我之选择，我之快乐！无私奉献，有益于后人，也就有益于社会，自然也就有益于国家。所以，对待子孙的无私，在我看来就是理所当然的。

深信才能无悔，无悔才能持久。我亲爱的盟盟和优优，在你们做了爸爸和爷爷之后，爷爷现在的心情和情感你们就会更加感念的。那时我也许不知道去哪里了，但是爷爷相信，爷爷永远都会存留在你们的心里，并且得到继承与发扬。

再看看酣睡中的盟盟和优优，盟盟稚嫩的脸上浮出微微的笑，优优憨憨的脸上却堆着安详，我心里一股暖暖的感觉流过。

（2013年6月28日）

为我擦汗

天气真热，我在书房，一个上午都是汗流浃背的，但还是坚持不开空调。不是吝啬，而是刻意拉近与自然的距离，培养自己对于自然的适应能力。

盟盟进进出出，忙些啥呢？不知道，反正一直都在勤勤恳恳地忙着。我背上的汗珠被他看见了，这很自然；只是没有想到，他竟能不言不语，不紧不慢，悄悄地在我背上贴上了一张张的抽纸，还特别提醒我："爷爷不要拿下来。"

他说完又走进自己的世界，张罗自己的事情去了。等他从外面回来，第一件事情就是进来看看，看看贴在我背上的抽纸还在不在了，背上的汗珠干了没有。自然没干，这么热的天又怎么能干？他又小心翼翼地换上新的抽纸。

这是他对我无声的关心，也是他感人的细腻之处。被他感动，我一把揽过他来，亲亲，吻吻；他就像一只小猫在我的身上依顺而缠绵着，那股强大的热流从我的心底涌起，一定又会传导给他吧！

看着他，就像审视一件精美的玉器，心里却在写着评语：盟盟，你的情商蛮高，希望你在今后的生活中能够真正拥有并保持你的情商优势。爷爷爱你！许许多多的人都会爱你！

（2013年7月17日）

"我也去讲课"

哪有教书而不讲课的呢，我是教书的，所以外出授课是我的工作常态，盟盟早已经在不经意间习惯了我的这种工作状态。

下午有课，又要准备出门，刚换了衣服，盟盟就问："爷爷要去哪里啊？"据我看来，他是明知故问，只是他把对我的关心通过这种特殊形式传导给我。

"要去学校讲课。"我对他说。他却一脸高兴地对我说："那我也去吧。我也换那套蓝色的衣服。"我笑了，他对色彩分得很清，还知道般配——他也真有一套淡蓝色的短衫短裤。

我故意问他："你去该坐哪里呢？"他反过来问我："爷爷，那你坐哪里啊？"意思大概就是你坐哪里我就坐在哪里吧。我说我坐在讲台上啊！他说："那我也坐到讲台上吧！"果然就是这么想的。

两岁多的孩子说出这样的话，因为天真，就特别逗人，我实在憋不住，还是笑着对他说："现在你还小，人家没有给你安排位置，等你长大以后就可以了。"

他没有坚持，而是平静地接受这种安排，但又似有所悟，对我表示："那我就'高高学习，天天向上！'"这也是我教他的，只是现在，"好好"在他的嘴里还是被念成了"高高"。

童真无邪，童言有趣，这段临行对白，让我高兴一路。我写到这里，还情不自禁地发笑。要不是地铁的轰隆声掩盖笑声，说不定我的笑声也会感染别人，我的笑容也会成为别人眼里一朵带霞的云。

（2013年7月19日）

灌输阳刚意识

男人嘛，就应该有男人的样子。什么是男人的样子呢？定义的确复杂，但是起码的标准就是阳刚，阳刚是美。阳刚之美，是男人的美，通俗地说，就是男人的气质。

我很在意这点，自然也就在意盟盟和优优身上的阳刚之气。但是这需要培养与教育。培养与教育的方式很多，可以因时制宜、因地制宜、因人制宜。为了这个目的，我甚至一直都想编一首男子汉之类的儿歌给盟盟念诵，兼带着灌输阳刚意识。

晚上，在从胜太广场回来的路上，我与盟盟一边走，一边编，念叨着，念叨着，还真就编出了一首《男子汉》的儿歌：

> 男子汉，不简单，
> 一手能拎一座山，
> 扔进大海就是岛，
> 放到地上撑起天。

我很得意，觉得还是蛮有气势的，也适合他的认知。他也很喜欢，尤其是他骑在我脖子上的时候，每每合着我用脚步踩出的拍子，他就念得特别来劲。

盟盟，但愿你能够成为一个真正的男子汉，一个顶天立地的男子汉。

（2013年7月21日）

甘为牛马

为了让盟盟不偷懒，我们出门都是要他自己走路，他实在走不动了，我们才抱他一下。但在心里，有时候又很想抱抱他，享受那种无名的快乐。

如果他玩在兴头上，想抱还不容易，不得不一边张手以待，一边和他商量："盟盟，'赏赐'爷爷一下吧，我想抱抱你。"他高兴了，才会说"那就抱抱吧"，架子端得高高的。

今天晚上，雨后的天气很好，我们又要出去了，但是说好，不带车子要走路，他答应了。走到地铁工地旁边，临时巷道汪着水，看他一副赴汤蹈火的样子，我们需要制止，以免弄脏鞋子。

好，站住了，而且一动不动，连头也不回一下。心里一定在想：是你叫我站住的，我就知道你这个爷爷要干什么，但就是不提抱抱的申请。

我当然知道他的小心思，可是眼前的情况的确特殊，是水地啊，而且还是窄窄的巷道。孟子一边说"男女授受不亲"，一边又说"嫂溺，援之以手"，可见原则在特殊情况下是需要变通的。

等我抱起他穿巷而行时，他兴奋地发出一阵阵咯咯咯的笑声，笑得那么得意，俨然在庆祝自己的胜利。同时还不忘教导我："不能走到窨井盖上！"那是奶奶灌输给他的安全观念。

我该变换一下姿势了，于是把他从怀里换到脖子上，就这样又骑了一段。奶奶怕我受累，说抄个近路回去吧。我也应该放下他了，却又情不自禁地再一次把他揽入怀里。奶奶数落我，"你又来了"！他装作什么也没听见，更绝口不提下来，反倒在我的身上一边念着昨天教他的《男子汉》，一边做着"刚劲"的动作。

他知道，只要这样就可以继续骑在我的脖子上，至于压迫不压迫爷爷，大概还没有能力想到这一层。我呢，却自甘当牛做马，还一路高兴着，快乐着……

（2013年7月22日）

指定奶奶穿衣服

盟盟生日小，2013年10月才上小托班，接送都是我和奶奶，因为我要工作，更多的接送还是奶奶承担。

没想到他还真是人小鬼大，挺臭美的，从衣服到鞋子再到背包都很讲究。由此推断，虽然他不懂什么叫仪表，但对我们的仪表一定很在意，并且有所期求。我早就注意到了这一点，所以经常嘱咐奶奶要把衣服穿得亮一点。

那天奶奶送他，奶奶穿的衣服可能很合他的心意和审美观，他虽然一路上什么评论也没发表，临别时，却郑重其事地要求奶奶："奶奶，你来接我的时候还要穿这件衣服啊！"

奶奶回来与我感叹，说给我听。我说这很正常，人都是需要体面与尊严的。家长的穿戴、风度、仪表，直接影响到孩子的尊严与自信心理。孩子的要求就是对于大人的约束，我们是需要意识到这一点的。

（2013年10月15日）

盟盟有"女朋友"了

小托班同学中有个小女孩，盟盟很喜欢，玩耍一起玩，洗手排队也要在一起。现在那个小女孩上中班，盟盟到了大班了还天天去中班，为的就是看看那个小女孩。问他为什么，他诚实以对："喜欢呗！"老师们觉得好笑，我们也没脾气。

是不是盟盟单相思呢？一打听也不是的，那个小女孩也很喜欢他，甚至连女孩的外婆也很喜欢他，已经一连几次邀请盟盟去他们家里玩。我们满口应承，说不定什么时候还真的要去看看"亲家"。

想来真是有趣，物理学有个原理叫作"异性相吸"；看来不独物质世界如此，情感世界也不例外，生理学、心理学原理也应增加这条定律。你说要是成年人嘛，还能说他有什么非分之想，那么乳臭之年的这类行为，除了以"异性相吸"的自然本性加以说明，还能有什么更好的解释呢？

有人说人到60才懂事，不无道理。人从小往大长时，对未知之事充满好奇，也充满神圣感；但是每一次回望人生，对许多事情的看法自然会发生变化，于是才有豁达开通的智慧。

有了盟盟，从他呱呱坠地的那一刻起，我就开始观察，放大其成长的经历，其实就是人类从猿到人的进化过程。

（2013年12月5日）

忽然哭了

盟盟忽然哭了，哭得很伤心，眼泪哗哗地流。我们问他哭什么，他说他长大就要走了，没有人保护爷爷奶奶了。

"你去哪里？"我们问他，他说要去上班，好可怜人的。我们安慰他：上班就像你上小托班一样，早上出去晚上就回来。也就像爷爷出去讲课，下课就回到家里一样，不是远走高飞了。

接着，我们继续安慰他：如果你今后走远了，爷爷奶奶陪你一道，保护你，你也保护我们。还有爸爸妈妈和弟弟一起保护我们，我们也保护他们。他说那样坏蛋就不敢欺负爷爷奶奶了。这些话说得我们心里酸酸的，眼泪汪汪的。孩子太重感情了。

盟盟，盟盟，我们爱你，永远地爱你！有你，我们何止幸福，还有一种特殊的安全感。情感上，我们一天也不愿意你离开我们，理性上，我们更希望你能远走高飞。但是不管你飞到哪里，你都会在爷爷奶奶的心里；当然，爷爷奶奶也会在你的心里。

（2013年12月17日）

钉纽扣

多年前的黄呢大衣，年复一年地挂在橱里，已经是准文物了。既然弃之可惜，那就尽量利用，于是找了出来，在家里穿来穿去，反倒觉得自在。

穿着穿着，纽扣松了，还掉下一颗。到底是冬天，哪怕是暖冬，还是明显感到冷飕飕的。那是风赐的感觉，也是自然的提醒，提醒我赶快把扣子补齐。

奶奶太辛苦，我就不麻烦她了，自己找出针线盒，戴上眼镜，套上顶针，一番穿针引线，飞针走线，一边回想当年生活中的点点滴滴。

盟盟一边吃饭，一边看稀奇，直问爷爷在做什么。我说钉纽扣。他问为什么要钉纽扣，我把松开的线头、掉下的扣子指给他看。

他的饭还没有吃完，我的作业已经完成。太太在一边对盟盟说："盟盟长大了也要像爷爷一样有本事，会钉纽扣。"盟盟直点头。

但愿我们的盟盟今后真的能够学会钉纽扣，那既是一种生活的技能，更是一种生活的态度与精神。可别小看啊！当然，现在，他的小手已经很巧了。

（2013年12月18日）

电话响了

今天我和奶奶一道接盟盟回家，去早了，在路上溜达。电话响了，我对奶奶说，这是小托班的。一听，果不其然，是盟盟老师的声音。

奶奶问我，老师怎么会有号码，我说是我留下的吧——其实我也记不清，只是自己的推断，没有想到其他的。

电话里，老师问我们什么时候来接盟盟，只剩下他一个人了。我说5分钟就到。今天是他到儿童乐园的日子，原本想让他多玩一会儿，没有想到来迟了。

进门，几位老师围过来，说盟盟真厉害，我们打奶奶的电话没人接，他说打爷爷的电话。问他知道爷爷的号码吗，他就说出来了。我们抱着"豁出去了"的决心试试看，竟然通了。

老师说到这里还不忘补充一句，"盟盟还要自己拨号码"；说着说着，又情不自禁地亲了一下盟盟的小脸蛋——那可是老师真心喜爱的热烈流露。我这才知道老师怎么会有我的号码。

我们告诉老师，出于安全考虑，我们早就教他我们和他爸爸妈妈的姓名和电话号码，还有家庭住址。老师灿烂地笑着，直夸盟盟了不起。我们也觉得他很了不起，怎么就记得那么多的数字呢？

从小托班回来不久，盟盟缠着我和他一起在厅里做游戏，书房里的手机短信铃响了，我正待起身，他说"我去拿"。我没有阻止，但是将信将疑，悄悄地对奶奶说，看他拿得对不对。我的两个手机都放在那里。

不一会儿，他果然把诺基亚的拿过来。我很高兴，也很惊奇地赞叹："他是怎么知道就是诺基亚的声音呢？"说罢，我抱起他，狠狠地亲了一口。一旁的奶奶也是喜从心来。

（2013年12月18日）

2014年（上）

（盟盟4岁，优优1岁）

给我端水

晚饭后，我和盟盟在儿童工具桌上玩弹子，彼此都很开心。我因为吃了膏方，忽然觉得有些腻，于是对他说："爷爷的胃不太舒服。"也想以此为由停止游戏。

没有想到他一句话也没有说，自己走到饭厅，把我的水杯端来，递到我的面前，说："爷爷，你不舒服喝点水吧。"如此体贴的话语，就像一股暖流流过心里，我实在不忍心丢下他，于是和他一起继续游戏。

他给我端水并不是第一次，但是在我感到不舒服的时候主动给我把水端来却是头一回。看着他那金雕玉刻一般的品貌，我一边陶醉，一边感叹："3岁多点的孩子啊……"有孙如此，夫复何求！

（2014年1月15日）

不工作吃狗屁啊

"不工作吃狗屁啊！"这是盟盟3岁多来我给他讲过的唯一糙语，是想以此给他强力灌输工作是衣食之源的价值观，希望他今后能够做一个热爱工作的人。

过去我在工作时他常来捣蛋，我说爷爷正在工作，他就会说"爷爷不工作"，我就用这句糙语开导他。还真见效，现在只要我在书房里工作，他一般不会打扰，即使来了，我说爷爷正在工作，他就会知趣而走。看来他是真的接受这样一种价值观了。

前天，奶奶带他去"小鸟超市"——那是他根据欧尚超市的商标给出的特殊命名，回来的路上，奶奶对他说："爷爷一定在家里下棋。"——

我的确常常在电脑上下棋。他却立即否定："不，爷爷在工作！"说完了还追加一句："不工作吃什么啊！"

奶奶回来对我说，你看你孙子是多么维护你。我当然满足，同时对奶奶讲，此话不雅，但是不错，更是真理，历史本来就是"吃"出来的，因为要吃就要做，做着做着，就做出了人，做出了社会，也做出了历史。

（2014年1月15日）

学习植物

自然就是上帝，通过无所不在难以尽述的具象展示它的存在。认识自然就是认识上帝，认识上帝的力量，认识上帝的规律，当然也是对于人的最好启蒙。通过自然获得启蒙，才能养育出道法自然的自觉精神，而道法自然才是至上的智慧。

所以我很注意教会盟盟认识不同的自然之物。最近集中认识较大的植物。门前就有桂花、茶花、杜鹃、香樟、黄杨、冬青等，去年他就会了，只是说到冬青总不忘补充一句：它结小果果。他曾经把类似的小果果塞到鼻孔里，是去了医院才发现的，所以对"小果果"印象特别深刻。

邻家种了枣树、梨树、柿子树、枇杷树等，还在这些树很小的时候我就站在树前告诉他：枣花小，但会长出枣子，枣子由小变大，由绿变黄再变红，黄的枣子很甜，红的枣子更甜。正好树下还有牡丹，我再顺便教他两句格言："牡丹虽好空入目，枣花虽小结实成。"

梨子大了挂在树上，似乎有一种特别的诱惑，他从旁边走过，总想摘个玩玩。我理解他的好奇心，抱起他，说摸摸可以，但不能摘下，那是人家的。他真有出息，两年了，从来没有摘过人家的一个果实。

前天教他认广玉兰，今天考他，回答还是叫"广兰"，有点调皮的味道。我一边重复全称，一边加重"玉"的音量，他记住了。他撒娇，要我抱抱，我说好，如果能够全部认出这条路上的广玉兰，我就把你抱到拐弯的地方。约定十分成功，"广玉兰"……他一棵一棵地叫着过去。回来的路上，我们进一步复习，指着高高的广玉兰，告诉他这种形态就叫"高耸入云"。

今天，走到棕榈树前，我不仅告诉他树的名称，还特别强调它的特征：身体像个柱子，不开杈，一直往上长，能长好高好高；身上的棕毛就是它的衣服；看看，头上的叶子好大吧，可以做成扇子，去年夏天我们用的扇子就是用它们做的。相信明天的考问他会及格。

前天，我站在光裸的梅花树前，告诉他这是梅花，他很喜欢，当时就记得了；今天复问，回答正确，甚至还用小手指着远方开在残叶中间的点点金黄，告诉我"那也是梅花"。

我随即说"一树梅花一树情，点点梅花是精神"，接着自问自答："什么精神呢？傲霜斗雪，高洁脱俗。"他当然听不懂，但我知道，他是能够感知一点意思的。

（2014 年 1 月 17 日）

不给弟弟吃

盟盟从路边树上采回来十几颗圆圆的种子，放到小小的奇妙杯里，连睡觉也放到床头边。醒来后，用一个小棒棒不停地翻动，说是"炒"。

我们问他炒熟了给谁吃，"给爷爷奶奶吃，爸爸妈妈吃，盟盟吃，还给朱奶奶吃"。朱奶奶是我们家的阿姨。我们很奇怪，怎么忘记了弟弟？

问他："怎么不给弟弟吃呢？"他说："不给弟弟吃，弟弟小，会把小果果吃到鼻子里去的。"原来如此！这是他的教训。

还是去年春天，他就把一个喇叭花种子塞到鼻孔里，到了医院检查鼻涕流不停的原因才被发现，打那以后，我们经常提起旧事。看来他是铭记了，现在还把他的教训运用到对弟弟的关切上。

真是好样的！

（2014 年 1 月 20 日）

用冷漠惩罚盟盟

盟盟有"下床气",而且总是把"气"撒到我的身上。早起,他眼睛一睁就喊奶奶,听到应答马上安静;我们应答不及时,他的喊叫一声高过一声;如果他还是听不见应答,那就放声大哭,俨然不把旁边的爷爷放在眼里。

最近几天的下床气换了把式:不喊爷爷早。怎么办?我就变被动为主动,先喊盟盟早。听到我的问候他才羞答答地喊一声"爷爷早",有时甚至还要奶奶帮助声明喊过了。

我要拨乱反正。今天早上,我站在他的面前,微笑地等待那声"爷爷早";但他就是不喊,似乎还在等待我的"盟盟早"。怎么办?我转身走开,远远地走开,吃饭去,看电视去。

他起来了,走到我的旁边,有些尴尬;我还是不理他,就像他不存在一样。但他似乎放不下架子,就这么僵持着:他无趣地玩着他的游戏,我冷漠地看着我的电视。

冷战,冷战,冷战着……

奶奶来了,充当一个调停者,动员他快喊爷爷早。他终于妥协了,一声娇嗲的"爷爷早",我的脸上绽放出心里的灿烂,我们开始了新的愉快的一天。

民间有句俗语,说对孩子"疼要疼在心上",就是说教育孩子有时是需要摆点脸色的。今天我的做法是矫枉过正的,虽然内心火热滚烫,但冷漠的脸色让他感到错误的严重,实现了教育的目的,也验证了这句民间俗语的真理性。

(2014年1月23日)

盟盟变"坏"

盟盟的智力在高速发展,所以人也变得越来越"坏"。需要洗漱上床了,他却要滑头,跑到书房与我周旋。

我很高兴，拉他坐在腿上看电脑。他看到邮箱下面跑出来一匹枣红马，很高兴；我一看也很有趣，我们一起开心。

他笑得咯咯的，一遍遍地要求重点邮箱，小小的枣红马跑了七八趟，我说它累了，需要休息，他虽然不像开始那样兴奋了，但还是要我再点。

我们正在你来我往打嘴仗，奶奶进来了，一声令下："洗！"我才明白，原来他是来我这里"避难"的。

他不敢违抗，去了，大概奉了奶奶的命令，跑过来，理直气壮地对我说："爷爷，帮我洗脚！"

他在没有理的时候特别乖巧，有理的时候就理直气壮。我和奶奶相对一笑，悄悄地嘀咕一句："小东西真坏，越来越坏！"

（2014年1月28日）

上螺丝

对我家来说，尊重并热爱劳动是发自内心的真观念，因此也很注意培养盟盟和优优的劳动习惯，并在家里备了不同的劳动工具，甚至有儿童用的工具台。有了这个条件，盟盟很早就玩木头起子和螺丝，大约从两岁开始就会用起子拆卸简单玩具，今天还真的用起子"工作"了。

家里的门倒是不少，木头门上有一些螺丝松动了，按照奶奶的指令，我拿出工具准备紧一紧，盟盟见状要一块干，我知道不让他做他是安静不下来的，就顺势给他一把小起子，我拿大的。

我把七八个木门上的螺丝都紧过了，他却反向拧，把卫生间门锁螺丝松下来，估计不知道怎么办好了，索性装到口袋里跑到一边玩去了。好在被奶奶发现，但他还不肯直接给我，硬要自己亲自拧上去。

我告诉他正反方向之后，便退到一旁观察。按照我的要求，他还真像模像样地干起来，就是到了最后关头，实在拧不动了，才肯松手，让我为他加了一把劲，然后就一起庆祝成功！

好啊，值得纪念的一天，值得纪念的一件事情。古人有云：良田千顷，不如薄技随身。掌握技能始于动手，盟盟喜欢动手，是个优点，但愿他能够长期坚持。

（2014年1月29日）

被狗吓了

家芳和女儿倪越来访，我带着她们在小区转转，看看我的政绩工程，也把盟盟捎上。他一边踢着足球，一边向前走，快到儿童乐园时，早把我们远远地甩在后头。

突然，从远处传来哭声，对，是他的哭声，声音显得很紧张。我马上丢下家芳母女，穿过树丛，看见他飞一般地向我跑来，一边跑，一般喊着"爷爷""爷爷"，后面还跟着一条板凳狗，快速地追着他。

我心疼极了，一把把他揽入怀里，抱起来，边擦眼泪边安抚；待他惊魂稍定，我说乖乖不用怕，爷爷带你找狗算账去。家芳母女也赶上来了。狗仗人势，狗更怕人凶，大概看见我们人多势众，早不知跑到哪里去了，让我们报仇没有对象。

这是他第一次碰到这么恐怖的事件，也是他生下来后我们第一次碰到这样的恐怖事件，过去没有经验，现在开始告诫他，下次碰到狗，首先不惹它，如果受到进攻，千万不要跑，更不要离开我们的视线。

吃一堑长一智，他从此学乖了，每次走到狗的旁边，都能自觉和狗保持一定距离。当然，我也很注意调适他的心理，比如走到狗跟前，我既不做挑衅动作，也注意保护他，渐渐地，他的恐惧心理也就淡化了。

（2014年2月4日）

踢足球

爸爸喜欢足球，大的小的，新的旧的，自己买的，别人送的，已经堆在家里令人厌烦了。盟盟受到爸爸刻意培养，也喜欢踢足球，昨天我发现他踢起来还真像那么一回事。

今天下雨，无处可去，无事可做，那就在家折腾吧。没有想到他的破坏力真大。妈妈不在家，他把妈妈的护肤用品统统放到水池里，并且"洗"得干干净净。

遭到奶奶批评后，他无事可做了，那可不行，就再找"工作"吧。于是拉着我踢球。我是喜静不喜动的人，为了宝贝也得奉陪，于是就在厅里摆开架势。足球最重要的设备除了场地就是球门。家里当然没有球门，怎么办？

他灵机一动，要我张腿做门。我把"门"做得大一些。他一起脚球就进了，还算精彩，于是向我夸耀："棒吧！""棒！"我附和着他。临到我了，也是一脚破"门"，球在穿过他胯裆的一瞬间，他也口喊一声"棒"，竖起小小的大拇指说："送你一个大拇指！"这是他在小托班学到的夸赞人的方式。

但并不总是精彩，我连踢几球都偏了，他也毫不客气，把两个食指放在一处，表示"差"。这也是在小托班里学来的。当然也不是我一个人差，他也跟自己说了好几次差。

（2014年2月5日）

又是一串节目

1. 特别乖巧

上午，盟盟把我的剃须刀连同盒子拿过来，批评我没有把东西放好，他还自己动手把盒子放到原来地方——当然需要我抱着让他高一点。

我表扬他做得好,但他不兴奋,很平静,我就觉得有些反常。刚才扫地,我发现"刀片"掉在地上,恍然大悟:肯定是他弄下来却安不上去了。我拿起刀片准备安装时,发现另一个刀片也不见了,我又回到厅里寻找,它躺在椅子下面。

我这才知道他的"良好"表现是为了掩盖自己的劣迹,不禁向奶奶感叹,3岁半不到的小脑袋真够用,差点把我蒙了。而他却在旁边"专注"地看着电视,若无其事,一言不发。

其实这是人的自卫本能,所以我在心里暗自高兴;但我同时告诉他,下次搞坏了东西要和爷爷讲,爷爷会想办法的。这样既可解除他的紧张心理,也为他指出一个解决问题的方向。

2. "我热"

春天了,应该温暖,但是寒冷毫不逊位,就像要和冬天比赛谁更寒冷一样。

盟盟在家,我怕他受冷,开了空调。温度并不高,但他不停运动,热量增高,直喊"我热",还要脱衣服。我当然不答应,提出关掉空调,以换取他不脱衣服。

空调关了,他继续喊"我热",还要坚持挣脱衣服的束缚。我伸手一摸,身上真的有汗。显然这是"余热"的效应。

怎么办?我一边把他衣服与身体分离降温——效果肯定明显,一边故意挠他的痒处——分散他的注意力。在一阵清脆的笑声之后,他也把脱衣服的事情给抛到脑后去了。

3. 说话要算数

饭后,盟盟缠着我玩弹子,我们就从桌上玩到地下。我要结束游戏,他不肯,我说爷爷要工作。他说爷爷不工作。我就重提那句"不工作吃什么啊"的"名言"。

很有效,他说那就再玩一次吧。结束了,他还要继续玩,我知道这时就到了一个人格塑造的关键点——于是向他声明:"说话要算数!"他是有感觉的,又提出"再玩一次好吧"。

好，我答应了——因为我还要教会他变通与妥协。"再一次"之后，我就义无反顾地走进书房，他也就不提"再玩一次"的要求，而是在那儿平静地、独自地继续自己的游戏。

4. 讲故事

盟盟睡觉前，我经常给他讲故事，开始讲《伊索寓言》，抽象了点，他不喜欢；改选安徒生的《丑小鸭》，他百听不厌，几遍之后不仅能够讲出故事情节，还能使用故事原话接茬。

我想换个新的，但他就是要听《丑小鸭》，怎么办？和他斗智。今天他在我身上正高兴，我翻到事先选好的《伊索寓言》里《口渴的乌鸦》，用快读的方法给他灌输个印象。

玩过弹子了，他把弹子装在奇妙杯里，正好满杯，但下面是垫着几块橡皮的。我一边夸奖他"就像那只聪明的乌鸦"，一边倒出橡皮后再把弹子放进杯子里。

当然不满，没有关系，这时需要启发。就在他十分关注的时候，我使用他的方法，把橡皮垫在下面，再把弹子装进杯子，恢复了原来的形态。

到了这里，我才问他要不要听我慢慢地讲《口渴的乌鸦》。他同意了，静静地听完后，还要看看书上的插图——乌鸦、石子和水罐。

5. 按暂停

吃饭了，盟盟还在看《巴啦啦小魔仙》，我要他来吃饭，但是饭"场"没有魔仙"场"有吸引力。

我走到客厅，问他"难道不吃饭了吗"？他说"不看就没有了"。我再问他："是不是节目一直放下去，你就一直看下去，一直不吃饭呢？"

他自觉理亏，很干脆地说了一声："那就暂停吧！"说着便拿出遥控器一按即停。

暂停键字太小，我不常用，不戴眼镜还真搞不清楚在哪里。他的表现让我惊讶。看来我是落后了，需要向他学习。

（2014年2月7日）

祖孙天伦

优优回家

　　入冬以后，优优和朱奶奶一起住到阳光灿烂的爸爸妈妈那里，昨天回来，我抱着他到处视察。他呢，既不哭也不闹，似乎在观察他走后这里发生了什么变化。抱他照照镜子，他还会和我一起笑，一点距离感和陌生感也没有。

　　其实他是很认人的，但是不管分别多久，从来都不拒绝我们。这次回来还是这样，坦然接受爷爷抱、奶奶抱。他块头大，在我的身上可能更自在一些，所以有时也会拒绝奶奶，奶奶假装生气，他就妥协，让奶奶抱抱。

　　血缘也是场，有场的效应，是一种无形的力量。我对奶奶说，孩子越小越质朴，也就越接近自然，越接近自然，血缘亲情的力量也就越强大。

　　现在回来了，就在身边，还把爸爸妈妈一起带回来了——他们原说不再回来了，这样，"you you"使用频率也就高了。但我不明就里，以为you you就是爸爸妈妈开始起的"友友"，取意与"盟盟"是盟友。

　　为这，我批评了他们，说兄弟是手足，怎么能是盟友呢？唉，这一代的爸爸妈妈啊，对于传统伦理观念已经非常淡化了。现在才知道，他们保留了原音却换了两个字，you you还是you you，只是现在的you you是"优优"。这还不错！

　　优优，欢迎你回家，回到爷爷奶奶的身边，从此我们就将朝夕相处了，你会给我们什么样的精彩呢？等待，等待，等待你的精彩！相信你会非常精彩，不断精彩，天天都有精彩！

（2014年2月8日）

盟盟"破财"

　　盟盟放假一个月了，今天重新送他去小托班。

　　对于守时，我们成人都是职业训练出来的，所以我们一向重视，也就想培养盟盟从小不迟到的习惯。但是今天还是紧张了，加上零下6摄氏度，走在路上实在太冷，叫了一辆的士。

我坐前面，他和奶奶坐后面，没说几句话，没过几分钟也就到了。我在前面付费，奶奶从后面下车，取下被子，抱出盟盟。奶奶做事一向严谨，我就没在意，没有想到这次她却忘了车上的另一个包。

没有想到盟盟很记事，虽然说不清楚，还是说明白了有个绿色的东西。奶奶这才反应过来，但是车子已经走了，不仅带走了盟盟最喜欢的一双闪光鞋子，还有一个羽绒背心和护衣。

我们没有要发票，没有办法寻找；师傅即使想找我们也是没有线索的，盟盟只好破财了。这也让我们学乖了，以后乘车，别以为不报销就可以不要发票，开个票据还是需要的。

（2014年2月9日）

优优真会笑

丢了盟盟的几样东西，少说损失几百块钱，更遗憾的是丢的都是盟盟从小喜欢的东西，心中自然有些懊恼。

回到家，看见朱奶奶抱着刚起床的优优，还是马上送去一声："优优，早上好！"优优笑了，笑得及时，笑得自然，笑得我们的心也爽了起来，脸都跟着一起有了笑容，那点懊恼自然抛到九霄云外。

优优，10个月前的今天，你来到这个世界，来到这个家庭，虽然你早就会笑，但是不像现在这样能够笑得满室生辉，但不知你什么时候才能既用笑脸也用语言问候爷爷奶奶早上好啊？

说罢，我出去应酬，饭后爬山，呼吸了很好的空气，感觉身心俱佳，4点多钟终于到家，才感到有些累了。卸下装备，打开厅门，朱奶奶就对优优说："爷爷回来了！"我顺着声音看去，与优优的眼睛刚一对视，他又露出天真的微笑，还是像早上那样自然、及时、灿烂。

累，已经没有了踪影。我抱起他，在我的身上，他竟然嗷嗷嗷地发出声音——显然，他是在用10个月的语言与我交流，传递着他要发送给我的信息。

晚饭后，朱奶奶哄他睡觉了，我进去看他，他似睡非睡，朱奶奶刚说他睡着了，他却在那里睁开了眼睛。我逗他几下就悄悄走了，一个多小时了吧，妈妈进来"声讨"我，说他到现在还没有睡着。

我进去一看，好家伙，活蹦乱跳地给我一个大笑脸，哇哇哇地"说"得更加响亮。优优，你什么时候能用爷爷听得懂的声音与我说话啊？我在期盼，你呢？可要好好努力哟。

（2014年2月10日）

珍视作品

盟盟在小托班里已经有了自己的作品，也就有了对于自己作品的态度。那态度，只能叫珍视，珍视，十分珍视。

他的第一幅作品是"太阳"，就是老师在一张纸上画个太阳的轮廓，贴上不干胶，孩子们把红色皱纹纸贴上去，"太阳"也就"升"起来了。我们接他的时候，他拿出自己的"太阳"，有些谨慎，估计是不知道我们对他作品的态度吧。

我以极大的惊讶表示我的赞扬，他很开心；回到家里，我又把他的"太阳"高高地挂在厅镜上，等到他爸爸妈妈回来时又是一番夸奖，他很满足。这是一个月前的事情了。

昨天，他又从小托班带回来另一幅作品，是"塑料拼图"，就是在筛子状的底板上插进不同颜色的塑料图钉，形成不同图形。我没有看出名堂，还是表扬一番。晚上睡觉，他要把拼图放在身边，早晨起床，第一件事情又是寻找他的拼图。

敝帚自珍，说的是人对自己的作品总是具有特殊情愫，特别珍惜，盟盟向我们证明这的确是人的天性。我很高兴他对自己作品的态度，因为珍惜自己作品的人，才能珍惜自己，也才会更加自尊自爱。

（2014年2月11日）

换电池

　　动手是一种能力。盟盟幼小，对什么都有好奇心，只要可能，总想动动手。那是他认识、感知和体验世界的方式，所以我们从不限制他动手，反倒非常鼓励，处处培养他的动手能力，并且很早就教给他使用起子等工具的方法。

　　有一种儿童玩的电脑很不错，集儿童玩具与学习用具于一体，内容丰富，就像电子儿童百科全书，盟盟很喜欢，经常玩，说是爱不释手也不过分。

　　他早上起床又要玩，但是没电了。他对工具很熟悉，可是放得高够不着，要我帮忙找出起子换电池。起子来了，他说不对，我一看真是错了，应该是平口起子，我拿的却是十字（梅花）起子。我当然惊讶他的辨别能力。

　　换好起子后，我就在一旁观察他的操作，完全放手让他做，绝不代劳。只见他手在安装电池的时候，嘴里还念叨着"屁股对着弹簧"，卸螺丝和上螺丝的时候也念着"向左松、向右紧"。这些都是我平时教给他的口诀式的方法，他都牢牢地记住了。

　　因为他经常这么成功，也就没有什么值得惊喜之处，所以我没有欢呼，但是成功本身就是最好的奖励。相信他在默默成功的同时，也增加了内心的自信。

（2014年2月11日）

优优摇头

　　昨晚我要抱抱优优，他忽然大幅度地摇头，连着摇了几下，我在意了，但是没有十分在意，心想这是偶然吧。

　　今早起来了，朱奶奶要做必修课，把他送到书房来，我伸手接他，他又重演昨晚的动作，连摇了几下大脑袋。我们一起笑，看来他是真的会以摇头表示自己的不同意了。

不知道我哪里得罪他了。我拿出一个小瓶子给他，他经不起诱惑，马上就笑脸相迎；我再连拍几下乒乓球，他就发出呵呵的声音并略带笑容，声音因此也变成了笑声。

这样的笑声让人感到洪亮、粗犷——真像一个小男子汉啊。他笑的时候还不忘露出几颗白玉一般的乳牙。

（2014年2月12日）

和优优躲猫猫

我进城跑了大半天，回来后赶紧去小托班接盟盟回家。

鞋子换好了，我一边与优优说"再见"，一边把头躲到阳台墙后面，几秒钟，来个突然闪现。

优优肯定不知道这就叫躲猫猫，却被逗得咯咯咯地笑起来。看他如此高兴，我就如是三番，迎来的总是咯咯咯的笑声。

我还想把游戏继续下去，但是来不及了，需要快走。接到盟盟回家后的第一件事情就是记下刚才和优优躲猫猫的片刻精彩。

（2014年2月12日）

盟盟吃亏了

今天去小托班接盟盟回家，既不打的也不乘车，而是用自行车驮。他第一次享受这样的高级待遇，一定觉得刺激，所以很高兴，但是同行的奶奶叫我下来推着走。

我再一次叮嘱他，两手抓紧，两腿自然垂直就不会有危险。我还特别强调千万不要把脚插进车轮里。他答应得很好，我也就放心地大步流星。

就是没有想到孩子容易忘事，走着走着，他突然哭了，奶奶说夹住脚了。我马上停下，一看真的夹脚了，马上哄着他，抱着他，心里觉得问题不会太大，但是回到家一脱鞋子才发现，大脚趾出血了。

我真的好心疼，直说"对不起，爷爷让你受苦了"。他也就更加娇嗔地哭了起来，还紧紧地搂着我的脖子。我知道，让他撒娇就是最好的安慰。

（2014年2月12日）

喷嚏逗笑

优优爱笑，但笑有等次，首先是微笑，笑不露齿，像是礼貌性的致意。其次是咯咯咯地笑，算是很开心的笑，能够露出下面的两颗奶牙。最高等次的笑是大笑，还是咯咯咯的，但是音量很高，连上面的两颗门牙也毫不保留地一起现身凑热闹。

抱着他，抱着他，终于发现能让他大笑的规律，那就是打喷嚏，一个喷嚏一阵笑，从来没有放空炮。这个发明权是奶奶的，我把它高度发挥，发挥到极致。当然，我是把握度的，就是让他大笑几声就停下来，间歇一阵后再来几声。

笑声，优优的笑声，就是这样在我们的生活中响亮地荡漾着。优优，但愿你天天都有笑声，纵然没有大笑，也能咯咯咯地笑；就是没有咯咯咯的笑，也得不断地微笑吧。

（2014年2月12日）

"朱奶奶，你回家去吧！"

早起，朱奶奶对我说："你家的两个孙子真不瓢！"我似乎听出点意思，但是不知道究竟是什么事情，于是瞪着眼睛等候下文。

她说昨天晚上，盟盟在优优旁边玩塑料插件，她有事，就把优优放在沙发上，转眼工夫，优优一巴掌打翻了盟盟的塑料件，盟盟倒过来哭着推了优优两下。

优优也哭了，她过来照顾，同时批评盟盟不能推弟弟。盟盟可能觉得她偏袒优优，于是对她说："朱奶奶，你回家去吧！"

"我回去了，谁带弟弟呢？"朱奶奶反问盟盟。没有想到盟盟指着沙发说，"你就把弟弟放到这里吧"。看来现在他不生弟弟的气了，反过来生朱奶奶的气，所以他终究也还没有舍得把弟弟送给朱奶奶带回家去。

　　我们平时并不把朱奶奶当外人，所以朱奶奶说，盟盟这么小，怎么就知道我不是家里的人呢？我说，是啊，现在的孩子们生下来脑袋就像装了软件似的。

（2014年2月14日）

锻炼锻炼

　　明天上课，今天临阵磨枪，特别紧张，还是出去看看孩子们，既是消遣，也是锻炼。

　　刚到厅里，但见盟盟站在最高的塑料凳上，摆好造型，说跳就跳，虽然有些不稳，还是能够基本准确落地。看到我，他更来劲了，一连蹦了三次，次次成功，而且一次比一次落地更好。

　　刚刚做完这些动作，他有些得意，似乎也是为了给我一个解释，于是提出一个说辞："锻炼锻炼。"好，好，好一个"锻炼锻炼"，那就接着锻炼吧！我在一旁瞪着他，也在等着。

　　这不，他还真的又来了：趴到地下四肢落地，一起一伏，估计他还不知道这叫什么运动项目，我就一边欣赏，一边给他一个说法："哎呀，盟盟还做起了俯卧撑啊，真是了不起啊！"

　　"那是，那是，那可是我跟爸爸学的！"是的，爸爸天天都在家里搞这些名堂，我想在他的心里一定是这么想的，同时既为自己也为爸爸骄傲吧！

（2014年2月15日）

优优和朱奶奶真好

优优来到这个世界后,我们换了几任阿姨,最终留下了朱奶奶。朱奶奶带优优用心用情,优优也与她结下了深厚感情。

过年,朱奶奶回家,优优只好寄放到外婆家里。一周后,朱奶奶回来了,优优坐在那里看着她,笑眯眯的,心想"您终于回来啦"!

朱奶奶洗过手,外婆跟朱奶奶说,我俩逗他,看他要谁,于是同时拍手,优优毫不犹豫地选择了朱奶奶。

刚回到我们这里,我们一伸手他马上就过来。现在就不一样了,因为我们不能经常抱他,他只要在朱奶奶身上,那是很少主动让我们抱的。

真是一分辛苦一分情啊!人们早有说法:孩子是谁带跟谁亲。亲就是对辛苦的回报。

(2014年2月16日)

优优得意地笑

刚下车,我从朱奶奶手里抱过优优。交接时,朱奶奶很有心,看见一个黄点一闪,马上走过来,看看优优手里是不是有什么东西。

果然有个东西,是盟盟玩的塑料件,像一颗纽扣那样。朱奶奶马上从他手里夺了下来,他竟然咯咯咯地笑了。朱奶奶一边做饭一边和我嘀咕,他是怎么拿到这个小东西的呢?

他好像听懂了一样,又是咯咯咯地笑,一脸的天真烂漫。我抱着他在厅里走来走去,他竟然每隔一阵就笑几声,那样子好像越想越觉得好笑,最高兴的时候还拍着自己的小"翅膀"。

我们猜想,他一定在为自己成功地瞒过朱奶奶而得意,得意地笑,不然怎么会有这样的表情、这样的炫耀、这样得意的笑呢?

(2014年2月17日)

盟盟做老师

今天下雪,奶奶早些把盟盟接回来,我怕他无聊,陪他玩玩。

玩着玩着,他说现在上课了。开始我没听懂,等到听懂了,我,还有抱着优优的朱奶奶,规规矩矩地坐到沙发上听他"讲课"。

他拿起一把玩具剪刀,夹起一个塑料玩具——那是示范给我们看的——问我们看懂了没有。我们齐声说看懂了,他要我们也来做一做,我们做对了,还得到了他的表扬。

看他的样子,好像喜欢当老师,我的心里也由此生出一些期许:如果他今后真能做一个教师也很好啊!就是不知道他最终能不能走上这条道路,走上这个岗位。

(2014年2月18日)

常识必需

地铁上,奶奶教盟盟认识各类禁止标志,两个维修工在一旁说,教孩子这些干什么,应该教他背诵唐诗宋词等古典。奶奶回来告诉我,我说唐诗宋词等古典知识固然是个好东西,还是不能与现实生活中的常识相比,厚古薄今显然偏颇。

反正我们对于盟盟是走到哪里教到哪里,遇到什么就教什么,特别像一些常识性的东西那是一定要教会的,所以他很早就全部了解火警、报警、救护、家人的电话号码,还有火车、地铁、公交、交通规则等方面的相关知识,更早些就会独立操作电梯。但是许多人并不重视这些,只是单纯注重书本知识的灌输,我们却不以为然。

须知,人,首先是现实的人,在现实中生活的人,必须面对现实,了解现实,解决现实问题,遵循现实规则,否则举手投足都会与社会犯冲,这不是最危险的吗?当一个人不能正确处理自己与社会的关系的时候,他还能够自由地生活吗？所以现实，现实生活永远都是最重要的教科书，而现实规范永远都是首先需要了解的常识。

（2014年2月19日）

优优有了竞争意识

我今天去学校听一个高端讲座，回来晚一些。刚一进门，我就对盟盟说，我去洗洗手，然后抱抱你们。盟盟很高兴地迸出了一声"好"。

手洗好了，我说先抱盟盟吧，盟盟从沙发上一个鱼跃扑到我的怀里；放下了盟盟，我说"优优，到你啦，爷爷抱抱"。

他最近都是有点架子的，但是现在不但放下了架子，还摆出一副很欢迎的样子，乖乖地让我从朱奶奶怀里抱起他，甚至在我的身上还有赖着不下的意思。

这是个例外，例外从何而来呢？我想是优优已经有了竞争意识，要和盟盟争夺爷爷的宠爱。这不奇怪，竞争，本来就是人的天性。

（2014年2月19日）

赏　梅

今天周六，本想带盟盟去看看城墙下面的春光，但是奶奶想去梅花山，那就去梅花山吧。盟盟早晨7点钟就醒来了，好像很盼望。

山上，梅的品种真多，五颜六色，还有一树两色的，有的盛开，有的待放，还有的正在打苞。盟盟扯着一枝红梅，很喜欢那些枝上的苞，似乎想摘下一个，我们及时告诫那是不能摘的，如果你摘一个，他摘一个，梅花山上就没有梅花了。他摸了摸，放下了，放下了那点欲望。

他一直走在前面，我们甘心地被他领导着。他也和我一样，不喜欢人多的地方，选择一条野径，进入梅花深处，那里土质松软，绿草茵茵，蓝蓝的、黄黄的小花开满一地。我们都特别喜欢走在沟里，踩在厚厚的落叶上，感觉特别自然。

虽然穿梭在梅花丛中，我们却躲避着与梅花的亲密接触——担心碰坏了天赐的美丽。梅花丛中有一棵高大的悬铃木，我对盟盟说，它很辛苦，天天看护着这片梅花。同时指着树梢上的老鸦窝，说那是喜鹊的家。他马上问我"家"里面有没有小鸟。我回答了他关心的问题。

在一棵梅花旁边，对着长长的竹根，我动员他撒一泡尿，那是一种雅兴中的野趣。他把半截竹筒灌得满满的，还流出了许多，这是他从未经历过的，感觉既新奇又开心。我看着那满竹管黄色液体对他说："盟盟，这里的梅花明年会开得更好。"他没有问为什么，但是似乎有点领会。

回到家里，妈妈问他去哪里了，他说梅花山。问他看到了什么，他说看到了红色的梅花，黄色的梅花，白色的梅花，还有绿色的梅花，就是没说那点野趣。真是不虚此行，至少山上的梅花他记下了不少，而且是带着颜色说出来的。

（2014年2月22日）

分　享

学会分享无疑是一个好品质，所以我们一向教导盟盟要学会与人分享。他在家里表现是好的，不管什么时候起码做到不吃独食。在外面究竟怎么样呢，今天我见证了一下。

早上送他去小托班，突然要跟我回家，我还是硬着心肠走了，下午我早早地就去接他，还带上两块雪饼。他刚刚打开雪饼的包装，蹿出来一个叫张明轩的小朋友"抢"了一下他的雪饼。盟盟没有捍卫自己的东西，而是打开袋子取出一小块递了过去，他可能觉得太小了吧，又取出一块递过去，还转过身来对我说："要分享。"

我赞扬了他，话音未落，张明轩小朋友又蹿了出来，给了盟盟一个吻，似乎也要与盟盟分享他嘴巴上的成果。也真是一个调皮蛋。盟盟指着自己的脸对我说"奶油"，我说没有关系，去洗干净再走。

（2014年2月24日）

深夜的哭声

昨晚已近凌晨，我上床安歇，正与太太说着闲话，突然听到优优哭了，哭声惊诧，我要太太赶紧过去看看。太太过来了，说没有特别情况，可能是做噩梦，哄了一会儿，优优破涕为笑，又和朱奶奶一起睡了。

我放心了，但是没有放弃思考：这么小的孩子怎么会做噩梦呢？如果没有在现实生活中被恶，那就是超验的原因。后者有些神秘主义，不去谈它，前者呢？

太太说，昨天优优动了盟盟的玩具，盟盟打了他，是不是这个阴影导致优优做噩梦呢？早上，我把优优昨晚的情况告诉盟盟，他知道后，不言不语，我提醒他"知过必改"——那是《千字文》上的话，他是知道的。

他刚才听见优优醒来的声音，赶快推门进去，说是要看看弟弟。很好！我一向以兄友弟恭作为他们处理彼此关系的原则，但是光有原则显然不够，还需要不懈地坚持。坚持就是训练，就是培养，就是塑造。

（2014年2月25日）

细雨之中

又是一场春雨，静静地清理天地间的混浊。下午4点，太太说应该去接盟盟了。我得令而行，推着我的两轮专车，很快到了小托班。我把盟盟放在车后的塑料罩子里，往回一路狂奔。

我没带雨披，穿着一件积存多年的冬装。盟盟问我怎么穿这件衣服——显然，他是觉得陈旧了——我说今天下雨，爷爷舍不得穿好衣服，要节俭。

风，静静的，生怕冻着我们；雨，蒙蒙的，滋润着我们。我惬意地呼一声"盟"，他就娇嗲地答一声"哎"。我说着一句无关紧要的话，他就从后面送来一句"爷爷，我听不到"。每到一个重要的地点，我就告诉他这是什么地方，不管他听到听不到。他也知道不重要，只是"嗷、嗷"地应承我。

"进小区大门了""到会所后面了""过小桥了""拐弯了""到了",我打开拉链,从专车上抱下他,给他一个吻。他打开门,马上一声:"奶奶,我回来了!"亲滴滴的,脆蹦蹦的,那是他特有的报到方式,也是新的快乐的开始。

(2014年2月25日)

念念不忘巧克力

盟盟今天 6 点钟就要起床,穿戴整齐后,和奶奶在客厅里磨叽着。我起来了,刚刚打开电脑,他就过来要看《唐老鸭》。我在搜索,他看见前天打开的德芙巧克力,要吃一颗,我同意了,条件就是只能吃一颗,他也同意了。

《唐老鸭》是英语版,配了汉字,已经看了很多遍了,但是情节精彩,他看到激动处手舞足蹈地咯咯大笑。可是总也没有忘记巧克力,要把盒子放到电脑前。看完一个片段,他就要打开盒子看看,就像怕少了一样。

我几次离开返回,都要问他多吃了没有,他总是张开两只小手,表示没有。我表扬他说话算数。尽管如此,他还是不停地打开盒子,有时还要用手摸摸。

半个多小时过去了,我说不能再看了,我要用电脑写下你今天的故事。他没有异议,但是要求带走巧克力。我答应他,也在心里考验他,于是和他一起数一数还有几颗。

还有 9 颗,很清楚很清楚的了,他还是要一颗一颗地数到 9。现在我也不看,但是心里一直在想,看看到他离家之前里面还能是 9 颗吗?我在暗暗地考验他,他也在默默地接受我的考验。

他终于没有经受得住考验,里面已经只有 7 颗了,但是少得非常机智:第一颗是拿给朱奶奶吃的——而且特地提高请"朱奶奶吃"的音量;朱奶奶当然不会吃,他就当仁不让;第二颗是在奶奶送他去小托班的时候他提出申请,奶奶说去问爷爷同意不。他不问,似乎懂得"法无禁止即可为",奶奶既然没有反对,那就视同允许,于是又少了一颗。

这时，他的心里肯定在想："爷爷，这下你还能批评我吗？还有理由批评我吗？"真是一个不折不扣的小"坏蛋"！盟盟，爷爷是多么爱你，别说几颗巧克力，就是再多……你知道吗？

（2014年2月26日）

优优练爬

优优的房间很热闹，我敲门进去，朱奶奶把叠起来的被子放在床中间，把优优放在被子一边，她在被子的另一边，手拿一白一黄的两个乒乓球逗他，教他学爬。

优优的体格较大，较重，加上穿得又多，看得出，爬行还真不容易，挣得面红耳赤，嘴里发出要哭的哇哇声——那也是在责怪朱奶奶吧，两只手却不停地扒着被子。

终于没有扒上来。朱奶奶抱起他，他就像获救一样，朝我这边一看，还没有来得及放下哭脸就换了一副笑脸，那个瞬间真是精彩：一张脸上几乎就在同时写着两种截然不同的表情。

优优，努力，优优，加油，朱奶奶，爷爷和奶奶，爸爸和妈妈，还有哥哥盟盟，都在为你加油，也在等你长大。

（2014年2月26日）

"你怎么不穿裤子呢？"

最近盟盟的"下床气"好多了，虽然醒来不能马上就喊"爷爷早"，但是下床后还是会履行这个程序的。

刚才，他慢腾腾地走进书房，娇滴滴、怯生生地送来一句"爷爷早上好"。我一边回答"盟盟早上好"，一边回头看他，奶奶已经把他武装整齐了。

这时他却问我一句："爷爷，你怎么不穿衣服？"我说"穿啦"，他可能觉得话不周延——我的上身的确穿了罩衣。他于是进一步调整问话方式："你怎么不穿裤子呢？"

看，逻辑，逻辑，更多的逻辑训练是从生活中自然获得的。我是没加罩裤。于是对他说："天气不冷，刚才我把几双袜子洗了，还没有来得及穿上罩裤。"他应了一声，放心地走开了。

（2014年2月27日）

盟盟的"变奏曲"

我上午外出，下午4点才到家，为了减轻太太的负担，赶忙换了行头，推上两轮专车，钻进淅淅沥沥的春雨中。很快就到了小托班，盟盟活蹦乱跳地蹿到我的跟前，还不忘问一句："奶奶怎么不来啊？"我说不是讲好了吗，奶奶送，爷爷接啊，那样奶奶就不会很累了。

车行百米他就问到家了没有，真是归心似箭啊。车上正道，速度加快，他就"爷爷爷爷"地叫着，叫着叫着，竟把"爷爷"当作歌词，快一阵，慢一阵，急一声，缓一声，高一调，低一调地唱了起来，俨然唱成了《爷爷变奏曲》。零星的雨点滋润着我的情绪，那无价可估的《爷爷变奏曲》为我伴奏，高度愉悦着我路上的心情。

歌声未落我们已进家门，乘着我在写他故事的空当，他又在我的身边以巧克力为中心转来转去，最终选择边斩边奏的方法超额歼敌。还不老实，又从阳台上摸了一个鸡蛋揣到身上，刚到沙发上就被朱奶奶发现挤破了。我看了看，想了想，如果说他路上唱的是《爷爷变奏曲》，那么这一串动作可不可以叫作《行为变奏曲》呢！

盟盟，有你，我们多了多少麻烦；有你，我们又多了多少欢乐。我们爱你，无与伦比！

（2014年2月27日）

盟盟的"三部曲"

早起，盟盟上演了起床、叫我起床和看《唐老鸭》三部曲。

一声清脆的"奶奶——"既是雄鸡报晓，也是醒来的声明。奶奶在遥远的厨房，听不见；没关系，再来一声"奶奶——"，奶奶这才一边应答着，一边走进房间。装备完毕，他和奶奶走出"我的房间"——那是我们共同的卧室，现在已经变成他心目中的"我的房间"，把我一个人丢在床上。

他出去和奶奶磨蹭了什么我不清楚，我正在床上养神，他进来了，嗲嗲地说："爷爷，你要起床了。"我"好"了一声也就起来了。他告诫我要把衣服穿好，当然，他还记得昨天早上的故事，于是进一步吩咐我"裤子可以不穿的"。我再给他一声"好"。就在我扣纽扣的时候，他在我的身边舞了起来，那手舞足蹈的动作就是好看。

我从奶奶那里知道了，他在进入房间之前就已经向奶奶提出要看《唐老鸭》，奶奶要他找我，他这才进去对我关怀备至。现在他直接打开电脑，等我点开少儿英语版《唐老鸭》，剩下的所有程序都轮不到我来操作了。

他看得十分投入，念着简单的单词，有时还说说短句，到了食物单词集中阶段，他跟读的声音很高，看得出十分高兴，也很投入。我对他没有任何要求，一切都是自然而然。

（2014年2月28日）

优优看"龙"

我刚写完《盟盟的"三部曲"》，还没开始工作，想点开"拖拉机"消遣几把——这通常是我进入工作状态的预备动作——却传来优优的声音。朱奶奶去厨房了，我抱起坐在床上的优优，厅上厅下一阵转悠后来到书房。

他坐在我的身上，很专注地望着空中，脑袋也定向而缓慢地转动。我很奇怪，有什么值得这样看呢？于是顺着他的目光，终于发现空中有一缕羽绒，形状就像一条微型的龙，开始由下而上，慢慢上升，升到一定高度又慢慢下沉。下沉不是直线运动，而是略微向右边曲线浮沉。

我一边看着那条"龙"的运动，一边观察优优的神态：他可真是聚精会神啊！受他的感染，我也聚精会神地追寻着那条"龙"，但忽然意识到自己的可笑，同时也对自己的可笑感到几分可爱。

"龙"终于降到看不见的位置，优优还在追着看；我一挥手，它又升起；优优再次聚精会神地观望。这可是他闻所未闻见所未见的新事物，所以他才如此好奇，如此专注；只是他的这种状态，加上他那憨憨的样子，不仅别有情趣，而且特别感人。

这时——我知道就在这时，他不仅充满好奇，而且一定充满想象。优优，爷爷很想知道在你的心里究竟打了多少个问号，还有多少个感叹号。

（2014年2月28日）

盟盟"造句"

刚刚丢下饭碗，朱奶奶给我们讲了一个关于盟盟的令我们十分感动的故事。

就是刚才，朱奶奶看着奶奶下午才给盟盟买的画板，问盟盟：

"奶奶好不好？"

"好！"

"那爷爷好不好？"

"好！"

"爸爸妈妈好不好呢？"

"好！"

他在一串"好"过之后还不忘补充一句："爷爷和奶奶带我很辛苦。"

我们第一次从他这里听见"辛苦"一词，而且第一次看到他如此恰当地运用"辛苦"一词造一个如此完美的句子，不仅觉得他进步很大，也真切地感到他的懂事。

真的不能小看孩子啊！

有孙如此，再多的辛苦也都值得了。盟盟：我们爱你，更愿意做世界上最好最好的爷爷奶奶。

（2014年2月28日）

剪指甲

我自从发现盟盟的指甲被剪得有些平，就不让别人剪了，而是坚持按照月牙的形状给他专剪专修。

他早起后，趴在我身上看迪士尼儿童启蒙英语，我看他的指甲长了，等他看完后，我先把他的左手指甲修齐；但是轮到右手，他可能失去了耐性，怎么也不干了。

我不硬来，让他先玩一会儿，慢慢地，一边抓住他的小手，一边念念有词：

指甲长，没修养；指甲短，不好玩；
不长不短最方便，整整齐齐最美观。

好，我很快就完成了作业。

他有抵触情绪，没有跟我一块念口诀，但是相信他，慢慢地会把我编的口诀沉淀于心，指导他今后的剪指甲。

（2014年3月1日）

兄弟争母

盟盟和优优的妈妈回来了。

刚一进门，大家一起向她行注目礼，盟盟马上送上一声脆而绵的"妈妈"。亲亲妈妈那是很自然的，妈妈亲亲盟盟与优优也是再自然不过的。但是亲亲是不够的，还要抱抱。

这下优优就不是盟盟的对手了，盟盟迅速走近妈妈，一下子蹿到妈妈的怀里，娇嗲着、快乐着，还不停地说着他想说的一切，就像一只小喜鹊。

"但是妈妈不是你一个人的，也是我的妈妈呀！"优优高兴而又焦急的表情，让我们觉得他就是这么想的。看他的神态，是多么渴望妈妈的怀抱，可是盟盟就是赖着。

盟盟终于下来了，妈妈在系腰凳——那是抱优优的准备，优优在朱奶奶的怀里已经不安宁了。乘此空隙，奶奶要抱优优，优优不要奶奶了；爷爷要抱抱优优，优优也不要爷爷了，爷爷只得感叹"贬值太快"。

优优终于走进妈妈的怀抱，安静了，安静得像个小弥勒佛；似乎还在想着什么，是不是在想刚才听过的《世上只有妈妈好》是怎么唱的呢？"嗯，是的，但我太小了，是有点儿费劲。"优优，你是这么想的吧？

（2014年3月1日）

早晨的变化

我昨晚睡了个好觉，早上7点自然醒来，觉得十分轻松。看看小床上的盟盟，还在梦里，我悄悄地走进卫生间。

"奶奶"，一声响亮的叫声，"奶奶"，再一声响亮的叫声。但是没有听到奶奶应答。

随着他的喊声我也在想：奶奶到哪里去了呢？哦，想起来了，昨晚奶奶说过要进城买菜的。但是盟盟的表现倒叫我意想不到：在等不到奶奶应答，见不到奶奶走近的时候，没有像过去那样声声高，甚至执着地哭着要找奶奶，而是静悄悄地躺在床上。

我走了过去，他问我"奶奶呢"？我说"进城买菜了"，我怕他故技重演，还特地增加一句说明："不然我们没有菜吃的。"他还是静悄悄地躺着，不哭不闹，似乎一夜之间变得更懂事更成熟了——不，就是一夜之间变得更懂事更成熟了。

观察小生命的活动是一种天赐的乐趣。飞鸟之景（影），未尝动也。只有留心，才能看到他们每天都在看似没有变化之中悄悄变化的每一个细节。当然，只要留心，也就能看到他们每天都在看似没有变化之中悄悄变化的每一个细节。

（2014年3月2日）

斗智斗勇

盟盟的小脑袋确实够用，对付他也要脑筋够用才行。

要吃早饭了，奶奶不在家，我把鸡蛋、杂粮稀饭，还有萝卜响都准备好了，他却到处游荡，就是不上餐桌。他看我催得紧，就跑到房间里，我敲门，他不吭声，也不出来。

对他而言，这样的表现很有创意，这时我却郑重相告："盟盟，你听着，不出来没有关系，我马上把门从外面锁起来，叫你出不来，你就在里面一直待着。"

他肯定没有想到我还有这么一招，更觉得后果严重，于是答应了，说是要把一个东西放好就开门。几秒钟后，门开了，他去吃饭，我来记下他今天的"恶行"，因为这是他智力发展的一个标志性事件。

（2014年3月2日）

理发：一场战争

今天是农历二月二龙抬头，姨奶奶来给盟盟和优优理发。盟盟原来理发很配合，但是今天他也跟着龙一起抬头了。但是毕竟懂事一些，经过一场战争后，总算马马虎虎宣告和平来临。

优优肯定要困难得多，我们想到了，但是没有想到这么困难，刚一开始他就大哭大闹。奶奶、朱奶奶、姨奶奶，一群奶奶不停地哄着，连我也跟着张罗。一番折腾，前面总算好了，到了鬓角和后颈脖处，好像遇到了超级难题，用奶奶的话说，"就像杀他一样"，怎么也不肯妥协。

怎么办？找个东西来分散精力吧，我顺手拿来一个红色的橡胶猪，不停地挤压，不停地发出猪的叫声，有点效果，但不明显。盟盟把小猪放在地下，用脚踩，跳着踩，"猪"也就不停地哼哼。优优总算暂时平静了，接着又开始他那令我们不知所措的大声"抗议"。

我动手扶他的脑袋，多少带有压迫性质，结果呢，压迫愈甚反抗愈烈，让我们早早地感受到他的刚烈。盟盟则在一旁一本正经地用"男子汉"给弟弟打气兼提要求，似乎忘记了自己刚才的德行。

总算结束了，我在想，如果谁能发明一种让孩子们平静接受理发的方法，不哭不闹，我愿意给他特别的奖励。当然如果可能的话，我甚至愿意向瑞典人提议为他颁发诺贝尔和平奖。

（2014年3月2日）

开门，不是出门

优优越长越大，心也越来越野，天好了一定要出去玩玩，天不好也要出去遛遛。

下午起床后，朱奶奶逗他，他不安分，哼哼唧唧要出去。来到书房，我转过身去抱他，他却侧脸转身，一连几次，都是钻到朱奶奶的怀抱里躲避我。

还是朱奶奶了解他，对他说："爷爷抱你去开门。"没有想到这话真灵——看来他是听懂了，似乎也懂得开门就是出去的意思，在我再伸过手去时，他就顺从地来到我的怀抱。

尽管他小，我也不能失信于他，马上抱着他穿厅过堂去开了一道门，但是没有出去，只是看看草地，还有窗台上的猫咪。他一定失望，一定很失望：怎么不出去呢？

优优：爷爷与你讲的只是"开门"，而不是"出门"！我也为你的失望难过，但请原谅，不是爷爷过早地用逻辑刁难你，而是爷爷需要工作，实在紧张，没有工夫陪你出去啊。

（2014年3月4日）

红橙黄绿青蓝紫

盟盟早起后，突然向我提出要看虹，这让我想起第一次让他见识虹的情形。

还是去年5月，我们在大理见到蓝天彩虹，那道虹可真是独特而美丽的虹。对我来说，那样的虹也是久别重逢，很兴奋，当时就教给盟盟"这是虹，又叫彩虹"。

可能就是这次给他注入的印象又在别的什么地方得到强化，要不他现在怎么突然要看彩虹呢？当然也许是他在梦里重现了去年在大理时见到虹的情形。但是大晴天的，哪有虹呢？

好在有百度，我搜出不同形态的虹，对着画面一一教他：赤橙黄绿青蓝紫7种颜色。他对很多颜色早就能够辨识，但是记下这么长而且很不好懂的句子还是有难度的，结果也总是把赤橙黄绿青蓝紫念成"红橙黄绿青蓝紫"。

想来他有自己的定见，才有这样的坚持，而且是以这样的坚持纠正我的"错误"：明明第一道就是红色啊，怎么是"赤"呢？想到这里我对他说："盟盟，也对，赤就是红的意思。"顺便给他灌输一个新字义。

（2014年3月4日）

闻乐而舞

午休后，我把优优搂在怀里，随着儿歌的旋律快节奏地晃动着，没有想到他那么高兴，在我怀里笑眯眯地享受着，一副恬静、快乐而且不容打扰的样子。

看到这一幕，朱奶奶高兴地夸奖优优。旋律还在继续，她要接过优优，没有想到优优的态度逆转，几次三番都不愿再回到朱奶奶的怀抱里——他用行动表达：在爷爷的怀抱里更安全，更舒坦，更美好。

谢谢音乐，让我和优优闻之舞蹈，享受到了有节奏的韵律之美！谢谢优优，让我特别地感受到了做爷爷的魅力。

（2014年3月5日）

盟盟，辛苦了

我下午和奶奶一起从小托班把盟盟接回来。刚进小区，顺便取回一个快递件，拿在手上走到半路掉了下来。盟盟心疼我，走过来说："爷爷，我帮你拿。"我很高兴，也想让他试试，毕竟不重。

快递件没有绳带，他就两手捧着向前，走了100多米，掉了一次，捡起来，继续向前，一直捧到家。尽管我心下不忍，还是很高兴，于是爱怜地对他说："盟盟，辛苦了！但你从小爱劳动，还知道心疼爷爷，爷爷心里可高兴了。"

在他很小的时候我们就认真地培养他的劳动习惯，今天的表现见证了效果。但愿他永远热爱劳动，那样，我们对他的前途就不用再多操心了。

（2014年3月5日）

优优敏感

早起，朱奶奶把优优抱到书房问候"爷爷早"，这是带有程序性的礼节训练。我在吃饭，没有来得及立即回答，他好像觉得慢待他了，马上释放出有点怪我的意思。

朱奶奶接着说："爷爷抱抱。"我正要抱抱他，他竟然在朱奶奶的身上把头摆得像个拨浪鼓；朱奶奶就再来一次"爷爷抱"，他就再一次把头摇得像个拨浪鼓。

见此情状，我就直接起身把他接过来，卡住胳肢窝站到腿上，一边抖动，一边让他跳动。他大概感受到了我的真诚，更体会到了在爷爷身上的快乐，才绽开微笑。我对朱奶奶说："还真不容易啊！"

祖孙天伦

原来以为盟盟敏感优优憨，没有想到优优也很敏感。据说敏感的人情商高，但愿我们的优优今后也是一个情商高的人。

（2014年3月9日）

悄悄地探望

刚才，朱奶奶向我讲了一个盟盟的故事。

早起后，盟盟悄悄地打开了他们的房门，悄悄地探头张望，正好与朱奶奶眼神对视。

朱奶奶马上明白他的意思，可能是想来看看优优吧，于是对他摆摆手，悄悄地说："弟弟没醒，等醒了你再来吧。"

盟盟缩回脑袋，悄悄地关门而去。

写完这段，我把盟盟抱过来念给他听，问他是不是这样的。他来一句"不，爱护弟弟"。大概是说我只写看看弟弟不够分量，没有写出他爱护弟弟的心情吧。

两个小东西，有时闹冲突，有时讲友好，不断地矛盾运动，不断地调剂着我们的生活。

（2014年3月9日）

看 病

傍晚时分，盟盟突然喊肚子疼，根据我的望闻问切谅无大事，但还是叫他妈妈带我们去医院看看，为的就是图个放心。

到了医生跟前，他自己首先说"我受凉了，肚子疼"。这是我的观点，在家讲了几次，看来被他接受了。接下来，医生摸摸他的小肚肚，平时他很怕痒，现在却能忍着，看他那个想笑不笑憋得弯腰的样子，连我都想笑了，但是不能笑，也就跟他一起憋着。

看完了，什么事都没有，什么药也没拿。走出诊室，他要上楼玩，我就牵着他一起上；下楼他就不老实了，一步一级往下跳，不过瘾，就两级一跳，最后发展到一跳三级台阶。

我虽然牵着他的一只手，还是能够明显感到他的进步与活力，更能体会健康的宝贵。

（2014 年 3 月 9 日）

关怀弟弟

盟盟知道优优昨晚发烧，早起就进到优优房间，一声不响地站在床边，显然是来看望和慰问弟弟的。

朱奶奶抱着优优不方便，顺便请盟盟帮助拿一下尿不湿，盟盟问了在哪里，然后就按照朱奶奶的吩咐拿来了。接着朱奶奶又请他打开橱门拉开抽屉取出优优的吸汗巾，他都一一照办，而且做得很好。朱奶奶赞不绝口，连说盟盟真懂事。

优优，爷爷记下这个情节，为的是让你今后知道，这就是你 3 岁半的哥哥关怀你的样子，别看他平时有点"欺负"你的小动作，关键时候还是哥哥会帮助你、关怀你，是吧！

（2014 年 3 月 11 日）

和优优贴面舞蹈

正坐在书房务本，朱奶奶抱来优优要我接个手；我伸手要接，他却扭了过去。

朱奶奶的事急，我必须接手，于是站起来示意抱他，没想到他马上就投入我的怀抱。看来他是不喜欢居高临下地俯视我，而是喜欢在"平等"的位置上与我亲密接触。

也许，他开始真的不想让我抱。早起，人都慵懒，不喜欢折腾，也就不喜欢换人；但是转而一想不对啊，这是我们家的爷爷，是盟盟的爷爷，也是优优的爷爷啊，于是马上换了主意。主意换了，态度也就不一样了。

他在我的怀里就像一只安静的小狗。我抱着他，轻轻地吻，感到他的小脸蛋凉凉的，就把自己的老脸贴到他的小脸上，输送温暖。他很需要这样的温暖，也把小脸蛋紧紧地贴着我的老脸蛋，连头也半倚在我的肩膀上，还紧紧地贴着脖子。

我还想走走，于是抱起他，在厅里不停地走动。走啊走，感到来点音乐更好，也就顺手打开音乐盒子。乐声轻轻扬起。我们一边轻轻地跳着"贴面舞蹈"，一边轻轻地说，虽然是我的自说自话，他却更加安静了，似乎既在听音乐也在听我说。

（2014年3月11日）

自己向奶奶汇报

带孩子不是一件轻松的事情，吃喝拉撒样样不敢大意，这是人们普遍的生活经验。但是真正的经验必须来自自己的体验。今天晚上带盟盟的事情轮到我的头上，让我对此体会也就更加深刻具体。

前两天，他的生活节律被打乱，大便不及时，我们很焦虑，一直拖到今天晚上，终于解下来了。便后要洗净小屁屁，小脚也不放过。下面忙过了，还有上面，再把洗脸漱口等一应琐事忙过。

我还没来得及汇报，辛劳一天的奶奶就从床上发来检查上述各项工作的问话，我就顺口做了回答。没有想到盟盟不干了，哭着说不要我讲。我开始一愣，随即明白，原来他要亲自去向奶奶汇报，大概是要邀功——不过解下大便的确是他的大功一件。

是啊，这些生活细节，对于大人来说微不足道，但是放在孩子身上，其感觉是不一样的，一定感觉是很大很大的事。总算做完了一切，对我来说终于松了一口气，对孩子来说，一定也会产生完成大事之后的轻松和满足。

我于是做出妥协，高声向奶奶说："我刚才说的不算，请盟盟自己告诉你。"他这才姗姗地向奶奶走去。奶奶再一一盘问，他就一边回答一边爬到床上和奶奶耍嗲。

（2014年3月11日）

优优一步一回首

吃过午饭，朱奶奶用牵引绳训练优优走路，他上了楼梯就直奔书房。我太欢迎了，还是按过去的经验理解他，刚与他照面，就习惯性地伸手抱他。

他呢，这一次和过去任何一次都不一样，不但不顺势投怀送抱，还毫不领情，扭头就走。走得那么可爱：趔趄着，蹒跚着，摇摇晃晃的……

走就走吧，每走一步两步，还要扭头看看我，尽管扭得那么艰难，还是要扭过来。看完一面再扭回去，尽管依然那么艰难，但他还是要扭过去。

我说："优优，你可真是一步一回首啊！"因为他正在聚精会神忙大事，不搭理我，大概也不稀罕我这样的表达，依旧兴奋地走着自己的路。

但我心里明白，他正在兴奋头上，为自己的初步而兴奋，才会这样一边陶醉在初学行走的喜悦之中，一边向我炫耀他的能耐："爷爷，看我多棒，你能追得上我吗？"

优优，快了，你天天都在进步，很快就能独立行走，爷爷天天都在盼望你的成长进步。爷爷深知总有追赶不上你的那一天；而那一天，你将昂首挺胸，你将展翅高飞，你将……

（2014年3月12日）

"爷爷，你的手一会儿就热了"

小托班的事业发展了，要分成两块，离我们近的这块在翠屏山菜场楼上。奶奶要去小托班接盟盟，我去实地看看距离，然后决定我们的选择。

经历一番风雨后，我回来了。奶奶和盟盟早已经到家，盟盟的手洗好了，脚也泡好了，奶奶正摸着他的手脚说"热乎乎的"，见我到家，也要我摸摸。我说手冷，但还是摸了摸——哪里舍得不摸摸呢！

但是，我对盟盟的反应还是做好心理准备了的。盟盟肯定感受到了我的冰凉，但他的反应却超出我的想象：没有任何退缩，更没有"好凉""冰凉"一类的词汇，却说"爷爷，你的手一会儿就会热了"。

这样的宽慰，出自一个3岁半的孩子，就像一股暖流流过全身，只觉得心里热乎乎的，我深情地、痴痴地望他许久，才像回过神来一样对他说："盟盟，有你真好！爷爷爱你！因为爱你，我才温暖，不管天气冷还是不冷，我的心里都是温暖的。"

（2014年3月12日）

最高礼遇

下午外出授课，课后餐叙，延宕较久，回家很晚，奶奶电话询问时我还没有动身，所以老的小的都很着急。

终于到家了，盟盟第一个打开厅门，迫不及待地告诉我，他和奶奶已在门口等我很久。我正向盟盟解释，优优迫不及待地在朱奶奶的牵引下，大踏步地走过来，有些争先恐后的样子，两个"小翅膀"扇开一脸笑容，嘴里咿咿呀呀，两唇张合嚅动，露出了白而净的一对门牙，特别暴露，格外耀眼，与那红花烂漫的小脸蛋相映成趣，更显稚嫩可爱。

每次外出回家几乎都能受到他们的欢迎，只是今天特别，两弟兄几乎同时出现，在我看来，这样的阵势胜过庄严的礼兵队列，让我感到从来没有过的开心。

盟盟、优优，谢谢你们，谢谢你们给我的最高礼遇。

（2014年3月13日）

优优的"嗯——"

我正在浏览网上信息,听见朱奶奶与优优的动静——肯定是优优醒来了,我稍停之后走进房间,看见朱奶奶正在给优优喂奶。

优优看见我的第一表现就是精神一振,我随即送去"优优早"的问候,他目不转睛地看着我"嗯"了一声,好像这就是他的回礼——"爷爷早"!

逗留片刻,向他挥手告别,他竟然又"嗯"了一声,只是这个"嗯"字发得既重又长,估计是不想让我走的意思。

优优,爷爷下午有课需要准备,实在没空多陪你。但是不管爷爷在不在你的身边,你和哥哥都在爷爷的心里。知道吗?你们虽小,却是我心中的两座大山。

(2014年3月14日)

"我不要奶奶腰疼"

下课后,我刚到小区门口就接到太太电话,说她在接盟盟的路上腰扭了。我快步赶到出事地点,还好,看见她推着盟盟从远处缓缓走来。

我迎了上去,抱下盟盟,让她轻松一点,再腾出手来牵着盟盟沿着路牙"练功夫"。快到小区,我正和盟盟讲着玉兰花,太太骑车先进大门,盟盟突然发现奶奶不见了,大哭不止,任我怎么解释也止不住。

总算到家了,他看见奶奶,一边扑簌簌地流着眼泪,一边说"我不要奶奶腰疼"。原来奶奶扭了腰,他虽没有什么表示,但并不等于他不知道事情的严重性,现在奶奶突然消失,激活了他的情绪,也激活了他的语言表达。

此情此景已经让人好生感动。听说我们明天去看医生,他马上就说也要陪着奶奶一块去。盟盟,你的孝心让黄金逊色,奶奶没有白疼你啊,她是辛苦的,但是苦有所值!

(2014年3月14日)

优优的伟大"进步"

8点钟,我坐在沙发上看新闻,盟盟一边黏着我,一边营造着自己的世界。朱奶奶也抱着优优坐在我的旁边。一会儿,她把眼光从荧屏移开,转身放下优优让他练步。

优优扒着沙发站在垫子上,朱奶奶逗他走路,他不动。盟盟在他的前面摇动口香糖盒子,优优一下子就被那清脆的响声吸引住了,但还是不动。盟盟又把那只盒子放到优优左前方几十厘米的距离。那只盒子实在精美,优优禁不住诱惑;再说里面还能发出响声,他一定觉得非常奇妙。于是倚靠着沙发,尝试着,挪动着,终于"进"步,两脚迈向那只精美的小盒子。

拿到啦!我们一阵惊奇欢呼,为优优的成功,为优优的这么几步,为优优的历史性进步而欢呼。

优优:千里之行始于足下,你的一生之行始于今天,让我们共同记住今天——2014年3月15日——一个伟大的日子!但愿你从今天开始,你一定会从今天开始,走向独立行走,行走江湖,不管风情浪情怎么样,都会永不停顿。

(2014年3月15日)

看 琴

我带着盟盟去趟邮局,返回途中,盟盟说"爷爷,我们唱歌吧"。我说"好",然后就扯开嗓子唱了一段。

"下面到你了",我对他说。路上噪声太大,听不清他唱的什么,但是看到他在唱。这一唱唱醒了我,带他走进一家一年多前就来看过的琴行兼钢琴教学点。尽管盟盟没满4周岁,不够学琴条件,我还是带他进去,让他看看、摸摸,获得一点感性知识。

我打开一架黑色钢琴,先示范一下,他的小手也按下白色琴键,看得出,他很高兴那个清丽之音;再换一架棕色的、红色的,他不仅逐个敲击白色的琴键，还要敲敲黑色的琴键，越敲越加喜欢，喜欢那些不同的琴键所奏出的琴韵。

底下的机关他也看到了，"那是调节音量的脚踏板。"我顺便告诉他。他也想试试，我也不想让他动得太多，倘若损坏别人的东西总是不好的嘛！他也不提进一步的要求。

关上琴盖，再看墙上风景，有提琴、吉他、二胡、古筝等不同乐器。我对古筝情有独钟，伸手撩拨一弦，凝重一响，悦耳动听。盟盟也想弹一下，我抱起他，小手随即拨响了另一根弦，发出了清脆的声音，似乎表达了他的天真，也给我们今天留下一个特殊的记忆。

（2014年3月16日）

挠　痒

我正在书房忙我的工作，盟盟进来了，直喊"爷爷，我肩膀下面痒"。我伸手去挠，他却怕痒，抑制不住地笑，笑得直不起腰。

我脱去他的棉袄，扯起胳膊挠，他就一边享受舒服，一边强忍难受，样子十分尴尬而快乐。

我松开手，摸摸他那平整嫩滑的脊背，他却说："爷爷，我还痒。"这是继续请求。

那就再挠吧，他就再一次享受，再一次强忍，再一次尴尬，再一次快乐。

差不多了，再挠会伤皮肤的，于是我对他说："走吧，爷爷要做事。"他呢，却说："爷爷，我不走！"

（2014年3月16日）

玩　具

妈妈从香港回来，给盟盟买了不少玩具，优优太小，就一件好像"原子弹"的锥形盒子。

盟盟早上看见了，就问这是什么东西。朱奶奶说是妈妈买给优优的。给你买了那么多，给弟弟就买这么一个。

盟盟问："我可以玩玩吗？"

"平时你的东西怎么不给优优玩呢？"朱奶奶乘机将他的军。

盟盟两年多来就是自己一个，突然来了优优，还没有完全适应这种变化，所以经常会有这么一个问题。

既然想玩，那就要有理由。于是盟盟对朱奶奶说："妈妈是买给我们亲兄弟玩的吧？"

看，这个概念换得多么巧妙：用发问的方式寻找一个非常合情的理由，而且还有商量的成分。

朱奶奶又追问一句："那你的玩具还给优优玩吗？"

"给，给弟弟玩的。"盟盟平静地回了一句，是有些被动的样子，但是表态还是很好的，看得出，心也受到了触动。

很好，我们相信盟盟！

（2014年3月17日）

这才是亲兄弟

经过昨天的一幕，盟盟一夜之间好像长大了。

早上起床，我抱着优优坐在沙发上，盟盟竟然主动地送来托马斯火车给优优玩——那可是他的心爱之物；优优也很高兴，嗷、嗷地对哥哥表示感谢。

接着，盟盟缠着我，最后跑到我的背后，站在高处逗优优。优优开始平静地看着哥哥，接着就手舞足蹈。就这样，盟盟抱着我的脖子居高临下，优优在我身上仰望北斗，互相逗着，共同开心。

我说，盟盟，今天早上是最美妙的时刻，因为你今天更像一个哥哥，你们今天也就更像亲兄弟，这才是真正好样的。

（2014年3月18日）

远离"三不"

盟盟、优优：今天爷爷突然想和你们说一点自己的生活感悟，希望能对你们今后的人生有所帮助，这就是人要远离不着地、不着调和不着边的"三不"。

"不着地"就是脱离实际，耽于幻想，想入非非，自己把自己吊在半空中，这是一种很坏的生活态度，从基本点上规定一个必然失败的人生。

"不着调"就是胡话连篇，言过其实，夸夸其谈，把虚荣当作光荣。这种语言风格是"不着地"的本质反映，也是对于"不着地"的华丽修饰。

"不着边"就是好高骛远，舍近求远，不讲实效，放弃现实可能，追求虚幻目标，这是对"不着地"和"不着调"的综合。如果说前面的"二不"是导致人生彻底失败的两个条件，那么"不着边"则为彻底失败再注入一个更加糟糕的因素。

盟盟、优优：你们是我们的宝贝，更是管家的传人与希望，现在尚在幼年，爷爷当然不能说你们就是这样的人，但是爷爷希望你们永远不做这样的人。爷爷一生经事甚多，阅人无数，什么样的路数使人成功，什么样的路数致人失败，心中是有基本认识的，今天写的只是一点感想。

记住了吗？我们最亲爱的宝贝！

（2014年3月18日）

盟盟挨训

盟盟今天刷牙很不认真，只把门牙刷干净，两边的板牙没有刷到就草草结束。我批评了他，他竟然放下牙刷就往房间里跑，想找奶奶这把保护伞，为的还是躲避刷牙。

奶奶没有迁就他，我更是板起脸，要求他重新刷。他含着眼泪，我毫不心软，告诉他："我们从小每做一件事情都要认真做好，不能浮皮潦草。刷牙就是要里外上下都要刷到，这就叫认真。"

盟盟：好的习惯助人成功，而好的习惯往往就是从小养成，从小事养成。大成发轫于小，做不好小事，很难拥有大的成功；做不好眼前的小事，不可能获得美好的未来。

其实，你今天暴露出来的这点小毛病谁都有过。但是这些道理未必每一个人都能得到及时指教。爷爷说的这些话，你现在当然不懂，但是写在这里，今后你会看到，慢慢体会到的。

当然，那时这样的小毛病可能早已无影无踪了。但是为了这个"无影无踪"，必须从现在开始训练你的习惯。因为人的成长就像植物生长一样，不能错过季节。

（2014年3月19日）

吃比萨

两天前，盟盟突然提出要吃比萨，因为太忙，直到今天我们才带他去。我和他先到店里，不一会儿，奶奶和朱奶奶也带着优优赶来了。

我们不喜欢这种洋餐，只给盟盟点一份。比萨来了，我用餐刀挑了一点软面送到优优口中，盟盟大概想得太久了就特别珍惜，竟然一反常态，哭着不给弟弟吃。见此情状，我和奶奶一起批评他的不对；他还哭，那好，我又来一下，他就又哭一阵；我见他还不停止，接着再来一下。如是三番，他终于不哭了，反倒一边自己动手挑给弟弟吃，一边低低地说"要分享"。

这时我们才说："这就对了，就是要学会分享。你在外面都能与别人分享东西，今天你吃一个整份，弟弟只是吃了一点点，你竟然不愿意了，这就是吃独食，不是分享，很不好！爷爷奶奶不会迁就你的。"

我又进一步联系他已经学过的"丑"字，直接指出："这个不好的样子就是'丑'，能与弟弟分享就叫'美'。""美"字是前天才学过的，于是他接着我的话茬说："'羊'字的美"——下面的那个"大"没有能够说得出来。虽然他在回避实质问题，但我知道他在心里已经接受了批评。

盟盟，当然还有优优，你们需要记住：与人相处要学会公平分享，只有学会公平分享，才有共同成功。贪心太重，世界必小。爷爷奶奶的严格就是基于这样的认识。

（2014年3月21日）

优优"异常"

优优还不会说话，但是意识进步很快。

他刚才在沙发上玩彩笔，左手食指被染了橘红色，一定觉得异常，于是向朱奶奶嗷、嗷、嗷地叫唤。

朱奶奶来了，一看原来如此，十分高兴，为优优的进步而十分高兴，马上抱过优优，来到我们面前，绘声绘色地把优优的"异常"表情与表现说给我们听。

优优来到我们面前后，先把左右两个食指对接，接着就对着我嗷嗷地"说"着他的故事，还把那个染色的指头伸给我看看——显然他在"说"着与此有关的故事。

我看过了，他又给朱奶奶看，而且不断地要朱奶奶看，朱奶奶终于明白了：他是要她帮他洗洗干净。终于洗干净了，他也就不再指着自己的指头，而且也不再"说"关于指头颜色的"话"了。

（2014年3月25日）

"要，我要奶奶！"

晚饭后，奶奶想出去走走，我有事不能陪同。往常盟盟总是跟着奶奶一起走，今天却对奶奶说"不"。

我们分析原因，除了《倒霉熊》的吸引之外，想来还是他长大了，独立性越来越强。当然说不定也是他想偷懒。

不过还是出去了。转了一圈回到家里,奶奶走在前头,他马上就问:"爷爷呢?"我在家里,等我出现后,他马上就叫了一声"爷爷!"亲滴滴的,脆嘣嘣的。

奶奶故意对我说,而且说得十分委屈:"盟盟不要奶奶了。"他马上反对,坚决而又干脆地说:"要,我要奶奶!"

"反对有效,"我说,"这就对了。"我进一步对着盟盟说:"记住了,不要奶奶的人都是傻帽。""傻帽是什么?"盟盟不懂这个词汇。"就是傻瓜。"我答。他小归小,还是知道傻瓜不好。

(2014年3月27日)

泡 脚

我们认为洗脚没有泡脚好,泡脚可以舒筋活血驱除疲劳,效果明显,还能有效防止脚气,所以最近以来开始培养盟盟泡脚的习惯。

就寝前,在塑料桶里装上一半热水,脚往里面一放,一边玩一边泡,悠闲而惬意,所以他一点也不抵触。

优优在一旁看了觉得好奇,也要参加进来,竟然自己脱鞋,一只脱了,再脱一只。当然了,袜子有些麻烦,尽管他很努力,还是不行啊,那就请朱奶奶帮忙吧。

刚一脱好,他马上就把两只小脚伸进水里,两双小脚自然地亲密接触,互相碰触,盟盟是条件反射,两脚一动,优优也就跟着不停地搅动。幸亏是一只桶,如果是个江海,真有翻江倒海之势啊!这不,地下已是一片汪洋。

其实他们并不懂得泡脚的好处,只是把它当作一种有趣的游戏而已。但是可以将计就计,好习惯也是可以在游戏中培养的嘛。

(2014年3月27日)

找爷爷

优优不会说话却很清楚，知道我平时在书房居多，所以朱奶奶带他练步，他总是挣着要进书房；进了书房后，与我照个面，给个笑脸，又往外走，是怕耽误自己练步呢，还是怕妨碍我的工作呢？说不定是想两不耽误吧！总之，运动就是一切，运动就是快乐。

今天我外出授课，有些累了，回到家里，正想好好休息一下。刚一转身，就收获到了优优那个憨憨的笑脸。这是第一个收获。还有第二个吗？当然有，第二个就是朱奶奶向我讲述的他找爷爷的故事——

白天，我出去了，优优不知道，醒来了，还是要进书房找爷爷。朱奶奶一边对他说"爷爷出去了"，一边带他进来看个究竟。进来后，优优没有看到我，到处张望，到处寻找；还是没有，又不甘心，于是对着椅子背上的衣服看了又看，好像想弄明白我是不是藏在里面和他躲猫猫。

小东西真是可爱！优优，爷爷爱你，奶奶爱你，就像爱你哥哥那样爱着你！

你就是我们心中的太阳，当然，是一个小的太阳。有了盟盟，我们的生活十分明亮；有了你，我们的生活就格外明亮。

（2014年3月28日）

"腿袖"

盟盟醒了，一如平时，高喊"奶奶"，但是奶奶买菜去了，他也就只好退而求其次，接受我来为他穿衣服。

上身穿好了，轮到裤子，牛仔裤裤腿太细，我的手不好伸进去，棉毛裤被拉到膝盖下面。盟盟好像怕我不会调整，急了，也就急中生智，急不择言，竟然脱口而出："腿袖！"

"腿袖"？我莫名其妙，想想还是不懂，一愣一愣地站在那里，于是一边问他说的什么，一边开动脑筋强行推理判断："腿袖"到底是个什么东西？我终于领会了他的意思，就是棉毛裤的裤腿。

我豁然明白，扑哧一笑，笑着说："盟盟，你真能创造，今天就有新的创造啊，创造了一个'腿袖'的新词儿，既让爷爷蒙了半天，也让爷爷大长了见识！"

郑重声明，倘有一天，"腿袖"能够成为一个流行的新名词，进而成为稳定的生活用语，请记住，其知识产权应该属于我们盟盟，是他在3岁半时创造的。

（2014年3月30日）

盟盟浇葱

奶奶到后面的巷道推自行车去了，盟盟在等待奶奶的专车驮着去上小托班。朱奶奶看见几根葱晒得太久，就把它们埋到黄杨下面，说是看看能不能长出来。

盟盟不甘失业，操起塑料喷壶，先从几天前才安装的室外自来水管里放水，然后提出来去给新栽的葱浇水，那可真是殷勤备至，孜孜不倦啊！

我们知道他是借机玩水，为了控制他，我们就把里面的阀门开得很小，他也清楚，所以每次壶里的水并不满，一壶、两壶，一连浇了3次，奶奶来了，他就走了。

良好的习惯与快乐的游戏是可以互相帮助的。比如这样的活动，对他来说就是游戏，对于我们来说却是教育——让他在游戏中学会劳动，同时培养他劳动的习惯，提高他诸如浇水这样的劳动技能，可谓一举多得。

（2014年4月2日）

"和平相处"

幼儿园的小托班换了地址，盟盟午睡习惯也被破坏了，下午接他，他一副无精打采的样子，幸亏我给他新买了一根金箍棒，他振奋了一阵子，但是还没到家就在车上睡着了。

到家了，他见到了妈妈，就像吃了兴奋剂，小嘴开始滔滔不绝："妈妈，我在幼儿园里和小朋友们和平相处。我和陈逸轩一起疯，可兴奋了，兴高采烈。"

妈妈听后十分惊讶，说给我们听，我们也深感惊讶：怎么词汇量一下子变得这么大，这么丰富！轮到我们"可兴奋了，兴高采烈"。

在孩子成长的过程中，总有惊人的出彩之处，那是生活量的积累之后发生质的突变。不可小觑，它带给我们的又怎一个快乐了得！

（2014年4月3日）

优优说"走"

朱奶奶常带优优，成为优优要抱的首要人选。早起，我想抱抱他，通常都是按照自己的意志直接抱过来，然后再走动走动，还得搞点大动作才会被他接受。

即使奶奶想抱他也得这样。刚才，奶奶要从我的手里抱他过去，他不要，但是奶奶有办法、有经验，拿起太阳帽就说"我去开门"，说罢，再伸手抱他。

优优看见奶奶把帽子戴在头上，就知道马上要发生什么了，义无反顾地投入奶奶的怀抱中，小嘴里还迸出一个"走"——他要出门逛逛去，那也是他最喜欢的活动。

他们出去了，但是那个偶然迸出的"走"，现在还在我的耳边清脆嘎嘣地响。当然不能说响过就响过了，我还要把它那个清脆嘎嘣的响声变成永恒的文字，这就写下《优优说"走"》。

（2014年4月9日）

专门搞破坏的"坏蛋"

盟盟3岁多了，破坏性越来越大，斑斑"劣迹"，罄竹难书，这里记几则"坏蛋"的事迹。

我电脑上的一些程序莫名其妙地没了，询问爸爸，爸爸说不是他干的。我再问那是谁呢，爸爸说还能有谁呢！原来是盟盟到我的书房，乘我不在删掉电脑上的一些信息和程序。一个"坏蛋"，一个专门破坏的"坏蛋"！

这一段时间他特别爱玩笔，只要有我放在工作台上的笔，不管多少支，在他孜孜不倦的努力之下，统统被搞得身首异处。我怕耽误工作，只得悄悄地埋伏一些备用的，谨防"坏蛋"！

自从在小托班附近买了一根金箍棒，他回来后就在厅里胡乱挥舞，有时直接就把弟弟当作威胁对象，遭到一顿训斥后有所收敛，不久又故态复萌。就是个"坏蛋"！

门外安个水管是方便用水，知道他会破坏，于是不让他发现里面的阀门，但是不知怎么搞的，还是被他发现了。尽管我们从里面把阀门关死，他还是能够让水哗哗哗地流个不停。还是个"坏蛋"！

奶奶送他去小托班，车子在路上突然骑不动了，跳下车检查，原来是他在行进中把车子锁住了。这一锁，不说安全隐患，起码几十块钱一把的车锁也就报销了。更是"坏蛋"！

奶奶把他安排在厅里泡脚后，和我一起到房间里给他铺床装被子，谁知他用脚把桶里的水溅得到处都是，最后索性站到桶外，用毛巾把水蘸到身上，桶里的水基本没有了，衣服和两条裤腿却是湿漉漉的，还有地下的一片狼藉。"坏蛋""坏蛋"，就是个专门破坏的"坏蛋"！

（2014年4月9日）

优优开灯

优优今天满周岁，的确不一样，进步显现出来了。

朱奶奶带着他练步走到书房，我刚抱一抱他就要下去，好像很喜欢走路。刚刚出去一会儿，朱奶奶十分兴奋地跑来告诉我："优优会开灯了！"原来他们走出书房要往客厅去，那里没有开灯，朱奶奶让他操作。优优一开上瘾了，不再留恋别处，也不想别的事情了，总想着再去开灯。但是够不着，只好要朱奶奶抱起来摸到开关。灯又开了，他在朱奶奶身上兴奋得把头摆得像个拨浪鼓。

3个开关，上下并列，我想这可能是个偶然吧，于是带着实验的心情看着他再开，结果一连两次都很成功。成功的标志就是虽有3个开关，他总是能够准确地选择中间的那个——那是客厅顶灯的开关。

开灯之事虽小，却说明他已经有了定向选择的能力。

（2014年4月10日）

优优的第一声"拜拜"

盟盟要去小托班了，奶奶说快和爷爷"拜拜"。谁也没有想到，盟盟还没来得及说，在朱奶奶怀里的优优却迫不及待地抢先喊出了"拜拜"！

这是第一声春雷，肯定没有惊天动地，由于太出乎意料，却引来了大家一阵惊奇的喝彩。奶奶喊我去看，我问看什么啊，奶奶说来了你就知道了。

我来了，一看，看见了优优和身边的每一个人，脸上都是洋溢着前所未有的喜悦。优优加油！记住，在你第366天的时候，第一次喊出了"拜拜"。

（2014年4月11日）

"终于大功告成"

自行车锁被盟盟破坏了，奶奶买把新的回来，剩下的就是我的工作。

我刚开始安装，盟盟就忙起来了，又是拿锁，又是搬工具。我在一边装锁，他在一边捣蛋，几把起子被他一一插进草地里，再拔起，再插进草地里。反正地是软的，起子是硬的。

我把车锁装好了，他也就把起子收拾起来了，却冷不丁地冒出一句："终于大功告成了！"是表扬我呢，还是表扬自己呢？反正令我十分惊讶，更觉得有点不可思议。

于是问他从哪里学来的"大功告成"这个词,因为我没有教过他啊。他说:"是《喜羊羊》里面的。"原来如此,那是他过去很喜欢看的动画片。

(2014年4月14日)

优优摇头

盟盟正在艰难地吃饭,直到我走开,他还在磨蹭。优优就坐在哥哥旁边的小"桌子"上,认真地观察哥哥的表现。

这时的哥哥开始做一个很特别的动作,就是摇头,大动作地摇头,加上头发很好,也长长了,摇动的时候很有些飘动的美感。

优优也激动起来了,和哥哥一道摇起自己的脑袋,而且动作也很大,速度也不慢,还一边摇着一边笑。朱奶奶在一旁高兴地叫"爷爷快看"。

我看见优优活脱脱地模仿的一幕,有些难以置信,事实就在眼前:这就是我们的优优吗?好像不是在疯狂地摇头,而是在春天的帮助下疯狂地进步。

(2014年4月14日)

两凤引三凰

我正在书房,朱奶奶高声叫我,说是有人来找。出门一看,原来是3个小女孩,要来找我们家的两个小弟弟玩。

她们说自己是小区的,但是谁家的孩子我却搞不清。既然来做客,我就很客气地请她们进来,对着还在盥洗的盟盟说,和小姐姐们好好玩玩吧。

转过身来,我对太太和朱奶奶说,真是热闹啊,没有想到两只凤一下子引来3只凰。

怕他们听不懂——因为人们已经在习惯上把凤凰作为女性的象征和代名词——特地解释一下:"凤凰虽然都是神鸟,却有雄雌之分,凤是雄性的,凰是雌性的。"为了证明,我说:"司马相如就有作品《凤求凰》。"

虽然这不是她们都知道的故事，我还是即兴念出："有一美人兮，见之不忘。一日不见兮，思之如狂。凤飞翱翔兮，四海求凰。无奈佳人兮，不在东墙。"

下面已经记不全了，那就到此为止吧。

（2014年4月15日）

不要爷爷奶奶死

死亡是人生的句号，我也亲身经历过，虽然那是短暂的休克，毕竟也是死的体验。所以我是经常想到死的问题的，而且从年轻时就是这样，从不忌讳。

一天，我和奶奶看着盟盟发出感慨："我们死了以后，你们可怎么办呢？"这可真是我们的由衷之叹，没有想到，盟盟当时就哭了起来："我不要爷爷奶奶死！"

我说爷爷奶奶总会死的啊，他还是一连说着"我不要爷爷奶奶死，我不要爷爷奶奶死"，其言哀哀，其情切切，很是感人，从此以后，我们就不在他面前说这样的话了。

今天早起，我在网上下棋消遣，这是我的一大喜好。盟盟也来了，坐在我的腿上看我下棋，突然又对我说："爷爷，我不要你死！"看来他还在想着昨晚的话。

我马上安慰他："爷爷不死，爷爷现在不会死，爷爷要等到你长大成人，上完大学，工作了，爷爷放心了，才可以去死的。"我们清楚，孩子是真心爱着我们的，我必须这样安慰他。

盟盟、优优，快点成长吧，出息吧！爷爷对于死亡没有畏惧，唯一的愿望就是离开这个世界时能够面带笑容，那将是你们给我的厚待，给我的幸福！真的那样，爷爷不管是在九泉之下，还是在九天之上，都会笑着谢谢你们。

（2014年4月16日）

"灰——机"被纠正了

优优已经不断冒话了，因为是冒出来的话，总是让人意想不到。正是意想不到，又总会给人带来意想不到的惊喜，刚才我就惊喜了一阵子。

我和奶奶带着盟盟出去散步回来，朱奶奶抱着优优在门前的草地上消遣，我伸手抱过优优，正在亲吻他的小脸蛋，突然飞机来了。朱奶奶马上说"优优，快看飞机"。等我转过身来，飞机已经闪过去了。

紧接着又来了一架，我担心他讲不好"飞机"，特地模仿幼儿语言说："灰——机！"没有想到，他就像纠正我的错误似的，马上迸出："飞——机。"

哇，多么清晰的发音，多么标准的普通话，比我的水平高多了，在我心灵产生的震撼感远比飞机带来的震撼强大得多。

但是"飞——机"过后，再也没有听到第二声那么干脆而又清晰的"飞——机"了，这就叫蹦话吧！

（2014 年 4 月 16 日）

优优发出卷舌音

从仪征讲课回来已经晚上 8 点多钟了，刚刚进门，看见盟盟坐在小马桶上，朱奶奶把优优抱出来欢迎我。我匆匆安抚一下两个小东西，转身走进书房处理紧急的事情。

还没出来，朱奶奶已经喊我快看优优与盟盟比赛发音。只见盟盟把舌头一卷，左右游动，发出呜噜呜噜的声音。站在朱奶奶身上的优优马上也把舌头一卷，但是不做左右游移状，发出的声音比盟盟的还响，还特别，那是啰啰啰的声音，音节频密。

我看了觉得十分惊讶，惊讶优优的进步，惊讶优优与盟盟的双向影响是如此明显。但愿他们能有更多更好的互相影响。

（2014 年 4 月 21 日）

祖孙天伦

王顾左右而言他

以下是爸爸讲的关于盟盟今天的故事。

盟盟把玩具和美食都收了起来，目的就是不给弟弟玩，不给弟弟吃。爸爸觉得很好笑，问他原因，他振振有词："弹子太小了，怕弟弟吃下去危险。"看上去还是很有道理的。虽然滑头，却滑得"有理"，让人难以直接批评。

爸爸又问他，那为什么把好吃的也收了起来呢？他却不回答，显然没有找到恰当的理由解释。也别以为他就这么沉默了，他一定会有新的表现。这不，他突然指着窗外的大妈们说："爸爸你看，好多人在那儿跳舞！"好一个王顾左右而言他，转移话题，以进为退。

盟盟：你的这些表现在孩子中具有普遍性，优优今后也会经过这个阶段，这在幼童时期是"可爱"的特点；但是，人都会慢慢长大，道德也会逐渐进化，所以到了一定的年龄段，它就不可爱了。

（2014年4月27日）

移山填海

门前的草地被雨污分流工程破坏了，恢复得不算很好，我就自己动手完善细处，于是不断地带着塑料米袋，拿着铁锹，骑着自行车到小区外面运土。

我带着盟盟，既让他接触自然，又让他感受劳动。再说有他帮我绷着袋子，还真省事多了。回来的路上，我们一边走，一边聊，聊着聊着，想起愚公移山和精卫填海两个寓言。

可能是他扁桃体发炎后还没完全恢复，精神不够好，也可能是我的语言色彩还不够童话，他的兴趣远不像听童话故事那么大。

但我愿意讲，虽然两则故事不同，一则移山，一则填海，却有着共同的寓意，我就是要把寓于其中的坚韧不拔注入他的意识，让他以后慢慢体会并学会。虽然不会一劳永逸，但愿点滴积累久久为功。

（2014年5月1日）

优优唱歌

优优和盟盟一样也爱唱歌。妈妈抱着他在草地上唱《世上只有妈妈好》，回到家里，把他放在一个小凳上，妈妈继续唱，一边唱，一边打着节拍，那是在用歌声陪伴他。

优优也跟着妈妈的歌声唱了起来，但是吐出来的所有歌词却是"妈妈"，随着那个有七八分合旋律的调子，"妈妈"也时高时低，忽长忽短，还真有些抑扬顿挫。

特别是他那个忘情的样子，既让你觉得很逗，又让你有所感动。看，鼻涕下来了，没有关系，"妈妈"；口水下来了，没有关系，"妈妈"；大家表扬他，不受干扰，完全无视，继续"妈妈"；吸了一口气，还吹起了一个口水泡，没有关系，仍然"妈妈"，直到他自己唱完了《世上只有妈妈好》，才结束这场特殊的优优演唱会。

就是不知道，究竟是《世上只有妈妈好》的歌好呢，还是妈妈好，应该是都好吧！

（2014年5月7日）

这是什么东东？

盟盟拉了屁屁，洗了屁股，不把裤子拉起来，而是吊在膝盖上，东张西望，好像在寻找什么。

一旁的优优一直都在目不转睛地盯着哥哥，不仅想看看他到底在干什么，要干什么，还想看看哥哥的小屁屁——哎，好可爱，哥哥的小屁屁就是好看！

盟盟转了过来，裤子还是吊在膝盖上，小屁屁暴露无遗——他才3岁8个月，还没有形成对于性生理的耻感。但是优优有了新发现——咦，哥哥挂在那里的到底是个什么东东呢，我怎么从来没有见过呢？

不行，要好好研究研究。他想到这里，拽着朱奶奶走向前去，靠近哥哥，伸手摸摸，找点感觉；盟盟觉得好奇，也有点好笑，出于本能，小幅度地转了一下身；优优心想，你转身了，我也要进一步研究研究，于是跟了上去，再一次摸了摸哥哥。

看到这么精彩的一幕，我们一起情不自禁地大笑起来，盟盟朦胧地感到我们在笑什么，略有一点不好意思；优优可是一点感觉也没有，可能还在想着那个老问题：咦，哥哥，那到底是个什么东东呢？

（2014年5月8日）

和盟盟打牌

中午了，我发烧初愈，不想吃饭，估计盟盟也不想吃，于是拖住我打牌，我就陪他玩玩吧。

牌面是一些动画图案，我分不清，把不同图案的牌里朝上，他却纠正我，坚持把牌面朝上，尽管牌面也是有图案的，但那只是统一的封面图案，不是实质性的内容。

我有些不解游戏方式，就按照正常的方式出牌，谁知他把多牌给我，少牌留己，当然他很快就把手里的牌出完了。出完，也就直接宣布自己赢了。

哦，原来是这么回事啊，是以谁最先把手里的牌出完决定胜负的！一旁观战的朱奶奶说，她就是这样与他玩的。我又"哦"了一下，心想真是有什么样的师傅就有什么样的徒弟呀。

好，那我就调整方式，把更多的牌送到他的手里，然后我再一张一张地出，他当然也一张一张地出；我的快出完了，他呢，满手牌，一点也不紧张，却换了花样，一次出了两三张。

我不吭声，也不担心，因为他手里的牌还是比我多，可是就在我剩下两张的时候，他却一下子扔出手里全部的牌，同时宣布"我又赢了"！我这才知道他为什么如此淡定，原来他是胸有成竹。

我一边笑他赖皮，一边告诉他：游戏应该有统一的规则，玩的人也要遵守统一规则，否则游戏是无法玩下去的。

（2014年5月11日）

盟盟很绅士

我和盟盟快进小托班了，听见后面有叫盟盟学名管亦苏的声音。盟盟说是黄馨怡，我回头一看，还真是笑笑嘛，笑笑是这个丫头的小名。

我赶忙回个招呼，笑笑的外婆正在喂笑笑喝奶，我们闲话几句，一起往里走。到了鞋柜跟前，盟盟竟然从另一个格子里拿出一双鞋子，我还以为他拿错了，准备纠正他，笑笑外婆说那是笑笑的鞋子。

我被盟盟的这个动作惊得目瞪口呆：我们从来都是教他待人友好，可没有教过他如此绅士地对待女孩子，他是怎么会的呢？我纳闷，只得对着笑笑外婆感叹："天性，天性！"

笑笑外婆一边开心，一边帮助盟盟穿鞋子——她可是真心喜欢我们盟盟的。等到两个小东西的鞋子穿好了，竟然互相牵着小手向楼上走去，就像要走向一个什么神圣的地方。

我站在那里笑，笑笑的外婆一边笑一边对我说，你们管亦苏就喜欢我们笑笑，开始他们都在中班，后来管亦苏去了大班，一休息就要过来看看笑笑。现在笑笑也到大班了，他们又天天在一起了。

回来后，我把今天的故事讲给奶奶听，奶奶却讲出更多的故事：笑笑外婆对她说过，笑笑谁给东西都不吃，盟盟给她什么她都吃。还有这样的事，我惊讶。

还有更感人的，奶奶接着说："盟盟从嘴里吐出来的东西，笑笑都吃，还能吃个精光。我看着都难为情，笑笑外婆却一点也不介意。"

这，这，这叫我们到底该怎么办才是好呢？

（2014年5月15日）

兄弟合吃棒棒糖

盟盟晚上吃过稀饭,要吃一个棒棒糖,因为他有些发烧,奶奶也就依了他。

优优看见了,凑上来,像是要玩,也像要吃。我说也给优优一个吧,奶奶说他太小,不能吃。优优可能不是这么想的:哥哥要吃,一定好吃,我也要吃;哥哥能吃,一定可以吃,为什么不能给我吃呢?

等到盟盟终于撕开了糖纸,朱奶奶也说给优优尝尝吧,盟盟就把剥好的棒棒糖递了过去。优优浅浅一尝,嗯,甜,真甜,原来这么甜啊!想到这里,啊呜一口,全都吞进了嘴里。

盟盟用力从优优嘴里把棒棒糖抽了出来,自己先咬一口,又给优优送去。"很好",我表扬他。优优张嘴接着,咬得更紧,但是就那么4颗对牙,实在是心有余而牙不足。

盟盟把只有一半的糖再次送进优优嘴里,优优咬得更加用力,盟盟用力一抽,四分之一已经留在优优的嘴里。盟盟看了看,显然没有想到优优这么有战斗力,但是表情平静。

我们看着直笑,一直感叹:抢着吃的东西真香,抢着吃的糖更甜,同时觉得盟盟今天晚上更像一个哥哥。

(2014年5月19日)

奶奶的妙招

盟盟的自然品貌是不错的,我每每看他举止都有一种喜悦之情、享受之感。但是两个月前吧,小托班的老师教他们跳舞,究竟怎么教的也不清楚,反正回来后肩膀变得不正常了,时不时地耸肩。耸就耸吧,偏偏只耸一边的。

斜着肩膀的状况虽然偶尔出现,却让我心情沉重。问题总得纠正吧,我们先用批评的方式,不见效;改为表扬的方式,赞美他过去的姿势,拿出去年在丽江的照片给他看,还是不奏效,反倒让他自夸"我在丽江走路的姿势很好看的";向老师反映,老师说没有发现啊。

虽然我们也知道今后会慢慢变好的,但是心里总不踏实,到底怎么办呢?前天奶奶发明了一个新方法,我把它概括为"因势利导"。就是一边问他:"盟盟,老师教你们跳舞是这样教的吧?"说罢示范给他看:把两个肩膀一起耸起、放下,再耸起、再放下。

盟盟一看就说是这样教的,奶奶接过话茬,那就对了,两个肩膀要提就要同时提起来,再同时放下来,不能只动一个肩膀,并且要求他跟着做一遍。

还是奶奶高明,盟盟开窍了,一次成功,终于纠正一个"顽症",我们的心情也被纠正了。

(2014年5月22日)

人要吃饭,草要喝水

盟盟喜欢玩水,尤其喜欢玩水枪。见我拿出水管和水枪,知道要浇草地了,还没有等我安好龙头就抢了过去。就凭那个积极性,应该评个先进。

我很乐意,正好利用他的好奇和玩心,培养他的劳动习惯。我只在一旁简单地教他怎样调节水枪。他就一会儿用水远射,一会儿用水雾喷洒。奶奶心疼水费,说他浇水没数。我说多交一点水费,少交一点学费,值得。

说起水费,我就想到了怎样把水费的效益最大化,于是向盟盟提问:"你知道为什么要给草地浇水吗?"他正忙着自己的工作,似乎不太关心我的问题,我就以自问自答的方式告诉盟盟:"人要吃饭,草要喝水!"

这是极普通的常识,他在经验的层面上已经懂得,但是我要把他已有的经验概念化,相信他以后会慢慢体会到,在这些概念化的格言里,内含着多么丰富的意蕴,进而影响他对工作与生活的态度。

盟盟,爷爷再说一遍:人要吃饭,草要喝水。

(2014年5月24日)

一个"洗"字三个忙

朱奶奶忙优优睡前盥洗，先把他安排到一个小红凳子上，水盆放在前面，正准备帮他脱去袜子，优优已经迫不及待，两个肥肥的小脚立即下水，上下翻飞，就像蛟龙戏水，地面一片汪水。朱奶奶忙坏了，嘴里讲着，手里忙着，我也在一旁练习拖把功。

盟盟中午没有睡觉，现在无精打采，奶奶十分焦急，要他快洗。他好不容易走上小凳子，站到水池边，开始刷牙。奶奶以为安排好了，去洗他的衣服和袜子。想不到盟盟竟然把一条湿毛巾揉到一起装进衣服里，摆出一副孕妇造型，嘴里还说："爷爷，我要生娃了。"

这边的奶奶没有心思欣赏盟盟的行为艺术，但见盟盟的衣服湿了，喊我赶紧换干的；那边的朱奶奶说："爷爷，优优把地又搞湿了。"我呢？两个"奶奶"都得罪不起，不得不顾此失彼，只好先忙小的——地下的水太多，问题严重，再忙大的——多大的事啊，不就是衣服湿了吗，又不是冷天。

终于天下太平了，她们抱着各自的服务对象走进自己的房间，我还得坐到写字台前敲下今天的故事。

（2014年5月24日）

优优迸出个"好"

优优闹肚子，从昨天开始就没吃油腻食物，看来是受苦了。

午睡醒来，我在书房听见了动静，走过去，想抱抱他。但他一直在哭，朱奶奶说是饿了。我试着问他："爷爷抱优优去搞点馒头吃好不好？"

本来是想找话逗他的，没有指望还能得到回应，但他竟然及时地接过话茬，迸出一个"好"，那么清晰，就像天上掉下个大元宝，掷地有声；那么清脆有力，力有千钧。我着实高兴了一阵，对朱奶奶说，看来饥饿能够使人智力增长。

为了验证他那个"好"的含义，我问他，是要开门吗，他点点头；然后我拉开沙门，穿过厅堂，走进厨房，从蒸锅里拿出半个馒头，不断地撕点塞到他的小嘴里。

这时，我看着他的享受，品着自己的甜蜜，不由得想了很多很多……

（2014年5月26日）

讲讲C阿姨的两个细节

盟盟、优优：晚上好！今天爷爷想给你们讲一讲C阿姨的两个细节故事，当然，这是让我很满意的两个细节，更希望你们今后也能够关注自己的这类细节。

下午，我去一家大型国企讲课，接我的C阿姨给我的印象很好，举止大方，谈吐怡人。下车了，我们转乘电梯上楼，我要讲的细节故事就在这里发生了。

电梯里已经有了几个人，直到我们进去了也没有人按楼层号码键，C阿姨按了自己要去的，接着就问大家要去几楼，其中一个阿姨说去3楼，她就抬手帮助按了一个"3"。

几秒后，第二个细节故事又发生了：电梯从车库上到了1层，那位口报3楼的阿姨已经走出了电梯，C阿姨立即招呼她："你不是要去3楼吗？这是1楼啊！"那位阿姨闻声返回。如果得不到及时提醒，总会要多一些麻烦吧。

爷爷观察人事不仅看大，也很注重细小之处，而且相信细小之处往往最能反映一个人的精神品质。这个C阿姨的两个细节反映了一个本质问题，那就是她对人友善，并且能够及时地给人送去帮助与关怀。

我相信每一个正常的社会成员都是需要C阿姨的这类品质，所以我希望你们今后也能够成为这样的人，既不失大节，也关注细节。须知，细节也能决定成败啊。

（2014年5月27日）

胡楂挠痒

早起，奶奶给盟盟换装：黄底蓝缀的T恤配一条纯蓝的七分裤，脚下踩一双黄色的网鞋，鲜亮照人。奶奶配装是把好手，我对效果很满意。

但是盟盟一时不接受如此漂亮的新装备，坚持要穿长的，奶奶不允许，说这一套从上到下就花了400多元。他哪里听得懂这些呢？于是就用哭声抗议。这是不能迁就的，否则以后麻烦很多。

我从草地上回来，盟盟已经不哭了，原来是奶奶用抓背挠痒哄住了他。我也想哄哄他、逗逗他，就接着挠他的背——这是他很喜欢的一种享受方式。我停下了，否则会伤皮肤，但他还要继续。

我就换了一个花样，用胡楂在他的背上摩挲。他就一面享受爷爷的免费按摩，一边享受着那种从来没有感觉过的新奇与刺激，很高兴，也很满足，笑声也多了起来。

（2014年5月28日）

优优生气了

优优起床了，我接过他，抱在身上，好让朱奶奶去处理一些私事。谁知道朱奶奶私事完了接办公事：洗涤优优的衣服和床单。优优不会说话，也就只好继续待在我的身上吃馒头，风平浪静，怡然自乐。

时间是长了一些，我要处理工作上的事情，于是把优优递到奶奶的手上。不一会儿，朱奶奶抱过优优，没有想到优优生气了，一连打了朱奶奶几个巴掌。这是过去从来都没有过的动作。很奇怪，动作过后，他不是继续生气，而是一头扎进朱奶奶的怀里。

尽管如此，他还是要被大家批评的。批评过后，我们就集体研究这个动作究竟是什么含义：是他责怪朱奶奶为什么这么长时间还不来抱他，还是觉得自己的确做错了来个温柔道歉，或者脾气发完心情好了在朱奶奶怀里撒撒娇呢？当然，也许三者兼而有之呢。反正彼情彼景就像久别重逢，与朱奶奶的感情却尽在不言中。

（2014年5月28日）

上班咪

一回家，奶奶就对我说，今天送盟盟上小托班，8点多钟，人多车挤，奶奶还进一步发牢骚："怎么这么多人啊？"

没有想到盟盟随口回答："奶奶，人家上班咪！"既是回答奶奶的问题，又是安慰奶奶的情绪。说到这里，他从心里溢出的笑容还挂在脸上。

是不是偶然呢？下午4点多钟了，奶奶接他回家，又是人多车挤，于是带着考察他的心情问盟盟："怎么现在人又这么多啊？"盟盟说："奶奶，人家下班咪！"

"好！"这是我听后的第一个感觉。我们一向重视对盟盟进行生活常识的灌输，看来还真的有些成效了。

（2014年5月30日）

盟盟"帮"我换电脑

今天我要在上午和下午分别开设两个讲座，下午的内容是个新课题，需要讲稿，所以在PPT之外我还带上平时使用的小电脑，里面装着讲稿。谁知走上讲台后，怎么也打不开，于是向我的听众们解释，"是孙子搞破坏的"。台下的爷爷奶奶爸爸妈妈们闻此一说全都乐了。

本来，我是为了保持公文包的形体端正，一直把它挂在沙发靠背上，几天前，第一次看见电脑包掉在地上，究竟是盟盟恶意破坏，还是不小心搞的，我不知道，但我捡起来重新开启还能使用，也就简单告诫他这是不能摔的东西。第二天，我又一次看见电脑包躺在地上，心想没有大问题吧，谁知这次终于出了大问题。幸亏我有PPT，不然还真的抓瞎。

盟盟，你这次的破坏力太强大了，我要郑重记下你的"劣迹"，让你今后知道你曾经是多么调皮捣蛋；同时提醒你，若干年后你要多加小心，别把自己的电脑让我的重孙或者重孙女摔得不灵了。

至于眼前的这个嘛，说句心里话，我还真要谢谢你，因为我一直找不到辞退这个家伙的理由，是你让我决定换一个更加轻巧能干的。如此说来，你是歪打正着。但是能够如此精准地"歪打正着"容易吗，很不容易的！

（2014年5月30日）

优优的"指语"

下课了，我回到门口才想起没带钥匙，奶奶去接盟盟了，只好退而求其次，到处找朱奶奶和优优。

找到他们了，一边逗着优优，一边往回走。我推着车。朱奶奶问优优："爷爷在哪里？"你猜他怎么着？既不回头，也不抬眼，而是右手一甩，往后一指，食指差一点就对准了我——那就等于回答："爷爷在后面！"

是不是蒙的？我在想，朱奶奶也在想吧，于是朱奶奶又问一句："优优，爷爷呢？"优优呢，如前一指，但是手抬得没有原来那么高，食指也没有原来那样往后靠。

优优，虽然你说不出这个动作是什么意思，我却能够清楚地理解你要表达什么意思，你不就是想说："没话找话，还烦人啊，难道我家爷爷我能不认识吗，我都已经指过了，还要明知故问吗？"

（2014年5月30日）

不能拿走牙签

承蒙盟盟的破坏，我的小电脑提前下岗了，我不得不和奶奶带着盟盟一起进城，去珠江路调查市场，寻找新的合作对象。

已经下午两点多钟了，走进一家味千面店随便吃点吧。等饭时，盟盟是闲不住的，打开牙签罐子拿出许多牙签，我就一边批评他一边收拾牙签。孩子嘛，有什么办法呢！

临走，盟盟已经很困，有些胡闹了，非要带走两根牙签，我们不同意。他就往门外走，我们坚持不走，一定要他把牙签放下。他不得已，放下一根，还要拿着一根，我们的立场没有松动，原则没有放弃，而且动员服务员配合我们，坚持要盟盟把那根牙签放下。最终，盟盟妥协了，我们肯定他："这就对了！"

盟盟，还有优优，你们一定要清楚记住：不贪小是爷爷终生坚守的原则。因为我确信贪小便宜注定没有大出息。爷爷对这一原则具有宗教般的信仰与坚持。但是真正坚持住，还是要靠养成教育，所以我们才这么坚持。

我当然希望你们永远幸福，但是你们所享受的生活成果必须是经过自己劳动创造获得的，那样不仅心安理得，而且福泽长远。

今天是六一儿童节，这些文字也算是对你们的节日寄语吧！

（2014年6月1日）

优优的特殊节目

睡了一觉起来，盟盟和爸爸妈妈还有奶奶到外面去了，我坐到厅里消遣性地看了一集韩剧。

优优已经开始走路，不算很稳，也能够蹲下身去捡起地上的小东西了。玩着玩着，他放了一个屁，朱奶奶马上就说他要尿尿了，说着拿过小马桶，让他坐下解决。

优优不坐，又站起来了，继续自己的游戏。没过几分钟，顺着沙发，站到那个小红凳上，把腿张开。红凳子本来就是没有使用过的小马桶。我隐约看到他在上面做了什么动作，尽管很不容易还是做到了。本以为他是换个游戏的花样，但是朱奶奶却说优优尿尿了。我不禁惊讶，问朱奶奶他过去有过这个动作吗，朱奶奶说从来没有过，今天第一次。

啊，我们的优优可真有本事，不仅没有弄脏沙发，甚至连裤子也没弄湿。难道这是你六一儿童节为我们表演的特别节目吗？如果是的，那么爷爷要对你说："优优，你的节目真精彩，你的表演更比我所看的韩剧精彩多了！"

（2014年6月1日）

优优的兄弟情

早起，家里热闹非凡，各人都在做着自己的事情，盟盟刚刚吃过饭，准备去上小托班。

我们的优优呢？坐到小红凳子上，琢磨着怎么才能把小钢琴弹得更好。这时盟盟请奶奶拿来塑料拖鞋，奶奶说不能穿塑料拖鞋了，要穿去小托班的鞋子。

听见奶奶和哥哥的对话，我们的优优呢，没有接到任何指示，竟然站起来，趔趄着走到阳台的鞋架上，把盟盟的塑料拖鞋拿来了。尽管拿的不是盟盟要穿的鞋子，还是把我们大家惊到了："优优真厉害！"一旁的盟盟也被弟弟的爱心感动了。

优优，你真的好棒！今天是你来到这个世界，这个家庭第13个月的第23天，我要特别记下这个令我们大家无比高兴的大事情。"大事情"，知道吧，这样一个平凡的闪光点，但在爷爷的眼里绝不亚于惊天动地的大事情。

（2014年6月4日）

要做第一名

盟盟出发前，我们都在议论他的跳舞，奶奶说老师们一致夸奖盟盟的舞跳得好，动作很到位。我当然高兴，尽管表演的那天我没有能去参加。

这时盟盟却送来一句："人就是要做第一名！"我听了，颇觉豪迈，但是既有高兴，也有担心。如果他今后真的做到这点，我肯定满意；担心什么呢？人哪能处处都是第一名呢！倘若做不成第一名，那又该怎么办呢？适应这一点可能要比能当第一名更加重要。

我一边想着这样的问题，一边想着应该怎样健全他的认识。想好了，对他说："盟盟，人要当第一名，如果当不上第一名，就要努力学习第一名，然后再争取当上第一名。即使当了第一名，也要成为一个真正的领跑者。""就是领导别人一起跑的人。"我又特地追加了一句解释。

对，就是这样，只有把这几点结合起来，才能既保持自己的进取状态，也接纳别人的成功，那样才有健全的心智与健康的人格。我坚定了自己的看法，也坚定了我对这个原则的坚持，当然也就坚定了我在教育盟盟的过程中对于这个原则的贯彻。

（2014年6月4日）

盟盟为我开灯

我在书房准备明天的课，天暗了下来，需要开灯。想到盟盟，立即喊他过来帮我把灯打开。

他肯定听到了我的招呼，但是有些偷懒，当然更主要的原因是不愿离开正在播放的动画片，所以假装听不见。妈妈听见了，来为我开灯。我对她说："我不是要他开灯，而是要培养他帮助别人和热爱劳动的习惯。"

妈妈听到这里，放下已经举起了的手，再次提醒盟盟："爷爷那里看不见了，赶快给他把灯打开吧。"盟盟虽然勉强还是来了。"啪"的一声，书房亮了，我高兴地走出来，抱起盟盟即兴朗诵：

盟盟为我开灯，爷爷十分开心。
谢谢盟盟帮助，给我送来光明。

"什么叫光明啊？"盟盟问我。我才意识到他还没有接触过这个词汇，于是告诉他："就是亮啊！"我觉得还是抽象了，又用手指着满屋的亮光，向他具体地说明："这就是光明，这就叫亮！"

他没有说话，但是能够感觉到他在认真体会这个"光明"和"亮"。

（2014年6月4日）

我怕摔倒

带着盟盟去邮局寄信，我把自行车的支架打开，请盟盟上车。他却要把支架撑起来后再爬上去。到了邮局，办好邮寄手续，转道去琴行看看玩玩；车锁打开了，支架也打开了，但他又把它支了起来，然后才坐到车后的座椅上。

我一直以为他是调皮，没有吱声，到了琴行，看了琴，更主要是看看他够不够学琴的条件，想不想学琴。临行，他又重复了那个动作。我终于批评他了："盟盟，我把支架打开，你又把它撑起来，怎么总是给爷爷找麻烦呢！"

想不到他马上回答我："爷爷，我不是给你找麻烦，我是怕摔倒。"原来是这样的啊，还是他有道理，我就对他说："盟盟，爷爷批评错了，你的想法是对的：支架撑起来，你上车的确更稳了。"

在回来的路上，想起他从前也是这样，这才恍然大悟。回到家里我向奶奶说起刚才的事，奶奶也说盟盟是对的，她带他时就曾经发生过危险，支架撑起的确稳当多了。

原来他的安全意识是这样形成的，很好。

（2014年6月7日）

盟盟真摔倒了

我们要去新街口买个箱包，回来时乘地铁，盟盟特别兴奋，抓住一根撑杆不停地转着，我们怎么制止他也不停下来。结果他的"我都转晕了"的话音未落，一下子跌趴地上，左胳膊首先落地。

我在他的哭声中马上扶起他，要他用左手抓住我的一根手指，能够抓住，但不很有力，问题似乎不大。快到小区，为了放心，我们走进旁边的一家骨科医院。一位医生接待了我们，使用和盟盟一起拽笔的方法做检查，然后告诉我们没有大的问题，观察两天再说。

早上醒来，发现他左胳膊有点肿，更加不放心，正好爸爸也在家里，我们一起带他去儿童医院就诊。那里的医生对于孩子的问题毕竟经验要丰富一些。片子终于出来了，既没有骨裂，更没有骨折，悬着的心也就放下了。不过医生要求我们用毛巾给他吊几天膀子，认为那样效果更好。

唉，本想出去走几天，满足他坐火车的愿望，现在看来只能推迟。相信通过这次教训，下次不管是坐火车还是乘地铁，他一定会老实一些的。

（2014年6月8日）

真的有些担心

盟盟摔了胳膊，今天没有去小托班，上午跟着奶奶去了一个有十几个站的菜市场，忽然听见有人叫"盟盟"。奶奶回头一看不认识，于是问她怎么知道盟盟的名字。

她说是盟盟妈妈的网友，在网上见过盟盟的照片，孩子的相貌很特殊，一看就能记住。但是她建议还是少发照片上网为好，因为两个孩子长得真好，担心别人也喜欢这样的孩子。

奶奶回来说与我听，我非常在意。其实我除了手机照相存图之外，从来不把他们的正面照片传上网，多少也有这个考虑，但是他们的爸爸妈妈可能网传照片较多，看来需要进一步提醒他们。

在安全问题上，多一份警惕总是更好一些。

（2014年6月9日）

盟盟偷懒

孩子刚刚学会一件事情的时候特兴奋，不仅喜欢主动做，而且就怕别人越俎代庖。盟盟再一次以自己的行动证明了这个道理。

因伤连续休息两天之后，今天又要送他去小托班了，他多少有些不情愿，于是找茬。我叫他自己把皮凉鞋穿上，他不穿，还给出一个"理由"：不会穿。我说你早就会了，不要磨蹭，他仍然说自己"不会穿"。

我义正词严地告诉他:"自己会做的事情却要别人做,那是偷懒,可耻!"说着我拿起钥匙去外面开车,他就又哭又闹。奶奶来了,也不理他,他只好自己把鞋子穿好了;但是继续找茬,非要奶奶重新再穿一次,奶奶坚持原则不动摇,他也就只好接受现实。

唉,俗话说毛病都是惯出来的。所以对于孩子的无理要求,有时就得"心狠",不让他心存侥幸,更不能让他得寸进尺。

(2014年6月11日)

看木偶、听南音

今天是厦门之行的重点,被导游领导着跨过重檐斗拱、飞檐翘角的门楼,进入海天堂构,大致领略了中西建筑风格后,坐到戏场等待木偶与南音。戏还没有开始,我就对盟盟进行戏前教育,要求盟盟看节目的时候不能乱说乱动,这是文明礼貌。

木偶戏开始了,盟盟肯定听不懂台词,但是对于那些小人的表演非常喜欢,看得十分投入。前段木偶戏表演完成了,没有报幕员宣告演出结束,肯定还有下文,半数以上的游客已经起身离座拥到门前,说实话,我很不满,但是无奈。

盟盟竟然没有起来,和我们一起坐着不动,可能因为前面的好看,还想继续看看吧。我适时表扬他文明,确实带有鼓励性质;顺便告诫他,演出结束会有提示,我们要鼓掌感谢后再按照顺序离场,不能像门口的这些人。

话音未落,演员分别出场,每一个人把自己的绝活当面亮给观众——原来重点在后头,盟盟更有兴趣了,特别是看到那个"金箍棒"的旋转表演,小手也在动着,其实是在心里模仿。我想他一定想起了家里的那根金箍棒。

接下来是南音上场,我喜欢带有昆曲韵味的美妙之音,但是有点担心盟盟时间长了坐不住。可能是因为我已经几次领他去琴房参观过乐器,他对乐器有了初步印象,所以不但不烦,反而在演员摆好架势后问我那是些什么。我轻声告诉他,右边的是二弦、洞箫,左边的是琵琶和三弦。

一曲终了，他还是静坐如钟，真是难得。谢幕后，他还反问我们一句："我讲话算话吧？没有讲话，也没有乱动吧？"是的，盟盟真棒，你的确做到了，我们好喜欢的。

（2014年6月15日）

认识郑成功

走进鼓浪屿，带着盟盟实在不方便，所以只能与导游若即若离，许多讲解是听不到的，但是也不觉得多么遗憾。

迎风远眺，前面的那尊临海高矗的伟大雕塑进入眼帘，凭着经验判断那就是郑成功。除了他，还有谁能拥有那种凌然雄姿。终于赶上了导游，我的判断得到了证明。

我及时地指给盟盟看，告诉他"那个雕塑就是郑成功"。我不仅要告诉他"郑成功"这个全新的名字，还要顺带告诉他"雕塑"一词。他跟着我学说了一遍，我又一字一顿地说了两遍"郑、成、功"。他是记住了。

接着我再告诉他："郑成功收复了台湾。"过了一会儿，我追问他郑成功做了什么事情，他准确地回答"收复台湾"。这时我自然想到了荷兰人，进一步告诉他："郑成功是从荷兰人手里收复台湾的。"

我知道"荷兰"不直观，比较复杂，只是想投给他一个初步印象，但是我不向他提问这样的问题。我只要他记住郑成功收复台湾就行了，尽管对他来说这也是抽象的。

（2014年6月15日）

给盟盟做曲张运动

盟盟：亲爱的宝贝！为时5天的厦门之行结束了，我们也完整地兑现了带你坐火车的诺言。因为没有卧铺，我们只能坐返程的动车。

9个小时，是长了些，中午，你需要休息，这是必须保证的，可是你在爷爷奶奶的两个座位上也睡不安分。怎么办呢？我们只好把你安排到你的"专车"上。但是放在中间过道太挤,有些妨碍别人通行,爷爷把你推到车厢连接处,那里要宽敞多了。

你终于睡着了,虽然童车已经显小,可是总比没有睡的地方要好。为了你的安全,爷爷奶奶轮流给你值班。看着你的腿长时间的一个姿势,爷爷奶奶心疼你会累的,不断地给你做着伸张和弯曲运动,舒缓你腿部的疲劳,加速血液循环。你不知道吧?当然,你是不知道的。但是你终究会懂的,爷爷奶奶的爱永远都是阳光,对你来说是无处不在的。

其实,我们的腿都站酸了,但是看着你那甜蜜的酣睡,心里却无比甜蜜。奶奶为了让你睡得更实在,甚至不停地托起你的头。盟盟,也许只有你才有这样的奶奶吧!

(2014年6月16日)

孔融让梨不虚伪

盟盟、优优:爷爷今天在网上看到一个质疑"孔融让梨"的奇文,说是孔融让梨是人为制造出来的道德典范,不可信。我却认为这个故事并不虚伪,因此想和你们聊聊这个话题。现在你们肯定不懂,但是你们总有读懂的时候,我是为未来的你们和你们的未来而写这篇文章的。

孔融让梨在中国教育史上是一个经典故事,也是一个道德典范,《三字经》就说"融四岁,能让梨",它所传达的思想就是先人后己,谦让有礼。这种品质不仅过去倡导,现在需要,未来也不会被人抛弃。质疑这个故事的人,重一点说是质疑这种优秀品质,可能自己缺乏这种品质,就不相信别人也会有这种谦让精神;当然更可能是缺乏理解历史的能力,也没有用心细致观察实际生活。

这在今天的平常生活中,"孔融"也是屡屡出现的。远的不说,我们的盟盟就有过这样的表现;进一步看看想想,又有几个孩子没有让过别人"梨子"的?比照古人,仅从物质的角度来看,孔融是一个世家子弟,家庭物质基础肯定丰富。梨子固然好吃,但是多了也不稀奇,所以4岁的孔融让别人是完全可能的。

当然，这更需要良好的教育指导。孔融是孔子的 20 代孙。孔子是儒家学派的创始人，大思想家、教育家，一贯重视并积极倡导礼治德教。孔府自然身体力行。长期生活在这个环境之中的孔融，于潜移默化中养成谦让品质也是自然而然的。"近朱者赤，近墨者黑"，讲的就是环境对于人的影响，对于人的教育意义。再说了，孩子单纯，势利心不重，良好的教育更容易产生积极的作用。

既然生活中"孔融让梨"的故事很多，为什么只有孔融被后人树立为"让梨"的榜样呢？想想也不奇怪，因为孔融是孔子之后，生而拥有得天独厚的社会地位。同样的事迹，因为地位不同而产生的影响也就不同，就像两句唐诗讲的那样，"居高声自远，非是藉秋风"。再说，老师在教育学生的时候，为了强化教育效果，往往要举例证明，那么选择权威性更高的例子，教育的效果是不是更好呢？我想是的。这就进一步增加孔融让梨被写进《三字经》的可能。

爷爷说了这些，为的又是什么呢？就是希望你们在与人相处时也能"让梨"。"让梨"就意味着吃亏，往往也是真要吃亏的，必须要有精神准备，但是未必总是吃亏，说不定也能反过来得到别人谦让的"苹果"。在古代汉语中，"德"与"得"本来就是相通的，所以人们又说"吃亏是福"。

（2014 年 6 月 18 日）

真聪明与假聪明

盟盟、优优：爷爷在这里给你们讲个故事好吗？说起故事，估计你们不会反对，那就开始吧——

今天爷爷外出授课，遇到一个老朋友，也是一个不大不小的领导，聊了起来。我对他说，多年交往，感觉他是一个实干家，不知对不对。他给我一个回应："我是老实人，不做聪明事。"我十分欣赏这样的两句话，表示回家要写给我的孙子。这不，我就写给你们啦。

当然，他还有进一步发挥，那就是"我一直都在思考，什么叫作聪明"。这真是一个尖锐而深刻的问题啊。联系你们的未来，让我很有触动，于是想和你们谈谈关于聪明的话题。

我以为，大千世界，芸芸众生，天才与白痴总是处在两极，绝大多数人都是智力相当的，都有不同程度不同方面的聪明才智；奇怪的是，聪明才智旗鼓相当的大多数，到头来还是严重分化，一些人相当成功，一些人相当失败。

据我观察，大凡人中的成功者，往往是把聪明才智与诚实奋斗相结合，而且结合得比较好。那么大凡人中的失败者呢，则往往都是一些倚仗聪明，卖弄聪明，脱离实际，好高骛远者，甚至投机钻营，到头来聪明反被聪明误。

中国有句古话："从小看大，三岁知老。"根据多方观察，你们不算笨人，但愿如此。但是我真心希望你们将来能像前面所说的成功者那样，把自己的聪明才智与诚实奋斗相结合，那就是真聪明。这样的聪明，对于自己，对于社会，对于国家，对于民族，甚至对于人类都是有益无害的，值得赞赏。

人生在世，没有大的成功、大的成就，不是缺点，不是过错，也不应该受到责难，但是如果像前面所说的后者那样，那就是悲剧，甚至可怜了。因为那样的"聪明"只是假聪明而已，首先误己，倘有偶然，使自己占据不该占据的位置，得到不该得到的东西，那样还会耽误更多的人。

我当然希望，也相信你们今后会有成功，但是我绝不希望你们侥幸成功。须知，没有真才实学支撑起来的所谓成功，只有在病态的社会环境中才会发生；即便如此，到头来也不过海市蜃楼而已。因为天道酬勤，规律无情。

（2014年6月19日）

吃　饭

盟盟最近吃饭既有进步，也有问题，问题就是吃得慢、吃得少，因此挨了不少批评。为了规避批评，盟盟也会耍耍小聪明，比如平使调羹，动作就"漂"，得食不多。有时调羹下去虽深，但是不靠饭菜，还是得食甚少。

发生这种情况的主要原因当然还是肚子不饿，但是既然吃饭就应该像个吃饭的样子，不饿可以少吃，不可以养成不好的进食习惯。

开导还是需要的，于是我对盟盟说："吃饭就要一调羹一调羹地舀，一口一口地吃，只要不拖沓，吃好一顿饭是很快的。"说罢我做示范。示范之后，还进一步发挥：做事也像吃饭。要做成一件大事，需要从一件一件的小事做起，把每一件小事做好了，大事也就成功了。比如，我们吃的每一口饭都是小"事"，可是吃完一碗的饭呢，可就完成一件大事——吃饱了。吃饱就是大事啊！

今天晚上吃饭，盟盟的表现真好，调羹不空，大口进食，吃起菊花脑就像小牛吃草，我看了确实高兴。饭后，我对他说，我马上要把你的表现写进文章里。爷爷是说到做到的，看，这篇《吃饭》就是为你写的。

（2014年6月19日）

不能拒绝做事

盟盟、优优：今天爷爷想向你们转述一位学为人师行为示范的恧恧小书斋奶奶在我的回复帖文后面的留言，主旨就是"人不能拒绝做事"，话是这么说的：

拒绝什么也别拒绝做事，拒绝做事就失去你施展才华的机会；

拒绝什么也别拒绝做小事，拒绝做小事就抽掉了你成功的阶梯；

拒绝什么也别拒绝做好事，拒绝做好事就拒绝了人的善良本质。

说得多好啊！我好喜欢，相信你们也会喜欢的。

恧恧小书斋奶奶是一位非常优秀的老师，还是一个作家呢，她的话是值得信任的。

（2014年6月20日）

留恋小托班

盟盟所在的小托班里有一个小朋友发生了手足口病,为了避免大范围传染,从昨天开始放假4天。

昨天晚上盟盟就问奶奶:"我已经歇了几天啦?"奶奶说:"才歇一天啊!"

盟盟接着追问一句:"我要休息4天是吧?"奶奶说给我听,我感觉他有些留恋小托班,说明他已经习惯了那样的环境,毕竟那是一个热闹的群体,还有自己的"女朋友"呢!

很好!盟盟,人是群体性的高级生物,希望你能更好地融入群体之中,在群体之中与大家团结合作,一道前进,一起快乐。知道吗?我们之所以把你送到小托班,就是感觉你的性格有些不合群,现在你能这么合群,正是我们希望的。

(2014年6月20日)

碰头的"智慧"

奶奶看牙医去了,饭后,安排盟盟睡觉的事情就落在我的身上。睡觉,他是不想的,要磨,要缠,还要找点借口,还终于被他找到了借口——头被床碰了,说是疼。

近距离、轻轻地碰了一下,能有多疼,我很清楚这是借口。于是问他:"怪谁呢?"他说"怪床"。我又问他:"人是活的,床是死的吧?"他虽然明显感觉到被动,还是不得不承认这个事实。

接着我进一步向他发问:"那么活的人被死的床碰了,是床的问题呢,还是人的问题呢?"他支吾一下,说:"是人的问题。"我肯定了他的看法,也终于排除了他的借口。

但这还是不够的,因为生活中还有另外一类情况,比如一些静物,因为人为安排不当造成伤人事故,被伤者并不需要承担责任,这个道理也需要告诉他。

于是我又对他说:"这次是人的问题,但是有时也不一定,比如这个床,我们把它放在不当的地方使你受伤了,就不一定都是你的责任。问题是现在这个床一直都在这里,你很熟悉,床架的设计都是保护你的,你自己不小心碰到了,所以责任在你自己而不在床。"

之所以如此小题大做,就是要让他既不要学会诿过于人,也不要学会诿过于物,而要学会正视自己的责任。当然直接的原因还是关于怎么午间睡觉问题。

(2014年6月21日)

优优被批评了

优优14个月了,估计今后是个魁伟型身材,力气很大,但是脾气也不孬,所以平时我们就比较注意训导他,尽量避免今后惹是生非。

刚才盟盟坐在饭桌前面的妈妈身上,优优坐在自己的饭椅上,可能哪个地方不如意,但又表达不出来,竟然打了盟盟一巴掌,之后,自己反倒哭起来了。我和奶奶都以为是盟盟欺负了弟弟,正准备批评盟盟,但是朱奶奶与妈妈都说是优优打了盟盟,盟盟没有还手。

我转过来瞪着优优,几秒钟不说话,然后斩钉截铁地送他3个字:"错误的!"别以为他不懂,其实他是懂的,知道自己错了,于是静静地看着我,好像在反省自己刚才的不对。再看看盟盟,他还在摸着自己的脸,我及时表扬了他对弟弟的忍让。

评判完了之后,我对大家说:"孩子对,表扬要及时、恰当;孩子错,批评也要及时、恰当。孩子从小经常受到正确的批评与表扬,本身就是很好的教育,好处就是容易获得正确的是非观,今后在社会生活中就会知所行止。"

(2014年6月22日)

优优手舞足蹈

11点钟多了，总算得到一点清闲，和朱奶奶围着优优聊着闲话；优优则平静地听着电脑放出的不同乐曲和儿歌，看样子专注而陶醉。

优优是坐在吃饭的椅子上的，椅子四腿外张，稳稳地、高高地架起他，脚下有足够的空间。听着听着，他把双腿并拢，前后摆起。我静观几秒后发现他的动作基本和着乐曲的节奏。

我正在和朱奶奶表扬他，优优又调整了动作，两腿交叉摆动，虽然略有不谐，总的节奏基本相合。我们的高兴肯定感染了他，使他得到鼓励，随着乐曲的旋律，他突然出乎我们意料地举起双手，既像打拍子，又像是跳舞，总之，那个空中的姿势配合着脚下的动作，构成了一幅名副其实的手舞足蹈图。

记下上面这些文字我才去吃饭，继续近距离地观察他。没有想到他还是目不转睛地对着屏幕，一会儿两手外张，左右分合；一会儿单指指脸，面露笑容；一会儿又两臂旋转，力度大，幅度也大。可能还有我看不到想不到的精彩吧，但是这些已经够了。

优优，哥哥的《爸爸在哪里》舞蹈跳得很好，老师都用文字表扬他了，希望你也能够早日得到老师的表扬。表扬是一种肯定，不要小看啊，努力！

（2014年6月23日）

盟盟"逃学"了

我正在书房做着自己的事，盟盟和妈妈从外面回家了，我很奇怪，还没有等到发问，妈妈就对我说："盟盟不喜欢某老师，就是不肯去小托班，哭着闹着要回家，只好把他带回来了。"

母亲心疼孩子的心情我当然理解，但是觉得问题严重，处理问题的方式不妥，于是问他妈妈："那么以后上学遇到不喜欢的老师，是不是也要把他带回家来不上学了呢?""如果那样,结果又是什么?"她是聪明人,马上又硬着心肠把盟盟送回了小托班。

下午回家,我对盟盟说起我小时候的故事。爷爷8岁那年,并不是不想上学,不要上学,就是稀里糊涂地在路上玩得忘记了上学。结果呢,回到家里,被爷爷的爷爷和爷爷的爸爸打得屁滚尿流,真的不是夸张,小便都在裤子里撒了。盟盟非常机灵,知道我的故事所指,对于后一句特别在意,还重复地问我一遍:"爷爷的小便都在裤子里撒了?"

我说是的。还有更严重的:爷爷的奶奶从来都是爷爷的保护神,这一次不但没有保护我,反而骂我"昏头了",让我觉得问题是那么严重。从此爷爷再不逃学,直到他们去世后,我才10岁,仍然坚持上学读书,要不然爷爷现在肯定就是文盲了。

我进一步开导他:"人都有喜欢与不喜欢的人,我们也总会遇到喜欢我们和不喜欢我们的人。如果遇到我们不喜欢的人,还有不喜欢我们的人,可以多和他玩玩,自然也就互相喜欢了。上学也是这样的,不能遇到不喜欢的老师就不上学,或者上学了却不去认真学习那个老师教的课。如果那样我们就学习不好了,受损失的首先是我们自己。"

看来效果不错,这几天盟盟都是高高兴兴地去,高高兴兴地回。其实他是自己犯怪,在小托班里,别说老师,就是打扫卫生的阿姨都很喜欢他。可能是那个老师长得的确不够漂亮,使得他不喜欢人家。

孩子,爷爷要对你说:人生是一个过程,走在路上既有直行也有转折,年幼无知时很难理解不同转折点的意义,这就需要师长把关指导。如果把关不严,指导失误,那是师长之过。直到你长大了,究竟直行多久,怎么转折,才是你自己的事情。

(2014年6月26日)

桌上摆些钱

因为我经常换衣服和公文包,写字台上少不了摆点零钱和整票。奶奶是过日子的人,对于钞票的关注度自然更高一些,所以提醒我及时收起,免得给盟盟搞得找不到了。

我说没事，他现在对钱还没有意识，只知道那些花纸叫钱，充其量也就知道硬币可以玩游戏。盟盟也的确不拿写字台上的钱。偶尔拿个一块、两块硬币，也就是当作玩具。

其实我是"别有用心"的，就是从小开始，让他在不知不觉中天天和钱打交道，渐渐对钱就会产生"审美疲劳"，长大后一般就不会养成偷偷摸摸的习惯。即使偶尔发生"意外"，调教起来也就简单容易多了。

我想，这既是品质教育，也是气质养成吧。

（2014年6月26日）

盟盟的"创举"

早饭后，盟盟正玩得开心，要上小托班了，不想走。不想走就不想走吧，他却搞出了两个谁都想不到的"创举"。

奶奶穿戴好了，去开自行车，却不见钥匙，问我，我说没拿，提醒她是不是忘在车子上了。奶奶走上草地，撩开车子上的雨披，仔细地看来看去，还是没有啊，于是又回来，这里找找，那里找找，一边找一边发牢骚，最终只好把备用的钥匙派上用场。

朱奶奶回家几天了，外婆来做替补队员，刚把优优安顿好，想看看电视剧，但又找不到遥控器。我一边帮助张罗，一边嘀咕，一边分析判断：肯定是盟盟想控制电视节目把遥控器藏起来了。

我到底也没有找到遥控器，但在寻找遥控器时却意外发现车钥匙就在沙发靠背上，那个上面放了不少玩具，确实不好发现。这才恍然大悟：断定是盟盟因为不想去小托班，故意把钥匙藏起来的。

盟盟回来了，大家问他，车钥匙是不是他藏的，他竟然说是弟弟干的。他还不懂"欲盖弥彰"，但是大家都不揭穿他。吃过晚饭了，他要我和他一起玩小火车，我才乘机问他，他还说是弟弟干的。我说弟弟太小，想不到，更做不到。再问他是不是也藏了遥控器，他还坚持说是弟弟藏的。

我一边和他玩着小火车，一边告诉他什么叫"自欺欺人"：就是用欺骗自己的方法去欺骗别人，那是欺骗不了别人的。接着再告诉他一个成语叫"嫁祸于人"：就是把自己干的坏事说成是别人干的。他总算听出了味道。

  这时我再婉转地问他："钥匙和遥控器到底是谁藏的呢？"他说："是我，都是我干的。"当然这个"都"还包括刚才向我告状说是弟弟"破坏"了他的小火车轨道。我肯定他："很好，这就是诚实，诚实才是好孩子！"

（2014年6月26日）

2014年（下）

祖孙天伦

爷爷，日本人很坏吧？

接盟盟回家的路上，他对我说："爷爷，日本人很坏吧？"我问他："是谁告诉你的？"他没有直接回答，话题已经岔到别处去了。孩子嘛，总是容易转移话题。

这个看似随意的问题让我的心情并不轻松，相反，复杂而沉重，但是我没有立即回答他，而是想着回答他的方法。因为这个话题不仅涉及历史观、思想方法，更是涉及人格塑造——就是避免塑造仇恨人格。我很清楚，我的回答对他非常重要。

回到家里，做起游戏，他又向我说起这句话，我说："盟盟，日本人里有坏人，也有好人。比如，他们在侵略中国时，有一些人干了许多杀人放火的坏事，他们就是坏人；可是也有许多日本人，后来帮助我们建设国家，他们就是好人啊。"

盟盟，还有优优：仇敌几乎人人都有，对于仇敌持何态度却各有不同。爷爷以为：倘有仇敌，必须制胜。最好的制胜之道——战场除外，不是毁灭对方，而是使自己变得成功而强大。

切记：永远不可猥琐地站在仇敌面前。

（2014年7月1日）

明星盟盟

小托班组织"我和小伙伴的群英会"活动，爸爸妈妈没有时间，我和奶奶一起参加。

第一个节目是"抢凳子"。每一个家长带着自家的小朋友编成一组，一共 5 组。音乐响起，围着 4 个凳子转，音乐一停，家长把小朋友快速地放到凳子上坐下，没有抢到座位的那组就被淘汰。同时撤走一个凳子，开始下一轮。

我们 4 次全胜。

第二个节目"坐黄包车抢球"。教室两头各放一只桶，西头的那只放上 10 个小球，东头的那只是空的，要求家长用一条浴巾，把孩子放在上面拉着走，从有球的桶里一次拿上两个球放到没球的空桶里，来回 5 趟，首先完成者胜。

我们又是胜出。

第三个节目才是明星出场。按照编号，5 人一组，家长做观众，孩子做演员。有的选唱歌，有的选跳舞，轮到我们盟盟了，他自己选择跳舞，跳《爸爸去哪里》。老师似乎有点担心，追问一句"是这个舞蹈吗"，盟盟给了肯定的回答。

这个舞蹈时间最长，需要好几分钟；动作也最复杂，变动性很大。

音乐响起，盟盟马上就踩上节点，随着旋律，不停地变换舞姿与动作，直到全套完成，不仅没有发生任何错乱，所有动作都做得顺畅到位。他因此获得了满堂最响亮的掌声，并得到一张"最佳台风宝贝"奖状，最终又名列只有 3 位的"明星宝宝"行列。

还有一个节目，就是老师发画报，家长给小朋友讲上面的故事，最后老师考察故事要点。我们选择的是《三只小猪》，这对他来说完全不在话下。

盟盟，你今天真的好棒！如果不是爷爷亲眼看见，简直难以置信。但你为什么最后不参加集体合影呢？知道吧，这是今天的美中不足啊！

（2014 年 7 月 3 日）

遇到好人

4 点多钟，该接盟盟了。爸爸要去，因为他才回家，就让他与优优多玩玩吧；再说那里的路况他不熟悉，我不放心，还是自己去接。

回来的路上，盟盟照旧坐在车后。我们穿着奶奶准备好的雨披，盟盟不喜欢戴帽子，那样影响视线，我也不坚持让他戴，无非就是淋点雨嘛，雨也不大。

　　雨是天恩福泽，但梅雨天的雨，总是一厢情愿，有些令人烦恼。我们在胜太西路上冒雨快行，后面传来了一个疾驶而过的声音："孩子帽子掉了！"盟盟不懂这突如其来的声音的意思，于是问道："爷爷，她说什么？"那个声音是个女性。

　　我说："那是人家关心我们，不知道是你自己不戴帽子，以为是你的帽子从头上掉了下来。"盟盟"哦"了一下回答我。我继续问他："这个人是个好人吧？""嗯"，他简洁地肯定。"那我们长大了，是不是也要做这样的好人？"他又"嗯"了一声，只是语气显得更加认真。

（2014年7月4日）

最倒霉的一天

　　盟盟今天的运气真不好，早上似乎就有先兆：奶奶回来说，临分别他要回家，不肯留在小托班，但是狠狠心没有依他。"当然不能依他。"我说。

　　下午，奶奶接他回家，走到半路，他兴奋，十分兴奋，兴奋得忘乎所以，竟然又把脚插到自行车的轮子里，奶奶说把链条都搞下来了。力度之大可想而知。至于脚，"幸亏鞋子好，不然肯定会出大事的。"奶奶语带庆幸。就是这样，脚上还有一块被挤压得红红的。

　　吃过晚饭，他和优优在一起，自然不得安生，我就带他出去转转。他竟然把那个矮矮的三轮车搬了出来，骑着就走，我只好在后面充当跟班。走进会所大厅，他转了一圈又一圈，出得门来，铆足了劲，从边道顺坡而下，速度太快，更主要的还是他在向下冲刺的时候摇晃车头，结果一个车翻人倒。还好，没哭没闹，我也不去扶他，只是帮助他分析原因，要他自己站起来继续骑行。

　　盟盟回到家里，自己靠到沙发靠背上，想着自己的心事，做着自己的游戏，突然把喝水的玻璃瓶子摔碎了。玻璃碴儿四溅，挨了一顿批评那是免不了的。我走出书房，清渣、拖地，折腾了两三遍，竟然还有残渣。洗澡前,他衣服袜子都已经脱掉了,还非要到底下的客厅"裸奔",左脚中指又被割破,直到我来帮他洗澡才发现脚指出血了。

盟盟,今天马上就要变成昨天了,爷爷要对你说:祸不单行昨天行,愿你明天太平,天天太平!

(2014年7月7日)

盟盟的义举

早饭后,盟盟请假没有去小托班,奶奶带着他到小区会所玩。那里有几台儿童游戏机,如果要玩,投币就能启动。

一个奶奶带着孙女也在旁边玩耍,女孩坐在车里向自己的奶奶要钱投币,不知什么原因,估计没有经济来源,奶奶没有满足孩子要求,反倒说"向你爸爸要一块钱去"。

一旁的盟盟看见了,向自家奶奶要了一块钱,投了进去,请那个女孩玩。奶奶说,对他此举大感意外,但对那祖孙两位也很意外,说"连个谢谢也没有"。

我一边劝慰她"不必介意",一边肯定盟盟"做得好,做得对,是善举"。

"人在难中拉一把,胜过烧香朝九华",我还不忘向他们念出了我在儿时记下的乡间劝善民谚。

虽然那对祖孙所遇到的不算大难,但毕竟也是一个难处吧。尽管盟盟投下的一块钱微不足道,行为本身却是一个善举。勿以善小而不为。小善是对大善的积累,也是对大善的准备。

(2014年7月8日)

树要喝水

去邮局邮寄小区诉讼材料,带上盟盟,总得找点话讲讲吧。抬头看见郁郁葱葱的行道树,向盟盟发问:"路边的树高不高啊?"

"高！"盟盟答道。

"怎么会这么高呢？"我问。

"长的。"

"好"，"对"，我肯定他的回答。

接着又问他："树向哪里长啊？"

他说："向上向下长啊。"

"对"，我又肯定他。但是他说"向下长"却超出我的想象。

借他的答案，我进一步总结这种自然现象——

"这就叫树往天上长，根向地下扎。树要长得高，根要扎得深。根扎得越深，树长得越高。要想枝繁叶茂，就要树大根深。"

我清楚，这些词汇现在他是不完全懂得的，起码也是似懂非懂的，没有关系，留个印象吧。

写到这里，我想再进一步把唐朝魏徵谏议唐太宗的两句话送给他："求木之长者，必固其根本；欲流之远者，必浚其泉源。"未来他会懂得这个历史名言的，它是强调基础的意义和根本的价值。

（2014年7月8日）

盟盟贪吃棒棒糖

从邮局回来，经过一家超市，盟盟看见球形棒棒糖，要吃。对这类垃圾食品我不赞成他吃，但他就是喜欢，没有办法，只好买了两颗，说明是他和弟弟一人一颗的。

他满口应承。我帮他撕下糖纸，他马上送进嘴里，让你感觉甜蜜得不得了。我一边推着自行车，一边让他甜蜜蜜，还没有到家，一颗已经没有了，他就打起另一颗的主意。我说那是优优的，他要打开看看，这种糖纸包装严密，我不同意，他是打不开的。

终于磨蹭到家了，优优却在睡觉，我呢，赶忙进入书房记录盟盟今天的精彩。盟盟呢，一个人跑进优优的房间，把门关起来。我就知道他在里面搞名堂，十有八九还是在打那颗棒棒糖的主意。不大一会儿，我假装喊他，他就应声出来了。

果不其然，他拿出卸下包装的裸糖，走到我的面前说："爷爷，我先吃一点，留下一点给弟弟。"看他的馋样，我就没有阻止，只是叮嘱一定要给弟弟吃一点。同时问他是怎么撕开糖纸的，他说使用了儿童剪刀。

看，可别小看馋，馋不仅是他的行为动力，还能使他变得聪明能干。放大一点说，无论是个体的人，还是整体的人类，其进化在很大程度上就是由"馋"推动的。

优优终于醒来了，盟盟赶忙进去，究竟有没有给优优吃，我不知道，给吃了多少，也不知道，但他却对我说："爷爷，我给弟弟吃了。"我说你一定给弟弟吃得很少吧。他没有回答我，但是已经做出了最好的回答，而且这个回答在逻辑上也是无懈可击的。

饭桌上，我说起盟盟路上吃棒棒糖的故事，朱奶奶不知就里，抱怨道："爷爷也不给我们优优买一颗。"我这才意识到她的重视。我说买了，怎么会不买啦，一人一颗的，但是被盟盟不断蚕食掉啦！朱奶奶这才原谅了我。

（2014年7月8日）

"水流浃背"

自从盟盟第二次被自行车夹脚，我们就决定换个大型号车子，在书包架上重新安装座椅，好让他在去小托班的时候坐得更舒服、更安全一点。

奶奶说我上午安装的座椅不行，回来的路上松了。我检查后发现是新买的座椅不行，于是搬出工具，在草地上给盟盟重装。

我正在埋头苦干，只觉得背后又潮又凉，开始以为是汗水，渐渐觉得不对劲。回头一看，原来是盟盟把一块毛巾用水湿透，在我背上不停地擦洗，显得快乐无比。

反正是睡衣，而且已经汗透几回了，就让他快乐吧。想不到他乐此不疲，一趟一趟地湿着毛巾，直到把我搞到"水流浃背"还不罢休。我嘴里批评着他，心里却和他一样快乐着，甚至比他还多出一份甜蜜……

（2014年7月9日）

盟盟极度恐慌

晚饭后，盟盟忘了前天的教训，又把一个喝水的瓶子摔碎了，而且是故意的。奶奶当然生气，不开心地给他洗过澡，把他一个人放到房间里以示惩罚。他呢，一点也不反感，反倒在床上蹦蹦跳跳。见此情况，我也就独自走进书房。

忽然传来盟盟的大哭声，奶奶抢先进去，问明情况也就没有紧张之色。我来了，了解到原来是他把一粒绿豆大小的塑料球吞到肚子里了。我猜想他一定是含在嘴里蹦跳，不小心滚到肚子里了。

由于平时我们为了防止他瞎吃东西，使用过一些恐吓性的语言，比如，把不该吃的东西吃到肚子里，就会疼得需要去医院开刀。显然是精神作用，他高声哭喊肚子疼。我知道这是一种想象性的疼痛。

怎么办？否定过去的恐吓是没有意义的，也是不应该的，我要用一个安慰性的方法解决他的心理问题，于是一边让他躺着别动，一边吹嘘"爷爷有办法"——我在他肚子上来回按摩了几次，然后故意问他："不疼了吧？"

肯定是恐慌过度，我的招数无济于事，他继续哭喊着："还疼！爷爷说谎！"我还是第一次受到他这样的谴责。我知道，那是因为他不相信我就那么几下子，就能解决在他看来是个十分严重的问题。现在想来，应该多折腾他几下子。

（2014年7月9日）

优优会"上"楼梯了

我的住房面积144平方米，不大不小，四室三厅，六级台阶，分列两处，就是错层。盟盟15个月进家，怕他摔倒，我用布带在栏杆上等距离地缠了好几道作为防护网。

盟盟还没有让我们完全放心，优优又来了，"防护网"自然还要继续发挥作用。由于有朱奶奶这样的专业人士看护，更重要的是优优还没有制造危险的能力，"防护网"也就像万里长城一样成为家里的"文物"。

饭前，奶奶和朱奶奶一起向我说起优优会上楼梯了，一边说一边模仿给我看：先是抬脚，但是力道不够，重心不稳。朱奶奶就屈身站在一旁，一边叫他抓住栏杆上的布带助力，一边喊着"上、上"，既像指令，更是鼓励。

优优呢，得令而行，闻声而动，但是直行就是上不去，那就自发调整，变换技巧，采用爬行方式，手脚并用，交叉运动，终于"征服"了三级台阶，完成了自己人生中的第一次独立攀登高峰的历史使命。

这一天，正好是他降临人世以来的第15个整月。

（2014年7月10日）

家里的舞会

早饭后，一场中雨把我们关在家里。下午盟盟要去小托班参加文艺演出，节目还是跳舞。既然在家，那就练练吧。

盟盟已经在奶奶、朱奶奶和优优面前跳了很长时间，我走出书房，要看看他的新舞蹈跳得怎么样。虽然地下铺上垫子，盟盟还是爬到沙发背上跳着《爸爸去哪里》，看得出已经很熟练了。

我要看看新的，于是盟盟跳起了刚学的《亲亲猪猪宝贝》。舞蹈语言的意思是根据儿歌编出来的，好几大段，时间也比《爸爸去哪里》更长。由于有前面的基础，盟盟对新舞蹈不仅全程跳了下来，其动作也是很不错的。

我在讲评时说了对他表演的看法，一是舞蹈合拍，乐感强，二是动作到位，很有美感。美中不足就是手指在变化数字的动作时有些跟不上，需要加强练习。另外就是不在地下练习会影响效果的。而盟盟呢，似乎一副宠辱不惊的样子。

盟盟跳舞，优优也不闲着，奶奶的音乐一打开，他就闻乐起舞，蹦蹦、跳跳、弯腰、摇头、点头、扭腰、晃臀，有些动作是跟着哥哥学的，有些动作是属于自己的"原创",虽然可能他并不知道含义,但是动作也是合节拍的,特别是那种憨态让你忍俊不禁。看得出他对于音乐也是比较喜欢的。

朱奶奶生怕我们冷落优优,两次提醒我们也看看优优的表演。她不知道,我怎么会不看优优呢,每次投去的眼光都是看着他们两个的,只是盟盟是主要演员,要参加下午的表演,我的眼神不得不更多地聚光到他的身上。

(2014年7月12日)

路边的野花不能采

童言无忌,这是人人都有的经验。但是由于生活经验的苍白,一些生活语言被他们"无忌"到生吞活剥时,往往会产生意想不到的喜剧效果。

今天是盟盟的休息日,中午,我们都在餐桌上进餐,喊他快来吃饭。他在一旁照样玩他的,免不了要被多催几次,他却冷不丁地回一句:"烦死了!"我们第一次从他这里听到这样的语言,不仅没有生气,反倒当作笑话看待。

这个笑话勾起朱奶奶的另一个笑话:昨天,他们三人一起在草地上玩,优优要采摘花草,盟盟却对弟弟说:"路边的野花不能采!"这是《亲亲猪猪宝贝》里的一句歌词,但是朱奶奶不了解,只是觉得好笑,于是问盟盟:"你知道这句话是什么意思吗?"

盟盟的理解是直观性的,当然说不出这句话的转义,朱奶奶告诉他:"就是你长大后结婚娶老婆了,不能再去爱别人的老婆。"盟盟虽然没有积极回应这个深奥的问题,肯定能够朦朦胧胧地记住一些吧!

(2014年7月12日)

盟盟的逆反

儿子说人有3个逆反期，3岁多、10岁左右和青春期。盟盟不到4周岁，看来是进入第一个逆反期了，因为最近真的非常逆反，就说今天吧，头都被他搞大了。

上午在公安局办证，好不容易填好了几张表，他明明知道那是不能破坏的，可是他瞅准了一个空子，顺手把一沓表格摔到地下，还不过瘾，竟然拿起一张揉一揉，搞得皱巴巴的。

去吃午饭，为了适合他的口味，特地点个西蓝花炒木耳，我尝了一下，味道不错。我和奶奶小心地从里面挑出可能不适合他吃的配料。奶奶对他说："这个好吃。"他听说好吃，顺手把半杯饭前茶倒了进去，搞得这盘菜寡淡寡淡的。

饭是没有吃好，回来的路上给他买点面包充充饥吧，我们三个坐在地铁站里的椅子上，一直等他吃好。直到几趟车子已经过去，他终于吃好了喝好了，却把包装袋子扔到地下。我批评了他明知故犯，让他捡起来放进垃圾桶里。他做了，却舍弃眼前的这个垃圾桶，走到远处的一个垃圾桶边才把垃圾丢进去，让你哭笑不得。

回到家里，看见弟弟光着脚在地板上玩，他竟然用穿着拖鞋的脚踩一踩弟弟的小脚，倒也不重，就是一个动作而已。但是弟弟觉得受了委屈，哇哇大哭，连朱奶奶也大声呵斥他。我很生气，就学着他的样子，假装要来踩踩他的脚，他也吓得哇哇大哭。

该安生了吧，我浏览一会儿网络信息，觉得无聊，那就下盘象棋吧，那是我的一大爱好。好不容易两个三级大师对弈，旗鼓相当，我还占着明显优势，突然电脑黑屏。怎么回事？原来是他溜进书房把电源关掉了。

哎，就这还远不是一天的全部。

（2014年7月14日）

盟盟"溺反"

最近，盟盟逆反，今天还进一步"溺反"，把尿尿在了床上。

他从15个月来到我们身边后，只有两次不小心尿床，上一次是什么时间记不起来了，这次就是今天早上。

肯定是昨天睡前水喝多了，早上来不及去厕所，尿了一些在床上，马上惊醒，喊来奶奶。奶奶来了，不但没有批评他，反倒表扬他"不糊涂"；对我说"不怪他"，接着又用矿泉水瓶接下半瓶。

阴雨连绵，太阳不足，怎么处理湿了的一块呢？我想起那只使用和保存40多年的军用水壶，情不自禁地自我表扬一下自己的远见卓识。对着大家说："我都不知道扔掉了多少东西，就是这只军用水壶一直保留着，现在算是传家宝了。"

大家有点不解，我说："儿子尿床用过，现在轮到盟盟，肯定还有优优。"说到这里，大家领会了，接着说："还有……"我一边答着"是啊，也是可预期的"，一边走进厨房，给它灌满热水。

这时，我就转而表扬这只水壶：烫被子真是一把好手，安全，绝无火灾之险；有效，传热快，很快就会烫干湿处。奶奶接着补充一点，还不漏水。当然，一旦漏水了就是废物。

盟盟眼见这一切，既觉新鲜，更感好奇，眼睛不停地盯着被他"溺反"了的那一块。

（2014年7月17日）

盟盟骑车

吃过晚饭，奶奶累了，也想看看电视剧，我就独自带着盟盟去逛胜太广场。

还没出门他就大哭起来，我问怎么回事，原来是他想骑三轮车，而车被架在空调座上，够不着。奶奶顺手拿了下来，并把他心爱的小火车装进车篓里，他才破涕为笑。

第一次要骑行几百米远，带上一杯白开水，奶奶叮嘱的。我则告诫他，要骑就要坚持到底，否则爷爷会拿不动车子回家的。他也爽快地答应了。

一出小区大门，他就加速，不仅姿势像模像样，甚至颇为优美。但我还是提心吊胆，一边喊他慢骑，一边快步向前看道，同时训导他怎么避车，怎么直行，怎么拐弯。其实他都会，但我还是要强化他的印象，再说也的确不放心啊。

他的安全意识很强——也是我们长期训练的结果，走到主干道，我喊停即停，叫行即行，真是令行禁止。走在高大超长的拖车旁边，我看着那么大的家伙，浑身都是钢铁，当然担心他被擦伤，要求他直行防撞。但是道路就那么宽，总有来往车辆，怎么办？我就鼓励性地告诫他："骑车的本事就是直行不弯，拐弯不急。"

他虽然没有回答我，但一路畅行，毫发无损，说明还行。这是他第一次骑车出行。

（2014年7月18日）

盟盟摆个"骑马蹲"

我和盟盟到了胜太广场，直奔儿童活动区，那里的活动器材应有尽有。盟盟要玩旋转梯，上面已经挤了四五个小朋友，难免互相碰撞。

但是盟盟运气不好，遇到了一个岁数与动作都很大的小女孩，估计在哪里让他生气了，他一落地就要去推搡人家，被我及时制止。

没有想到那个小女孩的脾气也不瓢，反过来把盟盟一把推倒。盟盟反应很快，马上站起来，一个猛力推搡，动作十分利落，小女孩"啪"的一下也跌倒在地。

小女孩遭此一挫，更有斗志，马上就要反扑过来。我还没有来得及发声，但见盟盟闪电一般后退一步，立即摆出一个"骑马蹲"，两手握拳、平举，准备新的战斗。我及时拉开双方，平息了一场"格斗"。

平心而论，盟盟的那个架势真的很好看，我也从来没有见过他的动作那么麻利，就是不知道他这"绝技"师从何人，他后来告诉我，是从《迪迦奥特曼星光战士》那里学来的。

唉，唉，唉，服不服孩子的模仿力？不服行吗！

（2014 年 7 月 18 日）

优优有分寸

优优和盟盟一起玩，盟盟顺手拿起妈妈放在桌上的耳环。

耳环是两朵小花，优优也被吸引了，当然也想玩玩，把手伸了过去；盟盟一点也不护，很慷慨地给了他。

优优玩过一只，还想玩玩另一只，于是又把手伸了过去。盟盟呢？还是像上次一样，伸手就把另一只递给优优。优优玩过了，又把它送回到盟盟的手里。

朱奶奶一直与他们在一起，对于他们两个今天的友好赞不绝口，说与我听。我说从这个小事可以看出盟盟友善的一面，更发现"优优做事也有分寸"。

但愿如此，永远如此。盟盟、优优：做事有分寸，永远受尊敬。

（2014 年 7 月 19 日）

I'm meng meng

盟盟小托班的"学历"教育结束了，到哪里去进一步完成新的"学历"教育呢？经朋友介绍去一家国际儿童全英语教育单位。按照要求，我们今天去上一次体验课。

盟盟并不反对，甚至还挺高兴，可是他真的到了却怎么也不肯参加课程。也许还在想着外面的桌球吧，——我们刚从桌球旁走过，他是那么喜欢。但是我们的原则非常坚定，当然不会答应他的临场变卦、半途而废，那样对他的人格养成将是不利的。

还好，总算进去了，勉强坐下。所有的家长也都在旁边"陪公子读书"。到底这是一家很不错的学前教育单位，别看使用纯粹的英语教学，但是非常注重孩子们的参与，不仅通过语言和动作，而且通过手工互动，几分钟后，也许一些单词盟盟已有基础，也许异彩纷呈的 PPT 功不可没，总之他被渐渐吸引。

课间休息，校长给我们介绍他们的基本信息，交流时我也介绍了盟盟的性格特征：刚到一个全新环境，他不会贸然投入其中，可能是他冷静，但是也有矜持的一面。打个比方，如果说他的心理有 10 扇窗户，可能有 3 扇比较封闭，这就需要开启。而一旦打开，他的发挥就会充分。

课间休息后，小朋友们被带到与家长隔离的教室继续上完下半场课，我们可以从视频看见教室里的所有情况。但是麦克风有些问题，没有传来声音。我们正在等待，突然听到盟盟的自我介绍，没有听到完整的语句，最后一句"I'm meng meng"却是那么清晰响亮，让我十分讶异，甚至难以相信，这就是刚才还扭扭捏捏的盟盟吗？

这时老师走了进来，连连夸奖盟盟的表现。我们虽然没有看到全程，但是我们通过盟盟最后的表情与发声，可以肯定，老师的夸奖是真诚可信的。

谢谢老师！希望盟盟能够在你们的培育下获得更好的成长，我也相信我们的盟盟在你们的培育下一定能够获得更好的成长。

（2014 年 7 月 21 日）

抱抱也要讲公平

抱孩子也有学问，至少有姿势和心理两种学问。如果有两个以上的孩子在一起，心理学问就显得非常重要，这个学问的要点就是公平。忽略这一点，会使有的孩子在无意中受到伤害。

说出这话是因为儿子今天对我说，昨天他回来抱抱优优，盟盟很吃醋。我说这是正常的，小孩子都是这样，不吃醋才不正常。儿子继续说，他接着再抱抱盟盟，盟盟就很开心。我说这是他感受到了公平。

这种公平性就是通过机会公平表现出来的。人都需要公平，只要感到公平，心理就会平衡。个体心理平衡，群体就会和谐。嫉妒是一种心理失衡的情绪反映，也是群体和谐的腐蚀剂，极端的心理失衡必有极端的表现行为。

接着，我又对儿子说："你还应该把他们两个合在一起抱抱，而且最好一开始就这么做。我就经常这么做的。"儿子懂得这话的意思，还算谦虚，说"下次注意了"。

为什么？试想两个孩子同时看见爸爸，结果你抱起一个丢下一个，丢下的那个一定觉得受到冷落。如果同时抱起，不仅使他们一开始就共同感受到父爱，而且还能够促进兄弟之间的情分。

对于盟盟，我们尤其要注意到这一点，因为他是第一个进入家庭的，那时所有的爱都集中到他一个人的身上；弟弟来了，他的爱就被分解了，他会失落的，需要慢慢适应这种变化。在这个过程中，我们特别需要注意他的感受。

所以，我反复强调，在我们家里，别说只有他们俩弟兄，就是十个八个，也要公平对待。人一定要清醒：不要给下一代种下不和的种子，最好的方法就是公平。

（2014年7月22日）

再和盟盟打牌

昨天晚饭后，盟盟说："爷爷和我打牌。"我说"好啊"，于是拿来扑克牌，剔除花人，留下从 A 到 10 的数字牌，自创了一个"以大吃小"的玩法。

这么玩，既想训练他对数字大小的概念，也想看看他现在对数字大小的概念。结果很好，他每次都能准确地说出更大的数字比更小的大，只是有的时候需要停顿一下，那是想一想，这也正常，不影响我的满意度调查。

还有一点问题，就是一开始容易把"9"和"6"混淆，这也情有可原，因为同一个数字在牌的两头都有，以"9"为例，顺看是"9"，倒看是"6"。

"6"也如此，顺看是"6"，倒看是"9"。我说错了，他就数点证明，看上去挺笨的，实际上却不失为一种求证的方法。

当然，他也滑头，有时会同时拿起两张牌。我看得清楚，那张小的本来属于他，可是他却会递给我，我就假装不知道他作弊，却在心里乐滋滋的，因为由此看出他的判断力。

这也让我产生进一步的计划：下次玩牌，还用这个方式，不过要调整深度，就是看看它能不能区分出大的大几点，小的小几点。这是初级的加减法训练，但是不急。

（2014年7月24日）

与盟盟聊蝉

小区生态好，绿化覆盖率可以达到百分之四五十，每到夏天，蝉鸣一声高过一声。还是上个月吧，盟盟就问我："这是什么叫啊？"我说："'知了'，又叫'蝉'。"他接着又问："那它为什么要叫呢？"我还真被难住了，只好回答他："高兴了就叫啊！"但是回到家里赶快去找百度补课。

后来每次听到蝉鸣，他都会很得意地对我说："爷爷，这是知了，又叫蝉。"那个口吻，让我觉得既好笑又好玩。刚从邮局回来，知了还是引吭高歌，热情欢迎。盟盟不仅说"这是知了，又叫蝉"，而且进一步考问我"它为什么叫啊"，我已经有了新知识，告诉他这是知了的特性，想找朋友。他不理睬我的回答，却用上次的理论告诉我："它高兴了。"我无话可说，只好说"也对"。

当然，我每次还要给他背诵几首写蝉的诗，像虞世南的"垂緌饮清露，流响出疏桐。居高声自远，非是藉秋风"，真是好诗，不仅写蝉很见功夫，还有科学的生活哲理，我很喜欢，当然也希望他能喜欢。

我知道，10年以后他可能才会初步懂得这些，但是现在还是给他留个印象吧，到时候说不定会唤起记忆。而记忆一旦唤醒，爷爷念诗的情景也就被唤醒了。

至于骆宾王的"西陆蝉声唱，南冠客思侵。那堪玄鬓影，来对白头吟。露重飞难进，风多响易沉。无人信高洁，谁为表予心"，虽有两句精华，更多的应是高级牢骚而已，所以我也就是自己温习温习吧，先不毒害他。

（2014年7月24日）

优优的两套政策

优优早就会开关电视，但是最近的频度很高。刚才我看新闻，他就走到客厅，果断地把电视关掉。朱奶奶帮我开开，对他讲"爷爷要看电视"，但是他不管，转过身去又给关掉了。

其实他是逗我的，每次关掉都要屁颠屁颠地跑到我的跟前，我刚想抱抱，他却转身就走。这次走得远了，走到上面的饭厅。但显然是故作姿态，于是一转身又走下来了。我的电视又开了，他还是直奔电视，只是这次与上次不同，他首先伸出右手食指，朱奶奶怕我不懂，解释说是在向我打招呼，要关电视了。

到底还是朱奶奶英明，他果然把电视又给关掉了，还不忘转过身来向我笑笑。朱奶奶说，他对奶奶就不是这样，知道奶奶喜欢看电视，奶奶往那个位置一坐，他就去找遥控器，递给奶奶，自己再去把电视打开。

我说这不是拍马屁吗？不说不知道，一说吓一跳，原来他对我和奶奶是有两套政策的呀。就是一个小坏蛋！

（2014年7月24日）

优优急中生智

朱奶奶带着优优一回家就对我说，他们出去时，优优手里拿着一截黄瓜，到了会所，遇到一个比他大好几个月的男宝宝上来抢夺。

"优优呢？"我问，内心不免有些焦急。"当然要躲避了"，朱奶奶得意地说。

"怎么躲避呢？"我追问一句，也有些好奇。

"他就围着我转圈，"朱奶奶说，"但是那家主人并不制止自己孩子的抢夺行为。"朱奶奶显得有些不满。

不过，朱奶奶越说越兴奋："优优越来越急，也就急中生智，最后把手里的黄瓜一下子塞到我的手里。"

哇，真有办法，他是怎么想得出来的呢？我也有些如释重负。分析他的心理，当时的想法一定是："这下你抢不到了吧？你也不敢抢了吧？"

好一个聪明的优优，在紧急的时候知道把自己的东西交给可靠的人，把危险减到最低限度。这种借力自卫不能不说是一种天赋的智慧。

（2014年7月24日）

优优的"反常"

优优比较大气，平时不管玩什么，哥哥在旁边，他都会与哥哥一起分享玩具；如果吃什么，也是一样。前天吃馓子，他和朱奶奶在一起，哥哥也在旁边，我远远地看优优的表现，他就一人一根送到别人手里，然后才是自己的。

但是今天却不是这样：奶奶带着哥哥进城买菜，回来了，不仅带来了爸爸，也带来了一大堆的蔬菜水果，还有米糕。奶奶给朱奶奶一份米糕，也给优优一份，但是朱奶奶的多些，他的少些。优优呢？随手就把朱奶奶的一份拿过来，再把自己手里的那份给过去。

奶奶看了觉得很有趣，说与我们听，大家一起开心；同时分析他的反常之举：可能是米糕太好吃了，他特别喜欢；也可能是他的智力进步了，有了更强的自我意识。

优优：你能告诉我们，这是怎么一回事啊？你又到底是怎么想的呢？如果真的觉得好吃而从别人那里换大的，爷爷可是不赞成的哦。

（2014年7月27日）

盟盟"赴汤蹈火"

已经是伏天了,但是前夜台风,今日大雨,把天空打扫得干干净净,地面也焕然一新,空气更是凉爽宜人。我不舍得辜负如此美好的天气,于是问盟盟出去玩不?一个"去"字也就成为我们的共同决定。

还是骑车,但是他知道偷懒了,从草地到小道这段距离,有将近10米吧,过去都是自己搬车,现在却徒手而出,把他专用的三轮车留给了我。他知道我会搬的,我也知道我会搬的。

因为大雨刚停不久,路上低洼处还积着水,没有想到他那么兴奋,逢水必蹚。两站距离骑过去了,也说不清他蹚过了多少片水。走到一家企业门口,又有一片水,不仅面积大,还比较深。我刚刚交代他要小心一点,他已经箭一般地蹚了过去。

"爷爷,我还想从水里走。"他在征询我的意见。"走吧!"于是来回3趟。看他那个样子还不会善罢甘休。这不,又送来了"爷爷,我还想从水里走"的请求。那就继续走吧,我想让他尽兴。

他该有新花样了——我想,结果新花样真的来了,走到水中间,停下来,一番显摆后,竟然把穿着鞋袜的双脚放到水里。我批评他,但不直接:"有本事的人过水是不湿鞋子的,鞋子越湿,本事越小。"他当然不甘心做没有本事的人,于是再也不把鞋子弄湿了。就这样又一连折腾了十几个来回。

往回走了,我一边走一边问他"知道刚才的情形可以怎样形容吗?"他当然不知道,我说"这叫'赴汤蹈火'。就是遇到水蹚过去,碰到火踩过去"。我特地不用"开水""烈火"那些极端和暴烈词汇。他嘴里"嗯"了一声,心似乎并不在这里,那眼神一直盯着前方,脚还在不停地蹚。

(2014年7月27日)

优优拾物

半下午光景，朱奶奶带着优优去会所旁边消遣玩耍，星星奶奶也来了。两个老太太聊得腻了，想换个新地方，看点新风景。

他们已经过了小桥，优优却回来了。干什么去？朱奶奶以为他要回去玩，星星奶奶却说："他要回去拿扇子。"朱奶奶的确把扇子丢在小桥上了。

但她将信将疑，带着"他会吗"的疑问，驻足观察，果不其然，优优真的拿起丢在桥上的扇子，趔趄着走到跟前，交到朱奶奶手里。

饭桌上讲起这事，朱奶奶还一脸兴奋，可以想见，当时她是多么开心。

优优，你可真棒！你才15个多月就这么有心，看来比我们想象的聪明多了！

（2014年7月27日）

优优洗手

要吃饭了，大家都要洗手，优优也不例外，主要是从小培养他的卫生习惯。

盟盟首先站到水池边，但是不够高，他搬来一个十分结实的塑料凳子，站到上面，顿时"长"高了，也就解决了问题。对于盟盟来说，这已经是个行为定式。

轮到优优了，本来应该是朱奶奶帮助洗的，可是优优忽然变得积极性很高，坚持要自己洗，那好啊，我不但不能挫伤他的积极性，还要鼓励。但是高度就更加不够了，怎么办？我们都在一边看，看他怎么办。他呢，竟然要动手把旁边的一块砧板搬来垫到塑料凳子上，真的那样也就够高了。

砧板可是从树上截下来的，又厚又重，他当然搬不动，我们也不可能让他干这个力所不及而且风险还很大的事情。但是他那个意向，那个表情，那个动作，却是那么感人、喜人、逗人，叫人爱得心疼。

（2014年7月29日）

优优转弯快

　　看来优优也不瓤，前段时间经常打人，偶尔也打朱奶奶，我们要求朱奶奶严格禁止这类行为，不能让他养成习惯。最近以来确实好多了。

　　我刚才出门回来，奶奶告诉我，洗澡的时候，朱奶奶和他疯，他又打了朱奶奶一个巴掌。朱奶奶立即说："奶奶生气了！""朱奶奶"被简化成"奶奶"，因为他还说不出那个"朱"字。优优意识到错了，马上在朱奶奶面前两掌相击，用拍手的样子哄着朱奶奶，脸上还挂着笑容。

　　这个弯子转得确实快。尽管如此，朱奶奶还是追问他："下次还能打我吗？"他笑着点点头——表示肯定；朱奶奶脸色一变，他马上又摇摇头，那是他特有的否定方式。

（2014年7月31日）

优优不理朱奶奶

　　人是不能得罪的，连小孩子同样得罪不起啊！朱奶奶今天向我们说起优优昨夜的表现就深有感触。

　　优优一生下来就是朱奶奶带的，所以跟朱奶奶感情亲密深厚，每天睡到深夜，一翻身就喊"奶奶"——他还不会喊"朱奶奶"。只要朱奶奶答应一声，拍两下，他就继续安然入睡。

　　可是昨天晚上优优却一反常态，醒来了，不再喊"奶奶"。朱奶奶拍拍他，他却用手指着上身，嘴里"嗯、嗯"的，意思是要挠痒，但就是不开口叫"奶奶"。

　　"为什么？"我们问。原来是昨天晚上9点多了，按说优优早该睡觉了，但他还要走出房间玩耍，朱奶奶不仅没有答应，反而批评他："睡觉时间到了，是不能出去玩的！"

　　就这么一句话，一个态度，一个批评，他就记住了，生气了，也就不叫朱奶奶了。真是人小鬼大！但是，我要说，优优，这要不得的！

（2014年8月1日）

盟盟护弟弟

今天，我们一行5人去儿童医院给优优看鼻炎，回来时乘坐地铁，为防着凉，特地给优优带件长袖上衣，但没用到，放在童车上。

对面的叔叔阿姨非常喜欢优优，不停地逗他，逗着逗着，顺手把优优的备用上衣拿过去。本想看看他的反应，没有想到，一旁的盟盟以为人家真的要拿优优的衣服，于是圆睁双眼——他的眼睛本来就很大，虽不言语，却一脸怒气地看着对面。

奶奶看出了叔叔阿姨不知怎么回事，于是解释："他们是兄弟俩，哥哥以为你们真要拿走他弟弟的衣服，生气了。"原来如此！对面的叔叔阿姨闻听此言，都笑了。

可是我们却深感奇怪，因为在家里，盟盟有时是会欺负优优的。今天，我们也是第一次看见盟盟原来是那么维护优优！真是"兄弟阋于墙，外御其侮"啊。

（2014年8月1日）

优优也会"用人"

我前面写了"用人"，是说盟盟的，没有想到优优也很会"用人"。

他想看电视，电视是数字的，朱奶奶不会用，盟盟会用，但人在房间里，很遥远，爷爷也是半瓶醋，只有奶奶才是频道通。并没有谁告诉优优应该去找谁，他却准确无误地找到了奶奶，并且把遥控器交到奶奶手里，嘴里还"嗯、嗯"，那就是请奶奶开电视的意思。

奶奶高兴地跑来告诉我："你看，优优怎么就这么灵呢！他就知道看电视要找我，不找别人。"我掐指一算，他和盟盟"用人"的时间差不多：盟盟是15个月差1天，优优是16个月差9天。当然他实际的"用人"时间要比这个记录早一些。

（2014年8月1日）

优优的"行胜于言"

晚饭吃过了，朱奶奶给优优的澡盆里放好了水，说："优优，洗澡了。"他听到了，一言不发，得令而行，先屁颠屁颠地走到水池边，扯下一块布巾，再拐进卫生间，直接扔进澡盆里。虽然那是抹布，还是让我们开心不已。

家里买了一些青苹果——肯定是台风刮下的，好看不好吃，朱奶奶切了几片给优优玩。要洗澡了，朱奶奶指挥优优："把苹果扔进垃圾桶里。"他又一言不发，得令而行，拿起桌上的苹果片就往厨房走，准确无误地扔进垃圾桶，我们又是一阵啧啧称赞。

转眼看见地上一个水蜜桃的减震包装，他还是很费力地弯腰捡起；我们就看他要干什么，原来他要再次把它投进厨房的垃圾桶里。对他来说，那可是一段很不近的距离，中间还要艰难地翻越三级台阶。

优优：今天我们集体见证了你的"行胜于言"。我们当然知道那是因为你还不会"言"，但是我们也真的希望你长大后能做一个行胜于言的人。因为道理浅显：世界是"行"改变的，生活是"行"创造的。

（2014年8月1日）

优优跳舞

我在前面写了《优优手舞足蹈》，现在看来，一个多月前的那个情景只能算是萌芽状态，今天晚上我们才发现他还真的很"会"跳舞。

朱奶奶洗澡去了，我和奶奶一起陪他，刚一走进房间，发现他一个人边听乐曲边在凉席上尽情地表演。说他"尽情"一点也不夸张，那可是身体的全面运动。

他的头能够随着乐曲摆动，一会儿向左，一会儿向右，而且左右摆动的节奏比较匀称。更让人想不到的是，音乐舒缓，他的节奏也就缓慢，音乐紧张，他的节奏也就加速。

不仅如此，身子也会旋转，但是通常转不到360度就会趔趄一下，有的时候靠到床头，有的时候扶到墙上，更多的时候则是直接跌到被子上——床的两边都是用被子作为安全保护——没有关系，爬起来，接着跳。

伴随身子的运动，两手也不闲着，不断拉动两臂曲张，手上的花样还特别多：一会儿合掌，一会儿分开，一会儿同时翻掌，一会儿单手翻掌，就是有的时候配合得不算很好。

今晚，我们能看到这样的精彩演出，非常满足，甚至兴奋。看来今后还是要多看看他的表演。

（2014年8月6日）

朱奶奶做得对

上午，朱奶奶带着优优去小区会所玩，优优看见一个老爷爷手里拿着一把芭蕉扇。芭蕉扇形状都是没有大的差异，他可能以为这是自己家里的，于是非要把人家的要过来，不管怎么解释他就是不听。他心想"你怎么拿我家爷爷的扇子啊？"

老爷爷很是善良慈爱，就把扇子给了优优，这时朱奶奶就慢慢对优优说："这样的扇子我们家爷爷也有，但是那个放在家里，这是这个爷爷的，应该还给老爷爷。"

优优听后，似有所悟，"原来是这样的啊"，也就把扇子递了过去。老爷爷笑着说："这回他听懂了。"

感谢朱奶奶坚持正确的教育原则。你所坚持的，正是我们一贯希望与秉持的。

（2014年8月7日）

优优用药

前一段时间优优老流鼻涕，我们根据经验判断是鼻炎，看过医生了，开了两种药，一种是喷鼻子的，还有一种是内服的。

第二天开始用药，优优和许多小朋友一样，以哭闹反抗，只是反抗无效，最终还是该喝的喝了，该喷的喷了。但是我们每一次用药的时候，都要给他讲一番大小道理，我们相信他能听懂，至少也能似懂非懂。

刚才奶奶跑到书房，向我绘声绘色地描绘优优今晚用药的情形。说吃过饭了，朱奶奶抱着优优往腿上一躺，优优马上就知道要干什么了，不仅不反抗，还用小手指着自己的鼻孔，嘴里发出嗯、嗯、嗯——那就是表示请你们快来喷吧，于是毫不费力就解决了"喷"的问题。

可别以为我们优优傻，轮到"服"了，他知道那个味道不太好，不仅不配合，反而用小手臂挡住嘴巴。但他毕竟也有多次经验，知道这药的味道虽然不好，并不十分可怕，所以当他的手臂被挪开后，也就张开嘴一下子"服"了。

（2014年8月7日）

与盟盟拉钩

孩子都喜欢玩沙子，盟盟当然也喜欢玩沙子，这种兴趣转移到家里就是喜欢玩米，米也就成为沙子的替代品。

上午他来我的书房与我游戏，乘我出去，一转身溜进阴台，打开米桶，用带水的奇妙杯舀了起来，当然是撒了一地。我折腾半天，免不了要批评他一顿。

他好像要将功赎罪，不自量力地提起米袋要往桶里倒米。我对他说，这事不是你现在做的。你是不能做偏要做，今后能做就不会做了。说罢问他："是这样的吧？"他说"不是的"。

"那好!"我乘势表扬他。也顺便告诉他:"不做事是很可耻的,自己能做的事情让别人做那就更可耻。人要做事,但一定要做自己能做的事。我们现在就讲好,你记住了吗?"他说"记住了"。

我说"那就拉钩吧",他伸出了手,他的两个小手指和我的两个大手指紧紧地钩在一起:表示说话算数。我以为这就行了,没想到他把手往上一翻,伸出了大拇指,摆出与我拇指对按的姿势——说这是"盖章"。

盟盟,《弟子规》说:"事非宜,勿轻诺,苟轻诺,进退错。"但是我们拉钩约定的事情可不是"轻诺"之事,而是正当之举,郑重之约,进无错,退有过。拉钩盖章,对你可能是个游戏,对我可是一种希望,希望你和我共同信守约定。

须知,我们不管什么时候,都要肯做事,爱做事,会做事,这些虽然只是平凡的光荣,却是良好的品质,真的做到了就会终身受益。

(2014年8月10日)

盟盟爱桌球

去年带盟盟去了云南丽江,才两天就腻了,中途去大理换换环境。在大理,给盟盟留下最深的记忆就是桌球,也许是他特别喜欢桌球的缘故吧。

回到家里仍然时常念及桌球,后来渐渐不提大理了,但是从来不忘记桌球。爸爸投其所好,至少给他买了两次儿童玩具桌球,由于经不起折腾,很快就失去魅力。昨天我们一家出去喝咖啡,回来的路上,盟盟还是嚷嚷要去买桌球。

昨天虽然没有满足他,今天晚上却给他一个惊喜。晚饭后,大家散步到了会所门前,遇到邻居王爷爷,要我们上楼打球,我就携着盟盟走进二楼。那里有不少运动器材,但是盟盟一眼就发现摆在一个角落的桌球。王爷爷把球和球杆拿了出来,他上去就要操练,可身高局限了他。

张伯伯来了,和王爷爷开始比赛,盟盟在一旁不断地捣蛋,经过我的不断阻止,渐渐地也就懂得规矩了,但还是围着转圈。别人每进一球,他就兴奋一阵，有时还情不自禁地欢呼。王爷爷和张伯伯不断地问他球号，这当然难不住他。

我想用足球把他引到旁边，他来了，练了一会儿，不来劲，还是回到桌球旁边观战。不早了，在我几次三番的催促下，他才恋恋不舍地走下楼来，路上还要说说桌球的事情。

（2014年8月11日）

我与优优隔窗对指

晚饭后，因为下雨，我单独出去转了一圈；回到门前，隔着窗户观察优优的表现。朱奶奶正在收拾被盟盟撒了一地的奶粉，优优则在一旁自由自在地活动。

我一直盯着里面，既不说话，也不敲窗，还是被朱奶奶发现了，于是叫优优看我。优优看见了，兴奋地走了过来，但是我们高低错位、内外相隔，没有办法亲密接触。

还是优优有办法，伸出他的食指，抵着玻璃。厚厚的一层玻璃当然挡不住我与他的心灵感应，于是我呼应他的想法，也伸出自己的食指，与他紧紧地贴在一起。

他笑了，是那么灿烂。手指挪开了，再次贴近，一连几次之后，又伸出拇指，好像是从哥哥那里学来的"盖章"动作。我也及时地与他对接拇指，算是盖了章。

但见他拍着小手，那是高兴，也好像是要我快点进来吧！

好，优优，爷爷进来了！

（2014年8月12日）

17个就是17个

盟盟最近说话偶尔有些"夸张"。中午他和奶奶一起去超市，赢了很多弹子回来，一进门就对我说，他赢了100个。我很惊讶，说赢这么多啊！

奶奶在一旁说没有那么多，马上引起我的警觉，请他数一数到底赢了多少个。

他数了，17个，但是他乘奶奶不在意，把家里原有的3个加了进去，说是20个。我马上批评他，指出"是多少就是多少，开始你说100个，我想可能是你搞不清数字觉得很多才那么说的，后来数清楚了17个，再把家里原有的3个加进去说是20个，数字是说对了，但是事情做得不对。"

他的爸爸给出的解释是，孩子4岁时，迎来了第一个自我期、表现期、自信期。他在说出此现象大于此值时，其实是他期望下次就是这个结果，他在给自己定目标。不必紧张，5岁后就好了！

尽管如此，盟盟，我还是向你表明我的立场：你今天做的这件事情爷爷真的有些担忧。你是一个很聪明的孩子，爷爷看得清楚，也很高兴，但是聪明一定要与实在结合，否则聪明反被聪明耽误。怎样做到实在呢，就像今天的弹子，赢了17个就是17个！

写完这篇文章，我对盟盟说"爷爷把你今天的这件事情记录下来了，可以吗？"他说"可以"。我很高兴，表扬他不护短，很好。于是和他重温《弟子规》里的"过能改，归于无"，并向他解释：意思就是错误能够得到及时改正，也就没有了。

当然，我还要给你和优优增加一道我的赠言："是即是，非即非，言不夸，行不违。"就是是什么就是什么，不是什么就不是什么，说事不夸大其词，行为不违反常规。

（2014年8月13日）

不就是个座位吗

盟盟和优优：上午我与你们告别后，从软件大道乘地铁去了鼓楼医院拿药，车上的人不算多，但也没有座位了，我就站在车厢中间。车到安德门站，我左边一下子空出了两个相连的座位。看看旁边也没人要坐，我就趋身向前，准备坐下。

没有想到远处蹿出一个30多岁的男性乘客，以一种不常见的速度抢占我面前的一个座位，接着又把身子一挪，坐到两个座位的中间，显然是不想让我坐上另一个座位。幸好我的身子还没欠下,自然地退回原处。尽管如此,我还是有一丝尴尬:担心别人误以为我要与人抢座——那是一件多么可耻的事情啊!

那个年轻乘客抢到座位之后,又挥手招呼更远处的一个大约40岁的男性乘客。我没有看见他是怎么走过来的,但是看见他很从容地坐了下去。不仅如此,对面那排座位上至少还有两三个女性乘客与他们一起,这是从他们不断交谈中判断出来的。

我对两位男性乘客的表现十分不以为然,这两个座位离我也就一步之遥,我坐是自然而然合情合理的,既然你抢占了一个,不应该再抢占另一个吧,而且是抢占一个60多岁老人的座位。如果说第一位没有教养,那么第二位却像个文化人,说不定还是一个小头头,看了看我,显然知道发生的一切意味着什么,但是连个歉意的表情也没有。再联系对面座位上还有几个同道乘客,他们应该具有相同的价值观与道德观,才会形成如此可怕的"场"。如果没有这个场,个体的失德行为是不会如此轻易发生的。不就是个座位吗,值得抢吗,而且还从远处蹿过来抢,我真的难以理解。

盟盟和优优,我给你们记下这个可耻的故事,就是希望你们今后不要这样,因为不值得、不必要。看上去他们抢到了两个座位,但是他们失去的更多更大,那就是无价的尊严。

(2014年8月15日)

啃个桃核

两盒水蜜桃吃完了,盟盟吃上了瘾,和奶奶在超市玩,看见水蜜桃就嚷着还要吃。奶奶买了两个,郑重说明:"你和弟弟一人一个。"

回来一进门,奶奶就对我说"两个桃子18块"!嫌贵,还是买了,但是实行计划消费,选个半熟的,说是放两天再吃。别看我在家里是个"县官",就是不如奶奶这个现管,一连两天,只能天天看着桃子咽口水。看看都有想法:一边望桃止馋,一边想怎么就没有我的一份呢?

渐渐地,我也就把水蜜桃的味道忘记了,就像刚才,还在网上专心致志地"将军",哪里想到水蜜桃。但是奶奶却从后面伸出手,递过来一个莫名其妙的东西，土豆不像土豆，苹果不是苹果。这是什么呢——正在犯疑，还没有来得及发问，奶奶说是水蜜桃。

水蜜桃？我将信将疑，接过来咬了一口，嗯，真是水蜜桃，味道好极了。这时奶奶才说，"给你啃个核子"。我很快就啃完了一个，还在细细回味水蜜桃的味道，忽然想起还有一个，于是问起，奶奶说另一个被她啃了，只是她那个核子"包装"更薄。

我长叹一声："两个'老下作'，混得真是惨，竟然沦落到也就只能啃个桃核子的地步！"

（2014年8月16日）

智商、情商和逆商

盟盟、优优：我看到晓月残阳2011年5月8日发表的《智商、情商和逆商——人生成功秘诀》一文，觉得很好，把它整理一下送给你们，想来对你们今后一定有用。

智商（IQ）就是智力商数，通常叫智慧，就是认识和处理问题的能力，与学历、经历、阅历密切相关。尽管如此，智商在更大程度上还是先天决定的。情商（EQ）则不然，主要指人在情绪、情感、意志等方面的品质。有的心理学家认为，情商主要包括能认识自己、调控自己、激励自己、认知他人、驾驭他人。还有一个逆商（AQ），就是逆境智商，也就是衡量一个人应对挫折、逆境的能力。

逆商一说被视为"革命性的理论"，我也是第一次从这篇文章中知道的。因为它与人才成长具有极大的关系，我要特别地多说几句。

逆境是一种普遍的人生经历，几乎人人都有这样的经历，道理很简单，人生而向上，向上必然遇到阻力。社会的阻力就是人的逆境。既然几乎人人都要遇到逆境，为什么人生的结局却各个不同呢？这在很大程度上取决于人在逆境中的表现，就是上面所说的"逆商"。

逆境既然不可避免，要成功就要努力提高逆商。首先要把逆境看作磨砺自己品格的特殊环境。古人说："艰难困苦，玉汝于成。""艰难困苦"

就是对于"成"的磨砺吧！没有这种磨砺，人的能力很难提高，心性也难成熟，当然也就无"成"可言。

进一步说，"逆境成才"还是人才成长的普遍规律，我对盟盟讲过孟子的一段经典名言，可以说就是对于这种规律的深刻总结。他说："天将降大任于是人也，必先苦其心志，劳其筋骨，饿其体肤，空乏其身，行拂乱其所为，所以动心忍性，曾益其所不能。"这里的"苦""劳""饿""空乏""乱"等一串动词，都是货真价实的磨砺啊！经受住的就会成才，经受不住的就不会成才，成就多大、能否成才，与人们对于上述各种磨砺经受的程度密切相关。

如果说孟子的上述名言是对规律的总结，那么司马迁在《史记·太史公自序》里这段话，虽然还不能说就是字字血句句泪，但是每一句话都是一个真实的磨难—发奋—成才的故事，这可是不争的事实啊！不信请看——

"昔西伯拘羑里，演《周易》；孔子厄陈、蔡，作《春秋》；屈原放逐，乃赋《离骚》；左丘失明，厥有《国语》；孙子膑脚，《兵法》修列；不韦迁蜀，世传《吕览》；韩非囚秦，《说难》《孤愤》；《诗》300篇，大抵贤圣发愤之所为作也。"这些文字、故事和道理，你们现在还是难以理解的，但是慢慢就会懂得的。

当你们能够认识到这些，并且在实际上愿意经受、能够经受，它们也就转化成你们的"逆商"了。只要能有这样的逆商，你们也将会赢得属于你们的光荣。

准备好了吗？爷爷奶奶的心肝宝贝们！

（2014年8月17日）

地球外面有月球

没钱用了，奶奶要去银行提款，盟盟也要一起去——他总是黏着奶奶。奶奶去后面推车，本来是要他在门口等着的，但他不甘落单，还是步步紧跟寸步不离。

奶奶进入巷子里开车、推车，我在书房里用眼睛的余光瞄了他，他在外面站着等候，我就继续做我的事情。但是突然听到盟盟清脆的奶声："地球的外面还有月球。"究竟是不是在与奶奶对话不得而知，为了不打扰他的兴致，我一声不吭，下面的话我没有听清，但是就这一句话对我的冲击力实在太大，觉得他有些了不起。

我曾经是对着月亮告诉过他"月亮又叫月球"，"我们脚下站的叫地球"，"月球离我们地球很近"，就是没有向他说过"地球的外面还有月球"。这样精确的表述究竟是从哪里获得的呢？但愿他是从哪个电视节目中看到的，不然我会更加惊讶！

盟盟，那我就进一步告诉你，在地球之外，不仅有月球，还有很多很多的星球，也可以说无数个其他星球广布于宇宙中。"宇宙"就是《千字文》里"宇宙洪荒"的宇宙，在我们的文明中，很早很早就把上下四方古往今来叫作"宇宙"。就是站在今天的科学立场，地球虽然是我们伟大的家园，但在广袤的宇宙中不过是沧海一粟而已。所以我们每一个人，从很小开始，就要对不可穷尽的天——就是宇宙——怀有深深的敬畏之心啊！

（2014年8月18日）

莫轻小事

盟盟、优优：后天我又要应邀去一家大型国企给新进公司的高学历员工开一个《职业素养与成功导向》的讲座，这让我想起去年到这家企业开设这个讲座时听到的一个故事，觉得这对你们的成长具有重要意义，所以我要把这个故事说给你们听听。

该企业招来一批新员工，非硕即博，可谓高才了吧。但是，按照规定还是需要进行岗前培训，于是请来本企业的一位老劳动模范、老领导担任主讲老师，但他不大适应电化教学新设备，需要手写板书。黑板就在教室外，班主任招呼学员把黑板抬进教室，连呼两声才站出来两位，人手不够；又叫了两声，黑板总算被抬进来了。

领导向我讲述这个事情时，大呼不可思议，我笑着对他说，这就是我们的新新人类啊，必须做好迎接他们的准备。看惯看不惯未来都是他们的。

我的话虽是安慰性的，不代表自己没有看法。你们是我和奶奶的两个最亲爱的宝贝，爷爷给你们讲这个小故事的目的恰恰是想表达自己的看法：抬一块黑板真的就是一件很小的事，不仅没有那么难，而且具有多种意义。

从做事的角度讲，事以人成，凡事总是因人而成。但是成功不会从天而降，需要辛苦奋斗。奋斗不仅需要漫长过程，更加需要寸功累积，用一句兵家术语来说就是积小胜为大胜。天下所有的大事都是可以分解成若干小事的，轻视小事必然降低成功大事的概率。相反，肯做小事、善做小事的人，即使天资不济，也不会终无所获，"天道酬勤"讲的就是上天不弃勤奋人！勤奋也是小事培养起来的。

从做人的角度讲，人以事立，人不可无事可做。但是事有大小好坏之分。肯做小的事情、善做好的小事，就是在不断增加道德积累。三国时的刘备告诫其子刘禅："勿以善小而不为，勿以恶小而为之。"意思就是好事不因小而不做，坏事不因小而即为。为什么一国之君如此重视小善呢？因为小善能积大德。德的地位与价值又在哪里呢？《易经》说："君子以厚德载物。"就是说君子要以厚重的道德承担重大的责任。宋朝的司马光进一步发挥，对于德才之间的关系给出了精辟的阐述："德者，才之帅也；才者，德之资也。"就是说德对于才具有统领的作用，才对于德具有资用的价值。

从心智成熟的角度讲，诸如上面所说的抬块黑板的小事，真可谓站立之间，举手之劳，做而有益，行则无害，似乎没有什么可以拒绝的理由。如果因为无意识、不习惯尚可原谅，也可重塑；倘若刻意忽略，那么不是懒惰就是计较。懒惰注定人生失败，而过分计较其实也是心智不成熟。观察人世，但凡心智成熟的人，通常温柔敦厚，乐善好施，不患得失。你们看现在的社会，许许多多的社会义工，因其乐于奉献社会，既获得高度的认同，也实实在在充实内心的快乐与幸福。

所以爷爷要对你们说：莫轻小事，甘做小事，当然是做好的小事。

（2014年8月19日）

盟盟知错就改

吃饭了,盟盟没有出来,待在弟弟的房间里,奶奶说等一会儿再吃吧。我吃过了,躺到沙发上看看电视,奶奶也吃过了,只有朱奶奶在喂优优。

这时,盟盟出现了,没有说话,特别老实,不是来吃饭,而是拿着簸箕和扫把重新走回房间。我判断他一定干了坏事,但是不知道是什么坏事。于是问大家盟盟在哪个房间,奶奶说在优优房间。

我说你们快去看看,他一定是干了什么坏事,不然不会自己拿着簸箕进去的。奶奶进房一看,好家伙,盟盟把优优的奶粉,整整一盒的奶粉全部撒到地上了。我说我就知道会有故事的。

盟盟:虽然你把奶粉撒到地上是不对的——这是你现在的好奇心加上缺乏自控能力造成的,可以原谅,但是你处理问题的方式还是不错的:知道错误,也想纠正错误,而且以实际行动纠正错误,只是你现在的能力还不够。正因如此,更让爷爷觉得你是多么可爱。

(2014年8月19日)

盟盟让我的腰包瘦了一圈

家有顽童可喜可恼消闲不了。盟盟就是家里的一个顽童,只要有他,一定会故事不断,有时还会把故事变成事故。比如我就一直觉得有线电视的数字化节目的消费不好掌控,但是一时拿不出解决办法,现在盟盟以自己的"消费"事故给我们一个提醒。

半年前他就能够熟练操作遥控器,我们想不到的节目他都能让它们不断地出现在屏幕上。我们终于发现有些是要收费的,及时打了电话报停。今天奶奶去缴电视费,被告知6、7、8三个月将近1000元。她回来一说,我大吃一惊,天啦,如此下去,怎生了得,于是再度报停。

对于盟盟的破坏力，我在本系列《盟盟的破坏》和《盟盟的逆反》里已经有了不同的片段记录，没有想到他这次又如此有力地"支持"了有线电视，只是我的腰包瘦了一圈。

（2014 年 8 月 20 日）

盟盟的新破坏

我下午课后回到家里，看见盟盟一个人在房间里蹦啊跳的，没有马上进去，而是先行卸装。等到进去后却有新的发现，本来横在我们床头的单人床怎么和大床分离了？我心里疑惑，嘴上提问，盟盟说是他拖开的，我没有批评他，反而在心里暗暗高兴。

床头放了一把剪刀，我知道，经过长期教育训练，他用剪刀一般不会危及自身，所以只是简单地看了看，没有吱声。可是想不到与剪刀有关的故事早已发生过了。

明天远游，奶奶进房拿背包取证件，发现一个常用挎包被他剪坏了，既吃惊又生气；转身一看，另一个包也被剪坏了，更加惊讶、生气；再看看那个还没有用过的新包，也没能逃脱厄运，奶奶进一步生气也是当然的。生气之余开始算账，跟我说每一个包是多少钱。他听到这里竟然说："奶奶，我不是故意的。"

看他的一本正经，我既感爱怜又觉好笑，转而安慰奶奶：调皮的孩子有出息，破坏力大，创造性强，并"表扬"盟盟的剪刀功大有长进，可以外剪树枝，内剪挎包——后来还有新发现，他还能把纸牌剪得一条一条的。

奶奶呢，一边忙着晚餐，一边感叹：下面还有优优呢！看来她已经有所准备了。

（2014 年 8 月 21 日）

盟盟游中台禅寺

"想去台湾走走",就这么轻轻地嘀咕一下,爸爸就把票给订了。我们祖孙三人,8月22日准时降落在台中机场,第二天上午随团直奔南投的中台禅寺。

中台禅寺不仅年轻——建于1994年,而且漂亮,还特别洁净,最大的硬件特色应是气派的现代化建筑。盟盟还未进寺院我们就交代他不要大声说话,走进之后,他十分高兴,表现很好,受到团友们的喜欢,还得到担任讲解的女师父的特别喜爱,封他一个"小队长"。

从此,盟盟不管走到哪里,都被女师父安排在前面,如果他没有及时到来,女师父还会特别等他一下才开讲。到了中场,好像是为了鼓励盟盟,女师父特别声明,等到完成全部讲解后,要送一份特别的礼物给他。我们立即鼓励,盟盟也很期待。

终于参观好了,女师父还不忘提醒盟盟随她去拿纪念品,我和奶奶当然随同前往。走到一个类似接待前台的专柜前,那里并排坐着的几位女师父,见到盟盟也都十分高兴,其中一位随手取出一张精美透明的卡通塑料纸,郑重地递到盟盟手里。卡片上两只猫头鹰静静地蹲着,4朵小花开在中间,下面有一棵绿树,一只黄鹂在啄着树上的什么,有个漂亮的狗熊竟然骑着电动自行车走向人类社会。盟盟非常喜欢。

盟盟接受礼物后,说出一句"谢谢阿姨",女师父们随即更正他:"这里不叫阿姨,要叫师父。"盟盟有些茫然,我们提醒他改口,他才轻轻地送去一声"谢谢师父"。话别之后,盟盟在我们又一次的提示下,道一声"师父再见"。师父们满面笑容,非常慈善。

(2014年8月30日)

盟盟经受了考验

入台第三天，由台中、嘉义进入高雄，终于看见台湾第一座有些气派的港口城市。晚上自由活动，走进导游热情推荐的小吃一条街，游客穿行，络绎不绝，摊位相连，密而不乱，各色食品，清淡可口。

我们的盟盟就像爷爷，从不考究吃什么，所以对那些小吃并不上心，逛逛而已。还是要买的，那是奶奶的责任，吃才是我们的任务。但是一个玩具摊点却让盟盟挪不开步伐。那是一个电动立体高速公路系统，4辆汽车同时行走在高低3层、翻山越岭的轨道上，配上节奏感很强的音乐，很有气势。特别是那架盘旋在山巅路旁的直升机，诱惑力很大。家里的玩具太多了，再说也不好带，我们刻意快速通过，意在避免购买。

盟盟虽然跟着我们走开，但是很不情愿，走了很远还说："我不买，就想去看看。"做爷爷奶奶的又怎能忍受他那一脸食不甘味的样子呢，于是走了回来，向摊主奉献了300元新台币。同时向盟盟提出严格的附加条件：玩具是和弟弟共有的，路上不能拆开，拆开人家就不让上飞机了。

他东西在手，心满意足，自然欢喜，也就满口答应。我还郑重其事地与他拉钩盖章。然后，我就这么拎着，盟盟忽然"心疼"起爷爷，主动要求为爷爷减负。我伸手交给他，但是包装几乎有他一半高，他勉强拖了几步，我实在不忍心，他应该也感到沉重不堪，于是玩具又回到我的手里。

回到宾馆，他就要拆开看看，奶声嗲嗲地说："我不玩，我就想打开看看。"我们提示他："说话要算数，不能拆就是不能拆。"他无可奈何，只好作罢，去翻自己的跟头。倒不是我们忍心不让他拆，而是拆开确实不好携带。

早上，已经走进餐厅，盟盟还不忘问"我的玩具呢"，听到肯定的答复才放下心来。出发前我们要把玩具放到大巴底下的行李间，他却坚决反对，一定要放在他能看见的行李架上，那样他才放心。车行几日，天天如此，常常看了又看，在去花莲的路上，甚至把它放在身上，抱在怀里，反复抚摸。我用眼睛余光观察，他几次想拆，最终还是没有付诸行动。

渐渐地，我们也就放松警惕；渐渐地，他也实在按捺不住，终于出现一个"惊人"的局面：他撕下了包装盒上的一块表面图案。自然受到批评，不过是和蔼的批评；他自知有错，默默改正，从此，除了不断关心之外，再也没有试图打开的举动。奶奶大受感动，连连夸奖："盟盟真有毅力，看着心里不忍！"我说这就叫"动心忍性"。

（2014年8月30日）

亲密接触太平洋

从高雄出发，行程由南向东，目扫台湾海峡、巴士海峡后，经过垦丁进入台东，太平洋也就走进视野。

近看，无边的湛蓝，随着海床深度的变化而深浅不一；远方，水天相连，混沌一体，一波波的海浪在骄阳的照耀下闪着点点白光，就像成群的海鸥在风口浪尖猎食；天上，纯净得一尘不染，连片的彩云铺展悬挂，偶有几簇从头上飞过；水下，是看不见的世界，但是我们确信那是丰富多彩的世界。

太平洋是盟盟闻所未闻见所未见的新鲜事物，我自然要向他说说太平洋是世界最大的洋，再顺便讲讲葡萄牙航海家麦哲伦，为了寻找东方的印度与中国，在数百年前就带着船队经过这里的故事。正是他们那声"这真是一个太平洋啊"的惊呼，使得这片辽阔的海域因此得名。他并不全懂，更加关注窗外的海景盛况，并且也发出自己的惊呼："爷爷，太平洋真蓝！"

在台东花莲一带，第一次与太平洋亲密接触，盟盟爽快地脱掉鞋袜，做了一回太平洋边的"赤脚小仙"，不，更像一个准备闹海的哪吒。我牵着他走向海滩，触景生情，即兴朗诵：

啊，伟大的太平洋，
我们来到你的身旁，
放眼望去啊，
看见很远很远的远方。

祖孙天伦

> 太阳从那里升起，
> 每天带来新的曙光，
> 澎湃的力量贯通世界，
> 让人类的舞台辽阔宽广……

我不需要他懂，他毕竟才 4 岁不到，但他能够隐约感受到我的激情。

海水是浪漫的，但是走进她却并不像想象的那么轻松。沙滩自然地分为细沙—卵石—细沙 3 个"带"，细沙柔和、温馨，给人享受，但是走在卵石上却很艰苦。我已经有些难以承受，转问正在尽兴玩沙的盟盟："脚疼吗？"我想象他一定会回答与我一样的感受，没有想到他竟然说"不疼"。奶奶在一旁笑着说："脚都磨脱皮了，还不疼呢！"是什么让他不叫疼的呢？我想只有"兴奋"二字。

他好像特别喜欢那些卵石，甚至想带走两块，那是不被允许的，我们当然也不允许；但是需要把道理告诉他："人要入乡随俗，就是要遵守人家的规矩。"他放下了，放下了手里的卵石，放下了心里的所爱，相信他和我们一样，会把美好的印象存入永久的记忆。

（2014 年 8 月 30 日）

盟盟入园了

今天盟盟进入幼儿园的小班了，因为生日小了几天，被"耽误"了一年，这是奶奶常常念叨的话，我倒认为大有大的好处。

由于在小托班里上了一年"预科"，从去台湾前到回来后，我们已经几次告诉他要上幼儿园了，意在让他有心理准备，没有想到他一点也不反感，更不抵触，可能对他来说这已经不是一件可怕的事情了。看来在"预科班"花点钱还是值得的。

因为要带被子，更要让盟盟感觉郑重，我和奶奶一起送他。他坐在我的车后，我故意飞奔，把奶奶甩得远远的。他十分依恋奶奶，于是向我哭着抗议，要等奶奶。奶奶来了，他情绪恢复如初，但是要求坐到奶奶的车子上。大概是怕奶奶把他丢了，当然也顺便要要嗲，我猜想。

走到园门口，园长已经带着几位大班的小朋友在那儿恭候了，盟盟问候了"老师好"之后，我请他再向列队欢迎的几位说一声"小朋友们好"。他顺利地完成了这些"程序"，也就顺利地走进了他的小四班。

小托班的乐乐小朋友也在班里，她的婆婆和妈妈申请把他和盟盟编在一个班。这是一个正确的决定，可以减少他们对于新环境的不适感。乐乐先来，盟盟后到，虽然没有久别重逢的热烈，却有一种平静的友好，他们刚一见面就坐到一张桌子上，一起玩起了桌上的玩具，还能积极互动。

见此情状我们也就放心地走了。我们与盟盟挥手再见，他只是简单地抬了一下头，挥了一下手，轻轻地飘来一句"再见"，我们也就更放心地走了。

（2014年9月1日）

风雨兼程

4点钟要去接盟盟，3点钟天却下雨了。奶奶把雨具准备好了，我在等待3点40分。到点我推门一看，雨也不大，嫌麻烦，随手放下雨具，推车向前。

云很厚，雨却友好，关照我，淅淅沥沥地随我一路，连风也温和，让我觉得惬意。终于到了幼儿园，雨，继续关照我；接到盟盟了，抱上后座的架上，雨更不忍心，我们也就从容地向前、向前……

雨大概遇到了紧急任务，或者实在忍耐不住，放下了从容不迫，稀里哗啦地倾泻而下，我上下湿透了，盟盟也湿了。我怕他受冷，躲到一家银行。雨，需要喘气，我们乘势快行，行不多久，雨，又来追赶我们，连风也跟着邪了起来。

我胸前已经多次湿透了，后背还好，吩咐盟盟靠着我，抱紧我，就不会受凉。他的体温传递给我，我更加放心，一边狂奔，一边扯着嗓子，"啦啦啦，啦啦啦，我是卖报的小行家……"

情犹未了，再来一遍，盟盟说"没有了"，意思是说这个歌唱完了，不要反复唱。他显然不懂我的雨中豪情正在勃发的状态中，我却需要照顾他的情绪，于是舍词取调，"嗡嗡嗡，嗡嗡嗡"地继续向前。

到家了，湿透了，爽透了，好一个风雨兼程！

（2014年9月2日）

盟盟打了人家

今天是盟盟走进幼儿园的第二天，不知道什么原因，与一个叫赵浩然的小朋友发生了冲突，也不知道盟盟使用了什么武器，竟然把人家的头上打了一个包。

接他的时候，老师跟我们说了这事，我们及时地批评了盟盟。但是人多事多，老师也没能及时指认是哪位家长，只是要我在群里向人家道个歉。可是我却没有入群，等到我终于找到群，两天已经过去了。

尽管如此，我入群后的第一件事情，就是给赵浩然的父母发去道歉信息。很快就收到他们的反馈，十分大度，说赵浩然的包已经消了，小孩子在一起难免磕磕碰碰，相信他们今后会成为好朋友的。

我觉得他们很优秀，和奶奶说，从赵浩然的名字和他们对这件事情的处理态度推想，其父母修养不错，说不定还是文学青年，很喜欢孟浩然。我们不仅希望盟盟"知过必改"，更希望他长大了能够像赵浩然父母一样地对人对事。

（2014年9月4日）

盟盟，给我看看

我在书房里备课，盟盟要上幼儿园了，听见奶奶说"快和爷爷再见"，我敲下最后一个字，赶快出门相送，他们已经站在门前的草地上。我远远地叮嘱盟盟中午要睡觉，不然下午许多问题都会发生。他听着，轻轻地"嗯"，但不发言。

奶奶的车子快出草地了，我说："盟，回过头来再给爷爷看看！"他呢，不回头，故意不回头，但我肯定他一定在笑。我远远地逗他："盟盟的脸上怎么有一块黑？"他知道我的用心，还是不理不睬不回头。

车子已经推出草地，到了篱笆外的小径上，奶奶上车，开始加速，盟盟离我越来越远，我静静地目送，透过稀疏的绿树间隙，看见盟盟的头渐渐地回了过来；我看见了，看见了他朝阳一般的笑容，还听见他和奶奶夹着"爷爷"词汇的呢喃燕语。

（2014年9月5日）

奶奶"吸毒"

快到中秋，月亮应该越来越圆，越来越亮，但是厚厚的云让它不能大放光彩。优优不在家，晚饭后，我和奶奶还是带着盟盟出去走走。

刚刚走出草地，好想抱抱他，于是向盟盟申请："爷爷想抱抱你。"盟盟一听，正合心意，一个猴蹿就到我的身上，还进一步要求我调整姿势，好让他可以骑到脖子上。我就让他称心，盟盟高兴极了。奶奶却批评我，"说是不要抱他，你又来了，到时候别喊累"。

我说："盟盟，奶奶嫉妒我了。"他不懂什么叫嫉妒，可能因为我平时反复向他灌输过吸毒和赌博的危害给他留下强烈印象，反倒把"嫉妒"理解成"吸毒"，于是咯咯地笑道："奶奶吸毒。"

笑声未落，已出小区。盟盟真给惯坏了，不肯走路，要奶奶抱，奶奶说讲过不抱就是不抱。盟盟又转向我，我说累了抱不动，他还坚持，怎么办？我说那就从这棵树抱到下一棵树那里，距离嘛，不过几步之遥，那他也要抱抱。终于走到利源路上，还是这么抱抱走走，直到人行高架桥，盟盟噌噌噌地直上。奶奶触景生情，表扬盟盟一岁多时自己就能上100多个台阶的7楼，还帮着妈妈拎个包。

远远地眺望一下南京南站——通常那是我们散步的转折，往回走，盟盟故技重演，但是桥上没有树木可以参照，那就以几米远一个的下水洞口做标准，从这个洞口抱到下个洞口。奶奶半是怜悯半是爱，一把揽过盟盟，抱在身上，缓缓地向前走去，走得很远。

这下轮到我"吸毒"了,数落她:"怎么样,终于经不住诱惑了吧!"奶奶无语,只有笑;盟盟呢,一点也不掩饰自己的得意,得意的笑容比天上的月亮好看多了。

(2014 年 9 月 5 日)

我是最后一名

快到 4 点钟了,我催奶奶快点去接盟盟,奶奶说不急,早去也是接不到的,因为门口挤的人太多。我知道这些情况,但不放心,更重要的是我要通过早到不让盟盟感到被冷落——孩子的心理是敏感而稚嫩的。奶奶临动身却有急事,任务落到我的头上。

4 点钟我准时赶到,教室门口已经挤了一大堆家长,有爷爷奶奶辈的,也有爸爸妈妈辈的,好几层,连走道也被堵塞了。我对这种乱象极其反感,一边接在靠墙排队的两个家长后面,一边心想:亲爱的家长们,你们把孩子送到这里,肯定是想他们受到良好的教育;但是想没想过,你们却以自己的行为给孩子塑造了一个极其糟糕的教育环境。

此刻的老师应该最紧张,每次送出一个小朋友,关上门,然后再送出一个。终于轮到我们了,我对盟盟说:"爷爷每次来的都早,但是总是最后一个接你,知道为什么吗?就是爷爷要遵守秩序,不愿意像许多家长那样挤在门口扎堆。"

盟盟,当然还有优优,现在我还要进一步对你们说:个人既是个体的,也是整体的,作为个体,举手投足见精神,但是走出家门就是家庭的名片,走出家乡就是家乡的名片,走出国门就是国家的名片。所以人,不仅要有个人的尊严感,还要有家庭、家乡、祖国的尊严感。当我们有这种尊严感的时候,行为自然就会自觉规范。

(2014 年 9 月 9 日)

盟盟泡澡与尿尿

下午我有教学任务，回家很晚，不能接盟盟，奶奶冒着冰凉的秋雨把盟盟早早地接了回来。

我刚一进门，奶奶就对我说，盟盟的雨披买得不好，前面有扣子，不挡雨，衣服湿了，孩子直喊冷。但是他到底长大变得聪明了，一到家就喊"我要泡澡"。奶奶马上放好水，把他抱进木桶里，泡了很长时间，感觉身上寒气全无。

我已经累了，更重要的是明天还有半天课，实在不敢弄得自己太累，所以晚上的家长会也就只能由奶奶去开，我在家里一边休息，一边浏览新闻。盟盟突然跑到我的身边，直喊尿尿。我说你自己去马桶尿吧，他不，非要在我跟前解决问题。

问他怎么尿，他拿出一个块装月饼的盒子，我说太小装不下，他坚持说没有问题。果然没有问题，快满了，他停下，再拿出小矿泉水瓶子，接着尿。我说自己拿着吧，他还不，非要爷爷拿着才尿。总不能让他憋尿太久吧，我只好妥协，他也终于把一泡尿折腾完了。

看着他调皮捣蛋的样子，我既心疼，又高兴，一把将他揽入怀中，我们久久相依，他不愿松开我，我也不想放下他。

（2014年9月12日）

英明的决策

盟盟淋雨受凉，回家要求泡澡的情况，让我想起两年前购买木桶的经历。

盟盟快要回到我们身边了，围绕他冬天洗澡问题可谓煞费苦心：如果用盆容易受凉，油汀力道不够，浴霸更不安全。再说孩子洗澡时总想玩玩水，那就要适合他的特点，最好能够顺便让他也泡泡身子，于是我们想到了木桶。

走了不少商店都没有发现这个东西，终于在一家家具店碰到了精致的木盆，但是高度不够理想，直径也嫌太小。我们需要的是盟盟在上学之前都能使用的一个浴桶，于是向商家提出把木盆改造成木桶的要求，具体标准就加高到80厘米，直径增加到60厘米。商家满口应承，我们当场决定买，很快货就到了。

　　这个东西虽然有些笨重，但很实用，放好水，盖子一盖十分保温。最冷的时候，先用油汀把卫生间温度升高，盟盟下去，水能淹到肩膀，甚至脖子，再往水里投点玩具，他就能边玩边泡。他从不主动要求上来，有时一泡就是半个多小时。

　　每当看到他的小脸蛋被泡得白里透红，我们的心里就像吃了红苹果那样甜蜜，同时也为自己当年的英明决策而得意。

（2014年9月13日）

优优爱家

　　我们要去台湾转转，妈妈要去美国，于是把优优和朱奶奶一道送到外婆家住一段时间。我们回来了，妈妈还没到家，一大堆事情不说，还有一个盟盟需要专门照应，也就没有时间去接优优，甚至连看看他都是想到而做不到。

　　奶奶给朱奶奶打了电话，朱奶奶说优优非常想家，而且拽着他睡觉用的毯子要求回家。中秋节爸爸带着盟盟去看外公、外婆和优优，不方便带他回来，他竟然把他们送到好远，直到拐弯了看不见了，又哭了起来；现在他在电话里听到奶奶说话的声音又哭了。我一听心里很不好受，要求赶快把优优接回家，正好妈妈也回来了。

　　昨天，接他的车子停在门口，我从车上一抱下优优，朱奶奶就说，在那边，优优除了她谁都不要，连外公外婆想抱抱都不行的，而且不走路，就是要朱奶奶抱（我想他一定是想让朱奶奶抱着他回家），在路上还在想，离开这么长的时间了，看看到家还要不要爷爷奶奶，没有想到爷爷一抱他马上就要，奶奶抱着逗他，他更是笑逐颜开！

打开家门，优优一进客厅，见到玩具马上摆弄起来。我把从台湾买回来的立交公路玩具打开，他玩得十分开心，咯咯地笑。同时还不忘这里看看，那里摸摸，连两个阳台也不放过，最后还要到自己的房间视察一下。大概看到一切照旧，也就放心了，晚上他肯定能睡一个好觉，说不定还能做一个好梦。

有人说，家是平静的港湾，优优以行动证明，不管是谁，走进自己的家门，心才能真正放下。这就是家的魅力吧！优优，你爱这个家，这个家也更加爱你！

（2014年9月14日）

优优与人分享玩具

备课间歇，扫扫地消遣，朱奶奶在一旁与我讲开了优优今天上午的一个故事，我很高兴，觉得需要把它记录下来。

早饭后，朱奶奶照例把优优带到会所，那里总是集结着一大帮老老小小。会所大厅摆了几个儿童玩具，优优投币后坐到一个小飞机上，摇啊摇的十分开心。这时旁边走来一个小朋友，显然也想上来摇摇。

朱奶奶想考考优优，于是问他："我们给这个小弟弟坐坐好吗？"优优摇头不肯。那个小朋友的奶奶也说不要为难他了。但是朱奶奶坚持开导他："你们是好朋友对吧？"优优静静地听着。"弟弟也想坐坐，我们今天给弟弟坐坐，下次弟弟也会给我们坐的。"朱奶奶接着劝说。

没有想到优优很开通，听到这里，连连挥手，刚挥两下，也许觉得这个动作所表达的意思错了，立即改成招手，还是有些不像，而是更像摇手；同时嘴里却发出"嗯、嗯"的声音，那就是招呼，意思是要那个小弟弟也来坐。

小弟弟来了，优优顺利而爽快地让开，朱奶奶及时地表扬了他。优优，爷爷奶奶也要表扬你："好样的！这就叫分享。"

（2014年9月20日）

两个小玩意儿

我和奶奶送盟盟去幼儿园，奶奶摸了摸盟盟的口袋，发现有一个弹子，要求他放下，但他不肯，还用哭的方式坚持。我们一路走着，一路开导他："人要守规矩，幼儿园不让我们带东西进去，我们就不应该带去不该带的东西。"

他默默地听着，我们接着说，"人守规矩才能平安"，比如我们去年去了丽江，今年去了厦门和台湾，到哪里我们都按照导游要求，遵守当地风俗习惯，不说不该说的话，不做不该做的事情，结果我们也就平安地去，平安地回吧。他还是默默地听着，但是到了幼儿园门口，却平静地拿出他的弹子交给奶奶。

我和奶奶往回走，奶奶告诉我，周五洗衣服，摸了盟盟的口袋，有一个很小的幼儿园的塑料拼接件，奶奶没有告诉盟盟，悄悄地把它扔到垃圾桶里，但是转过来告诫他："不能把幼儿园的任何东西带回家，除非是老师允许的。"盟盟不做反应，但是心里一定在掂量这个问题。

盟盟：关于不拿别人（外面）的东西，我们已经多次对你讲过，你也做得不错，尽管这次行为是个小瑕疵，我们也清楚，你是出于好奇，但是我们更关注的却是它的道德意义。也就是说，如果我们不注意这个小问题，好奇的行为就有可能转化为贪小的习惯。

虽然我们相信你绝不是这样的孩子，我们还要进一步把这个道理告诉你和弟弟：贪小没有大出息。"要儿亲生，要财自挣"，这是民间谚语，生活智慧，也是爷爷从小受训的道德信条，更是经受了时间与实践反复检验的警言妙语。外面的东西，再小再大都是别人的，取之不义，也不可能持续得到。只有自己劳动所得，才会受之泰然，福泽永远。

（2014 年 9 月 22 日）

高举优优

　　孩子恐高，但也喜高——高能带来刺激，产生兴奋。优优虽小，体格魁大，很有分量，半年前，我还能常常举起他，逗他开心，现在已经吃力了。他也似乎不喜欢被我单手高举，可能觉得没有安全感，因为他总是抖抖霍霍的。

　　最近我抱起他，只要一举，他的脚就直接踩在我的脸上，朱奶奶在一旁笑他"蹬鼻子上脸"，别说，这话还真恰如其分。但是"上脸"不能"长得"更高，于是我让他站到我的肩膀上，他肯定觉得踏实，所以很喜欢。

　　当然还要有点花样，不然没有兴趣。我就让他摸房顶，尽管他两个小胳膊直直地举起，小手也在空中不停地够，还是差那么一点点，真是可望而不可即。

　　我要给他成就感，于是走到吸顶灯下，他终于摸着了灯罩，而且绰绰有余，兴奋得憨态可掬，笑声也总是咯咯咯的，清脆得就像一把弹子掉在瓷砖地面。

　　现在，这个花样已经成为我们的保留节目，常在我的工作间隙表演，既是我的体力运动，也是我的精神运动。谢谢你，我最亲爱的优优！

（2014年9月23日）

好样的，盟盟

　　今天我去学校授课，回到家里，奶奶与我唠了一串家常，其中一则信息叫我十分高兴。

　　幼儿园有小朋友生病，怕传染，园里整班放假，奶奶带着盟盟去超市，一边采购一边玩耍。要回家了，奶奶和他再去买点面包，那是给他们两兄弟明天准备的早点。这时奶奶故意问盟盟要买几个，他说"两个"。奶奶再问为什么要买两个，"我一个，弟弟一个"，他明确地这样回答。

　　为了事实准确，写到这里，我念给奶奶听听，奶奶马上纠正我，说盟盟不是这样说的，而是说"弟弟一个，我一个"。原来是把弟弟摆在前头啊！

奶奶当时就很高兴，回到家里，说与我听，我们一起高兴，我甚至情不自禁地对着奶奶说："盟盟好！好样的。"

　　盟盟，你知道爷爷奶奶为什么一起为你叫好吗？因为你的做法就是我们对你的一贯期待。我们反复对你说，"兄友弟恭"是处理兄弟关系的基本准则。希望你今天对于弟弟的关心能够长期坚持；今后，弟弟懂事了，他会更加热爱你的。作为哥哥，还能有什么比被弟弟热爱更加幸福的吗？

（2014年9月24日）

幸亏还怕警察

　　我正在书房里，盟盟回来了，我心里就有点奇怪：怎么会这时回来呢？不是和朱奶奶一起在外面玩的吗，怎么一个人回来了？但是没有十分在意，毕竟回家也是正常的嘛！

　　不一会儿，朱奶奶带着优优也回来了，但是打不开门，我去开门，盟盟却说门是锁着的。我又纳闷了，一边问他"锁门干什么"，一边去拿钥匙，但是找不到——原来是盟盟把钥匙藏到沙发上了。

　　我正准备开门，盟盟却对我说，他怕警察，我问为什么，他说把沙子撒到人家头上了，我批评他"怎么能干这种事情呢"。正说着，朱奶奶进来了，说他正和前面的奶奶一起聊天，盟盟抓了两把沙子撒到那位奶奶的孙女头上，幸亏是从侧面撒的，要不然肯定会迷到眼睛。在朱奶奶的要求下，盟盟当时就说"对不起"，但还是有人说要"打110报警"，他就吓得跑回家了。

　　是这样的啊！我们这才郑重地批评他的严重错误，指出如果你伤害到别人的眼睛，警察来了就会让你赔人家的眼睛，看你怎么办！显然，他也不知道怎么办，但是大致知道这件事情的后果了。我对奶奶和朱奶奶说："下次我们看见人家要当面正式道歉。"

　　这时，朱奶奶走进房间，说给前面那位奶奶"打"个电话，就说盟盟挨了批评，知道错了，请她不要再打110了。盟盟好像还不放心，从下面的厅里走到房间，说了一句让大家忍俊不禁的话："朱奶奶，你怎么用手打电话啊？"

原来朱奶奶没用手机，只是举着手，做出一个打电话的样子，估计她怎么也不会想到盟盟会跑上来侦查。阴谋被他揭穿了，只好忍住笑，板着脸说："我是用手遥控的。"我和奶奶也在下面一边偷偷地笑，一边窃窃私语："幸亏还怕警察！"

盟盟：你从很小开始，爷爷就向你灌输干坏事要被警察惩罚的观念，为的就是要你从小就养成敬畏法律的习惯。你今天的表现，让我初步看到这种灌输的效果，我很高兴。

（2014年9月27日）

"我不要你这样的爷爷啦！"

盟盟晚上去上英语课，回来已经8点多了，吃过饭，需要洗漱，他却提出要大便。这也是天经地义的大事，而且符合平时的生活规律，我们当然不会反对，直等到他"结项"。

这下该去洗漱了吧，他还要看看电视，时间已经9点多钟了，不能再磨蹭，我们当然也就不能答应他的无理要求，于是我把电视关机。盟盟很不高兴，很不高兴啊，对着我大声抗议："我不要你这样的爷爷啦！"我不为所动，重申原则：必须按时做好该做的事情。他也无可奈何。

他想叫奶奶帮助他洗澡——这又是一个花样，奶奶说他自己已经洗过澡，不会帮助他了。实在没有指望，只好妥协——接受我的服务。但我知道他的性格，嘴里是不会轻易讲出来的，于是递给他一个台阶，说："盟盟可以不要爷爷，但是爷爷可不能不要盟盟。怎么样，要我帮助洗吗？如果不要我帮助洗，那就自己洗。"结果呢？结果还用说吗？

进到卫生间，我把他放到澡盆里，对他进一步重复过去的开导语："如果配合，几分钟就好；如果不配合，那就需要很长时间，你自己选择。"他知道我的作风，以不置可否表示配合，但是提出一个条件："今天不洗头。"今天天凉快，的确不需要洗头。我对他说"可以"，于是顺风顺水地完成最后一道工序。

（2014年9月29日）

优优的"讲究"

优优很"讲究",这是我们的共同看法,这里记录几则他在这个方面的小故事。

穿衣要舒服。别看我们还在遵循新老大旧老二的光荣传统,他对衣服的颜色款式也还没有形成审美意识,但是对于舒适度却很有要求。朱奶奶说给他穿衣服,只要有一点没有搞好,他是一定不干的,直到理顺服帖了,他才能安静下来。

小手要干净。今天,我和奶奶带着他们俩弟兄去医院拿点常规药。为赶时间,优优没有吃完的早饭就在路上完成。豆沙包子吃完了,但是手指上粘了点豆沙,我们没有在意,他却张开五指,高举小手,嘴里不停地嘟囔,直到我发现了,擦拭干净了,他才收拢手指,放下小手。

脚也要干净。朱奶奶回家过节了,我带优优午休。优优醒来了,奶奶从另一个房间走来给他把尿。小便没有直线运动,有一点溅到脚趾上。奶奶没有发现,他却跷起脚,嗯嗯地叫唤;奶奶终于会意,顺手擦干,他才继续完成下面的任务。

大便更要干净。今天早上,他完成"进口"任务后,接着就忙"出口"方面的工作,妈妈回来了,当然是她的事情,于是恭恭敬敬地帮他摆好姿势。他呢,认认真真地出恭。但不知什么原因,小屁屁上搞了一点,他马上停止"工作",指着屁屁,发表自己的重要谈话。妈妈懂了,帮助擦了,他才接着演完下面的节目。

优优,再有几天你就一岁半了,爷爷对你说:讲究是件好事,希望你把这样的好习惯继续坚持下去。不过不能总是依靠别人讲究呀!

(2014 年 9 月 30 日)

让盟盟懂钱

钱最莫名其妙,既是上帝也是魔鬼,既能使人变成上帝,也能叫人变成魔鬼,不管喜不喜欢,都不能羞于相见。既然无法回避,那就直接面对——认识它。

认识钱的存在不难,我的书桌上总是放着大钱小币,为的就是让盟盟从小就不稀奇这种东西。进一步说,让他懂得钱的交换性质也不难,现阶段只要让他充分感知就行,比如打车,买玩具,购衣服,出门旅游等,只要支付钱,都能感知。让他获得这些经验是我们的责任,懂得更多的道理则是今后的事情。

最难的是怎样让他通过认识钱的重要而改善自己的行为。他浪费纸张了,我要告诉他纸与环境的关系,更要强调浪费纸张就是浪费金钱的道理。他不珍惜东西了,我们要及时告诫他,它们都是用钱买来的,钱是要通过劳动赚取的。上了少儿英语班,进一步交代他:学不好就是浪费钱,学得好就是赚了钱。这些"孜孜不倦"现在终于有了积极的"回报"。

他无故撕纸的习惯终于远走高飞了。他昨天玩水,打坏一个紫砂壶的盖子,妈妈告诉我,盟盟觉得很心疼,说"这些都是爷爷赚钱买来的"。我说很好,懂得这个道理就行。一旁玩耍的盟盟听到这里,接过话茬,进一步发挥:"上课的时候,就是要把老师教的知识学会,不然就是浪费钱。"我的观点终于变成了他的观念。

(2014 年 10 月 1 日)

被优优讹了

终于把盟盟上下幼儿园的专车车棚装好了,带着他试转两圈,效果不错。奶奶说再带优优转转,好,正合我意,那就转转吧。

优优上车了,不抗议就说明还满意。于是教他用右手抓住横杠,他很自觉地抓好;再把左手也按到横杠上,他又抓好了,真是很配合啊。

转了半个小区，他用不哭不闹证明他很喜欢这个活动方式。我不时用手摸摸他的两只小手，抓得牢牢的；再回头看看他，也坐得好好的，悠然自得、怡然享受。

第一圈转完了，回到门前，他不干了，放声大哭，用手指着小路，还要转。那就再满足一次吧，换个方向，又转了半个小区，再回到门前，把车架好，抱他下车。他呢，还是不干，我说"爷爷今天被你讹了"。

既然被讹，可真的不好办，于是又上车。这次决心转得远远的，转出小区。我怕他睡觉，找点话说，问他："喜欢坐车吗？""嗯"。再问他："喜欢转吗？"又"嗯"。我想都是顺嘴嗯的吧，于是再问一句："回家好吧？"他不嗯了，而是"嗯哦"，肯定是表示不同意了。

终于到了小区大门，回头一看，他已经迷糊了，可是刚一下车他又醒了，还要转，但是再也不能依他了，一旦睡着实在危险。于是推车而行，但是这也不行，只好骑到门前，交给奶奶。由他哭去吧，我要记录下今天被他讹了的故事。

（2014年10月4日）

捡起果皮

从幼儿园接到盟盟后，我把他安排到自行车后的篷子里，再递给他橘子，悠闲地向前骑去。大约走了300米吧，突然想起盟盟手里的橘子皮，于是问他橘子皮放哪里了。他说丢了。

丢了？这引起我的警惕：这几百米内没有垃圾箱，我也没有停车，能够丢到哪里去呢？肯定丢在路上了。于是问他丢到哪里去了，他当然知道错了，以不吭声做了回答。再一次追问，他才说"丢在草地上"。我一边批评他的错误，一边掉转车头，向来路的草地上寻找。

经他指点，我们在一处草地旁边停下，他不想下车，我坚持要他自己捡起，对他说："自己做错了事情自己负责！"他下车了，捡起一片橘子皮；显然还有，继续推车向前，终于又找到另一块，再度捡起。我这才牵着他的手，走到马路对面的垃圾箱边，直到他把皮放了进去，我们才重新上车向胜太广场走去，去玩飞碟。

盟盟，今天的事情虽然不大，但是我很认真。本来你已经克服了这样的缺点，不应该再度发生的。在捡橘子皮的地方，我特地指给你看别人扔在草地上的香烟盒子和废纸，告诉你，那些都是耻辱。留下了垃圾就是留下了耻辱。我更在《莫轻小事》一文里告诉过你，什么叫"勿以恶小而为之"。

当然，你后来修正错误的举动值得表扬。《弟子规》说"过能改，归于无"，你都会背的。你也会背《千字文》的"知过必改，得能莫忘"。但是一个人改过其实不难，难在不再重犯，希望你从此切勿再犯这样的低级错误。

我在记下这件事情的时候，你出乎意料地表示不同意，这让我更加高兴，说明你已经有了羞耻心，这是很大的进步。但是我还是要记下这件事情，因为它只是你曾经的错误，并不是你永远的缺点，况且，有此一文，将会为你提供一面观照是非的镜子，我以为是大有益于你的，你说呢？

（2014年10月9日）

优优的出人意料

盟盟去幼儿园了，妈妈来了，优优在家。但是不管分别多久，妈妈就是妈妈，优优抱着妈妈亲热得感人。接下来的精彩更加出人意料。

妈妈的手机就放在那里，上面的功能实在太多了，多到我们也搞不清到底有多少，大概爸爸妈妈也有搞不清的地方吧。优优呢，才不管那么多，义无反顾地拿起，定点选择：但见小手食指一点一挥，迅速点到他所要的游戏节目。妈妈十分惊讶，说还是上次教他玩的，他也就只会这么一个游戏节目，几天没见，竟然拿起来就能找到。

朱奶奶受到启发，在一旁兴奋地向我们讲起优优今天早上吃鸡蛋的故事。

该吃早饭了，朱奶奶把优优带到厨房里，在垃圾桶旁边剥开蛋壳，把一只光裸的煮鸡蛋递给他，自己去盛稀饭。优优咬了一口，看见蛋黄，大概心想：蛋黄多噎人啊，不好吃！于是一转身就走进卫生间，朱奶奶顿时觉得会有情况，快速赶到，正好看见优优把蛋黄挤到马桶里，手里只拿着蛋白。

优优啊，今天正好是你一岁半，你就有如此"出色"的表现，今后我们该怎么对付你，还有你的哥哥，我们想起来真的头大。一旁的妈妈接过话茬："只能斗智斗勇了。"好，那就魔高一尺道高一丈吧！

（2014年10月10日）

盟盟"高高在上"

晚饭后，我正在书房看看电视剧，忽然听到奶奶和妈妈先后跑来叫我快看。心想能有什么大事？但还是走出书房前往"快看"。

不看不知道，一看吓一跳，我们的盟盟竟然高高在上哎，身子坐在小马桶上解大便，眼睛紧盯着电脑上的《对物》。这也能叫"高高在上"？是的，因为他把马桶摆在餐桌边的座椅上，自己再坐到马桶上，自然就给人一种奇峰突兀的感觉。

虽然事发偶然，事实就在眼前，它超出了我们任何人的想象，但我不能放弃对于这个"创意"开展"研究"。研究要先从调查做起，于是问这个点子是不是他自己想出来的，当然是；马桶是不是他自己搬上去的，当然还是；下面就不用问了，肯定也是自己爬上椅子坐上马桶的了。再说再问什么他都一副无可奉告的派头，因为眼睛始终紧紧盯在电脑上，对我们的一片惊讶淡定得无动于衷。

"研究"嘛就要深入，于是进一步反向思考，追寻形成这个结果的过程：他饭后玩电脑里的《对物》，被节目精彩吸引；但大便急了，又不能不拉；如果按照常规要到底下的客厅去拉，小电脑就不好放了；怎么办，因地制宜呗，于是既不搬动笨重的椅子，也不改变电脑的位置，而是把几步外的小马桶搬到椅子上，所有的矛盾也就一起解决了，包括合理地规避了要在下面的客厅坐马桶的规定。

不能不说：人小鬼大，智慧啊！

（2014年10月25日）

厚待善者

上午，我拖着感冒后的虚弱之身，走进一家大型企业，完成一个讲座。饭后，想回家休息，但最后还是走进了新华书店，买了几本我想阅读的书籍。

闹市区，的士实在太难打了，再说转身就是地铁，于是我选择了更经济的交通工具。但是人很多，没有座位，我就只好站着了，好在也就20分钟的路程。就在坚持中，我看着眼前两个小伙子，玩着手机，谈笑风生。平心而论，我没有指望他们能够让座，但也不能说完全没有企望。

就在这时，车厢一隅两座上的年轻人站了起来，倒不是为我让座，而是为了他们身边的一对母女。老妇坐下了，估计站着的是女儿，却怎么也不肯就座。我看周围没有人去占用这个座位，也就挪动两步坐了上去。两三站后，那对母女下车了，因为快到终点站河定桥了，空着的座位还是没人使用，我就拍拍那个让座的小伙子的厚厚沉沉的背包，请他落座。他坐下了，我的心里多了一点坦然。

到站了，乘客全部下车，这出乎那位让座小伙子的意料，看得出，他是要去一号线南延终点中国药科大学站。大概他不了解现在增加了一趟以河定桥为终点的专列，看他神态应该是一时不知如何是好。我随口丢下一句："就在这里等候。"接受他的谢意后，我已经走出十多米，忽然不放心，觉得还有什么没有交代清楚，于是再反身走到小伙子身边，补充一句："就在这里上去药科大学的车子，不要再去刷卡。"后面才是我的重点。

我亲爱的盟盟、优优，你们知道爷爷给你们讲这个故事的意思吗？就是"厚待善者"。具体地说，当你们长大成为青年人的时候，这个小伙子就是你们的榜样；不管你们在什么年龄段，爷爷的做法对你们是不是也有一点参考价值呢？

刚才，就在我行文之间，盟盟从书橱里搬出《管子》《庄子》，还有《盐铁论》，说是要读书。我虽然高兴，但知道这是玩乐，于是告诉他，在这几本书里，有一本《管子》，是我们祖宗写的，你要读哪一本呢？他毫不犹豫地回答"读《管子》"。

盟盟、优优：知道吧，《管子》开篇就是《牧民》，明白无误地告诉世人："国有四维……一曰礼，二曰义，三曰廉，四曰耻""四维不张，国乃灭亡。"回想前面那位让座的小伙子，心中必有礼义之念。礼义可是维系国家的重要基础啊！你们也是需要的，永远不可或缺。

（2014年10月31日）

盟盟拖地

我正在书房紧张备课，盟盟带着优优一起进来玩闹。天使来了，总不能依然故我吧，索性停下工作，微笑着阅读他们的精彩，欣赏他们的友爱。

盟盟拿着水彩笔在纸上涂鸦，优优也不甘闲着，但是他太小了、太矮了，够不着我书桌上的纸张，只好一边屁颠屁颠地跟着盟盟跑前跑后，一边在地砖上描绘着自己心中的世界。

看见地砖脏了，盟盟竟然丢下优优，走进卫生间，拿起拖把返回休闲厅，说是要拖地。他是第一次干这个活，我有点惊讶，也很怀疑他能拖得干净，但是我不干涉，反而给以特别鼓励——鼓励他的劳动。一鼓励他就更来劲了，几下就把地上的污渍拖得干干净净。

见此情状，优优也更加来劲了，更加调皮，一会儿挪个地方画几笔，一会儿再挪一个地方画几笔。盟盟不但没有丝毫恼怒，反倒耐心地被优优牵着鼻子走。我提醒他：等弟弟画完以后再拖，一次成功，既不扫优优的兴，又能节约自己体力，还能提高劳动效率。

说罢，我要散步去了。盟盟说："爷爷，我就不陪你去散步了，我要给弟弟拖地。"真是让人心疼。等我回来，奶奶又是一阵表扬，我再看看地上，干净如初，再次向盟盟投去赞许的目光和情不自禁的夸奖。

（2014年11月19日）

做沙包

好像是在一周前，幼儿园要求各位小朋友做个沙包带到班上，因为盟盟几天前生病了，我们也就把这事情忘到一边去了。今天盟盟半休，奶奶去城里退货，我就陪着他，他要做一个沙包。

我马上答应他，取出针线盒子，找出一块花布，剪下两块，大小征得盟盟同意，开始飞针走线。我先缝好袋子，留下豁口，下雨天，我不想去找沙子，用米代替。我有意叫盟盟来装，他很高兴，因为他平时就喜欢撒豆成兵，现在终于获得一个名正言顺的机会。

米装好了，我把豁口缝好，递给他，他拿起就抛，我顺势示范几个动作。看他高兴极了的样子，我的心里也是乐滋滋的，于是接着做。聪明的盟盟问我，是不是也给弟弟做一个。我说当然，我们有两个宝贝，大宝贝有了，小宝贝不能没有，这叫公平。

为了区别，我把给优优的特地做得小一点，盟盟静静地陪在一旁，偶尔和我聊上几句相关不相关的闲话，直到我完全做好。他高兴地拿到手里，与他的那个并到一块，甚至马上就要送给优优。我说别急，等到优优醒来再给不迟嘛。

看得出，盟盟的心里越来越有弟弟的位置了，我很高兴。

（2014年11月25日）

筷子组字

今天外出，照例带着盟盟。可能是刚参加完幼儿园大运动量活动，才走进超市他就喊着要吃饭。的确也快到吃饭时候了，我们就改变进城用餐计划，走进附近一家餐厅。

等饭不免无聊，盟盟玩筷子，也启发我利用筷子教他认字。尽管他已经认识一些字，我还是不想让他过早认识那么多字，现在为打发无聊却想与他做做认字游戏。于是就地取材，因"材"施教，把筷子当作教具。

一、二、三不用教，他早就会了，我直接用4根筷子组成一个正方形，告诉他这是"口"。解释完口就是嘴的意思之后，进一步联系实际，说我们马上就要吃饭了，吃饭要用口。我一边说一边张大嘴巴，他也笑着模仿，十分开心。

其实口字他是认识的，但我需要用它过渡。接着在口字里增加一根筷子，说这就变成"日"，并顺手指着外面的阳光，说"日就是天上的太阳"。他就像说笑一样也跟着讲了一遍。准确地说，这是"曰"字，但曰太深奥，我只是略加说明"日字应该更长一点"。

再进一步，我在"日"里再竖放一根筷子，就变成了"田"。"马上我们就要吃饭了，饭是米做的，米是田里长出来的"，我告诉他。没有想到他竟然牢牢地记住了，我们走到外面等车时，他还在说："米是田里长出来的。"见此情况，我再给他增加一个稻子的知识点，说"田里长出稻子，稻子做成米，米再做成饭"。这是后话，还是回到桌子上的话题。

田字认识了，饭还没来，我再用一根筷子给田字拖个尾巴，告诉他"这是'甲'，爷爷经常给你剪指甲的甲"。听到这里，他不由自主地看看自己的小手，好像要检查一下自己的指甲是不是符合要求或者说究竟长在哪里。

怎么搞的，田里长出的米还没做出饭来，我就抽出"甲"里的一横，把中间的一竖加长，"中"字也就出来了。这个字他也是认识的，但是他对游戏中出来的"中"字表现出特殊兴趣，忽然像听到了国歌的起音，马上唱起了《义勇军进行曲》。虽然八分准确，却一脸认真，直到走进公交车里，他还在"起来……前进……"

这要感谢幼儿园每周一的升旗仪式，国歌已经被牢牢地烙进他的意识形态里。

（2014年12月26日）

2015年

（盟盟5岁、优优2岁）

"那《梁惠王》下呢？"

因为受凉，我有点低烧，于是早睡，但还是要给盟盟讲讲《大学》里的三纲八目。孩子的兴趣容易转移，不多一会儿，他就要看《孟子》。也好，反正是要读的，我就顺势从书房里把《孟子》拿来。

他随手翻到第一篇，我说这是《梁惠王》。"梁惠"两个字他是不认识的，经我一说，就自然地念出"梁惠王上"。的确是《梁惠王》上，我既不在意那个"上"，也刻意免除那个"上"，但是他还是认出来了，于是问我："那《梁惠王》下呢？"

这一问让我大为吃惊，问他是怎么知道还有《梁惠王》下的。他"玩"他的，没有理我。我猜想，他是根据经验推测出来的吧，因为他接着又问我有没有《梁惠王》左和《梁惠王》右。这就进一步验证我的猜测——

我早就告诉他"上、下、左、右"，显然他是根据上下左右的逻辑关系推演出来的。即便如此，我还是有点吃惊，因为这至少需要一定的逻辑思维能力啊。

（2015年4月30日）

优优真厉害

妈妈昨天从大洋彼岸飞回来，盟盟和优优格外依恋她。今天半上午光景，妈妈正在准备去外婆家的东西，两岁半不到的优优，一个劲地喊着"妈妈来"。妈妈不能顾及，他生气了。生气就生气吧，竟然把自己关在屋子里，嘤嘤啼哭。

妈妈来了，一边疾步向前，一边伸手开门，糟糕，门打不开了——优优从里面把门销别上了——可能是想惩罚妈妈。妈妈一边着急地劝导喊话，一边教他怎样开门。优优就是不开，大家聚在门前一筹莫展，同时又希望奇迹发生。

正在书房的我也被惊动了，走近一看情形，立即判断：可能要出大事，于是跑到草地上观察窗户，看看能不能破窗而入。但是面对金属纱网和防盗窗，觉得工程太大，不到万不得已还是不动为好。

怎么办？我一边向警察求救，一边继续研究开门方法。爸爸不在，奶奶、妈妈和盟盟的喊话声此起彼伏。我是冷静的，吩咐他们停止喊话，只叫盟盟一个人与优优对话——我知道别门销这种小技巧一定是5岁不到的盟盟教的。

我们也知道优优特别服从盟盟的领导，于是一起看着盟盟等待奇迹；盟盟呢，面对着门，喊开了："优优，你把上面的那个小钉钉一拧，门就开了。""小钉钉"就是门销，肯定是他们之间的语言。孩子的话孩子最能听懂，优优也真的听懂了。

就在大家干着急、没脾气、等警察、想办法、没办法的时候，奇迹突然发生了：一道闪光过后，走出来一个笑嘻嘻的小东西，你道是谁？他就是我们的优优。还拍着小手——那是奶奶教给他的表示做对事情的动作——大家一阵欢呼，我赶快告诉警察问题已经解决了。

妈妈抱着优优兴奋，奶奶抱着优优高兴，我也把优优抢过来，大加表扬。当然，不能忘记顺便表扬一下自己："还是爷爷更厉害吧，就知道请盟盟喊话的效果更好。"一旁的盟盟呢，心花怒放，那也是他的成功，更是他的特殊贡献。

事后我还继续总结和研究这个情节，然后向大家免费授课："'小钉钉'是可以左右两个方向扭动的，优优开始只会锁，不会开；现在会开了，说明他的思维方式获得一次飞跃，就是由直线思维跃进到了曲线思维，从单向思维跃进到了多向思维，从顺向思维跃进到了逆向思维。"

（2015年8月25日）

盟盟和优优

优优刚刚降生，盟盟颇不适应，常有排斥情绪。我对奶奶说，这是天性，不奇怪，换成优优也会的。说雅的，爱被分享了，说俗的，家里的财产从优优一生下来，盟盟就少了一半，虽然现在他还不懂这些道理，但要相信，人都有这种本能，所以需要道德调节。

优优就不同了，生下来就是老二的地位，大家庭里最小的一个，从一睁眼看到的每一个家庭成员，都是一种当然的存在，所以对谁都没有排斥心理。长大一些后，盟盟就是最亲近的伙伴，所以他对盟盟特别友好，甚至维护，从来不说盟盟是坏蛋。"坏蛋""好蛋"是我们测试他对每个人态度的"标准"。

而我们对于盟盟处理与弟弟关系的原则就是兄友弟恭，并且付诸实践。倘若盟盟欺负优优，我们一定会批评，甚至严厉批评。我的观点就是，兄弟不和，无胜于有。渐渐地，盟盟也就接受优优了，而且能够与优优友好相处，甚至对优优十分关爱。昨晚盟盟上完英语课，还和爸爸谈心，要求爸爸对弟弟不要太严厉了，听得我好感动。

今天早上，他们的友好又有精彩而感人的一幕：妈妈拿了一颗凝脂给优优，优优马上说"盟盟也要"，妈妈又给了一颗，优优就一手一颗，从床的这边走到那边，递给盟盟一颗。盟盟泰然地塞进嘴里，眼睛却盯在电视上。优优呢，马上教导盟盟："你要谢谢优优！"盟盟一下子回过神来，立即回了一声"谢谢优优"。优优竟然随和地吐出了"不谢"两字，语气还那么轻松、自然。

妈妈兴奋地跑来向我描绘，一脸激动的样子。我很高兴，但不惊讶，因为我在看到优优第一眼的时候，就对奶奶说过："两个孩子气质不同，盟盟贵气，优优大气！"早上优优的这个表现，再一次验证了我的第一印象，也鼓励了我对兄友弟恭原则的坚持。

（2015年8月30日）

啊，黄鼠狼

小区的房屋早已经新貌变旧颜了，但是生态优势却在天天成长，说是鸟语花香毫不夸张，甚至不断听到许多业主说小区里有黄鼠狼。我似信非信，因为一直没有见到过，内心却又揣着这种愿望。

刚才，太太突然惊呼"黄鼠狼""黄鼠狼"。儿媳也看见了，但是她一点也不惊奇，说晚上回家经常看见。我却忙问："在哪儿？"大家一起指着前面的草地，我还是没有看见，因为那在10米开外，还隔着窗户。太太又跟上一句："桂花树下！"

静态物标锁定了，很快也就找到了它。啊，那可真是货真价实的黄鼠狼，虽然不是狼，却浑身通黄，就像一只袖珍的狼，拖着长长的尾巴，匍匐着向另一棵桂花树的方向运动，就是不知道哪里是它的目标，哪里是它的爱巢。我静静地看，不去惊扰它。

说来好笑，亲眼看见黄鼠狼还是儿时的故事，而且还是夹子上面的死物，真正的活物今天才是首次看见。儿子却在一旁不停地夸赞它的美态，说比老鼠不知好看多少倍。其实老鼠可恶，是它的作为令人憎恶，若论品貌，并不丑陋。但是，遗憾，眼前的黄鼠狼，就在自家门前的草地上，却又那么遥远，很难把它和老鼠做个细致的比较。

可能还是存在的，尽管那是将来，现在，我却要记下这个场景，并把此情此景牢牢地藏进心里。黄鼠狼，感谢你，感谢你的光临，为我们的家园增添灵气，为我们的生活增添喜气。你能长住在此吗？我愿成为你值得珍爱的邻居。你呢？

当然，我更希望它和它们下次选个好日子——盟盟和优优在家时——再来展现独特的形体与风度。

（2015年9月10日）

"爷爷，钱，摇摇摇"

钱是个什么东西？太高大上了，要想真懂，请读马克思吧，我不去说它。但是对于钱的感觉，那可真是人人皆有，却又一言难尽，好在有个化繁为简的智慧，于是一言以蔽之：钱是一个好东西，说得过瘾一点，钱，真是一个好东西啊！

那究竟好在哪里呢？忙，忙钱，一天到晚忙着钱，忙得没有时间多去想钱，去想钱的好处到底在哪里，有哪些。所以真要说起钱的好处，别说，还真是没有几人能够不假思索马上就能回答利索的，于是，只好再次运用化繁为简的智慧：那可真是一个人言人殊的问题啊！

世界是复杂的，那是成人的罪过，是我们这些成熟的人把简单的世界搞复杂了。孩子们没有责任，因为他们天真，就是天然的本真。正是天真，使得他们无视纷繁复杂的表象世界，直接走进真理世界。

我们的优优，两岁5个月的优优，今天就以其特有的天真，扮演了一回天使，一回人类的导师，触发了我对钱的新感觉，深刻地指导了我怎样认识钱的价值。

早上送走盟盟，步行回家，玩几把游戏，酝酿工作状态。这时，优优来了，要来耍哆。哆着哆着，突然发现桌上的一堆钞票，马上激动地说："爷爷，钱，摇摇摇。"我听见了，但是"钱"字不太清楚，"摇"字让我莫名其妙，硬是愣了几秒才回过神来。

不就是要钱吗，可以，拿吧，于是抱着他，衬垫着，让他够得着那红黄花绿的一堆。心想，他一定是拣大的拿吧，没有想到他对大的毫无兴趣。那就拿中等票值的吧，谁知他还是兴趣毫无。那你到底要什么呢？他在不停地够，我在不停地想。

终于明白了，他要一堆硬币。开始它们被一叠不太整齐的纸钞覆盖着，被优优从新的角度发现了，于是一边够着一边喃喃地说着："爷爷，钱钱钱，摇摇摇。"硬币也是钱，这我懂了，那么"摇"什么呢？还是奶奶聪明，在一旁点化我：他要拿钱坐摇摇车。

我恍然大悟。转而又想，那纸票也是钱啊，也能坐啊，为什么只要硬币呢？我一头雾水，聪明的奶奶进一步点化我：它坐摇摇车用的都是硬币。原来如此！原来优优对于钱的意义的认识直接源于坐摇摇车的经验。

于是，本老人家根据这个案例，进行科学的理论总结，进而谆谆教导全地球的人类：钱对于我们的价值取决于我们对于钱的需求程度。超过的部分没有多大意义，至少对于我们没有多大直接的意义。

（2015年9月14日）

买了4幅书法作品

今天，单位组织我们去宜兴秋游，也就看了茶园和大觉寺两个景点。茶园并不卖茶，却请来一位较有成就的书法家做公益文化活动，而且是政府请来的。说是公益，当然是以公益为主，但是兼卖书法作品，同时卖点文采。

卖点文采？是的，一位主持活动的美女介绍，任由客人写出自家人名，书法家当场用硬笔写出4句藏头诗，客人接受了，马上挥毫泼墨，直接写在裱好的宣纸上。材料防霉防潮，保存三五百年不成问题。时间长度我不在意，姑妄相信防霉防潮。

我写好两个孙子的名字，书法家也真的当场写出两首诗，还行，都是恭维和激励性的语言，我没有提出修改意见，然后就分别以行草书写在两个卷轴上，300元一幅，总计600元。感觉似有欠缺，于是再请书法家写个更大幅的卷轴，单价600元，内容就是"兄弟同心，其利断金"，尽管寓意十分清楚，还是有人提问。

我有两个孙子尽人皆知，于是如实说出我心里的秘密，就是希望俩兄弟今后能够同心同德，不要相互闹不团结。一旁的友人提议那就再写一幅吧，我觉得有理，于是立即接受他的建议，又请书法家以"兄友弟恭"为内容再写一幅同样大的卷轴。

周围的友人、客人还是免不了一起讨论寓意，我稍加解释，强调这是我一贯要求他们兄弟处理彼此关系的准则。一位身材不高，满头银发，但是精神矍铄的老先生,竖起大拇指,连连说:"这样的家训好!"经他点拨,我还真的觉得在意境上达到了一个高度,于是欣然颔首回礼。

这时,发生一个插曲,就在收起第一幅大作品的时候,由于用墨过浓,没有干透,被服务人员疏忽了,稍一倾斜,一处墨汁不规则地流向侧端,还没有等我提出意见,书法家立即要求重写一张。我感觉第二幅写得更好,当然,书法家的人品给我的感觉更好。

回到车上,有几位讨论这4幅作品究竟能不能增值。我以为,从经济的角度讲,确信值得,书法家现在的润格就是2000元一平尺,今后涨点也是必然。从精神的角度讲,其升值的空间更大。《菜根谭》说:"炎凉之态,富贵更甚于贫贱;妒忌之心,骨肉尤狠于外人。"我是非常在意这一点的。只要妥善收藏,在俩兄弟成人懂事后,我正式赠予他们,那时,他们的心理感受一定会强烈呼应我不断灌输给他们的兄弟友好相处的理念。那样,其精神价值岂止这区区1800元!

(2015年10月13日)

盟盟的针线活

我正在厨房张罗一些没有名堂的事情,太太走进来告诉我:"盟盟的手可真巧,他把面具缝得真好!"我很惊讶,惊讶地看着太太手里的面具。

还在前几天,幼儿园和少儿国际英语班都要求孩子们准备活动用的超人服。昨天晚上是盟盟的英语课,网购来的超人服提前用上了。但是试穿的时候,面具的松紧带却脱了一头,一时找不到双面胶,我说就用针线缝吧。太太找出针线盒子,我就继承革命传统,创造新的光荣。

一旁的盟盟和优优,目不转睛地看我飞针走线,盟盟大概觉得不过如此,彼可取而代之,于是按捺不住,一边动口一边动手,要求自己缝。我想他好奇而已,才是5岁刚满不久的孩子,使用针线也不太安全,就没有答应他的要求。

事情几乎一闪而过,我也并未上心,更没有想到他会"心中藏之",以至今天我们从幼儿园慢腾腾地一路走回,谁也没有提起这件事;但是现在看来，对于这件事情，盟盟并未忘之，究竟是什么时候跑到房间找出针线盒子，而且静悄悄地缝好了另一头，我们竟然一无所知。

现在，看着太太送来的针线活，粗枝大叶歪歪扭扭，看得出，盟盟只是为了"练练"而加固了另一头。但是除了惊讶，还是兴奋有余，于是一边夸赞盟盟，一边研究他的动机：猎奇、探索、证明自己……同时也做自我反省：对于孩子的智力与能力，我们是不是可以更加相信一些，说不定他们这些新新人类真的配得上这身"超人服"啊！

（2015年10月27日）

打气球、背对联

"有志者，事竟成，破釜沉舟，百二秦关终属楚；苦心人，天不负，卧薪尝胆，三千越甲可吞吴。"蒲松龄的这副对联，慷慨励志，我很喜欢，还想让盟盟也跟着喜欢，于是在他上下幼儿园的路上，教他几次，他也就半生不熟地掌握了。

但是我总又觉得他心不在焉，既不好强迫，还苦无良策。今天晚上，盟盟和优优不仅在书房里跑进跑出，还你进我退地缠住我，非要我吹气球；我也实在静不下心来，干脆放下手头工作，陪他们做做游戏。这时，灵机一动，选个项目打气球吧，既适合他们也适合我。

机遇不能错过，时间不宜浪费，我趁盟盟正在兴头上，向他提出一个要求：背对联，打气球。只要能玩，他自然高兴，马上答应了条件。于是，随着气球沉浮回合交替，我半句，他半句，我一句，他一句，我上句，他下句，就这么闹腾着，一会儿工夫，感觉他基本会了。

中间，他被"破釜沉舟"卡了壳，我就用过去的解释提示他，"把锅砸碎，把船凿沉"，终于通过了。到了"可吞吴"他又有些疑惑的表情，我不重复过去的解释，而是因"材"施教，捧着气球，张大嘴巴，做出一个要一口吞下气球的架势。

盟盟豁然开朗，于是自信地向我声明："爷爷我会了！"我知道他会了，但是来不及考他——其实也用不着考他，相信他已经真的会了——我要抓紧时间记下这则故事。这不,他已经在那儿喊:"爷爷,陪我睡觉!"我去也!

（2015年10月29日）

优优的掩耳盗铃

早和晚,优优通常都不要我。奶奶"批评"他不要爷爷,我就开导奶奶:"黑影上墙,孩子要娘。"娘不在,奶奶吃香,爷爷自然贬值。

刚才接到电话,要来亲戚,我就放下工作,忙着清理环境。拖地时逗逗他,问他要不要爷爷,还是不要。爷爷不生气,再问他"吃不吃元宵","吃";"吃不吃瓜子","吃"回答得一干二脆,爷爷的重要性也就出来了。

有了共同利益,彼此马上亲近。但他还在床上,我就一边整理,一边喊着优优"找着"优优,故作神秘状,自言自语:"优优到哪里去了呢?"他呢,竟然站在床上,从上到下蒙上毯子,一声不吭,一动不动,毯子的条形状,就像一身披挂,而他俨然一个"超人"。

我还继续寻寻觅觅,从这个房间喊到那个房间,一直喊到他的房间;他呢,还是一身披挂,一声不吭,一动不动——可真有耐力啊!但是到底熬不过时间,终于揭下"面具",露出真容,笑嘻嘻地看我。那个笑,究竟是胜利者的炫耀,还是狡黠者的得意,来不及分析,首先想到的却是什么叫作"掩耳盗铃"。

（2015年10月30日）

盟盟的笑容

几天前,盟盟向我提意见,说我每次送他到幼儿园就走了,不看他做操,而别人的家长都看做操的。其实也不尽然,但是他有这个总体感觉,所以说这话时还眼泪兮兮的,显然十分委屈。

他当然不懂爷爷有多么忙碌,可是抢着时间送他的。但我觉得他也有道理,他在心理上感到自己没有被爷爷重视。我当即向他表示一定改正，而且要求大家也要尽量满足他的要求。这也是一种互相适应与尊重的示范。

今天又是我去送他，但在心里却盘算着本周还有几次教学任务，怎么去进一步完善讲稿，于是向盟盟请假："爷爷很忙，今天就不看你做操了，可以吗？""不行，要看！"

回答得没有商量余地，虽然声音是柔和的，态度却斩钉截铁。我没有办法，只好妥协。但是实录盟盟也是一项工作，于是一边看他做操，一边写着这篇《盟盟的笑容》。

我忽然见他瞥了我一眼，我看到了他满脸笑容，笑得那么满足。我的心里也在笑，但是马上警觉，不能让他觉得我看他不够专心致志，于是收起手机，又目不转睛地盯着他，看着他的每一个动作，还有那始终挂在脸上的笑容。

早操终于结束了，我才一边利用步行回家的时间锻炼锻炼自己，一边完成实录盟盟今天这个故事的作业，然后再来完成自己分内的事情。

哎，劳累着，快乐着，虽然看不见自己天天衰老，却眼睁睁地看着盟盟天天成长。他成长的笑容是写在脸上的，而我却把他的笑容装在心里，记在文里。宝贝，我也许不是世界上最好的爷爷，但我愿意成为世界上最好的爷爷，你懂得爷爷的心吗？

（2015年11月11日）

我教盟盟诵"大风"

晚饭后，我又带着盟盟来到胜太广场，风越来越大，触景生情，大发豪情，当然也有影响盟盟的想法，于是乘兴朗诵《大风歌》。盟盟觉得稀奇，似乎也想知道一点什么。见他"入吾彀"也，顺势简单告诉他《大风歌》的作者和产生背景，然后继续高声朗诵：

> 大风起兮云飞扬，
> 威加海内兮归故乡，
> 安得猛士兮守四方！

朗诵罢，告诉他，这个"兮"可以读作"啊"。我又按照"啊"的发音再朗诵一遍。他的特点，只要喜欢，你读他就用心听，几遍也就差不多可以背诵了。

见他已会鹦鹉学舌，我就进一步向他唠叨：《大风歌》是胜利者的歌；还有一个失败者的歌，叫作《垓下歌》，想听吗？失败者的歌？他更好奇，当然想听。"想！"终于进出了我所盼望的那个字，我又顺势用一种悲怆的语调朗诵起：

> 力拔山兮气盖世，
> 时不利兮骓不逝。
> 骓不逝兮可奈何，
> 虞兮虞兮奈若何！

连背几遍后，再讲点背景故事。他不管懂不懂，故事总是喜欢听的，因此很快就能基本掌握。我要进一步提炼作品的思想，于是问他："盟盟，知道为什么刘邦能唱胜利者的歌，而项羽却只能唱失败者的歌吗？"他说"不知道"。他当然不知道。

可是我却很想让他知道，而且越快越好，于是尽量用适合他理解的语言解释："刘邦是一个能够团结人的人，所以他最后胜利了；而项羽虽然自己打仗非常勇敢，但就是不会团结人。结果呢，就是刘邦做了皇帝，还得意地唱起《大风歌》；项羽呢，却只能悲哀地唱着《垓下歌》走向死亡。"

当然要联系实际了，问他："你是不是也要学会团结小朋友啊？"他有点沉重地"嗯"了一声，似乎还在想点什么。是不是在反省没有团结小朋友的教训呢？我想是吧。到了这里，我就进一步提出问题："在外要团结小朋友，在家呢？当然还要团结自己的弟弟。"

（2015年11月26日）

餐桌上练兵

男孩的天性，喜欢玩兵，喜欢舞刀弄枪。儿子投其所好，给他的儿子盟盟和优优买了许多塑料小兵。

餐桌上已经摆满散兵游勇，虽然盟盟还不懂排兵布阵，但那排法还是自有章法的。优优在一旁，也手持一把双管猎枪，等待盟盟射击——他很守规矩，说先就先，说后就后。盟盟要我看，我很听话地站在那里听他指挥。

但见盟盟一枪撂倒一个，弹无虚发。优优高兴地惊呼。我不失时机地向盟盟说："有弟弟好吧，你打中了，他就为你喝彩。"我继续看。新一轮战斗又开始了，这次是优优先开枪，竟然也能一枪一个。当然他们都是近距离射击。

这时，儿子却问我他们小时候有没有这些玩具。他的问题有些"傻"，却让我想起在念小学的时候，老师给我们念《科学家谈二十一世纪》，其中一个观点就是21世纪的世界将是一个塑料的世界。我们当时对于塑料真是向往极了，并且把它注入理想。

看看眼前，不由得感叹，生活早已进入"塑料世界"，理想早就成为现实。展望前景总是觉得遥远，回看来路，竟是那么快速。社会的发展啊，代代相承，持续接力，现在已经呈现加速发展的态势。

看看眼前的盟盟和优优，我进一步在努力地想象：未来的世界又该是个什么模样？当然不知道，但是有一点十分清楚，客观世界永远都是一个"料"，人们的一切努力都不过是在"塑"，究竟怎样去"塑"更好呢？却取决于人们的主观世界。

那么，盟盟和优优该有一个什么样的主观世界，才能塑造出合乎理想的未来呢？真是一个渺茫而现实的问题。"渺茫"的未来是他们的，现实的任务却是我们的。我们正现实地掌握着塑造未来世界主人的权力，那我们自己又该怎么首先塑造好自己呢？须知，塑造自己也就是在塑造未来啊！

（2015年11月28日）

2016年

（盟盟6岁，优优3岁）

想吃，又放下

下午有课，为了从容些，我提前到校。一位学员正给旁边的同学发糖，我刚好经过，便说了一句"也不给老师吃啊"！本是一句轻松笑话，说罢也就坐到讲台的椅子上开始课前准备，没有想到那位学员从座位上走过来，真的给我送来3颗糖。我说"你还当真啊"！她笑而不语。

既然送来了，我就一边调整课件，一边尝了一颗，来不及细品，已经觉得不错，不错，真的不错，甚至可以说很不错，淡淡的甜味，浓浓的奶香，酥酥的口感，里面好像还包着一粒脆脆的花生米。

还有两颗，来不及吃了，开讲。课间休息，15分钟，忙完杂事，也就想起还有两颗糖，拿起看看，这才想起它的名号。经过目光扫描，知道原来它叫"优果奶酥"。顾名思味，品咂一下刚才的味道，还算名副其实。想到这里，馋了！

我很想再吃一颗，但是放下了；再拿起，又放下了，这时想起盟盟和优优。我想他们一定也很喜欢，两颗都吃了，他们一点都没有，这样的爷爷不好；吃一颗吧，剩下一颗给谁呢？那样就不够公平，那样的爷爷也不好，不能厚此薄彼啊，他们都是我的宝贝。

于是克制着，克制着自己的那点馋欲，把桌上的两颗糖果一起收起，小心谨慎地放进公文包里，再用手摸了摸它们所在的位置，生怕它们跑了似的。如此郑重，那是因为要带回去给盟盟和优优吃的；当然也顺便带个样品给太太看看，请她也去买点。

（2016年1月17日）

兄弟斗尿

晚饭时，看了《新闻联播》，接着看诗词擂台赛。奶奶手破了，我就临时做了一档给盟盟和优优盥洗的"节目"。

我的"节目"做完后，把盟盟和优优交给奶奶带到床上，我又来到诗词擂台前。终于看完，21点多了，应该准备后天到外地去讲的课。走进书房时，听到房间还有盟盟和优优的响声，我于是走进他们的房间，故做生气状。

见我到来，优优第一个爬下床，还在兴奋劲上，好像看准了我的心思，一边灿烂地笑，一边对我说："优优尿尿！"盟盟更是兴奋，紧随其后，也是一边灿烂地笑，一边望着我说："盟盟也要尿尿。"

管天管地，总不能管我们尿尿吧，怎么样？爷爷再厉害又能怎么样了？他们的心里一定在挑衅。我只能无可奈何地心花怒放，心花怒放地无可奈何，但是还要装作一脸正经样，不然他们还不知道会搞出什么名堂。

优优第一个走近马桶，盟盟接着站到旁边，一大一小，一高一低，一胖一瘦，对准了，你看着我笑笑，我看着你嘻嘻。我在旁边监督，看看他们到底是真的尿尿还是借口胡闹。没有想到，优优还真的尿了不少，盟盟少一些，但也还说得过去，可以免除批评。

尿尿也不安生，盟盟用自己的尿射击优优的尿，优优也用自己的尿回击盟盟的尿，一阵交叉开火后，各自收兵。一大一小，一高一低，一胖一瘦，一前一后，得意扬扬，嘻嘻哈哈地爬到床上去，以奶奶为分界线，一左一右地就地躺下。

该做梦去了吧？我呢，可怜啊可怜，还得努力做功课。

（2016年2月19日）

花生米里的大道理

盟盟去上英语课了，优优在家。我备课空当，来到厅里陪陪太太，逗逗优优。看见一袋炒花生，条件反射，想吃。剥了第一颗，尝尝，不错。问优优吃吗，当然吃了。

剥了第二颗，递给优优，他一下子就放进嘴里。我说请奶奶吃点。他呢，初尝美味，大概也饿了，有些舍不得。我说优优给奶奶吃一粒呢，我就继续剥给优优吃，如果不给，我就不剥了。

不要小看这个态度，它就是奖惩机制。奖惩实质是对人的自然本能的调动，不管人们创造了多少管理理论，写了多少管理著作，管出了多大多小的成就，都离不开奖惩这把倚天屠龙的宝剑。

太太在看韩剧，对这类食品也不大热衷，所以对优优的表现没有上心，也不在乎，连说"给他吃给他吃"。我说"这就不对了，给你吃你就吃嘛，这是培养孩子的孝心"。

还是要说，请不要小看这点，它也是一种教育方式。孝是什么？是对长者的尊敬与反馈，也是社会保障的伦理体制。但是孝道不是自然而然地建立起来的，需要教育。教育不等于"叫育"，不仅要说大道理、中道理、小道理，更要寓于点滴小事中。滴灌不仅具有渗透性，更加具有方向性。

花生接着剥，优优接着吃，奶奶也一颗一颗地陪着吃，优优再也没有像开始那样舍不得了。我看看太太，对她说"别看这么一个细微的表现，里面可是有着很大很大的哲学道理。"听说哲学，她就看着我，好像在我脸上搜索频道。

我说，我家祖宗管仲有个非常中国化的经典名言，"仓廪实则知礼节，衣食足则知荣辱"。翻译成马克思的话，就是物质决定精神，存在决定意识。联系优优的表现，开始他不知道究竟有多少花生，能吃多少，食欲刺激出本能的利己反应，就是想着自己多吃，考虑不到更多；当他知道我可以源源不断地保证他的需要时，他就愿意发扬利他主义精神，于是一粒一粒地和奶奶分享。

由此可见，如果没有充足的花生这个经济基础，他就难以发扬利他主义；如果没有利他主义这个上层建筑，我们也就失去共同的道德遵循；有了这两个条件后，还要用教育输入正确的道德观，才有他后来的正确选择。这就是教育的功能。

（2016年2月20日）

我被感动了

上午，太太带着优优进城玩去了，我一人在家，无人饲养，也好，更能集中精力研究一桩公共大事。到了中午似乎不饿，也就吃点锅巴，还有水果，再喝一壶茶对付了。"饭后"本该休息，但是心中有事，10分钟也就起来了。

下午3点半钟，太太叫我去幼儿园接盟盟，我得令而行。接到盟盟，他要玩，我就遂他愿，一直到4点多钟才到家里。真是应了那句老话，人是铁，饭是钢，一顿不吃心发慌。路上我就觉得很饿，回到家里，又累又饿，而且是很少感觉到的那种累和饿。

写作，放到一边，研究也放到一边，先把自己放到沙发上再说。太太在厨房里抓紧下面，我请盟盟把一袋花生米拿来充饥。吃着吃着，盟盟又给我送来一袋山楂糕。很好，饿了，什么都是美食，当然来者不拒。

吃好了，闭目养神，恍惚间，身上多了一条床单，那是刚从外面收回来的，放在沙发上，现在却盖在我身上。虽然盖得很不正规，实际上是拖到我身上的，但是睁开眼看到时，还是觉得那个造型胜过最美好的艺术品，从身上到心里，都是暖和的。

太太从厨房出来了，我对她说，当然是特地提高声音地对她说："我和你说一件事情！"太太来了，等着我。我指着身上的床单问她："你知道这是谁给我盖的吗？""盟盟。"她的判断与我的猜想一致，就是没有想到优优，因为他3岁还不到。

盟盟正在饭厅拼接他的玩具，可能没有在意，也可能故意装作不在意，不置可否。但是客厅里的优优不干了，高声说道："是优优盖的！"这下盟盟听到了，马上纠正："是盟盟和优优一起盖的！"优优没有抗议，说明的确是他们共同关心了我。

我谢谢他们后，继续躺在那里想我的心事。这时，盟盟和优优又走近我，好像要完善刚才的"作品"——把我身上的床单拉直扯平。优优乘机捣蛋，想用床单蒙我的眼睛，盟盟批评他："不能盖住爷爷的脸。"优优很听盟盟的话，也就收敛起他的恶作剧。我的心啊，在蜜罐子里面不停地蹦跳。

（2016年3月2日）

和盟盟算账

盟盟应该8点钟上幼儿园，但是晚了10分钟出门，奶奶说赶快打车去。我明不反对，却阳奉阴违，带着盟盟走向公交车站。的士一辆辆地过去，盟盟突然醒了似的对我说："爷爷，我们打车。"

我说今天不打车，坐公交，我把选择公交的意义给你讲讲。"意义"？请别惊讶，本老人家当然知道和一个5岁的孩子讲"意义"，明显属于说话不看对象，于是向他解释，意义就是价值。"价值"？是的，再递进一步解释，就是好处。到了这里，盟盟肯定明白了意义的意思，这时我就和他算经济账。

打车需要11块钱，乘公交只要一块钱，省下多少："10块"，好样的，算得不错。那是不是爷爷小气呢？盟盟不答，是在寻找答案。我告诉他，爷爷不小气。我们一起外出旅游，为了让你休息好，爷爷奶奶中午都会专门开临时宾馆。这是事实，盟盟没有异议。但是，我说，能够节约的就要节约。盟盟默默地赞成。

还有一个安全账，我对盟盟继续说，公交是大车，的士是小车，大车即使发生事故，危险性小得多，而小车一旦发生事故，危险性就很大了。盟盟不反对，但是"打的快"，他说。我肯定他的正确，同时指出，距离短，快不了多少；其次，车速越快危险越大。盟盟和优优在爷爷的心里，就像山一样的高，山一样的重，爷爷必须时刻顾及你们的安全。

当然，我一向主张他遵规守时，这笔账现在和乘公交的决定也是联系在一起，不能不说，于是接着分析：今天乘公交不一定就会迟到，即使晚到几分钟也是不算违规,因为下雨,室外的早操肯定不做了,我们完全可以从容点。结果呢,还就真的没有迟到。

账还得算下去,但变成我的心算题了。每次等公交,盟盟最乐意的事情就是背诵社会主义核心价值观,显得快乐无比。今天我要进一步告诉他,"社会主义核心价值观",就是他背的内容的标题。太长了,不好记,拆开教,先说"核心价值观",一遍成功,再说"社会主义"。我知道,一说社会主义,一定有人不以为然,但是社会主义有什么不好?要说不好,那是因为还不太社会主义。

我们终于坐上了704路公交车。盟盟看见"勤善和谐"4个大字,他提问,我就向他解释,勤劳和善良是我们每一个人最基本的好品质,和谐是指和别人相处的一种态度和标准,就是在家和弟弟,在外和别人都不能怄气,不能打斗,相互友爱。剩下的时间,闲着也是闲着,背背经典吧。昨天背的是《大学》里的三纲八目,今天就温习《孙子兵法》的名段。

"兵者,国之大事,死生之地,存亡之道,不可不察也。故经之以五事,校之以计而索其情:一曰道,二曰天,三曰地,四曰将,五曰法。"为了调动他的积极性,讲到"二曰天",我就故意卡壳,做出痛苦而为难的表情,盟盟见状马上为我解套:响亮地提示我:"二曰天!"我做出如释重负的样子谢谢他;他也很有成就感。

还有一点时间,再来一句吧。我说"知彼知己,百战不殆"。盟盟说"就是要知道敌人的不好",我说对。就是既要知道敌人有哪些好哪些不好,还要知道自己有哪些好和哪些不好,这样比较了,打起仗来胜算就高,危险就小。说到这里,他从自己的座位上爬到我的身上,搂着我的脖子,小嘴巴紧紧地贴着我的脸:啰!

到站了,下车,天上飘着零星雨点,盟盟说我们应该打伞。我说小雨不要打伞,爷爷小雨从来不打伞,这是天赐的恩泽,我们应该好好享受,打伞就是拒绝。说到这里,我想起杜甫的《春夜喜雨》,念出"好雨知时节,当春乃发生。随风潜入夜,润物细无声"4句,一边指天画地地解释,一边告诉他,这首诗还有4句,让他期待。

写到这里,可以结算了,在这半个小时中,我们究竟赚了多少?如果打车呢?

(2016年3月3日)

"小孩子们好!"

我对盟盟的期望，就是今后能像我一样做个教书的，我自觉挺好，也希望得到大家认同。

看来观念已经植入大家的心里了，刚才妈妈教他写字，孩子吗，难免有些浮躁，妈妈于是批评加开导地对他说："你今后要教小朋友们写字。你的字写得好，人又长得好……"

我刚下课回家，在书房一边玩游戏，一边休息，听到这里，没等到妈妈继续发挥，我接过来调侃道："那会迷倒一片的!"我想盟盟的妈妈要表达的可能就是这个意思吧。

虽然盟盟快6岁了，还是不懂什么叫"迷倒"，于是提问："迷倒是什么意思?"太突然了，我们一时也找不到适合他理解的解释。谁也想不到，3岁出头的优优却在一旁漫不经心地给出精彩绝伦的"解释"："就是跌倒。"

好一个"跌倒"，我们一众人等，差一点都被这个"跌倒"的回答笑得"跌倒了"。一起哈哈大笑过后，妈妈借题发挥，对着盟盟说："就是你一站到讲台上，小朋友们就会一个个啪啪啪地跌倒在地上了。"

故事到此应该闭幕了吧，想不到，优优又来一句："小孩子们好!"他说不出刚才的背景和语言环境，但他似乎清楚这一切，也想象出了盟盟上课的情景，于是接过话茬，来了这么一个进一步发挥，既叫大家意料不到，又让大家不得不笑。

我们一边笑一边纳闷：这"小孩子们好"到底典出何处呢？而他呢？却在一旁一本正经地玩着自己的游戏，完全不在乎我们的集体纳闷，也似乎没有听到我们的笑声，更不关心我们在笑什么。

孩子啊，总有自己的世界，又总有自己对于世界的理解，他们也总有出人意料的精彩。

（2016年6月30日）

优优不是猴子变的

半下午光景，盟盟写完了英语作业，我让他去和优优一起玩玩游戏。我去厨房，把一个很大的桃子洗净，切成小块放到碗里，取过两个叉子，端到餐桌上。

一声令下，兄弟俩来了。这年头孩子们吃东西并不抢，我于是说一人一块地吃，看谁吃得快。我的用心明显，就是要让他们抢着吃，多吃点、快吃点。

才几块下去，进度明显慢了。我一边收拾掉下的桃片，一边说要给他们讲故事——想用故事引诱他们。于是说人是猴子变的，猴子最喜欢吃桃子，所以人也应该喜欢吃桃子。不信看看《西游记》，猴子里有个齐天大圣，叫孙悟空，可喜欢吃桃子了。

盟盟走了，优优还在桌子上。我想听了我的故事，优优既然不走，一定会再吃一点吧。但是没有想到他竟然这样回应我："优优不是猴子变的。"说得一本正经，而且若有所思；他越是这样，我就越是惊讶。

你能说他错吗？事实不错，逻辑成立，在科学上也完全站得住，绝对无懈可击啊！无可奈何，现在说人类学还是早了点吧，索性不说了，我把剩下的桃子包圆儿。我可是水果王啊！不，不，应该说我是"贪吃水果的王啊"！

（2016年7月6日）

树荫下

对着几百块钱的稿费汇单，看看如此炎热的中午时分，真的不想去邮局；但是为难归为难，毕竟也是几百块啊，总不能就这么放弃，让他们退汇吧，还是狠狠心去一趟。

路是有段距离的，想让盟盟陪着，消解途中寂寞。盟盟愉快地答应随行。我们慢行漫谈，抄近路走进欧陆经典小区。围墙下面是茂盛的灌木，间有还在少年时代的香樟等树种，突兀耸起，还在地上画出一片片伞状的树荫。

尽管如此，光明还是远大于黑暗。盟盟虽然戴着帽子，小脸蛋还是被晒得红扑扑的。我有些心疼，伸手把他拉到我的左边；也想顺便考考他的理解力，于是问道："盟盟，知道爷爷为什么把你拉到左边吗？"他不解。我又问他："看看是左边的树荫多还是右边的树荫多啊？"

他懂了，说"左边的多"；话音还没落地，他似乎更进一步地懂了什么……于是他伸出自己的小手，一边把我向左拉近他、再拉近他，一边把自己往左边靠、再往左边靠，差不多身子就在灌木丛中了。

我一边把他向右拉拉，一边望着他，既爱怜又感动地说："盟盟，你真懂事，爷爷好高兴的。"就是现在，想起他刚才的表现还是那么欣慰。

（2016年7月19日）

广场球趣

暑天的太阳，很难得到赞美，不是人们吝啬赞美，而是它制造的酷暑的确太邪恶。为了避暑，盟盟和优优一直都被关在家里。晚上7点了，总该解放一下吧，我和奶奶带着小哥俩，还有一个足球，当然还有一个童车，一起来到胜太广场。

儿子喜欢踢球，总希望他的儿子们也能喜欢足球，小的、大的、更大的，不断更新换代。男孩子总有爱球的天性。两天前，盟盟刚得到一个成人足球，先是满世界地找气筒，接着满头大汗地打满气，马上就和优优在家里试踢，踢得我提心吊胆——门可是玻璃的。今晚，机会来了，他兴致勃勃地带它走进广场。

足球厚重，盟盟不满6岁，力道不够，开始，球的滚动很有绅士风度，正好适合3岁多的优优。于是小哥俩你来我往，一种快乐连接两头，两头笑声形成呼应。失控自然难免。广场人多，失控的球总是钻进人群，但是不管钻到哪里，都有人们快乐地参与，有的阿姨也能——看上去还很喜欢——踢上一脚。

那是一对爷爷奶奶,正在缓行,突然看见滚来一个足球,爷爷不假思索,轻松伸脚控制住了;看见奔跑的盟盟,知道他是球的主人,轻轻一踢,球回到盟盟身边。盟盟送去一声"谢谢爷爷"。我也送去一个赞赏的目光,赞赏"爷爷"的机敏。"爷爷"带着"奶奶",带着微笑继续前行。

盟盟遇到小托班的同学,同学的妈妈说儿子不大与人接触。但是球能改变人的性格,他在球的面前渐渐放开,积极奔跑。正踢得热火朝天,来了3个大孩子,看样子都在10岁以内。奶奶和同学的妈妈都很紧张,我劝慰他们:让孩子们接触、游戏,哪怕发生冲突,然后自己会找到解决问题的方法。还好,没有危险,大哥哥们很知道照顾小弟弟的。

3个大哥哥的奔跑速度很快,球技也高,脚踢、正脚背踢、内脚背踢、外脚背踢、脚尖踢、脚跟踢,这些花样好像都会。特别是那个个头不高的男孩子,连续几次用脚跟踢球,动作利落,很有准头。盟盟很羡慕,只是自己的水平还在启蒙阶段,无技巧可言,但是毫不惜力,也不怯场。看他满面红光,我们心花怒放。

优优不干了,太小,无法参与进去,于是跑到奶奶这儿,运用自己的特殊武器哭反映自己的失落,表达自己的不满,嘴上没说,心里一定在想:"我家的球怎么没有我的份?"我示意大家照顾一下球的小主人。大孩子们看到了,把球还给盟盟。我们祖孙4人站成一个四边形,交叉传踢,球态休闲,优哉游哉。

优优笑了,盟盟笑了,我和奶奶也笑了。

(2016年7月24日)

哥俩别有用心

21点多了,我已经开始在书房看看帖子,敲敲微信,听听歌曲,想想莫名其妙的事情,也会玩玩游戏。总之,后天的新课,准备得差不多了,也就不必那么紧张。

突然,书房门开了,盟盟和优优嬉皮笑脸地走了进来,异口同声地说要喝水。我也懒得去厨房,顺手拿起桌上的茶壶,还有半壶水,早已没了茶色，问："你们谁先喝啊？"通常他们都是争先恐后，现在却你推我让，反倒让我有点奇怪。

我说盟盟先喝吧，盟盟说优优先喝；我把壶递给优优，优优说盟盟先喝。我以为他们客气，可是三番五次下来，显然不是客气。我恍然大悟，知道他们是在借故拖延睡觉。我说那就用包剪锤决定。他们没有兴趣，盟盟提出做鬼脸，谁做得好谁就先喝。

开始，一起扯着嘴角，扒着眼皮，拽着耳朵，盟盟做得更好。我看着憨态可掬的优优，觉得特别可爱，就说优优你先喝吧，他就咕嘟咕嘟地开始了。轮到盟盟，又是一阵咕嘟咕嘟的。应该结束了吧，没有，优优再来一次。还有水吗？看看，还有，盟盟接着。如是三轮下来，水源枯竭了。

没有水了，他们也就没有继续留在这里的理由，但是他们还想在这蹭。我对他们的小心眼洞若观火，要求他们马上回房睡觉，哥俩却用嘻嘻哈哈对付我。我把面孔一板，举起睡裤做出惩罚他们的样子。他们这才欢天喜地屁颠屁颠地跑开。

看着他们乐呵呵的样子，我的心里不仅在笑，还在笑骂："两个小东西，还跟爷爷玩智慧！"

（2016年7月25日）

优优哄我

民间有个说法，叫作哄死人不偿命。优优3岁以后就会哄我，现在3岁多了，越来越会哄我。我呢，明知他在哄我，却又愿意被哄，乐得被哄，甚至用欣赏的态度享受被哄。

哄我的目的就是要用我的电脑玩游戏。我在情感上是反对孩子们玩电子游戏的，可是理性上却很清楚，在这个游戏的世界里，不给孩子们玩这些，等于叫他们绝圣弃智。既然让玩，那就早点玩，以后也就不稀奇了，可能他们反倒不会沉湎其中不能自拔。

政策出台后，实行起来还算好，但与我的学习工作时常犯冲。比如早起，我肯定要浏览新闻，这时优优只要醒来，就会走进书房，喊一声"爷爷好"或者"爷爷早"。别以为这都是自觉的礼貌，其实就包含着与我套近乎。我只要一应承他，他马上就会提出游戏申请。不过这时的态度不坚决，带有试探性。

通常我会以小朋友先做好早上的事情支走他，他看到没有希望也就不再坚持。但他好像很了解我的活动规律，在我工作的间隙，往往独自走来。就说刚才吧，一进门来，满面春风，指着电脑屏幕上的一个游戏菜单自说自话，这是与我搭话。我一搭理，他马上就娇滴滴地说："爷爷，优优想玩电脑。"

看他可怜兮兮的样子，天下的爷爷都会心软，我就顺势附加一个条件，"时间不能太长了"。主要目的已经达到，这点附加约束不难接受。我十分清楚，别看他人小，只要答应的事情，往往与金口玉言有的一比。于是我们的交易顺利完成。

现在——我想，他在"阴谋"得逞后，心里一定得意扬扬。我呢，当然要向他认真说明一点：我是明知被哄，甘愿上当。话说回来，亏要吃在明处，所以我要用文字记录下来今天的被哄事件，不单是证明爷爷不傻，还要留待日后好秋后算账。

优优，亲爱的小宝贝，你也会有爷爷的今天，到那时你再品品爷爷的这篇文字，好吧？

（2016 年 7 月 28 日）

我中了调虎离山计

正在浏览新闻，优优来了，要玩电脑。我说爷爷要学习，不学习，爷爷就要落后了。他笑嘻嘻地走了，好像非常理解我的话。

才一会儿，他又来了，还搬个凳子来了。在门外垫着凳子摆弄安在书房外面的开关，一会儿开灯，一会儿关灯，书房也被搞得忽明忽暗，乾坤失序。

我自然地回头看看他，笑着欣赏他的捣蛋。他却叫着要"爷爷来，爷爷来"。我迁就他，坐着转椅向前，一步一步地挪到他的跟前。

已经到了门口，我看着他，笑，他看着我，笑，就这么笑着"对峙"了一阵子。他嗲嗲地说"爷爷抱""要爷爷抱"；我求之不得，我们抱在一起了。

他忽然又要下来，我知道马上就会发生名堂了，开始警觉，十之八九与电脑有关。果然，他给我发出指令："爷爷不许动！"我很听话，静候他的下文。

见我真的不动了，他却欢天喜地地说："优优玩电脑了！"他计谋得逞，内心一定得意。我马上跑到奶奶跟前告状，说"你的孙子已经会玩调虎离山计了"。

现在，他还在书房里专心致志地玩他的游戏；而我呢，却在手机上专心致志地记录他刚才的精彩"劣迹"。优优，知道吗？爷爷可不是好惹的！

（2016年7月30日）

睡前随想

还在少年时代，就经常听到长辈们说，上为下真心，下为上就不一定了。当时不懂，现在想想，自己不也正在这个生活逻辑的轨道上运行吗？

有了盟盟和优优两个小捣蛋，的确收获许许多多的天伦之乐；但同时也带来许许多多的负担，真是怎一个辛苦了得。不说他人，就说我自己，最近研究小区的公共诉讼问题可谓殚精竭虑，非亲历者很难体会，就是这样，心里还是时时悬着两个小捣蛋。

已经是下午3点半了，要去幼儿园接两个小捣蛋回家。去，我是一个人，舍不得打车，再说也用不着；来，不一样了，3个人一起，还有一个马上上课，急吼吼地招来一辆的士，几分钟就到小区。

进门后，奶奶伺候两个小捣蛋，我就抓紧时间把准备的一个小问题做完。他们吃好了，我却不想吃饭。饭可以不吃，但盟盟上课是不能耽搁的，于是我们边走边聊，马不停蹄地赶往公交站，再赶到少儿英语班。

盟盟快乐地走进上课的教室，我却走进一个空闲的教室，赶快把自己放到一个长长的沙发上，弥补中午的欠觉。不知不觉竟然睡了一个小时，醒了，感觉有点受凉，马上起身，一边踱着方步，一边阅读过去的资料，做诉讼的准备。

老师积极性很高，硬是把一个半小时的课讲到两个小时。下课了，又是乘着的士回家，不能让宝贝疙瘩太累，还要让他早睡。奶奶带着优优已经遛弯儿回来了，我把盟盟交给奶奶，一头钻进书房，看看新闻，下下不太动脑子的军棋。

我也想早点睡，深夜11点多钟了，躺倒床上，看着左边的优优，右边的盟盟，欣赏着他们调皮式的睡姿，猜想他们梦里的情形，掖掖盟盟的夹被，扯扯优优的薄毯。当然，忍不住，亲亲他们的小脸蛋，不敢用力，又怕惊醒他们。

沉静一会儿，我的思绪又飞到前面所说的一幕：上为下真心，下为上也就难说了。前为天性，亘古难移；后者呢，也许是后人的不得已。我就常向奶奶说：我们只做自己觉得应该做的，不要对孩子们心存任何奢望，包括所谓的孝顺。

长江后浪推前浪，前浪死在沙滩上。社会如此，家庭何尝不是这样。如果不是这样，社会又该怎么存续？家族又该怎么延续呢？所以，我一向主张而且身体力行，只做觉得该做的，至于其他，想都不去想。再说了，人为什么总是想着那最后的时光呢？

今天就写这些吧。左边的优优，右边的盟盟，爷爷对你们的爱，是你们睡着时看不到，醒来后还是看不到的，但是当你们正在梦乡里时，可曾知道，爷爷始终守候在你们的身边。总有一天，你们会懂得什么是爱？什么是无私的爱。父爱如山，祖父之爱也许还是更高的山呢！

好了，宝贝，让我们一起做着最美好的梦！

（2016年9月2日）

谢谢并期待

新学期大四班开学第一天，盟盟由奶奶护送入园。回家后，奶奶就对新来的李老师赞不绝口，说这位老师很有水平。我相信，因为她不随便夸人。再说了，一把年纪，基本的看人经验还是有的。

9月5日，我终于有空去接盟盟回家。相由心生，远见一位有些观音风采的老师，我想就是李老师吧，果然就是李老师。李老师见我，请我坐下交流，主动介绍了孩子的几点情况。话不是很多，但给我的印象鲜明强烈。

首先，她处理矛盾的方法娴熟恰当。当天早上，盟盟由妈妈送，不知为什么事和妈妈闹了别扭。李老师见状，请妈妈先回，她瞅个适当机会，主动向孩子了解情况，然后及时批评孩子态度不对，建议回家向妈妈道歉，终于使这个矛盾得到解决。

其次，她给孩子一个正确的价值观。就以这件事情说，因为水声大没有听见妈妈说话，妈妈不高兴你就不理妈妈，是对长辈不敬，这是教孩子"知错"。回去后要主动向妈妈道歉，这是教孩子"改错"。能够教给孩子正确的是非观，培养知错改错的品质，对于孩子的影响是长远的。

最后，她很了解孩子。因材施教是一条重要的教育原则，但是真正贯彻，教育者首先需要识"材"才能正确施教。开学也就几天吧，她已经准确地发现盟盟"善良"，但缺乏表现自己的欲望。这真是抓准了问题。现在，盟盟发言已经越来越积极了，这就是师德之光照亮孩子心灵的成果。

还有一点我也想说说。今天早上，太太翻看李老师制作的音乐相册，一边称赞"这个老师很有才气"，一边夸奖她的"公平"，就是她能给每一个孩子平等的机会。相册里的照片，不仅留下了孩子们的即时情形，也展示了优秀老师的内心世界。

今天是盟盟的6岁生日，3天后就是教师节，写上这么几段文字，是记事，也是献上我们对于李老师以及各位老师的感谢与期待。不管是出于园领导的大班强配，还是盟盟的运气好，总之上天给他送来了李老师，还有一直关怀他的刘老师，算他命好，为他庆幸。

（2016年9月7日）

优优蒙冤

"优优，请问你把我的擦手油拿到哪里去了？"

中午，儿子非要我们外出吃饭，我得修饰一下自己，免得影响市容市貌。

我这么直截了当问他，因为相信是他拿的。最近他喜欢这么干。

"优优没拿。"他说。

"那它哪里去了呢？"我像是自言自语，其实是在进一步追问。

"它自己消失的！"坚定的语气里好像包含着"那就只能这么理解了"。

惊讶，好生惊讶，他的回答真够出彩，出彩之处就在于"消失"，而且还是"自己消失"的。我相信他还不懂这个词汇，但是用得并不错啊，又怎么能说他就不懂呢？

"是它自己消失的？"我再问一句，虽然"漫不经心"，实际并不相信。

但是需要等一等，我知道，需要等一等，心想给他一个心理缓冲，再请优优"帮助"我找找，看看它到底"自己消失"到哪里去了。

孩子懂孩子，真是没错。

我的话音未落，一转身已到书房门口，盟盟迎面而来，已把一管擦手油拿出来了。我问他是在哪儿找到的，原来被我压在一本展开的书下。再一看，还有一管。

不错，这个情形说明肯定不是优优干的，更不是他故意干的。

我知道主观主义不好，但我的确主观主义了。我在心中暗暗地自我批评：冤枉了优优，尽管他也许并不知道我冤枉了他。

（2016年11月13日）

爷爷喜欢"我们"

正在修改讲稿，优优要大便，还要来书房大便，目的性很强，说是要臭臭爷爷。说罢，自己把小马桶一放，拿起一本书蒙着脸。我怕他故技重演，连说书是看的，不能撕。他说优优已经长大，知道了。嘴里说着，手还指着封面像模像样地"念"了起来。

3岁半的孩子，当然是胡念。我教他主标题，他却指着下面的出版单位问我怎么念。我从左到右指着"人——民——出——版——社"教他。他呢，逆反，从右到左念成"爷——爷——喜——欢——我"。

由于故意犯错，憨憨的脸上挂着得意的笑。但是念到这里，也许心里觉得不对，因为还有盟盟呢，"爷爷喜欢我"这5个字表达不了家里的状况和心里的意思，于是——看那样子像是硬着头皮——在"我"的后面再用小手指重重地点一下，从嘴里补充一个"们"，也就变成了"爷——爷——喜——欢——我——们"。

　　这就对了。事实也是这样。我对着他那稚嫩的小脸蛋，端视良久，心里感慨，感到一向以公平的态度对待他们兄弟，现在已经有了收获。

（2016年11月17日）

爷爷的面条真好吃

　　昨天晚上我给盟盟和优优下面，一端上来，两个都说爷爷的面条真好吃啊！

　　今天晚上我还是下面，优优还是说"真好吃啊"，盟盟呢，则用行动表扬，不仅把自己的一碗狼吞虎咽了，还把优优剩的也给吃个一干二净。

　　这可是前所未有的表现。想知道我的秘诀吗？看在朋友的分上，我就放弃知识产权吧。

　　首先解密昨天的做法。先用清水下面，煮熟兼除碱，好了，捞上来晾到一边去。同时加工配料：先切胡萝卜丝，要细致，再用几根大葱，既做调味品，也当蔬菜用，一起下锅炒熟，放上一碗鸡汤，加工到半干不稀状态，再往面里一拌，得！

　　接着解密今天的做法。水面还是那么处理，但是配料不同。先把几个鸡蛋放到锅里煎熟，加水煮出蛋汤，顺手就地取材，来几根切成段状的大葱，放到鸡蛋锅里，再把一碗鸡汤放进去，煮成白白嫩嫩的高汤，接着下面。当然别忘了放盐。

　　开了，出锅，进碗，上桌，他们还是像昨天一样，就像吃到了世界上最美味可口的饭。当然，这本来就是世界上最美味可口的饭啊！

　　可别忘了，至少我是不能忘记的，还有最后一道附加程序：把这一切写成文字，既与友人分享，同时发给远在云南的太太瞧瞧，让她进一步体会体会，自己的先生不仅会做文章，还会做饭做菜，带给我们共同的盟盟和优优无限的福泽。

（2016 年 11 月 18 日）

高手过招

我昨晚从新疆回家，有些疲劳，于是一边泡脚一边游戏，放松放松自己。

优优来了，嗲嗲地说："爷爷，优优想玩游戏。"我说，"好啊，但是需要等我把这盘棋下完好吗？"

"好"，他说，他知道只能这么说；但是顺手拿出牙签让我剔牙，我一边谢谢他，一边欣赏他。

3 岁半多了，我想起需要教他点什么了，于是说："爷爷教你两句话，你跟我学会好吗？"他自然还是"好"。

我说天地玄黄，他也天地玄黄，但是发音不太准确；再来一句宇宙洪荒，好，发音准确多了，还是存在问题，没有关系，本来就是游戏。

我开始擦脚，他明知故问："爷爷你在做什么啊？""擦脚啊"，我实话实说，但侧过头来看看他，知道他的关心是别有用心，于是语带双关地说："自己的事情自己做，不然很可耻。"这是我一贯向他和他们强调的。

他马上接过话茬说"优优还小"。我笑着看他，看他笑着，也在理解，认真地理解他是怎么就知道我在引导他，不仅听出了弦外之音，而且知道怎样有意识地化解我的引导。

奶奶正在看电视，我走来告诉她，也是让她一起分享这场"智斗"。哪知道她比我更了解优优，说别人请他帮忙的时候，他就会说"自己的事情自己做"。

我忍不住笑骂："屁点大孩子也会以子之矛陷子之盾。"同时感叹，与这类小屁孩在一起，也是的的确确需要好好学习天天向上的。不然，不然会怎么样？"有志不在年高，无志虚长百岁"，没有忘记这样的民间谚语吧？

（2016 年 12 月 4 日）

我才不打人呢

今天回校上课,来回站得多坐得少,有点累,晚上盟盟上课奶奶去送,优优留在家里由我带。

我用《巧虎》安抚他,自己抓紧浏览新闻。优优回过头来问我在看什么,我说新闻。他说不是新闻,大概觉得我在看图片。

我就指给他看,那是一帮某地的中学生,赤膊上阵打群架。我说这就是新闻,并表现得义愤填膺,说:"打架是不对的。"当然接着利导:"我们优优绝不能跟别人打架。"

可别小看这么几句话,其实我是在向他强力灌输一种价值观、是非观、对错观,从效果着想,一定要让他有所触动才行。

他的确受到了触动,小心谨慎地对我说:"优优不是这样的孩子,优优才不打人呢!"很好,爷爷要的就是这个效果。

当然,这样的效果只是涓涓流水中的一滴。只是我懂得,再大再小的水流,都是由这样的一滴一滴汇集起来的。

(2016年12月5日)

跆拳道精神与数学

幼儿园要孩子们讲故事,很好,应该,但是限制题材,必须讲数学故事,这就有点为难了:临时到哪儿去找数学故事呢?没有,只好自己编。怎么编,不能瞎编,一定要从盟盟的生活中取材,那样才有意义。

他目前正在学习跆拳道,那就给他编一个《跆拳道精神与数学》的故事吧——

小朋友们,今天我给大家讲一讲《跆拳道精神与数学》的故事。

我们生活的这个世界到处都有数学,比如我目前正在学习的跆拳道和跆拳道精神里面就有数学。

跆拳道精神就是"礼义廉耻、忍耐克己、百折不屈、临战不惧",一共16个字。它是这么得出来的:"礼义廉耻"是4个字,"忍耐克己"还是4个字,加在一起就是8个字;"百折不屈"又是4个字,"临战不惧"还是4个字,加起来当然还是8个字;最后再把两个"8"加在一起,也就是16了。这就是跆拳道精神的字数,一共16个字。

现在,我再把跆拳道精神的16个字连起来重复一遍:礼义廉耻、忍耐克己、百折不屈、临战不惧。它的意思就是叫我们讲礼貌,知羞耻,有耐性,能克制,不屈服,要勇敢。

谢谢大家!

这个故事剧本还行吧。当然,不管行与不行,也都是它了。

（2016年12月8日）

优优哭得有文化

盟盟的幼儿园里至少有3个姓管的小朋友,我家已经两个,据盟盟回来说,大二班里还有一个"管亦涵",也是一个男孩。这本是很平常的事情,没有想到这个名字却在我们家里引发一阵风波。

就是前天吧,盟盟和优优做游戏,闹了矛盾,盟盟生气地对着优优说:"你不是我们家的管德好,你是管亦涵!""管德好"是优优的学名。这种话是孩子的气话,也不过戏言而已,根本没有什么大不了,按说听听也就罢了,完全不必当作一回事。

可是优优不干了。不干了又能怎么办,哭!哭是小孩子最好的武器,当然也是他诉说委屈的特殊方式。我听到了哭声,自然要介入情况,问明原委,一边假惺惺地批评盟盟说得不对——本来就不对,一边安慰优优:"优优就是我们家的管德好,管德好就是优优!管亦涵不是我们家的。"

优优没有破涕为笑,但是不哭了。他不哭了,我却想起点什么,而且越想越觉得还真的需要好好想想的。想什么?哭声只是一种现象,其本质是很有讲究的,因为这个哭声不是动物的叫或者嚎,而是人类的哭声。人类的哭声表达的是人的感情，人类的感情，不管喜怒哀乐，无不具有文化的含量与张力。

就像优优的哭，实际是申诉委屈：因为在他心里，我姓管，就是管家的人啊，虽然说不清楚，肯定反映一种家族认同，精神皈依，这其实就是中国人的信仰。如此想来，优优的委屈好有道理，优优的哭好有文化啊！

（2016 年 12 月 25 日）

2017年

（盟盟 7 岁，优优 4 岁）

祖孙天伦

昨晚睡得真香

儿子出差在外，媳妇住在城里，我晚上小区开会，而且开到 9 点多钟。到家一看，床上空空的。人都去哪儿啦？找到了儿子房间，一看，奶奶带着盟盟和优优已经睡了。只是优优还没睡实，嗲嗲地喊一声"爷爷"。我摸摸他，安抚他睡着。

回到自己的房间，看着硕大的空荡荡的床，想把盟盟或者优优抱来一个陪我，但是终于没有抱起，就让他们睡吧！他们似乎更愿意和奶奶一起睡。但我也确实不想工作了，一个人坐到床上，看看微信，写写点评，消遣到 11 点，睡下，一个人静悄悄地睡下。

"你还不起来吗？"这是早上奶奶的声音，我被催醒了，一看 7 点多钟。我说"睡得真香啊！""你不是 8 点钟去一个单位指导工作吗？"我说"是啊，但是 9 点半来车"。原来她把时间搞错了。

我还是起来了，但是非常留恋过去的一夜，竟然睡得那么香，连梦都没有做一个，这可是多年来少有的。真想对盟盟和优优说：你们知道吧，当我放下你们的时候，是多么轻松啊！但是你们又是我无论如何都放不下的。

（2017 年 1 月 5 日）

人是需要教养的

盟盟和优优，现在我来讲故事了。昨天晚上，我看了一篇微信文章，叫作《你说话的方式毁了你的优势》。但看题目，不能说没有道理，于是进一步阅读，想吸取一点营养，提高一点素养，加深一点修养，谁知一看却大失所望。

故事是说一个文创企业老板带了一个年轻女职员参加一次活动，准备吃饭时，大家乘机交流创业心得，而女职员却低头玩起手机。老板对她说："你就不能不玩手机吗?"声音大了一点，大到文章的作者都听见了。女职员红脸反问："怎么了，饭不是还没来吗?"老板更生气了，说"要再玩手机你就出去"。后来，该女职员在洗手间碰到了文章作者，说拿了年终奖就辞职，不伺候这个烂人。下面就是作者的分析议论，基本是对老板的否定。

要我说，老板的说话方式固然欠妥，但是分析起来可能不会那么简单。该文作者如果不是想通过这个议论为自己做某种辩护，那就一定是个不会思考与分析问题的人。其实这个问题的重点不在老板而在女职员，在于女职员太缺乏教养了，以致既毁了自己的形象，还毁了老板的形象。

首先，人必须学会尊重别人，这是基本教养。这个女职员一看就是一个不肯学习、不思进取的人。大家饭前可是在交流创业经验啊，这是多么难能可贵的机会，她竟然玩手机等饭，真是一个吃货。再说，大家口吐莲花，你却旁若无人，就算老板不训你，别人又会怎么看你。你把别人不当一回事，你不可能赢得别人的高看。

其次，人必须学会知趣，这也是基本教养。一个领导在众人面前无情面地训斥部下是严重失礼，但是这个结果的前面应该是有具体原因铺垫的，但是"原因"没能在该停止的时候停止，"结果"也就只能在不该发生的时候发生，因为她的行为在反衬企业员工素质不高，进而反衬企业素质不高，以致老板不得不发火。须知，人不知趣，只有"脾气"才能生效。

最后，人必须学会感恩，这还是基本教养。以我分析，这个女职员是不会辞职的。老板之所以能够在众人面前以直言快语训斥她，说明在此之前他们各自都不止一次地领教了对方。这次也是老板忍无可忍，她却忍气吞声。她在私底下发表的辞职宣言只不过是自我圆场而已。即便辞职，不能改变自己，故事还会重演的。其实她还真应该感谢老板对她的容忍。

人啊人，怎能没有基本的教养呢！你们今后是需要重视这一点的。这就是我今天讲这个故事的目的。当然，这个故事是提前若干年讲了，但我相信，你们总有一天会看到还会看懂这个故事的。

（2017年1月5日）

让盟盟做字典

现在还是过年的假期，教育盟盟也是一个黄金期。一年前他已经背会许多诗词和经典，后因我忙于工作中断很长时间，加上重点转向数学与《十万个为什么》，他原来背会的许多东西淡忘了。

过去没有经验，现在有了教训：一时背会的东西并不等于永远记住了。于是利用这个假期，一面增加存量，一面温故知新。实现这样的目标需要不同的方法，其中一法就是让他成为我的字典。

我在研究《三字经》的教育思想，需要引用《大学》里的"三纲"，我假装记不得了，高声喊来还在客厅里的盟盟，"虚心"地向他请教："《大学》三纲怎么讲的啊？""大学之道，在明明德，在亲民，在止于至善。"他说得那么自然，自然得像流水一般地出来了。

我谢谢他，感叹"盟盟真是我的字典啊"！"什么叫字典啊？"他的提问让我想起还真没有教过他"字典"。我想说就是字的标准，但觉得不够形象，也就改说："就是不说话的老师。"这个他会懂一些，也就没有再提问。

我继续做我的工作，他继续玩他的去了。但我相信，被我请教，在他心里一定增加成就感和优越感。我不小看这种感觉，相信它是进一步提高盟盟知识存量的重要心理。

（2017年2月4日）

不行，行

　　一看标题就是自相矛盾，别以为是我愚蠢，有时在处理生活中的具体矛盾时就得这样，否则就会出现尖锐对立状态——这种局面总是不太好嘛——今天我就是这么处理和盟盟的矛盾的，效果还算不错。

　　假期太长，心放野了，盟盟晚上要去上英语课，走出家门时心情不是特别高兴。门口放着几袋垃圾，我把最重的拎在手里，剩下的两袋请他拎。要是平时没有问题，今天他不乐意了，我说不行，该你做的必须做。同时我又试了试，不重，对他说："盟盟，重的在爷爷手里，这两袋都不重，是你力所能及的——就是你的能力能够做到的。"我顺便把这个成语解释一下。

　　他知道，拒绝不会成功，于是拎着一袋就走。我说还有一袋，他说先扔一袋。我知道他一方面心存侥幸，一方面也是自我转弯，虽然强制也能解决问题，毕竟不是最好方法，所以我要暂且妥协一下，也算给他一个台阶，说："行，既然你愿意这么做，那你就再来一趟吧！"

　　到了垃圾桶边，我看着他把手里的袋子扔了进去，对他说"还有一袋，既然你喜欢分两次，那就再去拎一次吧"。他只得返回，也就多走了三四十米的路。他当然知道得不偿失，但我清楚，这是必须给他的教训，否则还有下次。

　　垃圾问题解决了，我们一起向前走，我拉起他的小手，向他由衷地抒情："盟盟，宝贝，你知道爷爷是多么爱你和优优吗？你们在我的心里就像大山那么重。爷爷其实并不想让你做事，但是爷爷懂得必须让你做事。不会做事就没有本事，做事就要从小做起，从小事做起。"

　　他当然懂得这些道理，渐渐地，不满情绪烟消云散了，小脸蛋还泛着红晕。这时，我进一步联系他所学过的《孟子·告子》里的名段，说孟子说的"'劳其筋骨'就是参加体力劳动，你刚才的劳动就是'劳其筋骨'"。

　　这段名言他早就背得滚瓜烂熟，但是闲着也是闲着，当然也是为了调节气氛，我就给他背诵。刚刚背完"天将降大任于是人也……"一句，就听他斩钉截铁地纠正我："不对，是'故天将降大任于是人也！'"

199

啊，是的，是的，我在平时的确不大使用那个"故"字，但我教给他的可是原本原文原汁原味。现在他终于在我这里扳回一局，我心窃喜。他呢，我想一定暗暗得意吧。宝贝：得意吧，应该的！

（2017年2月7日）

"我要当警察！"

盟盟读过英语要玩游戏，还要坐在我的身上玩。为了奖励，我就不得不接受他的压迫，这也是一种当牛做马吧。优优也来了，而且拿着枪来了——枪还是双管的——向我大喝一声："不准动！"

我闻声假装很乖很乖的，不动，让他有点成就感。我当然知道这个动作是表现了他的某种心理，我正想寻找一个确定的概念加以表达，他却很认真地对我说："爷爷，我要当警察！"

原来是英雄崇拜啊！我知道，孩子吗，都有这种情结的，也就顺势对他说："好啊，但要先读书，有了文化才行！"当然这话反映的却是我的读书崇拜情结。

他呢？淡定、天真而又认真地说："好吧。"算是对我的回答；但又悻悻地补充了一句："我的枪是假的。""没事，做了警察人家就会给你发真枪的。"我及时地抚慰他。

"可是我的衣服也是假的。"看那样子颇感失落，说罢，还不忘专门扯扯自己的衣服给我看看——那可真的不是警察的衣服，而是小小人民群众的便装。

"没有关系，做了真警察，人家也会给你发衣服的。"我进一步开导并安慰他；当然不忘重复前面的话，"当警察要有文化，不然人家不要你的。"

他又"好吧"，这是他答应或承诺一件事情的特殊方式，我们都很喜欢他的这种方式。看他现在这个样子啊，用《红楼梦》的话说，真是"怪可怜见儿的"。

说完这句后，他就静静地拐到我的左边，看着盟盟玩电脑游戏。当警察的问题也就丢到脑后了吧。这时，小哥俩才你一言我一语地讨论游戏情节，虽然相差两岁多，却是那么具有共同的"事业"和共同的语言。

（2017年2月8日）

立体施教

我们家人似乎多不以数理见长，于是对盟盟尽量早点强化数学启蒙，目的不是让他今后去做什么数学专家，而是主动加长那块短板，希望他在正式上学时不要落得太后。

既然教育，就要讲究教育效益。教育的效益既有平面的，也有立体的。立体教育就是围绕一个知识点从不同的角度和不同的层次展开，使受教者最大化地获得相关信息。今天我在盟盟这里自觉尝试了一把。

盟盟已经有了最简单的加减知识了，还要给他增加一点长度概念，但要努力避免机械背诵，于是想了一招：取出一把尺子，说它的长度就是"1尺"；同时指着里面的一个小格子，说这就是"1寸"；再数数看，里面共有10个小格，这就叫"1尺等于10寸"，并且写到白板上。

接着再写出一个成语："尺有所短，寸有所长。"他已经完全认识这些字，为了让他理解意思，我先让他量一面墙，尺子当然短了，我说这就叫"尺有所短"——虽然它比寸长，也有量不了的东西，如果要量这面墙，就需要更长的米尺；再看看里面的"寸"，短归短，也有自己的长度啊，这就叫"寸有所长"。我知道，这的确有点相对主义的哲学味道。

当然我还要进一步阐发其中的道德思想：尺有所短的意思就是一个再优秀的人也有不足。他问我"什么是'不足'"，我说"就是短处，所以我们要向有长处的人学习"。接着说，"相反，一个再不优秀的人也有长处，就是优点。"这可真的就是相对主义了。

所以——这才是我的重点所在：我们即使自己再优秀，也不能骄傲；别人再有缺点，也要努力看到人家的长处，并向人家学习，这样才能使自己变得更加优秀。

（2017年2月9日）

我们不是坏人

妈妈刚从外地回来，盟盟和优优也从午觉里醒来。水喝了，水果也吃了，盟盟开始"发疯"，厅上厅下舞刀弄枪，连拖鞋也都踢到空中。笑着，闹着，忽然拿着一把枪，对准妈妈和优优，大喝一声"不许动"。妈妈假装举起手，优优却镇定自如慢条斯理地说："盟盟，我们不是坏人。"

哦，原来你们不是坏人啊，盟盟当然知道，嘴里没说，但是似乎领会了这句话的另样含义，马上刀枪入库，结束战争，开始了另一个游戏。

妈妈用语言高兴地向奶奶再现了刚才的场景，却被我在书房里听到，悄悄地用文字记录。同时也想，基于共同的是非观，进行即时的、善意的提醒，再给以恰当的表达，是会产生意想不到的力量的。优优的话就发挥了这样的作用。

（2017年2月9日）

自己穿

上午是盟盟的英语课，奶奶参加同事会，爸爸妈妈各有各的事，优优怎么办呢？真没想到，这个时候我是这么重要，重要得不可缺少。

妈妈把我们送到英语培训班旁边就走了，我们早到将近半个小时，盟盟读了一会儿书，老师让他玩电脑。游乐场没有开门，我和优优一起闲混一阵。

终于开门了，优优就像来到最快乐的地方，9块硬币不到10分钟就被游戏机吞了。还想投下最后一枚，我告诉他，钱不够，投了也是白投。他懂了，捏着硬币恋恋不舍地转到更大的连环活动场区。

以前是办了卡的，妈妈没来，爸爸也没来，忘记了卡号，给妈妈打电话，提示音竟说是短信呼。怎么办？直接付现吧，一问要50元。哇，真是抢钱司令啊！也就还有一个小时吧，竟然要这么高的价钱。

祖孙天伦

我不服气，于是对优优说："爷爷身上没带那么多钱，换个地方玩玩别的好吧？"优优当然知道没钱的无可奈何，没有反对。那就穿鞋走路吧！没有想到他的鞋子比什么时候都难穿。

我在旁边观察，心里恨不得立即帮他穿好走路，但忍住没有帮他，同时分析，平时穿鞋从来没有障碍的啊，怎么现在就是穿不进去了呢？苦巴巴，泪汪汪，还非要我帮忙。说到底，还不就是游戏在心里闹鬼。

我于是对他说："天天都是自己穿，怎么今天就非要爷爷帮忙呢？"他只得继续穿，但把搭扣带子扯出来了，这是纯属多余的动作。我就假装不知他在撒气。这只终于穿好了，另一只呢，还是这么磨蹭着，但到底还是穿周正了。

走，迎接盟盟去！优优高兴起来了。趁他高兴，我再一次向他重申："自己能做的事情自己做，这叫光荣。就像刚才，自己穿鞋子就很光荣啊。"

（2017年2月18日）

盟盟的"家"

盟盟下课，我们爷仨一起回家。进门后，我就忙着做午饭，用看电脑安抚他们。餐事完毕，走出厨房招呼他们吃饭，意外发现盟盟搭起一个立体正方形。不是用积木，而是用家里铺地的塑料垫子搭起来的。

难度并不大，但是需要想象力，所以我很诧异，也更加高兴，一边纠正他的偏差，一边告诉他这就是立体正方形。我知道他还不懂这个，但知道灌输一点概念的长远意义，于是对他说："立体正方形，就是长宽高都一样的物体。"

饭后，见他高兴，我进一步鼓励并启发："你还可以把这个拆开，再搭一个立体长方形的。"平面几何图形他早就认识的。说罢，我把他的立体正方形拆开，重新拼接；他马上就懂，连说"爷爷，爷爷，我来搭"。我就适可而止，由他做去，只是给他做做小工，打打下手，找来余下的几块垫子帮忙。

我正在网上潇洒，听见盟盟兴奋地喊："爷爷，我有自己的家了！"我赶忙走出书房，一看，好家伙，已经拼起来两米多长的立体长方形，还从床上搬来了被子，更有趣的是里面有一盏台灯，还把优优也忽悠进来一起分享，一起热火朝天地乐。

我静静地欣赏了几秒钟，足足想了十几分钟，随手记下今天的这则故事。因为它让我得到一个新的认识：家是社会最微小的单位，人人都是从家里走出来的，人人都需要有个属于自己的家，哪怕懵懂少儿，在潜意识里都希望能够拥有一个自己的家。

（2017年2月18日）

形象化教诗

诗歌是重要的文学形式，也是重要的审美对象。中国曾被称为诗歌的国度，所以诗歌是中国文化的重要部分，但凡儿童文化启蒙，几乎没有忽略诗歌的。可是怎么教，却大有讲究。不管怎么讲究，形象化总是老少咸宜的良方。在诗歌教育中，完全形象化不可能，尽量形象化总是应该的。

前天晚上，盟盟和优优"争吵"，使我想起曹丕与曹植兄弟，也就想起著名的《七步诗》。盟盟其实有点累了，我还是及时调整计划，增加了这个内容。

我请盟盟先在地下行走7步，盟盟马上就说"又要教我诗了"，我没直接回答，而是说："我给你讲一个《七步诗》的故事好吧？"一听讲故事，盟盟的兴趣来了，也就愉快地照做。

先走7步，让他对于时间有个概念，接着我把关于该诗的故事当作背景介绍，引出曹植在情急之下当场写出的《七步诗》："煮豆燃豆萁，豆在釜中泣。本是同根生，相煎何太急？"这当然不好懂，需要慢慢解释，再说这也是语文训练啊，值得！前面不可跳越，重点放在后面。

"本是同根生"，就是原本是从同一个根上长出来的，这个理解不费大力；再用相互折磨、相互伤害比喻"相煎"，同时进一步解释"何太急"，就是何必那么厉害呢。我的用意他能理解，效果不错，当晚就记个七成熟。我又把它写到白板上，复习了几次他也就能够记住了。

昨天晚上进一步复习学过的诗，偶尔翻到杜甫的《前出塞》，五言八句，长了一点，但是形象密集连串，觉得容易教，利用他泡脚的机会，先做几个不同的动作。

第一个动作，一边弯弓一边问他："射过箭吧？"他射过，那是玩具箭，但那也是射箭啊。我马上解释：箭要射得远，弓就必须硬，硬弓又叫"强弓"，使用强弓，就叫作"挽弓当挽强"。

强弓要配长箭——我接着讲：箭短搭不上弓，射不出去，即使射出去，也射不远的；就地取材，顺手拿起桌上的一支圆珠笔比画。见他基本领会了意思，也就抛出第二句："用箭当用长"。

再做一个箭头向下的手势，继续问"这是什么？"他已在语境中，自然准确地说出"射箭"。"对，我在射马。"他一听"射马"，完全懂得并且抢着回答射马的意义。时机已经成熟，我就揭开谜底：这就叫"射人先射马"。

对"擒贼先擒王"一句，首先解释"擒"，做一个擒拿动作也就清楚了；接着指出"贼"就是强盗土匪小偷，并进一步讲明白大贼与小贼的关系，"擒贼先擒王"的道理也就不言而喻了。

到此为止，4句当场基本背下。经验再次证明形象教育的有效性。剩下的"杀人亦有限，列国自有疆。苟能制侵陵，岂在多杀伤"，简单讲讲意思，能记多少算多少，下面带着念念也就会了。

（2017年2月19日）

两人的脚都要闻

论体格，盟盟像妈妈，优优像爸爸。体形决定脚形，各自的两个小脚也就各有特色，煞是可爱。

他们更小的时候，我每次帮他们洗漱完，都要情不自禁地亲亲他们的小脸蛋，发出"香、香、香"的赞美，那也真是香喷喷的；也会亲亲小脚，故意说出"臭、臭、臭"，其实一点也不臭。他们也知道，这是爷爷对他们的爱怜，所以每次不管听到"香"和"臭"，都会报以咯咯咯的笑。

他们一天天地长大了，性格的独立性与叛逆性也都越来越强，兄弟的矛盾与冲突也就多了起来。开始有些担心，慢慢也就理解了，人其实就在彼此接触中不断产生矛盾与冲突，又在不断地解决矛盾与冲突中相互了解、相互适应，彼此走近以至亲密的。兄弟之间何尝不是这样呢。

但是，作为长辈，对待他们的教育则需要远见与智慧。远见嘛，就是要着眼于他们的未来，哪怕处理现实的每一个小事，也要尽量考虑到长久的影响。至于智慧，就是要通过积累信任、友爱与亲情，形成更大的感情公约数，以使矛盾最小化，亲情最大化。

出于这样的考虑，只要兄弟两人在场，无论是说话还是行动，都要兼顾到他们彼此的感受。就像刚才，吻过了盟盟，来吻优优；闻过了盟盟的左脚，再闻一下右脚；还要一边闻一边说着"臭、臭、臭"。转过身来，同样的动作、同样的语言，再表演一遍。盟盟笑，优优跟着笑；优优笑，盟盟也是咯咯咯地"疯"。

（2017年2月20日）

终于轻松地睡去

我下午4点钟要去大四班开家长会，奶奶同去，先接走盟盟和优优，回家做饭；等我散会回家，奶奶出门，我从半路接回优优，奶奶独自送盟盟上课去。太冷了，我就在家一边吃饭一边陪着优优。

吃过了，优优要玩电脑，我允许他玩半个小时。他忽然要大便，也学盟盟把马桶搬到书房椅子上解决问题。时间到，我帮他倒掉大便，再把他抱在怀里玩一会儿。

正在给优优讲故事，忽然听见外面下起大雨，我就为难了，给奶奶和盟盟送伞吧，优优一个人在家；不送吧，雨又那么大，没办法，给奶奶打电话，商定我先哄优优睡觉，再去接他们。等了10分钟，我估计优优可能睡着了，于是走进房间拿伞，没有想到他还醒着。就和他商量，让他一个人先在家睡觉，我去接到盟盟他们就回来。

他很懂事，同意了，但要开大灯，我把休闲厅里的灯开着，赶快拿起3把伞，锁上门就出去了。胜太桥上接到了奶奶和盟盟，一人一伞快步回家，快到门口，猜想优优应该睡着了吧？但一看不对，怎么房间里的大灯也开着啊？开了门，迫不及待地进来一看，我们可怜的优优还醒着。

想起这段时间他一定很恐惧，内心好生的不忍，又好生的爱怜，轻轻地吻他，他终于知足而放松地睡去……

（2017年2月20日）

搞清东西南北

对于一些人来说，搞清东西南北是再简单不过的事情，但是对于另一些人来说搞清这个问题还真不容易，我在盟盟这里就遇到了这个麻烦。

盟盟大约两岁时，我就开始对他进行方位识别训练，效果很好，我以为这个问题永远地解决了；但是不知怎么搞的，到他5岁多时，反倒常犯糊涂，而且每次纠正了却又总是记不住，我很烦恼，到底怎么解决这个难题呢？我可是煞费苦心。

我终于想出一法，决定试试看：在休闲厅里，把他叫过来，请他带来彩色笔，让他站在一块地砖上不动，我就先在东边的一块砖上写下一个"东"，告诉他"这块砖就是东方"；接下来写"西"，写"南"，写"北"，并一一告诉他方位名称。

他一看写字，很兴奋地抢过我的笔要自己写，我顺势把笔交给他——也是将计就计，让他写，好在他已经有了初步的书写基础，所以不费什么事就写好了东西南北。有了文字基础，接着辨识实际方位，一边训练一边考问，"奇迹"出现了，他不但清楚各个方位，而且每次都不出错，我终于松了一口气。

我再进一步告诉他所站的那块砖就是"中"，合起来就是"东西南北中"。四方是基本方位，需要形成整体概念，于是再从两个方面强化。首先是"东西南北"，指出它们是两组相对概念，就是互相反对的方向；其次是顺时针的次序，那就叫"东南西北"。两天了，无论是在家里还是外面，他次次考试都是满分。

完成了吗？没有，还有"四面八方""天地六合"等基础性知识需要灌输；有了这些之后，再和他学过的"天地玄黄、宇宙洪荒"相贯通。因为"宇"就是天地四方的空间概念。当然还会顺便交代一下"宙"就是古往今来时间概念。

我绝不小看这些基础概念，相反，我深信越是基础的越是高端的，越是长远的。

（2017年2月26日）

"你是哪个班的？"

"你是哪个班的？"是一句再平常不过的发问句。但是再平常不过的语言如果被放到特定的语言环境中，由特殊的角色加以表达，往往能够产生意想不到的喜剧效果。今天，优优就做了一个很好的证明。

下午，我和他们的爸爸进城办事，完结后，在绿柳居等候奶奶带着盟盟和优优前来用餐，他们顺风顺水地到达、吃饱、回家。地铁上，盟盟被奶奶用手机游戏安抚得老老实实，一路无话。人多拥挤，我把优优抱在腿上坐着，默默地享受他给我的快乐。

他要喝水，这是没事找事，但是无可非议，不得不依；再说也许真的渴了，因为刚刚吃过饭啊。他喝过了，却把保温杯拿在手里，想打发乘车的无聊，要撕下商标，被奶奶制止，他一时没有"工作"了，很难受，自然要努力寻找重新上岗机会。

终于找到了合适的"工作"：把手里的保温杯不停地触碰到旁边一位白白净净还算丰腴美好的阿姨的电脑包上。我提醒"不要挑衅"。他的确没有明显挑衅。但是总能把碰触的动作做到让人有感却无从动怒的程度。看样子阿姨是位妈妈了，慈爱地朝他笑笑——那笑是真诚的，自然的，轻轻的，不断的。

似乎受到了鼓励，优优胆子越发大了起来，竟然问起那位阿姨："你是哪个班的？"阿姨一愣，不知道怎么作答；我们也跟着一怔，没有想到，但是彼此瞬间会意，一起情不自禁地笑了起来。尽管他是后脑勺对着我，我还是能够看到他脸上开心的红晕，于是对他的精彩展开点评，当然也是兼给阿姨做个解释——

孩子有孩子的世界。他的世界就是家庭和幼儿园。在他的想象中，所有的人都被分别编在不同的班里。在他的心里，阿姨应该是哪个班里的老师，他所问的应该属于这个意思。可是太出乎意料，所以显得格外有趣，这就是儿童世界的精彩啊！

（2017年3月10日）

"爷爷，你出名啦！"

我正在辅导盟盟做幼小衔接作业，隔壁邻居敲门进来，给我送来了几份邮件，其中有两份报纸，报纸上有我发表的两篇文章。我粗粗浏览了一遍，扔在一边，继续功课。

功课间歇，拿起两份报纸，既是打发无聊，也想以此对盟盟发挥某种引导作用，于是招呼他来看看。他问看什么，我说来看就知道了。他来了，我没有说话，只是用手指着报纸上《宿州随想》一文下面的署名。他马上认出了我的名字。

我不惊讶，因为他已经认了不少字；可是他却指着我的名字一声惊呼："爷爷，你出名啦！"那个少有的表情却让我惊讶不已，问他"怎么知道'出名'的"？因为在我的印象中，从来没有跟他讲过什么出名不出名的事情，他没有马上回答我，我就继续努力搜寻记忆，试图想出究竟在哪里向他灌输过这个概念，但是怎么也想不起来——我的确没有向他讲过这类概念呀。

我又拿出另一份报纸，再指给他看我《有感蒋廷黻治史》一文的署名，他这次已经没有那么惊讶了，但是读起标题来了，"廷黻"肯定不认识，我把"蒋廷黻"读了一遍给他听，没想要他记住；他却认出了"治史"两个字，他意思不可能懂的，也没向我提问，我还是顺便告诉他就是研究历史的意思。

晚饭前，我进房催促他进餐，他仍然没有失去好奇心，我再问他是从哪里知道"出名"一词的，他说"光头强"里说的。我知道这个动画片，但是名字肯定不是这样的，再问他电视剧的名字，他马上说出《熊出没……》,哇,一串名字朗朗上口。哎,看来动画片作为一种教育环境,其潜移默化的影响力也是不可小觑!

(2017年3月12日)

手抓饭

我说的手抓饭,可不是在说新疆人、更不是其他国家人的生活习俗,而是要说今天晚上发生在家里的故事。

盟盟晚上有课,为赶时间,奶奶按照盟盟的要求下面条,同时给优优和我做鸡蛋炒饭。优优最近吃饭有些困难了,现在就是玩耍式的吃着,进展不快,吃着吃着,竟然把饭给打翻了,碗也打碎了。这倒不是故意的。

我一边批评优优不好好吃饭,一边安慰他不用担心碗被打碎的事情,但是惩罚还是有的:宣布今晚不再给他吃饭。我正准备清理,一看饭大多堆在椅子上,实在心疼,更不忍心扔掉,正好刚才洗过手,于是用手捧起就吃,直吃到丢下最底下的一层为止。

这个行为肯定是他们从来没有见过的一幕。我说你们知道粮食是多么宝贵吗?"粒粒皆辛苦"——李绅的《悯农》盟盟是会背诵的——就是说每一粒粮食都是来之不易的。说罢,我又念叨:"一粥一饭,当思来之不易,半丝半缕,恒念物力维艰。"这是《朱伯庐治家格言》里的名句,也是生活的真理,我没有教过他们,现在念念,给个初步印象,适当时再教他们认识文字也就不难了。

当然没有完,我继续说:刚才锅里的饭我特地少盛一些,想给优优多一点,结果还给打翻了。盟盟和优优,你们现在肯定不懂爷爷的心,爷爷也不要求你们懂,但是等到我死了以后,你们就会慢慢懂得的。

盟盟听到这里,连说:"爷爷,我懂你的心。"我看看他,爱怜地看看他,知道他说的也是真心话,但是真正的理解恐怕还是需要时间和经历;相信,他们的人生越到后来,肯定会越加懂得我的内心世界。那时,我不管是在人间还是天国,都是欣慰的。

(2017年3月14日)

阅读《小饼干的大道理》

还是前天晚上，我要给盟盟寻找故事，翻开一堆绘本，发现一本美国的艾米·罗森塔尔专为儿童写的《小饼干的大道理》，由美国的简·戴尔绘图，很有特色，我很喜欢，相信盟盟也会喜欢。

该书最大的特色是图文并茂，图胜于文，适合孩子。全书内容分为合作、耐心、自豪、谦虚、尊敬、值得信任、公平、不公平、关爱、贪心、慷慨、悲观、乐观、懂礼貌、诚实、勇气、嫉妒、忠诚、勇敢尝试、后悔、满足、智慧等22篇，这些篇目都是主题词，每个主题词的后面总是缀上"的意思是"4个字，如"合作的意思是"等，属于题解式的风格。

它的另一个特色就是从孩子的角度解释得通俗而又精彩。每一个词汇都是深邃的，但它总是能够给以适合幼童理解的解释，还能万变不离其宗地和饼干紧密联系。以"合作"一题为例，其解释就是"我来搅拌面粉，你们来加工巧克力豆"，这是多么好的解释啊，这是多么好的德育啊，这是多么好的……不仅如此，后面还跟上一个"好不好"的发问，就更加平等而发人深省，极富引导性，再配上形象绘图，对于启迪孩子的心智真是妙不可言啊！

快到睡觉的时候了，我还是在15分钟内把全书给他快速地讲了一遍；见他听得入神，关键的地方放慢速度，同时让他看看文字。相信他喜欢，但是他需要睡觉，所以我不和他讨论。第二天早上，我们一起紧张：他要上幼儿园，我要赶火车，早餐时，只见他一边吃着包子，一边非常投入地重温前天晚上的书——他是认识大部分文字的，我有一种无比快乐的感觉，感到书中的思想已经悄悄地进入他的心灵，但愿能够长期驻守。

（2017年3月14日）

再谈《小饼干的大道理》

昨天，我以《阅读〈小饼干的大道理〉》为题，记录了教盟盟阅读该书的情形，今天再翻翻，不仅更加觉得这本书好，还进一步觉得该书比较全面地反映了西方世界的社会伦理观、道德观与价值观，与我们的教育理念并无冲突，语言浅显易懂，却生动活泼，童趣十足，而且深蕴微言大义，对于现在盟盟和优优有教育意义，等到他们将来成人了，也是值得反复学习思考的。

我把该书当作经典看待，但是经典也会丢失，为了更好地珍藏该书的基本思想，我把总共22篇的主要文字语言抄录于下，使之永久家传。每句文中的序号与冒号是我加的。

1. 合作的意思是：我来搅拌面粉，你们来加巧克力豆，好不好？

2. 耐心的意思是：等啊等，一直等到饼干烤得喷喷香。再等几分钟。我可是乖乖地等着呢，对不对？还得等一会儿。

3. 自豪的意思是：下巴抬得高高的，我就是喜欢自己亲手烤出来的饼干。

4. 谦虚的意思是：即使你知道自己做的饼干最好吃，也不到处跟别人炫耀。

5. 尊敬的意思是：饼干烤好了，第一块先给奶奶尝尝。

6. 值得信任的意思是：要是你要我帮忙拿一下饼干，那么等你回来的时候，那块饼干保证还在我的手里。

7. 公平的意思是：你吃一口，我也吃一口！你吃一大口，我也吃一大口！

8. 不公平的意思是：只给你吃一口，剩下的我全吃光。

9. 关爱的意思是：没关系，别伤心，我的饼干分给你吃。

10. 贪心的意思是：一个人把所有的饼干统统吃光。

11. 慷慨的意思是：把饼干拿出来跟大伙儿一起分享。

12. 悲观的意思是：真糟糕——我的饼干只剩下一半了！

13. 乐观的意思是：太棒了——我的饼干还有一半呢！

14. 懂礼貌的意思是：不好意思，请你把饼干递过来好吗？谢谢！

15. 诚实的意思是：我跟你们说件事：其实，饼干不是蝴蝶拿的，是我拿的。

16. 勇气的意思是承认是我拿走了饼干，真的很不容易。我深深吸了一口气……终于说了出来。

17. 嫉妒的意思是：我忍不住瞄了一眼你的饼干——它看上去比我的好吃多了。唉，要是这块饼干不是你的，而是我的，该有多好呀！

18. 忠诚的意思是：你的饼干小，新来的孩子的饼干大。可是我还是要跟你一起玩儿，因为你是我最好最好的朋友。

19. 勇敢尝试的意思是：我还没见过这样的饼干呢，可是……嗯……好吧，我就吃吃看。

20. 后悔的意思是：我真的不该一下子吃了那么多饼干。

21. 满足的意思是：我们坐在台阶上，只有你、我和几块小饼干。

22. 智慧的意思是：我原先以为做饼干，我什么都懂。可是现在才明白，其实我会的只有丁丁小的巧克力豆那么点儿。

抄完这些，我真想充分地说说自己的感想，但是想想不说更好，相信他们会慢慢体会总结的。

（2017年3月15日）

优优的耻感

前天，我发现家里多了一颗黄色对孔的塑料珠子，有小玻璃球那么大，我立即警惕起来，马上询问盟盟，与他无关，我松了一口气。再问优优，才知道是他从幼儿园里带回家的。

我问他："老师知道吗？""不知道。"他说。我严厉地批评了他，告诫他，盟盟曾经因为带回幼儿园的贴画，被我批评，3次不改而被打了屁股，问他应该怎么做。他很清楚自己错了，更知道我是赏罚分明的爷爷，而且说到做到，于是他答应带回幼儿园还给老师。

尽管如此，我还是要向他讲讲小事情的大道理，不求尽懂，能够有所触动就行。就是觉得有些道理是需要反复灌输。

我说爷爷曾经给盟盟讲过从小偷针长大偷金的故事。知道吗？但是那个偷金的人并不是一开始就是偷金的罪人，而是从不起眼的地方开始，从很不重要的东西"针"拿起，时间久了就养成习惯，胆子越偷越大，东西也就越偷越大，直到偷金子，最终走向犯罪。

我接着说：人一旦犯罪了，警察就来抓了，首先关到小黑房子里，然后再被审判坐牢。坐牢就不能出来玩了，你也看不到爷爷奶奶和爸爸妈妈了。

他是很有恐惧感的，这也是我所需要的效果。对孩子而言，警察应该成为法律的化身，所以我是不断给他们灌输敬畏警察等的观念。人嘛，哪能无所畏惧呢！

我和奶奶的家庭分工在他们心里已经约定俗成，我肯定是严厉的代表，奶奶自然就是慈祥的化身。这不，才一转身，他就悄悄地走到奶奶那里，提出请求：他把珠子带回幼儿园，但不要告诉戚老师。

奶奶再背地里告诉我。我很高兴，因为他快4岁了，说明他已经有了羞耻感。耻感文化是我们传统文化的重要特征。耻感也是重要的道德感，而且是道德的最后一件外衣。人而无耻不知其可也。人有耻感也才有道德进化的机制。

奶奶答应了他，但是，昨天入园匆忙，我把还塑料珠子的事情忘了，今天想起，下午特地和奶奶一起去接他们。我把珠子放在口袋，走进优优班里，看到我，他还是有点紧张，人多，我拉他过来，走到老师的办公室，把那颗珠子悄悄塞到他的手里。

他也真够聪明，竟然一言不发，与我心照不宣，从容地从我手里接过去，攥在手里，让谁也不在意，谁也看不到，再走到玩具柜前。但是珠子实在太渺小了，就是找不到同伴。

我见状便对他说，放进去就可以了，他马上照办。他和我一起走出班里，和老师说再见的声音都喊得特别响亮，并显示出精神的十分轻松。也只有精神获得解放，才能获得这份轻松。我也要守信，所以没有告诉老师。

一出班门，他马上把棉衣左右两个口袋同时翻个底朝天，动作极其麻利，嘴里没说一个字，但是所要表达的意思却清楚确定：就是告诉我们，他是信守承诺的，再没有带回幼儿园里的任何东西。

真棒，优优，你真的很棒！我一把把他搂在怀里，送给他一个深深的吻，再把我心里的话说了一遍："优优真棒！"他虽然没有任何这个方面的语言回应，但是神情却更加轻松而快乐。我明白，压在他心理上的那块石头终于放下了，他在享受那份精神上的轻松与愉悦。

盟盟和优优，作为管门之后，请永远记住我的训诫：不取不义之财，哪怕只是一粒塑料的珠子！

（2017年3月21日）

优优打人了

　　昨天滁州有授课任务，下课才打开手机，看到奶奶微信，说优优在幼儿园打了班里的小朋友。我问原因，是那位小朋友总拽他的衣服，他大概烦了，就把小背包一甩，把人家的小嘴甩破了。我马上要求他承认错误，做出道歉，奶奶也请妈妈给孩子家长打个道歉的电话。

　　开始优优不肯道歉，说是人家先搞他的，被打的小朋友也是这么说的。我们清楚，优优是个内心明理，但是不肯轻易认输的孩子。经过耐心规劝，他的对抗心理才有缓解，最终提出要奶奶陪着他去道歉，为了支持他的行为，奶奶也就陪着完成道歉。

　　晚上9点我才到家，他不像从前那么热情，我明白，这是他来到这个世界3年多犯下的第一个大错，老师家长都在批评他，内心的压力可想而知；所以我只是简单地问问他，没有严厉批评，反而表扬他的道歉行为。今天早上，他一醒来，我就赶到床头，大大地表扬他昨天的勇敢，再次强调，知错能改需要勇气，能够向人道歉就更加勇敢了。

　　他开心了。当然，我还要乘机灌输一点意识给他，于是对他说："优优，请跟着爷爷念6个字：'过——能——改，归——于——无'。"他一听，似懂非懂，但是不肯跟着念，而是发出一种调皮的洋腔怪调。一旁的盟盟替他念了。这是《弟子规》里的话，盟盟早就熟记于心。

　　今天下雨，我和奶奶一起送他们入园，一走进教室，他又变得心事重重，连换个鞋子都要坐到我的身上，而且很磨蹭，一副心不在焉的样子。看到戚老师也不热情打招呼，在我一再要求下才轻轻地喊一声"老师好"。声音之轻，在人来人往的环境里戚老师根本听不到。实际上他在应付，心里还在想着昨天的事。

　　交接完成，我们返回，他挥挥小手说"奶奶再见"，但是没喊爷爷，估计还没来得及，情绪已经失控。既然"再见"，你就进去吧，他却反其道而行之，嘴里喊着再见，人却扑到奶奶怀里。奶奶轻轻搂搂他后又送他进去；他又喊声再见，话音未落，人又扑了过来，一连三四个来回。我只好催奶奶快走。

路上，奶奶说他怪可怜的，我说是啊，但是对于孩子的心，我们是需要跪着理解。理解了不是迁就，而是引导。这是他必须经过的心理历练。经过了这件事，这样的过程，他的心智才能更加成熟。人就是这么慢慢长大的。

（2017年3月24日）

作壁上观

没有谁家不爱孩子的，更没有谁家爷爷奶奶不爱孙辈的，以至民间代代相传"隔代亲"。我们爱孙就胜于爱子。但是爱却大有讲究，最大的讲究其实就是爱的方式与方法。在方式方法中，最讲究的就是原则。有原则的爱，爱出的效果一般比较好；无原则的爱就是溺爱。溺爱不是爱，而是害。

盟盟6岁多了，我们尽管常常培养他的劳动习惯，但是由于工作太忙，有时也就难以全程管理，加上奶奶又是个勤劳而又心慈的人，常常让我的政令不能得到彻底贯彻，削弱我的领导。但是只要我来监管，一点也不含糊，凡是力所能及，做事指令都会适时发出。盟盟也真是不错，能够令行禁止，就是不够雷厉风行。慢慢来吧。

今晚盟盟做完功课后盥洗，我来监管：洗脸要全面，漱口要认真，洗脚要浸泡，屁屁等统统都要洗净。好在习惯早已养成，并不要多么费心。但是也有困难，挂件高，他够不着毛巾，需要搬凳子垫脚。这时他就偷懒了，就地踩着拖把桶，不稳，而且危险；一顿批评少不了，改正。盥洗完成后，小半桶的水，让他自己往循环水桶里倒，他拎起困难，抱着吃力，看那样子我真的不忍心，但还是硬着心肠作壁上观——无非多倒几次呗。

洗好了身体还得洗袜子。这个历史已经一年多了吧？开始利用他爱玩水的特点，首先教他方法：浸湿泡透，再擦肥皂，然后揉搓，最后过水。开始他洗不干净，我连看都不看，只要他能洗完晾上就行，等他睡觉了，我或者奶奶再把它重洗一遍，现在习惯也就培养出来了。连3岁多的优优都是自己洗袜子，而且很乐意做这些事情。当然，我始终注意一点，观念上确立"应当"感，进而使之快乐地做事，而不是把做事当作对于孩子的惩罚，结果就是自然而然。

盟盟，还有优优：爷爷要求你们热爱劳动，从小培养你们的劳动习惯，你们对于劳动一点也不反感，这让我高兴。须知，劳动是人的衣食父母。劳动本领比任何人都靠得住。劳动本领都是在劳动中磨炼出来的。越是热爱劳动的人越是聪明。懒惰是恶习之根，娇生惯养的生命没有力道。从历史上看，生于深宫之中，长于妇人之手的皇帝们，亡国丧身的多了去了，何况我们平民子孙，懒惰可是莫大的忌讳啊！再说了，你们都是亲见爷爷每天的学习工作情形吧，真的辛苦，但是毫不痛苦。快乐地辛苦，辛苦得快乐，我希望这也是你们今后的人生状态。

（2017年3月25日）

优优和我玩概念

概念是一种逻辑术语，听起来头皮发麻，但在现实生活中，不同的概念是普遍地运用于人们的语言和文字交流中的，可以说没有概念就无法交流。孩子从牙牙学语开始，其实就在接受大大小小不同的概念，而且凭着经验就能对其内涵准确把握，再进一步，还能巧妙运用。优优今天晚上更让我认识到了这一点。

妈妈给盟盟买了一支铅笔，其实就是一个玩具。笔套上"长"着一个淡绿色的绒球，外面还有一个透明的塑料罩子，拿在手里就像一个带把的玻璃球。盟盟做完功课在泡澡，刚刚出浴的优优来到书房与我玩，我用"左""右"训练他。他好像也要为难为难我，拿起桌上的玩具铅笔，揭去罩子，拔掉笔套，左手持笔，右手拿套，同时举起来，但是一前一后，问我这是什么。

我不假思索地随口说道："这是铅笔啊。"他马上反驳："不对，是笔套。"我吃了一惊，又无话可说，却心中暗喜。他又变换一下姿势接着问我"这是什么？"我已大致猜出他的把戏，还是佯装不知，却表情认真地回答："这是笔套。""不对，是铅笔。"我假装沮丧让他开心。就在他扬扬得意的时候，我说："完整的铅笔应该是笔和套合起来，对吧？"对于这样高了一个层次的问题，他的知识能力显然应付不了，但他自有高招，用嘻嘻哈哈掩饰困境，结束今晚的概念游戏。

该去睡觉了。我送他上床后回到书房，记录下今天晚上他所演绎的故事。

（2017年3月26日）

我和盟盟读绘本

前几天，盟盟和优优一起玩，偶尔争玩具，盟盟最爱说的就是"这是我的，那是你的"。尽管我听见就会反对，还免不了一番道理，可还是听见几次，也就一直都在想，怎么给他一个有效的观念扭转。我很清楚，这是德育的一个转折点。

前几天，帮助盟盟整理学习资料，发现一个绘本，叫作《这是我的》，我很高兴，马上浏览几分钟。今天上午终于有点时间，特意留他在家，我要跟他一起准备一些事情，顺便阅读这本书。他已认了不少字，我就让他读给我听，遇到生字我就帮他排除，文字量不大，很快一本绘本就读完了。

学习需要理解，我理出5个层次的问题。首先是书籍的名称，这是名牌号码，也是问题定向；然后是故事中的人物，尽管里面的"人物"都是拟人化的——告诉他就是模仿人的写作方法；接着找出书中最精彩，当然也是最重要的两句话，这是全书纲领；再进一步，要求他说出每句话的含义，这是理解问题；最后不提要求，但需要联系实际，这才是我的目的。

顺序理出来了就提问，第一个问题回答顺利，但是在人物中有米尔顿、鲁伯特、莉迪亚和蟾蜍，虽然阅读时我已经告诉了他，他还是被一个"顿"字顿住了。到第三个问题，找出了"这是我们的"，但是没有说出"这是我的"，对了一半，我及时补充指导。至于第四个问题的意思，"就是告诉我们要学会分享"，他说，话虽不多，却踩到了点子上，有点出乎我的意料。最后，尽管他已经明白我要说什么，我还是提醒他：家里所有的玩具都是你和优优共同玩的，哪怕是买给你的，优优也是可以玩的；优优的你也是可以玩的，但是需要商量，这就叫分享。他"嗯"了一声表示赞同，相信"这是我的"这句话的含义，在他的心里是留下了烙印。

在5个层次全部展开之后，我再以提问的方式进行最后的总结，问他："全书最糟糕的话是什么？最美好的话又是什么？"他有些不太适应，愣了愣，最后还是讲出来了，并说最美好的地方就是讲团结友爱。我充分肯定他的回答，进一步阐述"这是我的"这句话，糟就糟在自我中心，自私自利，不会与人分享；而"这是我们的"这句话，之所以美好，就是它讲团结友爱，分享快乐。分享快乐，就会使大家都快乐，这是非常了不起的品质。

当然，故事并没有到此结束，还有一个情节问题需要训练，就留待下一步再来进行吧。我忽然觉得这样的共同阅读，不仅是在教他分析问题，其实也在进行写作训练。早是早了些，我还是觉得值得的。好在他秋天就要上学了。

（2017年3月31日）

考训数学

盟盟秋天就要进入小学一年级了。有的学校入学前需要考试，我们没有专门参加训练，但还是需要做点准备，那就我来担纲吧。好在遇到一位优秀的陈老师，给了我们很好的指点。

今天下午去园接他回家，奶奶和优优在一边，我和盟盟在另一边，一起等候公交。我顺手拿出一个卡，先问盟盟卡有几个角，"四个"。这当然不是问题，但是需要它来铺垫，接着问："一刀剪掉一个角，还有几个角？"

我是做好他回答错误准备的，没有想到他竟然不假思索地回答我："还有5个角。"我很惊讶，问是怎么知道的，他说是熊大熊二教的。看来熊大熊二也能当老师啊！

路上我们数数，我没有教过他一百以上的数。我让他用英语复习性地数到100，他说自己能数到1000，当然不是英语。我让他从100开始，一路上基本顺利，他数到600到家了，后面没有继续数。

稍事休息，我拿出陈老师的题目，找出一题：有8个鸡蛋。一只母鸡每天下一个蛋，到第八天一共有几个蛋？说实话，我这种数学白痴对于这种问题都有点吃不准，没有想到他一口肯定："16个。"我不太放心，请教了陈老师，老师竟然给他一个大拇指。

临到切豆腐，但是哪里去搞豆腐呢，只好用香瓜替代。题目是：一块香瓜，只能切3刀，问最多能切出多少块。他很愿意干这事，拿起就切，思考不足，结果切出6块。我批评他用心不够，我问的是最多能切出多少块，同时告诉他最多能够切出8块。

香瓜没了，拿一只苹果来。竖着切，一刀两半，一语双关地告诉他，这叫一分为二；那么再竖切一刀，已经成为4块了，问他这该怎么总结？"二分为四"，很好；那么，接着，我懒婆娘切韭菜——拦腰一刀，4块也就变成了8块，继续要他总结，他爽快地回答我："四分为八。"

我在基本满意之后，赶快走进书房留下记录，其他也就不说什么了。盟盟，爷爷不要你成为天才，就这样正常成长就是好样的。

（2017年4月6日）

写个寓言

盟盟、优优：早起，读一友人转帖，说鱼高度信赖水，最后还是被水煮了，很有感想。现在用这个故事写个《鱼和水》的寓言留给你们，意在告诉你们，人在世上要独立自主，不能依赖别人，尤其不能高度依赖别人。高度依赖就是任人屠宰。

鱼和水

锅里的水已经沸腾了很久，厨师没有来得及加工放在地上的鱼；地上的鱼嗫嚅着，既像紧张地喘息，又像悲哀地申诉。

哦，听清楚了，是鱼在对水说话，声音虽然微弱，还是听得见的。

鱼说："水啊，我们可是天然的伙伴啊，世代相处，彼此相依，我给你们带来多少欢乐；一直以来，我又是多么信任你们，难道你就真的忍心把我煮了吗？"

水听到了,但很坦然地对鱼说:"鱼啊,不是我不念鱼水之情,而是我实在饥饿难耐;再说了,我一直以来都在养育你,还有你们的家族。怎么,现在让你填一下我的肚子,也就是填一下肚子而已,你反倒叽叽歪歪地数落我的不是!真是岂有此理!"

鱼还没有来得及说出最后的哀求,厨师来了,水也更加快乐地沸腾起来。

(2017年4月8日)

什么叫"层次"

事物都是可分的,一分就分出层次来。层次就是层级与次序、秩序。这些理论对于成人来说无人不知,即使一时意会难言,也是一点即明。可是要把这个意思告诉一个六七岁的孩子,还要他能接受,可就非常不容易了,今天我就深深地体会了一把。

刚才,我教盟盟两句格言——"一日之计在于晨,一年之计在于春",他对字的认识早已没有障碍,但是怎么理解字义可是进一步的问题,对于这个格言隐含的道理更是重点中的重点。如此说来就会发生3个层次的问题,自然需要有解释"层次"。

孩子容易接受具体的概念,对于抽象概念只能滴灌,不能漫灌。漫灌就是急于求成,不可取。究竟怎么用具体的形象的方法排除抽象的壁垒?我急中生智,顺手拿出一张纸片,先一分为三,再重叠起来,指着这3张纸片告诉他这就是"层次"。

接着,取出第一张小纸片,讲解第一个层次——文字的表述,顺解"计"的意思就是打算、计划,特别强调两句格言里的重点是"晨"和"春"。再取出第二张——走进第二个层次,解释两个字的意义都是开始,区别在于"晨"是一天的开始,"春"是一年的开始。还需要告诫他格言的真正意义,那就取出第三张小纸片——进入最高层次——解释说:这两句格言告诉我们无论做什么事,都要从一开始就计划好、做好,有个好的开始,事情就可以成功一半。

3个新层次讲解结束，最后，顺便再发挥一下，也就又增加一个层次——进一步联系他的实际，说人的一生有80到100岁的光景，你现在是儿童时期，就是一生中的早晨和春天，所以需要好好学习，为未来做好知识的准备。

相信他是能够理解并接受一些，虽然不可能完全了解，但是我坚信这样的业余活动是有意义的。

深入浅出真是教学的最高境界；自己明白容易，叫人明白不易。

（2017年5月1日）

训练盟盟用纸

餐巾纸、面巾纸等纸品，现在已经成为人们日常生活的必需品，但是怎么使用可是有讲究的。最好的讲究无非就是充分而节约地使用。而要做到这一点，仅仅注意和要求是不够的，尤其是对于孩子来说，训练则是必需的。

盟盟和优优小时是别人带的，用纸习惯不大讲究，甚至浪费很大，看得我很心疼，屡屡严加要求，经过很长时间，总算解决了"严重浪费"的问题；但是对于怎样能把一张餐巾纸用到最大程度，讲了多次也没奏效。可是他们渐渐长大，盟盟马上就要上学了，所以必须解决这个问题，否则，带着这个习惯走进学校，甚至将来走上社会是令人厌恶的。

就从今天开始。早餐后，我请盟盟收拾桌子，他拿起一张餐巾纸，一窝，顺手一擦就扔掉了。我马上因地制宜，因势利导，亲自示范：取出一张干净的餐巾纸，两次对折，形成四层，先用一面擦拭，再用另一面，两面用过之后，将纸翻过重叠，又形成两个干净面，再擦拭两次。

一张纸使用了4次，该可以了吧，当然可以了，只是基本可以，还很不够。就在盟盟准备丢弃的时候，我对他说，在它没有被严重污染的情况下，其实还可以再用。他马上领会了我的意思，立即说道："擦水。""对的"，我肯定了他的意见，当然也是对他的表扬。为了进一步强化他的印象，我请他将要出门的妈妈留下，亲自看他再做一遍。等奶奶和爸爸回来，我还会继续请他表现。

我当然还得给他讲点消费与浪费的道理：正常使用消耗物品叫作消费，不当地超量使用物品就是浪费。无论古今中外，浪费都是可耻的，而节俭从来都是高贵的品质。哪怕做了皇帝，节约也会受到称颂。

（2017年5月7日）

优优和鞋子

小孩子都是猫一阵狗一阵，优优也不例外。3岁前后，每次都是自己脱鞋穿鞋，而且坚决不让别人代劳，生怕穿鞋和脱鞋的神圣权利被人抢去。

但是4岁前后就发生变化了，先是穿鞋要人代劳，而且总是要人代劳，我不理他，拿出他那"自己的事情自己做"的名言，以子之矛攻子之盾，让他被动。奶奶有时妥协，我就批评她；我则利用形势将他军，比如就要出去玩了，问他走不走，当然走，还能不去跟小朋友玩吗？那好，去就自己穿鞋，每到这时他就乖乖就范。现在这个毛病终于改过来了。

家里人多，鞋子既有掉队的，也有插队的，盟盟和优优的鞋子有时还会站错队。他们开始不是这样的，两相约定各有占位，盟盟的鞋子放在电视柜的这头，优优的放在那头。只要盟盟的鞋子摆错了位置，优优就会立即纠正。现在，他可不是这样了，自身出了问题，有时不仅不按位置摆放，反而乱丢，虽然不断挨批，还是一仍其旧。

晚上，我们刚从外面回家，盟盟泡澡，优优躺在沙发上，一边看电视，一边玩点什么。我抱抱他亲亲他，接着拿出象棋教他认字和数数。我忽然看见他的鞋子没有摆好。我了解他的小脾气，愿意主动改错，不愿被逼改错，于是我阴阳怪气地说："我们家里，有个小朋友，不但不把鞋子放好，反而乱丢，这样好吗？"

他呢？心知肚明却明知故问："爷爷：那个小朋友是谁啊？"我假装不看他，但是再把话撂过去："那你说说看，我们家有几个小朋友？盟盟在泡澡，这个鞋子究竟是谁的？是不是应该捡起来放好呢？"他没有回答，但是马上行动。我及时表扬他："这才是好优优嘛！"

（2017年5月7日）

早晨的风景

昨晚妈妈去外地,爸爸因为雨大也就没有回家,奶奶带着优优睡在爸爸妈妈的房间里,我和盟盟在自己的卧室。睡前,我对盟盟说明天不去幼儿园,去学校看看报名情况。

4个人的房间两个人用,空阔安静多了。早晨6点多钟,我醒了,赖在床上,静静地看着盟盟的睡态,兼听窗外传来的《小苹果》。盟盟醒的也早,我没和他说话,他也以为我还没有醒来,一个人下床打开灯,拿起昨晚放在小床上的绘本静静地阅读。

他已经认了许多字,这些绘本对他来说属于简单读物,但我并不轻视,反倒很重视,把它看作一种习惯培养,所以不去打搅他,看他究竟怎样阅读。但我还是"醒"了,道一声"盟盟早",他回了一声"爷爷早",继续坐在小床上阅读手里的书。

我终于说话了:"盟盟,爷爷今天看见一道最美丽的风景,你知道是什么吗?"他看着我,正在寻找答案,我告诉他:"就是你,你的阅读情态,是那么专注、那么优雅、那么高贵,爷爷欣赏了很久很久,是我早上看到的最为美丽的风景。"这种表扬不是简单的肯定,而是一种深刻的激励、引导、传导与希望。

说罢,我转身来看优优,他也醒了,一个人躺在床上,一定沉浸在自己的世界里,我不知道那个世界究竟是个什么样子,但我知道它一定非常美妙。"爷爷早""优优早",话音没落,我已经走到他的身边,抚摸着他的"虎背熊腰"。

他在说什么?说了半天我也没有听清,只是听懂一个"风"。最后我终于听出了一点意思,问他是不是龙卷风,他说是的,然后显示出如释重负的感觉。

龙卷风是什么意思呢,我进一步问他,他当然不知道怎么回答,但又像是知道怎么回答:伸手要我抱起他。嗨,我终于明白啦,是要我抱他转圈,这是他从不拒绝的游戏,就是不明白他为什么给它起个龙卷风的名字,尽管也很恰当,我可是从来没有这么说过啊。也许是从哪个动画片里看到的吧!

不管它了，抱起他，转，转，转，连着转了几圈；拖鞋不方便，脱掉，光着脚再转，再转，再转，又转了几圈。但是床边的空间很小，我假装晕了，不过也真的有些晕了，于是顺势一倒，和他一起倒在床上，他高兴得咯咯咯地笑个不停。

（2017年5月12日）

盟盟参加升旗仪式

盟盟的缺点不少，诸如中午不睡觉，在集体场合不敢表现自己，讲故事也不能放得开。为解决这些问题，我真是煞费苦心，软的方法、硬的方法都用过，同时尽量不放过每一次实践机会。谢天谢地，他总算有些进步，但还是不够满意。

周一惯例，幼儿园都要举行升旗仪式，老师已经通知他参加，但是上周下雨取消，今天天气晴好，肯定举行。优优感冒，妈妈就送盟盟一个人入园，已经走了一段路，母子两人竟然回家了，妈妈说盟盟不舒服，就请一天假吧。这样的母亲也太"慈祥"了吧，我的原则却是对孩子该疼要疼，该狠要狠。

"难道有一点不舒服就可以不去上学了吗？"我明确表示反对，同时严格要求："马上去，还要快点去。"他们再度走出家门。估计已在车上，我给妈妈打了一个电话，和她分析盟盟的心理，也是解释我"心狠"的原因："他怕去参加升旗仪式，主要是怕在全园师生面前自我介绍，所以找借口，但不能让他得逞。你们不但要尽快去，还不能迟到。"好在油门是她自己掌握的。

这不，终于看到妈妈传回来的几张照片和一段视频，第一张照片是在旗杆下的6人排列，看他那小脸，紧张得太过严肃。第二张是共同护旗，轻松一些了。中间夹个视频，内容是自我介绍："我喜欢做手工、看书和画画。"第三张脸上已经有了微笑，那是自我介绍后的如释重负。最后一张是按顺序退场吧，他的摆臂动作是军人的，甚至比军人摆得还高，这也是紧张的反映，回来需要纠正他。

我把照片和视频给奶奶审阅,奶奶不无得意地说,我今天特地给他穿得漂亮些。我说,是啊,教育是一个漫长的过程,这个过程是由一个个节点构成的,所以每一个节点都要注意,能够顺利通过,成长就没有大的障碍了。说完,我也松了一口气,并随手记下盟盟成长过程中的这个重要节点。

(2017年5月15日)

教盟盟"瓜田李下"

寓教于乐是一般的教育原则与方法,寓德于知呢,就是把品德教育融汇在知识教育的过程中,同样也是一般的教育原则与方法。虽然我从不轻视这一原则,今天却获得一个特别的理论兴奋点。

下午接盟盟回家,快到门口了,经过邻家草地前,看着满树黄灿灿的枇杷,有的已经接近头顶。盟盟忽然对我说,不能摘人家的枇杷,我说是的,别说是枇杷,就是金果子,别人家的,我们也不应该去碰。当然,这是我们家的一贯原则,现在再一次强调而已。

与此同时,我的脑子里闪过"瓜田李下"这个成语,当然也是个文学典故,很有故事性,觉得可以向盟盟说说。饭前,我瞅了个空,在白板上写下曹植的《君子行》:"君子防未然,不处嫌疑间。瓜田不纳履,李下不整冠。"全诗较长,就选这么4句,前后意思相近,但前者抽象,后者形象。

重点当然是后面的两句,解释前先复习一下曹植,"就是写《七步诗》的那个人",说罢,即时朗诵学过的"煮豆燃豆萁,豆在釜中泣,本是同根生",盟盟想起来了,随口接诵:"相煎何太急!"我说很好,就是这个曹植,还写了一首这样的《君子行》,我指着白板说。他反应很快,就是把行字念成了行(hang),当然要被纠正。

再说后两句,"瓜田"与"李下"不难,难点在于"履"和"冠"两个字。我刚说出"履就是鞋子",他把拖鞋一甩老远,调皮,但我不生气,却因时制宜,乘势强化:"你甩掉的就是履。纳履呢?就是拔(穿)鞋子。"后来几次提问,他的回答从来不错,真的记住了。"冠"字他认识,因为他很熟悉冠军，简单一说"冠就是帽子，整冠就是整理帽子"，辅以手势助解，顺做一个"怒发冲冠"的样子。

真正的重点当然是诗句里的道德含量与处世告诫，就是走到别人的瓜地里不要拔（穿）鞋子，因为瓜长在地下，弯腰拔（穿）鞋容易被人误解成偷瓜。李子就像邻居家的枇杷，是长在树上的，经过树下举手整理帽子，同样容易被人误以为要偷摘人家的果实。

最后，再一次回到知识层面，我向他提出两点要求，一是记住"瓜田李下"这个成语，二是记住"瓜田不纳履，李下不整冠"的两句诗。我很高兴，他都完成了。我还是强调两个重点的中心思想，就是做人做事需要重视避嫌。他似懂非懂的，没有关系，慢慢消化。

（2017年5月15日）

优优被打屁股

盟盟小时有个摔东西的毛病，长期劝导无效，一顿打屁屁，戒摔成功。

去年的一天，兄弟两个一起发疯，把我几个书橱的书摔得满地都是，直到现在还没完成分类。主角是优优，属于第一次严重犯错，而且年龄很小，没被惩罚，只受批评。盟盟则讨了个浑水摸鱼的便宜。

但是批评不是万能的。最近我正在全力以赴研究小区的司法诉讼问题，没有精力管他们，优优突然兴风作浪，把休闲厅里几堆准备分类处理的书籍，甚至包括盟盟的学习资料等摔得一片狼藉，也把乱摔东西的坏习惯发展到登峰造极。盟盟狡猾，不参与摔，但是分享快感。其实我并不生气，只是认识到需要及时制止，严肃惩处，以儆效尤，于是一把搂过优优，啪啪打了两下屁股，左右开弓，平均分配。

优优哭了，哭得可伤心了，说"爷爷打我，我不要爷爷了"。我说："你可以不要爷爷，但不能乱摔东西，爷爷可是对你讲了很久很多次了，你不但不改，反而更厉害了，看看这个样子，叫我好累好累都整理不完的。你想想到底做得对还是不对？"说罢，想抱起他再做安抚性的说明。优优可有个性了,不让我抱,还气鼓鼓地说:"爷爷打我了,不让爷爷抱。"我也只好接受他的惩罚。

毕竟优优4岁多,开始懂事了,虽然嘴硬,心里还是知道自己犯了错误,爷爷的惩戒具有正当性,所以很快就和我和好如初。我摸摸他的小屁股,告诫他以后不能再干这种事了。他加以默认。妈妈回来了,他就像受到极大委屈,我没看他的表现,但知道他是需要发泄的。妈妈看看眼前的状况,问了问情况,对他说:"打得好,要是妈妈打得更狠!"说罢要收拾,我不让,说再放几天,让他们好好看看,不断反思。

"打屁股"就是通过体罚实现教育目的的教育方法,现在的主流观点很高尚,不支持,此举已经失去正义性,并遭到普遍挞伐。其实它是中国教育中的一个传统,今天在许多家庭教育中还在使用。人称"狼爸"的香港商人萧百佑就是典型代表,他就是以"打"的教育方式把3个子女送进北大,颇为轰动。是七八年前吧,南京电视台请他来做节目,并特邀我做现场评论。我对他的教育方式是不完全否定的。

我们曾在家庭内部讨论过这个问题,我说治国的方式就是教化与刑罚并用的,而且自有国家以来从来就是这样。比如学校与教堂总是教人为善,但是为恶之徒从不绝迹,任其发展就会暗无天日。为使生活在善的轨道上运行,必须产生警察、法院、监狱等。说到底,这些不都是为那些"听话"的人准备的,而是专为那些"不听话"的人准备的。从这个意义上说,刑罚就是国家统治方式中的"体罚"。

当然,在教育实践中的偶然性体罚,本质不是伤害,也不应该造成伤害,而是从善的目的出发,表现为爱的另类形式。比如在中国传统教育方法上,体罚学生基本都是从成人成才出发,促使其从蒙昧进入自觉,从不伤筋动骨,而是以皮肉之苦实现非体罚方式难以实现的教育目的。所以被惩戒者鲜有仇恨惩罚者,反倒是越到后来越加感恩当年的惩戒。如果没有这种善的体验,体罚方式肯定早就从教育实践中消失了。

(2017年5月21日)

适应新老师

2014 年 10 月份，盟盟进入少儿英语班，跟随 Ella 老师学习英语两年有余。Ella 老师也是他来到这个世界为他施教最长的老师，其教学方法也很适合他，所以彼此结下深厚的师生之情。但在今年初，Ella 老师高升了，他们一班七八个同学也被拆分插班，盟盟有了新老师 Erin Yang，一时不适应，也是正常，但兴趣和成绩开始下降。

这个问题引起我的警惕，事物的转变就是转机，就是转折，转折点必须把握好，否则后果消极。于是对他说，任何一个学生不可能只受一个老师教育，任何一个老师也不会只教一个班级，所以老师换学生，学生换老师，是经常遇到的情况，我们只有适应，也必须适应，否则学是无法上的。再说，不同的老师有不同的特点、不同的风格，我们遇到更多的老师可以学到更多的东西，所以换老师并不就是坏事情。

这些都是道理，谈事总要有个道理，道理必须讲，也必须懂，但是孩子就是孩子，光有道理是不行的，具体措施还要跟上。怎么跟？除了与老师加强联系与信息对接外，就是强化督导，云课堂每课不落，听力练习每课不落，书面作业保质保量按时完成。可能的时候做好课前预习，作业连同复习一道完成。由于他中午有不睡觉的毛病，每逢周二晚上有课，中午就把他从幼儿园接回家强制睡觉，保证晚上听课精力集中。

措施适当，效果才好，经过两个多月的调整与强化，终于使他适应了新老师。今天晚上上课是奶奶送的，奶奶一回家就对我说，盟盟在班上考了第一名。盟盟也跟着说，全班只有两个满分，还有一个 0 分。我当然高兴，不仅为他的成绩，也为我们的努力，更为他适应能力的提高。我一向认为，对孩子的表扬，既要及时，也要恰当，更要真诚，所以自然及时地夸奖了他。

盟盟，当然还有优优：我们的世界，我们的生活，我们将会遇到的一切，通常多种多样，丰富多彩，我们除了应有的基本定力之外，还要有一种适应能力。适应是一种真实的学习，也是一种灵活的态度，还是一种变通的智慧。怎样才能获得这些，需要从小培养与学习，并能终身坚持，唯有如此，才能走得更长更远。这些话不是今天要对你们说的，但是顺便写在这里，让你们今后慢慢体会。

（2017年5月23日）

学前教育报告

今年秋天盟盟就要进入小学读书了。去哪里读，我们选择了离城里住处最近的一所学校，但是房子产权不在爸爸名下，按照今年的政策有些勉强。我们给学校提交了一份盟盟的学前教育报告，意在说明，如果他能进入该校，应该不会成为学校的负担。这里留下报告的主体部分，也是对盟盟教育的一个真实记录。

一、语文：1.大，在幼儿园基识字量较本完成幼小衔接课程，能够初步独立阅读简单读物；硬笔书写基本没有障碍。缺点：汉语拼音的后鼻音发音存在问题。2.背诵古典诗词60首左右，虽然很长时间没有复习，但基础已经奠定。3.从4岁开始至今，已经能够熟练背诵《大学》《中庸》《论语》《孟子》《孙子兵法》等传统经典的若干名段，《千字文》三分之一，《三字经》四分之一，《弟子规》若干句。4.熟读《十万个为什么》中10篇左右。在整个小学阶段我们将进一步为他打下比较牢固的国学基础。

二、数学：1.识数至1000以上，英文识数100以上。2.20以内加减法没有困难，更大数字计算基本没有障碍。缺点：计算速度还不快。3.熟练背诵九九乘法表，开始了解乘除法。4.熟知各类几何图形。

三、英语：1.已经在少儿英语班不间断学习3年，每周两次课程。2.发音比较纯正，没有明显缺陷。3.已经能够熟练书写。4.小学入学前应该能够通过一级考试。

四、操行：1.具有基本文明素养，公德意识、公私意识、安全意识，是非观念鲜明。生活常识也比较丰富。2.动手能力强，乐于参加集体劳动，也能做一些简单家务。3.尊老爱幼，与人团结友爱，乐于助人，愿意分享。缺点：在公共场合、陌生环境中比较胆小拘谨，没有特别的体育爱好。

五、成长：管亦苏及其弟弟管德好，一直在我们身边成长，我们对他们不仅严格要求、精心培养，而且坚持不懈地以文字记录对他们寓教于乐、寓教于事、寓教于情的过程，至今已经形成近14万字书稿，系统表达我们的教育理念与体会，当然也是留给他们的精神财产。全文从略，详细篇目附后。

（2017年5月27日）

热胀冷缩

儿子发来一个煤气罐爆炸的视频，我给盟盟和优优看，意在对他们进行安全教育，孩子总爱提问。盟盟问我它为什么会爆炸，我说可能是煤气罐的控制阀门坏了，火烧到里面的煤气后引起的爆炸。

理是这个理，但是不够透彻，感觉需要讲解一下热胀冷缩的理论概念，不然讲不清这个问题，于是对他们——当然主要是盟盟说：外面的火烧到里面的煤气，罐子里面的热量大大增加，增加到煤气罐承受不了——也就是受不了了，只能通过爆炸解决问题，也就发生了爆炸。这个原理就是"热胀冷缩"的原理。"热胀"就是较高的温度使物体膨胀；"冷缩"就是较低的温度使物体收缩。

这是物理学概念，可以提前灌输给他，我从来都是这么坚持的，但是让他接受可不是一件容易的事情，必须形象化。怎么形象？想到了铁轨的缝隙、桥梁预制块之间的缝隙。察言观色，我知道还是遥远了一些，效果自然不会那么明显。忽然想起我们家的踢脚线，再给盟盟讲一个真实的生活故事。

家里装修时，做地板的师傅把踢脚线做得很漂亮，但是没有留下一点缝隙，当时我就觉得有问题，提出疑问，师傅坚持说没有问题，我也没有经验，所以就没坚持。经过一个夏天，突然发现踢脚线拱起来了，这才想起自己的文化固然不高，这个师傅就更加没有文化，最后只好请他重做。他也不好意思，还叮嘱我不要对别人说。

讲到这里，我把盟盟领到房间，指着那道并不明显的踢脚线的缝隙，告诉他，没有这道缝隙就会发生"热胀"。而且，哪怕再伟大的桥梁工程、铁路工程，如果没有这道合理的缝隙，自然的力量就会彻底摧毁它们。这就是"热胀冷缩"的规律。规律只能遵循，不能违反，违反了就要受到惩罚。这是哲学的概念，我又顺便灌输一下。

还是需要进一步让他巩固，又找到一个热胀冷缩的教学视频，通过两只杯子，各放冷热水，通过气球和有色液体在不同水温下的变化，更为真切地解释了"热胀冷缩"这个深奥的道理。没有想到盟盟看到这里很兴奋，说是在《熊出没》里看见过，这就是信息综合的力量。

最后，我们才回到煤气罐爆炸的本题上来，就像做一堂课的总结，相信他的理解要具体深刻多了。

（2017年6月5日）

狼来了

人的成长离不开故事，故事不在新旧，而在教育意义。教育意义决定一个故事的价值与生命力。《狼来了》就是一个古老的寓言故事，教育了一代又一代的人，还将教育一代又一代的人。今天我就用起了这个故事。

盟盟和优优还是团结友爱的，有时相互关心很是感人。但是，孩子嘛，特别是两个小男孩在一起的时候，矛盾与冲突也会时常发生。开始，我们总以为是盟盟欺负了优优，所以总是批评盟盟，安慰优优。有时盟盟也会感到委屈，直说"不是我干的""我没有搞他""优优撒谎"，虽然真假难辨，还是引起了我的注意，觉得优优也有问题，有时会侵犯盟盟，引起反弹后就用哭来引起我们注意，获得庇护。

这种行为发生在4岁多点的孩子身上也属正常，但是不能总被允许，如果总是通过"哭过其实"的方式招来特别保护，久而久之就会发生变质，真的变成说谎。"说谎"虽然在每一个人的身上都是难以完全避免的，但是成人通常有度，甚至还有善意的谎言。

孩子不懂这些"艺术"性，必须帮他们在人生初期奠定诚实的道德基础，今后他们才不至于太过偏离正确轨道。怎么奠定这个基础？我在他们出现矛盾时，总是强调，"谁搞的就是谁搞的，不能冤枉别人"，可是效果不很明显。有时面对他们的各执一词，很难做出正确判断，所以需要找到一个更正确的解决之道。

终于想起《狼来了》。

刚才，我把盟盟和优优招到一起，让他们分别坐在我的两条腿上，一连把两个版本的《狼来了》视频看了几遍。我不时点评，但是不联系过去的事实。对于孩子来说，批评教育要讲即时性，事过境迁重新提起效果不好。但是我的抽象点评对于他们心理还是很有触动。优优特别专注，主动要求"再看""还要看"。

中国世代尊崇信诺，诚实是信诺的基础，更是信任的前提。失去信任是可怕的。赢得信任最好的方法就是诚实。有诚才有信，诚则无欺，信则守义。所以诚实地说话，诚实地做事，诚实地做人，是做人的基础工程。这才是《狼来了》的价值所在，也是我的良苦用心。

（2017年6月12日）

盟盟挑出语病了

下午6点40分是盟盟的外语课，我们5点半从家出发，说着话忘记了应从前门出小区，走到后门来了。反正还早，溜达吧，转弯进入主干道前遇到红灯，上面出现"红灯短暂，生命无限"8个大字。

我逮着机会就考他，这些字人家早就认得了，我是考他对于这个电子标语的理解。谁知我还没有出题，他倒给我出题了。"爷爷，生命不是有限的吗，它怎么说'生命无限'呢？"我原本没有在意，经他提问，还是没有在意，只是想着怎么给他发掘其中的微言大义。

过了红灯，继续向前，我问他"红灯短暂"是什么意思？他说不知道。大概卡在"短暂"上了，我没有教过，估计幼儿园也没教过这个词汇。于是给他具体解释：就是红灯时间很短，也就30秒、一分钟，最多不超过70秒。这些他懂，因为他已经有了足够的经验。

接着问他对标语意思的理解，他说就是要注意安全。没错，但不够充分。我给他发挥："红灯短暂"是提醒人们要有耐心地遵守交通规则，"生命无限"是说生命宝贵，有无限的价值。联系起来就是遵守交通规则，宝贵的生命就有安全保障。

上车了，而且是公交车，人多，不说这些，只是提醒他注意安全……下课了，在往回走的路上，忽然想起他两个小时前的提问，觉得他对"生命无限"的质疑是有道理的。整体的生命也许无限，但是个体的生命绝对有限，这里的"生命无限"肯定是指个体生命，如果这样，应该是"生命无价"，所以"生命无限"应是一个有语病的文字标语。

想到这里，我大大地夸奖他，肯定他的质疑，并联系他早已烂熟于心的《中庸》名句——也是借机温习，对他说："盟盟，你对'生命无限'的质疑，很有道理，就是'博学之，审问之，慎思之，明辨之，笃行之'里面的'审问之'。"

学贵存疑，疑似之迹，不可不察。疑者，觉悟之机也。我不仅围绕这个"生命无限"的命题继续思考，还进一步把盟盟的提问提到怀疑精神的高度加以思考——确有一点欣慰。

（2017年6月13日）

优优宠辱不惊

刚刚督促盟盟完成英语作业后，来到书房修改记录他们的文字，算作消遣。优优从客厅走来，把手里的儿童电脑递给我，请我松开螺丝换电池，我把螺丝松开一点后递给他，让他动手去换，我却继续自己的文字工作。

下面传来儿歌声，英语字母歌声，还有汉语四声调儿歌，总之都是电脑里的内容，抑扬顿挫音韵合拍。我正在暗自高兴，奶奶、妈妈和盟盟在客厅里与优优开起了"研讨会"，研究他怎么就把英语字母歌唱得这么好。只听优优一本正经地说："我马上就要学到了，我要提前学习。"真棒，竟然知道提前学习。

其实我已经听到了，奶奶还是高兴地跑来告诉我。他的确开始学习英语了，和盟盟同在一家培训机构；但是才开始上了一次热身课，还没正式开学，竟然就有了这个"提前"意识，我真的很高兴。走过去，看看现场，凑凑热闹，表扬几句，感叹一声："看来我们家要出两个大'文豪'啊！"

什么文豪不文豪的,他肯定不懂,可能觉得我夸奖多了,打搅了他的学习兴趣,竟然一本正经地说:"爷爷,你不要说了,我都恶心了。"我们一起哈哈哈大笑,不仅笑他出奇地用了"恶心"一词,更笑他那副宠辱不惊的样子。

4岁多的小屁孩,最近接连冒出成人的话语,昨天还跟奶奶和妈妈说过:"你确定吗?"真不知道诸如"确定"这些正儿八经的词汇是怎么印到他的脑子里,然后又从他的嘴里出其不意地迸了出来的。

(2017年6月23日)

盟盟学骑车

还是去年,盟盟开始学骑儿童自行车,在两个辅助轮的帮助下学会了。学会了,他就把车子扔到一边。今天,他又要骑车,将车子拖了出来,打足气,从草地推到路上,他的样子很吃力,还有一段路,我也没帮他,让他自己推——我是有意识地摔打他、磨炼他,所以把心疼放在心里。

车后轮左右的两个小辅轮,能够保证车子不倒,人不摔跤,但是增加了阻力,降低了车速。他骑了一段路程,想提高车速,要求把两个小轮子卸掉,我估摸着问题不会很大了,也就同意并帮助他把两个小轮子卸了下来。

我回家取工具,刚进室内就传来盟盟的哭声,我知道没有大问题——不就是车子倒了,孩子摔了吗,所以没有回头。奶奶不依了,说可能碰疼了,抱怨我不管孩子却去取什么工具。我回头一看,没有什么大不了的,对他说:人没有不摔跤的,不要一摔就哭,哭就不像男子汉了。他的确有些娇气。

小轮子卸下来了,车速明显提高。再上路,他没走几步,失去平衡,又摔一跤。起来后,我指导他,又走一段,再摔一跤,再起来,我还是这么指导他。穿过弯弯曲曲的人行小道,总算到了西边人少的路上。他骑不动,我帮他推,车子骑起来了,我告诉他,身子不要歪,车把掌握好,主要就是掌握好平衡。

说的总比做的容易，这不，他又摔了一跤，哭了。我一点也不客气，再次批评他不像男子汉，要他接着再来。他歪歪扭扭，但是能走更远了。又摔倒了，还是哭，再批一顿；他要回家，我明确告诉他，男子汉做事绝不能半途而废，既然要学，那就学会后才能回家，再说你已经会了，只是不太熟练而已。

坚持，坚持，练习，练习，他确实基本掌握了，我才放手。他大概体会到快行更易平衡，所以速度越来越快。我以语言限制他，开始有点效果，他终于独自径直向北，再向东拐，完全消失在我的视线范围。这时我急了，但是没有办法，只能快步追赶。

还没见到人影就已听到他的哭声，我知道肯定有事，于是加快速度，赶到跟前，一看车子摔在地上，人已站起来了。一旁的一位年轻人直说他骑得太快，差一点撞到了他。我知道是我们自己的问题，没有责怪那个年轻人，只是要求盟盟把车子推回家。

路上少不了批评，我批评他擅自离开我的视线，就是离开我的监护，是十分危险的，刚才就是教训。说着，草地到了。还是让他自己推，是难，但是他能够做到，我绝不帮助。我是横下心来的，就是要摔打他、磨炼他，而且觉得摔打磨炼得还很不够。

盟盟，希望你永远记住今天，记住今天的摔打与磨炼；更要记住，对于一个个人，尤其一个男人来说，更加需要经得起种种摔打与磨炼。那样的男人才是真正的男子汉。

（2017年6月24日）

不能抽烟

我们教育盟盟的另一个方式就是灌输常识，明确禁忌，所以凡是公共场合里的特别标记，只要我们懂的，盟盟几乎没有不懂的。

今天，奶奶带着盟盟等29路小公交，一个伯伯在抽烟，味道飘了过来，盟盟大概想起我们在地铁上经常指给他看的禁烟标记。那是严格的禁忌，所以印象深刻，于是说道："不能抽烟！"

虽然公交站不是地铁站，盟盟也没有直接针对那位抽烟伯伯，只是一种条件反射式地随口一说，但是童真有一种特别的力量，甚至有一种能够震撼心灵的力量。好在那位伯伯还真是一个好人，听他这么一说，竟然很自觉地就把香烟掐灭了。

奶奶回来说了这件事，让我越发感到文明细节从小教起是多么重要。当然我们也要向这位尊重孩子意见的伯伯致敬，他在盟盟面前已经树起一个知过必改的榜样，其形象非常正面。

叹曰：童真即本真，本真即本质，力量之强大，甚至不可战胜。"大学之道在明明德，在亲民，在止于至善"，此乃《大学》"三纲"。可见至善是中国文化的最高理想，达于至善必从求真开始，求真应是向善的动机与目的。

这是2013年5月10日记录的盟盟的故事，没有想到4年后的今天，这出喜剧在优优的身上再次上演——

早上，奶奶带着盟盟和优优一起乘地铁，刚刚走到入口的地方，看见一位老爷爷正在教自己的孙子怎样把小树上的叶子摘下来，一片，一片，还准备再摘一片。我们一行走到这里，优优看不下去了，说"不要摘树叶，不要摘花，她会疼的"。经他这么一说，老爷爷不好意思了，小朋友也放下了那片已经抓在手里的叶子。

奶奶和盟盟回来后，共同向我讲述这则故事，让我再一次感触于心，这是我平时在接送他们上幼儿园的途中，教导他们爱护花草树木的情感性形象性的语言，当时，看上去他们是那么漫不经心，没有想到已经铭记于心，以至于在需要的时候也就蹦了出来，而且产生了那么好的效果。

（2017年6月25日）

"爷爷，你笑什么啊？"

"爷爷，你笑什么啊？"盟盟不解地问我。我说："爷爷看到你们兄弟俩这样团结友爱，感到很高兴，也就笑了。"

盟盟的问话，使我想起需要体会一下自己的笑脸。是啊，自从幼儿园的门打开后，我大概也就打开了笑脸，但那多是礼貌性的；真正打开笑脸应是在见到他们两个之后，那才是情发于衷的笑。

大班与小班楼层错位，放学时间也错位，奶奶在家为我们加工"饲料"，我一人徒步来接，顺便锻炼锻炼。走进园区先进小班带出优优，转身出来再等盟盟，正好大班下来，我们两军顺利会合。

一出小班，我就看见优优手里拿着两个棒棒糖——老师说是同学生日送给大家的礼物，他自己先吃一个，又小心翼翼地把另一个拿在手里，我知道他的心思，那是给盟盟留的。

我们尚未站定，就在人丛里找到了盟盟，一起上前，优优马上把自己手里的糖交到盟盟手里。盟盟谢了，撕开糖纸，忽然发现自己手里的糖棒是歪的；一说，启发了优优，优优发现自己的糖棒也是歪的。于是，两人都为自己的发现而得意，得意得哈哈笑，然后一起甜蜜，甜甜蜜蜜地走出园门。

在走向公交站的路上，盟盟拿出一个圆圆的橡皮，上面刻着花纹，说是叫驱蚊橡皮，送给优优。优优开始不要，我说是盟盟给你的——示意他应该收下，他这才收下。嘴很甜，马上送上一句"谢谢盟盟"。真是投之以桃，报之以李啊！我在心里想。

公交也就3个站，到了。雨后的天气不是很热，小动物们却更加活跃，我们走在长长的人行道上，头上顶着雪松和杂树，他们的兴奋点却集中在东奔西忙的蚂蚁们身上——蚂蚁也就成为两兄弟一路活动的主题。

观察，仔细地观察，再继续观察蚂蚁们的活动；接着捡起地上的树枝挑逗蚂蚁们；不过瘾，竟然用路边的鹅卵石和蚂蚁们战斗。战斗中，盟盟不小心一屁股跌在地上，还没来得及哭出声，优优已经伸出双手将他扶起。

盟盟没有哭的理由，也就顺势起身，继续找蚂蚁们的碴儿，但是找不到敌人了。盟盟问我怎么没有蚂蚁了，我不明就里，说到处都是啊。优优懂得盟盟的意思，说要找小蚂蚁。我明白了，也一起寻找，但是的确不好找，当然更主要的是没有时间找。

的确有点紧张了，奶奶在等我们吃饭，饭后还要送他们一起上课，我不得不催促。他们的脚步是在听我的调遣，但是步态还是优哉游哉，两双眼睛几乎始终盯在前面的地面上，共同目标就是他们想要寻找到的小蚂蚁。

还是没找到，但是已经到家，吃饱了，我们祖孙4人共同走在上学的路上。优优的书包太大，盟盟替他背着；盟盟的书包拿在奶奶的手里；我呢，提着两瓶水。看着他们灿若晚霞的童颜，听着他们的叽叽喳喳，我默默地走着，悄悄地笑。

笑容写在脸上，甜蜜流在心里。

（2017年6月27日）

分析一件事情

今天晚上我遇到这么一件事情，觉得有必要和盟盟一起分析，以提高他的鉴别与处事能力。以下就是我的故事与我们共同的分析——

下午，我与友人聚会结束，乘地铁回家，走到胜太西路，乘直梯出站。正要关门，来了一对小夫妻，推着一个襁褓中的孩子。如果我不伸手，电梯也就关门走了；但我还是伸手不让关门，直到他们进来。

我该怎么做呢？我向盟盟提问。

"把门打开，让他们进来。"盟盟这样回答我。

我说我是这样做了，也觉得我做了应该做的事情；那么想想他们应该做点什么呢？

"应该说谢谢。"好，我再一次肯定他的回答。可是——

我的话锋一转，说如果是你们，相信你们会谢谢爷爷的；但是他们面无表情，似乎我做的这件事情与他们没有任何关系。你知道我的心情吗？

盟盟说"不知道"，我请他再想想。"生气"，我又一次肯定他的回答。接着问他，那我应不应该把生气的心情表现出来呢？

"不应该"，他的回答又一次让我高兴。

电梯到了，故事继续：童车里的小朋友睡着了。走出电梯后，我看见小朋友的头歪了大约90度——他还不懂90度，我就歪着脑袋做个示范。

"你知道爷爷的心情吗？"我问。盟盟说"高兴"。

"错，高兴是报复心态，小朋友根本不知道发生的一切，不应该得到报复。我的心情是心疼，心疼那个可怜的小朋友。"真的，一旁比爸爸还高的妈妈似乎应该抱抱那个小朋友。

再问他："那我该怎么做呢？"

"告诉他们。"盟盟这次又给出了正确的回答。

于是我说："是的，我是这样做的。"

接着我向盟盟描述了当时的情形：我走近孩子的爸爸，告诉他孩子的头不能这样歪，会伤到颈椎的。但是他显然不知道怎么做，估计也没有这方面的知识，所以还是没有进一步的措施。

"想想看，这时我该怎么做？"我又问。盟盟眨着眼睛在想。

"可以不管"，我自问自答；但是我还是伸手抓住童车的一侧，把前面的两个轮子翘起悬空，让四轮车变成两轮车——我平时就是经常用这种姿势推他们的——那个小朋友也就由坐着变成躺着了，脑袋自然也就摆正了。

看得出，孩子的爸爸有了如释重负的表情，一连两声向我"谢谢"；而那位妈妈呢，好像在生什么气，仍然冷若冰霜。

"清楚了吧？如果是你今后遇到这样的事情，相信你已经知道应该怎么做了。"最后，我既是对故事总结，也是对他的告诫——

"受人恩惠，懂得感谢。一点不难，只是习惯。"

（2017年7月1日）

优优成精了

我在厅里督促盟盟完成作业，就听优优和奶奶在厨房里说着话，听到一些，但不完整。

几分钟后，奶奶过来对我说，刚才优优在厨房里对她说："奶奶，妈妈不是你的孩子吧？可是你什么事情总为妈妈做？奶奶你真好！"

别说奶奶听到这些话的感觉，就是我听到了也很感动，感动于孩子虽然才4岁多一点，但是却这么懂事：懂得观察，懂得事理，懂得表达。

这个话到底向不向妈妈说一说呢？我还是很费心思地想了想，最后决定还是给妈妈写了几行字，把优优说与奶奶的话转告她。

妈妈回信，不仅给了两个大拇指，还夸奖他说："知道感恩的好孩子！"说了这句，又补上一句："我还经常听他说：'奶奶，你辛苦了'！"有了这句话，优优的形象也就更加饱满了。

孩子虽小，也有大人的智慧；大人虽大，未必就比孩子高明。大人不可小看孩子啊！

（2017年7月2日）

儿童安全"十大宣言"

盟盟和优优：我看到一则信息，是英国有关于儿童安全的"十大宣言"。不管真假，觉得很好，有些地方是我们过去关注不够的，所以特地辑录下来，并提出自己的意见，既给自己补课，也为你们今后的安全留个备考。

1. 平安成长比成功更重要——你可以不成功但不能不安全。

爷爷的意见：天地之间，人的生命最为宝贵。对于儿童来说，成长是其生命的任务，而安全却是生命成长的唯一守护神。

2. 背心、裤衩覆盖的地方不许别人摸——你的身体属于自己，他人不得冒犯。

爷爷的意见：人人都有隐私。捍卫自己的隐私是权利，保护别人的隐私是尊重。所以，别人不能冒犯我们，我们也不能冒犯别人。

3. 小秘密要告诉妈妈——真正可信的是妈妈，妈妈是最不会伤害你的人。

爷爷的意见：当然。可别忘了，你们还有爸爸、爷爷和奶奶。

4.不喝陌生人的饮料，不吃陌生人的糖果——你有权不听陌生人的话，对陌生人你有权利说不。

爷爷的意见：香甜的食品是最廉价的诱饵。喜欢诱饵的人，最容易上钩。

5.不与陌生人说话——对陌生人不理睬是对的，小孩没有能力帮助陌生人。

爷爷的意见：坏人没有标记，陌生却是护膜，在陌生人面前的安全护膜，就是让彼此陌生。

6.可以打破玻璃，破坏家具——为了保护自己，儿童有权打破所有规章与禁令。

爷爷的意见：为了安全，可以舍弃一切财物；在特殊时刻也可以实施"破坏"。

7.遇到危险可以自己先跑——你有果断逃生的权利，跑得越快越好。

爷爷的意见：舍生取义是崇高的选择。更多的时候，却是只有有效保护自己，才能更好地帮助别人。

8.不保守坏人的秘密——遇到坏人要尽快揭发，这样你就不会危险了。

爷爷的意见：对好人诚实守信是善良，对坏人诚实守信是愚蠢。

9.坏人可以骗——对坏人你有不讲真话的权力，要学会骗坏人。

爷爷的意见：不欺骗好人和欺骗坏人同是美德，能够骗得成坏人才是智慧。

10. 生命第一，财产第二——人生在世，生命第一，为财舍命划不来。

爷爷的意见：人的生存肯定需要钱财，但是从根本上说，钱财又是最不值钱的东西，尤其是在必要的物质基础具备之后。

（2017年7月5日）

优优悄悄请我

正在为盟盟和优优组编国学家庭教材。因为后天要去泉州授课，明天还要出庭诉讼，想赶在今天完成《盟盟优优来读诗》和《盟盟优优来读经》两个PPT。实在紧张，还得紧张，不得不承受紧张。

优优来了，来到书房，我没在意，他却嗲嗲地说："爷爷，请你来。"我问他要我去哪里，他不说，只是用手把我牵进我们一起睡觉的房间。我正琢磨他为什么事，他却拿出奶奶特地为他买的一本大字本《三字经》。

面对封面上的"大字三字经"5个字，因为分为黄白两种颜色，他肯定想知道究竟哪几个字是"三字经"，我就指给他；可他又像怕把两个白色的"大字"给丢了，总是用手把白色的"大"字和黄色的"三"字连在一起跳着读。我自然要纠正他。他自己把书翻开，要我教他，我很惊讶，这可是他4年多来从来没有过的行为。

就为这，奶奶经常抱怨我对他教得不够，似乎我偏心似的。我说实在没有办法，分身乏术，好在他还小，等大一点再说吧。有时我有点空，也想教他念念《三字经》，就当儿歌念呗。但他在幼儿园的小班已经学到了"窦燕山，有义方，教五子，名俱扬"，再往下他似乎不接受我的接力棒。我也就只好耐心地等待。

实在没有想到，现在他竟然自己来请我了。那个小心谨慎的样子，一改平时的调皮捣蛋，却反映出内心的一片真诚。奶奶还在帮助盟盟洗澡，我就和他从"养不教，父之过；教不严，师之惰"开始。他的吐字还不清楚，总是把"之"念成"ji"，特别是那个"过"，好难读啊，再纠正读出来的还是"duo"。我不着急，他更有耐心。

接着读："子不学，非所宜。幼不学，老何为。玉不琢，不成器。人不学，不知义。"而且反复读，他既不厌烦，更没抵触。不管效果怎样，那个态度叫人好生爱怜。但我还是适可而止，首先时间不早了，我要抓紧把两个PPT做完；更重要的是还要把优优今晚的出彩之处记下来。我把想法表达了，还装作因为光着膀子被冻得很厉害的样子，他也就接受了我的建议。

优优：我亲爱的小宝贝，你放心好了，在这个家里，在爷爷奶奶的身边，你一定会获得平等的教育权利。你现在还小，看不懂，就像爷爷今天赶做的两个PPT，都是《盟盟优优……》。这仅是"读诗"与"读经"两个专题。下面，爷爷还要按照经史子集的四部分类，进一步辑录诸子百家的名言名段供你们记诵。最后，爷爷还会把你们的学习内容拓展到世界经典领域。

爷爷为什么这么做？就是认定了一点：没有文化，非常可怕。不管你们今后做什么工作，都不能没有文化底蕴；不管你们今后走到哪里，都不能没有自己的根。根是什么，就是魂，魂就是文化。没有魂，我们就是空中的飘絮，水里的浮萍，首先难有发达，即使发达，终不过金玉其外，败絮其中。爷爷绝不希望你们是这样的人。所以，从现在开始，我们要一起努力。

（2017年7月26日）

"老板，请你打个电话找我妈妈"

8月1日，妈妈组了一个由3个家庭组成的亲情团队，去一个不太知名的嵊泗岛看日出、玩沙子，玩了4天，昨天到家。尽管人困马乏，盟盟今天还是要去上课。我是很重视孩子休息的，说好下课回来补觉，他却是久久不回，我大为不满，但是妈妈一个关于优优的故事及时冲淡了我的愤懑。

说是昨天在上海车站的一家书店，大家都在选择自己喜欢的书籍，盟盟选择了5本，优优呢，可怜兮兮的，目前除了认识几个英文字母和一组阿拉伯数字，还是文盲，所以选不出自己喜欢的书籍，但是一直在坚持选自己的书籍。就在大家一起走出书店的时候，优优竟然被遗忘在书店里。

就是这样一件十分糟糕的事情，妈妈等人直到坐到座位上的时候才发现，但是却不知道优优在哪里被丢的，大家一起着急，一起寻找，可是偌大的上海站到哪里去寻找呢。找不到也得找啊！正在想别的办法的时候，妈妈的电话响了，是书店老板打来的。优优终于有了着落。

妈妈等人火急火燎地赶去，优优呢，面不改色心不跳，在一旁照玩不误。倒是书店老板如释重负地对妈妈说起他们走后优优的表现："他好淡定啊！他走到柜台边，说：'老板，请你打个电话找我妈妈。'"说到这里，妈妈才知道书店老板电话的来由。谢谢这位书店老板！

下边的故事还要问吗？不用了，一定是优优告诉了书店老板妈妈的电话号码。奶奶似乎不信，还特地问问优优，优优马上就说"139……"我们一起高兴，我还特地讲起盟盟在小托班里也有一次类似的经历，都是有惊无险的故事。看来，家长不可粗心大意肯定至关重要，但是早早地把家庭成员的电话号码告诉孩子，而且要求他们熟记在心也是十分有必要的。

（2017年8月5日）

特殊考试

要培养孩子的生活能力是人人都懂的，但是我们往往代替孩子太多，反而剥夺了他们成长的机会。我们家里也存在这个问题，尽管尽量避免，还是不可避免。

盟盟的指甲长了，需要修剪。还在他很小的时候，妈妈把他的指甲剪成一条直线，我批评了她，从此剪指甲基本就是我的事情。现在需要改变，要让他自己做。他已经快满7岁了，也许晚了一些，但是不算太迟。既然要他做，就要有个动员机制。怎么动员？我想出一招：考试。

怎么考？首先请他来书房参加考试。优优把我的指示传达过去了，他在下面的厅里问我考什么，我说来了就知道。他说等等，好，那就等。终于来了,我告诉他:考试剪指甲。从今天开始,以后的指甲都是自己剪,爷爷不再帮助你,你已经长大了。

接着宣布考试标准,就是怎么剪指甲:每个指甲最少两剪,最多三剪。两剪就是左右各一下子,三剪就是在中间再补一剪。当然不能剪得靠肉——就是修复妈妈造成的指甲形态问题——要留出浅浅的一小截。平时,我已告诉他,指甲的美观标准就是形态圆圆的,而不是平平的,加上每次我都是按这个标准给他剪的,所以这对他来说已经不是问题了。

说罢,我把指甲剪刀递给他,宣布开始。他就咔嚓、咔嚓,我就一旁监考,同时宣布补充规定,"剪完之后要打分"。他问是不是每个指头10分。还行,知道10个指甲100分的分配原则。终于剪好了,我要他手面向上,两手平放,接受检查。一看,"其他都好,就是两个小手指留的太短,但是没有影响规定的指甲形态,可以满分",我说。

电视还在开着,他想马上就走。"不行,"我说,"还有一道程序没有完成,就是要把剪下来的指甲清理干净。""怎么清理?"他问。我顺手递过垃圾桶,同时要求他看看地下,自然一目了然。他开始用手捡,我说不对,先把它们挪到一块,再利用手指的汗液粘,那样会快得多。他如法操作,觉得好了;我进一步要求他检查周围,直到他把地面的指甲捡得一点不剩,我才让他最终通过考试。

看来,在剪指甲这个问题上我们可以放手了。

(2017年8月7日)

非礼勿视

盟盟偶尔说起幼儿园里的事情,笑谈某男同学抱着某女同学,觉得很有趣。这纯粹是小孩子们的过家家,试想,这么小的孩子能有什么坏心眼呢?纯粹是好奇式的模仿。

但是,我不小看,认为模仿是行为的初级阶段,幼时的不当模仿如果不能得到及时矫正,日久可能成为习惯,那样可就是大问题了。近日媒体有报道，一老年男人在地铁上非礼女性，不仅受到受侵犯女子的掌脸，也受到舆论谴责。想来此人不是后来的心理变态，就是早年的积习未改。

想到这里我也更加警惕起来了，觉得对于自家的两个顽童不仅要有一般性的礼仪教习，还需要特别强化关于男女之间的行为规范的观念。既然是观念问题，就需要有个观念的依据，于是自然地想起了孔老夫子。

《论语·颜渊》："颜渊问仁。子曰：'克己复礼为仁。一日克己复礼，天下归仁焉。为仁由己，而由人乎哉？'颜渊曰：'请问其目？'子曰：'非礼勿视，非礼勿听，非礼勿言，非礼勿动。'颜渊曰：'回虽不敏，请事斯语矣。'"

翻译一下意思吧：颜渊问孔子什么是仁。孔子说：约束自己的言行，使之合乎礼的规范就是仁。一旦做到了，天下就会归于仁。实践仁在于自己，而不在于别人。颜渊请孔子具体阐述。孔子说：违背礼的现象不看，违背礼的言论不听，违背礼的语言不说，违背礼的事情不做。颜渊说：我虽然不够聪明，但是也会按照这个标准去做。

这段文字并不是直接告诫男女之间的行为规范，但是既然提出了一个"礼"的标准，就一定包含这个义项原则。"礼"是一个原则，具体标准会随着时代的变迁而不断调整；但是不管怎么调整，一定会有合乎当时要求的社会标准。当然也要看到，孔子这里的主张属于保守主义，对于不合"礼"的言行，完全不看、不听、不说、不做似乎不大可能，关键要有鉴别与批判的意识。

我们爷孙4人走在去上英语课的路上，我先以语言把这段文字中的"四非"教给盟盟，要求熟记之、背诵之。解释是少不了的，主要是引导他抓住"视""听""言""动"4个关键动词。当然，效果不错。我还准备把它写到白板上，更加形象地把这个观念印在他的脑海里。

我当然不是要他们今后做什么卫道士，而是希望能在他们人生的青少年时代就有一个基本的自我约束标准。有一个明确的标准未必就能做到，子见南子的情节总是叫人有些想象，说明人性是极其鲜活的，但是没有这样的标准岂不更加不好，所以我这么做了。

总而言之，男女生态天有安排，男孩有男孩的优势，女孩有女孩的长处，无论男女，有则须教，教不成人，育不成才，都是枉然。但是究竟怎样教育真是一个很大的事情，也是一个很麻烦的事情。我把这个想法写在这里，就是想等我们的盟盟和优优能够看懂时，会有一个判断与选择的参照。

（2017年8月22日）

我和优优雨中行

早起改完一份讲稿，想出去走走，问优优："一起出去玩玩好吗？""好！"他打开门，说"爷爷，下雨了，要打伞"，我反身回屋再出来，路上也就多出了两把雨伞，一把大的，一把小的。

抄近路走入另一个小区，物业正在修树，想起应该教优优一些植物知识了，于是顺手指着眼前的几棵雪松，再指着靠近围墙的竹子，告诉他它们都叫什么。他故意调皮，说雪松时带个"树"，倒也妥当，但说竹子也要带个"树"，变成了"竹子树"。"说竹子树不能算错，但是人们都不这么说，所以听起来就很别扭。"我这样告诫他。他的好奇心过去了，竹子树也就变成竹子了。

雨不紧不慢地下，我们不紧不慢地走。我想让他牢牢记住刚才学过的两个知识概念，对他说："优优，我马上考考你，如果你能记住雪松和竹子，我到前面就给你买个吃的，你要什么爷爷就买什么。""好"，他脆嘣嘣地答应一声。

"马上请你指出雪松在哪里"，我远远地看到几棵雪松挺在那里，想提醒他做个准备，没有想到他的大脑袋慢慢地转了100多度吧，小手一指，嘴里说道："爷爷，那就是！"他指出的可是被其他树包围在里面的朝天的半截雪松，说明他真的记住了。

"棒！"我送上一个夸奖，说"你已经拿到50分了，真是了不起啊"。不能就这么走着，我想强化他对竹子的概念，但不直接告诉他，而是问他："你能找到竹子吗？"他看看，说："爷爷这里没有竹子。"是的，但是我已经看到前面有几丛，到了他也能看见的地方，接着出题："请优优指出竹子。"结果还用说吗，我又送他一个"棒"，并且告诉他总共得到100分。

诺言是要兑现的。"走，我们去买吃的"，我牵着他的小手穿过马路走进超市，转了两圈也没发现适合他的东西，问他要什么。他要买里面有玩具的巧克力蛋，不但好吃，更加好玩。以前盟盟吃的玩的多了，没有想到现在变得这么大，10元一个。他还想到盟盟，要求再给盟盟买一个。真好！连收银员都和我一起表扬了他。

我们再次穿过马路，选择一条彩色的河边小道往回走。雨小了，我们收起雨伞，他说："爷爷你拿了很多东西，我来帮你提塑料袋子吧。"他看上去对我满是关怀，也的确不能说没有关怀，但是真正关怀的可能还是塑料袋里的玩具蛋吧。可是关怀得合情合理，名正言顺啊，我除了内心窃喜，就顺势满足他的要求。

继续漫步，优优说雨又大了，我一边撑开伞，一边对他说，秋天的雨就是这个样子，一会儿大，一会儿小，淅淅沥沥，没完没了。他说蝴蝶、蜻蜓都有水喝了。我说是的，但是蝴蝶、蜻蜓喝不了这么多，它们只要有露水也就够了，大不了再从植物里补充一点水分。后边的看法是我的推测。

还有好长的一段路，我想让他再记住一个植物。正好眼前出现一排紫薇，就对他说："优优，这种花叫紫薇，用手一挠它就怕痒。"我是听说的，也就这么向他介绍。"还有这么有意思的植物吗？"我想他一定觉得好奇。见他的好奇心被激发出来，我就抱起他给紫薇挠痒。没有出现传说的一幕，他肯定失望，我也很失望啊！

但是一个新的兴奋点出现了，我立即抓住，马上告诉他，"紫薇花树上有蚂蚁"，并以特殊的语调突出"紫薇"一词。听说有蚂蚁，他真的兴奋起来了，最近，蚂蚁就是他观察和玩耍的重点对象，他几乎天天都要和蚂蚁打打交道。现在，他从树上认真地找到那个小小的昆虫后，还要求我把它逮下来给他玩。

我把蚂蚁放到他的手上，他把蚂蚁放到地上，忽然又发出一声兴奋的呼叫："爷爷，这是蜗牛！"我低头一看，果然是一只蜗牛，背着一个沉沉的壳，一拱一拱地向前挪动。我们一起蹲下，他用小手摸摸那个壳，说"好硬啊"。我还真没有这个经验，也用手体会一下，的确像螺丝壳子。他问我它要去哪里，我说去花草丛里。说罢，他捏着蜗牛的贝壳，把它放到紫薇树下的黄杨丛中。

我们继续悠闲地走着，他忽然看见紫薇树上有几只蚂蚁在爬，我却看不见。天上的雨点让他想到蚂蚁该到哪里躲躲雨，于是问我："蚂蚁都到哪里躲雨啊？"我说蚂蚁的家有很多，它们也很方便就能找到自己的家，紫薇树上的小洞就能成为它们的家。

他似乎放心了，却想采点树上的紫薇花，我不采树上的，而是躬下身子捡起被风雨吹打在地上的花瓣，送到他的手上。他一边认真地看，一边问我那个圆圆的东西是什么。"是花蒂，没有蒂花就长不好，开不出来。"对我的回答，他未置可否。我追问一句："这叫什么花？""紫薇。"干净利落的回答，让我感到此行不虚。

风小了，雨少了，我们一起走进草地。我面对秋后新生的芳草，做一个深深的呼吸，感到天上的风和雨，还有我身边的优优，都是那么令我陶醉。

（2017年8月26日）

学前家庭第一课

盟盟（学名管亦苏）今天已经正式获得小学学籍了，他可郑重了，走路尿急都要憋到家里解决，我问为什么？他说自己已经不是幼儿园的孩子，而是小学生了。他的郑重令我肃然起敬。可见"小学生"的名号对于一个孩子来说是多么了不起啊！

自豪感是自信的动力机制，孩子的自豪感尤其重要，所以我们很重视激发他的自豪感。从前天开始，我们就告诉他要为自己的学校骄傲，为自己的老师骄傲，为自己的同学骄傲。

师生和同学的关系肯定是第一重要的，我们严格要求他和同学要团结友爱。那怎么处理师生关系呢？我想应该给他一个原则和高度，于是问他："养不教"——他马上接过来："父之过。教不严，师之惰。"我就继续发挥："不教育是父母的过错，教育不严格就是老师的懒惰，那这《三字经》是要老师严格要求学生的吧？"他和在一旁的弟弟优优一起称是。"好，那如果我们遇到严格要求、严格管理的老师，我们应该取什么态度呢？是配合服从，还是不配合不服从呢？"他的回答并不干脆，但是思考却很认真。我想目的基本达到了。

学校发了一堆书，我们又去书店买了一堆辅助性的书籍，为了保护书本，要给书啊本的加上塑膜，我先做个示范，剩下的就请盟盟自己动手。做着做着，他像有了新发现似的对我说："爷爷，书上有'努力学习，回报祖国'！怎么回报啊？"我一看是有这行文字，就对他说："受人恩惠应该感恩图报。我们上学读书，国家免费为我们提供书籍，就是国家给予我们的恩惠。我们能够学习好、品德好、身体好就是对祖国最好的报答。"

（2017年8月31日）

"我是中国人"
——学习小学一年级语文教材"图叙"

盟盟（学名管亦苏）已经走进一年级的课堂，拿到他的教材后，我首先想看看语文书。老师说这是今年才推出的新版本。少说有30年了，我没有系统看过小学教材，但是这次一定要看的，因为它是我们盟盟就要使用的课本。

回到家里，等到盟盟入睡后，我打开书本，其庄重之心绝不亚于基督徒打开《圣经》。首先看到的是课前配图，位置相当于全书的绪论，但主要不是以文字写成，而是以图片形式展现所要表达的绪论精神，我就把它叫作"图序"或者"序图"吧。

有两处文字可以反映图序的立意，主标题"我是中国人"，背景处的左上方的红框里还有"我上学了"4个字；中心位置矗立着迎风招展的五星红旗，那是国家的象征与标志，直接代表着"中国"；前面是由56个民族少年儿童组成的欢乐人海，寓意全国各族人民的团结友善、幸福欢乐，同时表现孩子们走进学校读书求知的兴奋之情；背后则是天安门城楼，表现的应是中华民族以及中国历史悠久文化辉煌。

可以毫不夸张地说，这是一幅可以传世的作品，其所承载的信息量远远超出相同版面的文字，但是不管人们的想象多么丰富，"我是中国人"都是全图的精神主旨和思想纲领。这是一国公民的身份认同，也是人生最重要的基本点。数千年的历史和现实经验证明，无国即无家，无家焉有

"我"！所以，当"我是中国人"真正植入孩子们心灵的时候，他们也就获得了做人最基本的道德观念。

盟盟，还有我们的优优，请永远铭记"我是中国人"，并努力做一个真正的中国人，一个堂堂正正的中国人。

（2017年9月1日）

"天地人"
——学习小学一年级语文第一课

打开孙儿盟盟（管亦苏）一年级语文教材第一课，《天地人》的标题让我眼睛一亮，心灵为之震颤，甚至有点热泪盈眶。请相信，这不是夸张，我不需要这样的夸张。在静静的夜晚里，面对"天地人"，我的心真正地为之感动啊！

我难免浅陋，但我不揣浅陋，总是愿意以我的经验说事。在我启蒙以来的数十年间，从来没有见过把"天地人"作为语文第一课的标题，作为一个完整的文化概念向孩子们郑重推出。现在有了这个教材，有了这个安排，从技术层面上讲，就是对于教材前图《我是中国人》的深度呼应，具有强大的逻辑力量。当然，实际意义远不止这一点。

"我是中国人"，须有中国魂。中国魂者中国文化，所谓中国文化就是儒释道等相互兼容浑然一体的精神文明，数千年来，孜孜不倦地究天人之际，述治世宗旨，明修己之道，但其与众不同之处在于不语乱力怪神，强调真理的经验性。而天地人既是中国人共同的经验概念，也是中国文化中的真理性命题，具有高中低端不同的意义。

低端层面上的天地人，就是3个具象存在，特别适合孩子的接受能力。人有抽象思维能力，抽象思维能力的成长与发展是以具象信息的积累厚度为基础的。孩子来到世上，原本一张白纸，他们对于世界的感知是从点滴开始的。"点滴"有大有小，最大的点滴就是天地人。这是他们在这个年龄段对于世界的整体把握所能达到的最高水平。千万不要小看，越是基础的越是久远的。

中端层面上的天地人,就是对于天地人的价值认识与体验。《三字经》告知孩子,"三才者,天地人"。此话源自《易经》,代表上古时代中国人对于世界万物的把握与判断。在经验的层面上认为世界只有天地人3种事物最为基本最为重要。当然"重要"也是一个价值判断。所以天地人可以代表中国人对于世界最为真切的感知、体验与认同。事实也是这样,它早已扎根在中国人的信仰体系中。

高端层面上的天地人则是一个世界观,一个基本的哲学范畴。天地即乾坤,乾坤即世界。《易经·说卦》:"乾为天……坤为地。"先有天地而后有人。《黄帝内经》:"天覆地载,万物悉备,莫贵于人。人以天地之气生,四时之法成。"所以"天地人"实际表达的就是一个天人关系的哲学命题。在中国文化里,或谓天人合一,或谓天人相分,或谓天人相胜。这些世界观的理论具有重要的社会功能,即通过对世界本质的研究确立起我们对于世界的态度。

第一课以《天地人》为标题,但其全部内容则是"天地人、你我他"6个字。你我他是对上文"人"的拓展,以抽象的方式给孩子们描绘一个具象的社会。有人才有社会。社会众生,熙来攘往,生生不息,生成千丝万缕的社会关系,不管这些关系是何等混沌复杂,无非是由"你我他"互为经纬编织而成。如果说正确地认识天地人也就正确地认识了世界,那么正确地认识你我他,也就进一步正确地认识了社会,也就更加认识了世界。

总而言之,课文内容如此安排,其现实功能当然是为孩子们识文断字;但是在把"天地人、你我他"植入孩子们心灵的同时,也就为他们注入一种全面的中国式的世界观,只是暂时没有发酵而已,但是时间终将使他们慢慢领悟其中的哲学意蕴,进而成为他们特有的意识形态。那样,真正的炎黄子孙也就成形了。

(2017年9月7日)

附记:我将写成的"我是中国人"一文读给盟盟听,他很高兴。所列"天地人"的待写标题也被他看到,要我"现在就写"。我说写文章需要时间、精力和安静,现在写不出来,有空了肯定完成你布置给我的作业。几天外地教学任务完成了,终于可以松弛一下自己,乘兴把我的阅读感想完整记下来，并入《祖孙天伦》一书，算是完成了盟盟下达的任务。我想他们要在20岁左右才能读懂该文。

表扬好的就是批评差的

曾经有一个政治思想工作的基本方法：表扬好的就是批评差的。直到今天，我没有感觉到这个方法有什么不好，相反一直坚持运用。我现在天天和盟盟优优相处，还是经常运用这个方法解决问题。

早餐后，盟盟和优优在餐桌上发生了摩擦，盟盟把优优的几颗象棋子搞到地下了。按说，捡起来就得了，但是盟盟不捡；那么优优你就自己捡起来吧，也不，他清楚，自己占了道理，于是非要我去评理。我清楚，如果不是这样，还是孩子吗？

但我知道，一切"事件"都是教育的机会。我来到餐桌前，先听优优陈述事情原委，然后说："盟盟把优优棋子搞到地下是不对的，还不给捡起来更是不对的。"但是——这是一个关键的转折点，我说："优优，如果你能自己捡起来，说明你不计较别人的错误，那就更好了。"

优优受到了鼓励，马上动身自己捡，但他总是喜欢提出附加条件，于是要我把眼睛闭起来。我就顺着他，闭了眼，告诉他椅子腿下还有一个，别看不到。"捡好了。"他说。"可以睁开眼睛了吗？"我问。经他允许我睁开了眼睛。

"爷爷，你闭上眼睛。"又要搞什么名堂呢？他的眼睛看着棋盒让我明白，他要继续表现，于是我很自觉地配合他。几秒之后，听到一声"好了"。我进一步请示："可以睁开眼睛了吗？"得到允许。我才睁开眼睛，果然看见所有棋子都被安排到了棋盒里。

现在轮到我了。"优优，你能不计较别人的错误，自己把地下的棋子捡起来，而且装进盒子里，还装得整整齐齐，这就是风度，很好，很好！"说罢我伸出手去，"来，爷爷抱抱"。他一下子就扑到我的怀里，骑在我的腿上。我表现得格外热烈，既是对他的特别鼓励，也是做给坐在客厅里的盟盟看的。

盟盟真的不平静了，走了上来，走到我的跟前，十分委屈地说："昨天晚上，优优把磁性积木撒了一地，奶奶叫他收起他也不收，还是我帮他收起来的。"我一听，还有这样的好人好事，立即大加表扬："优优乱丢积木不对，不捡起来更加不对，必须批评；盟盟帮助优优捡，就是友爱，也是做出榜样，有风度，应该表扬。"我同样热烈地抱抱他。盟盟的心理终于得到平复。优优呢，瞪着眼睛无话可说，因为那的的确确也是事实啊！

（2017年9月10日）

盟盟的认字趣闻

多多和盟盟是幼儿园的同学和伙伴，因此两个妈妈早就熟悉。中午盟盟的妈妈邀请多多一家做客，我们也去一道用餐作陪。

席间说起一件曾经的趣闻：盟盟比多多早生几个月，相互战斗多多通常不是盟盟对手，回到家里，多多对着自己的妈妈说，"我想请你帮助写一行字给管亦苏"。

妈妈问他写什么，"我想打管亦苏的屁股"，多多说。妈妈没当一回事，也真的这么写了。多多把写着这行字的纸正儿八经地装进信封里，带到幼儿园，交给盟盟。多多的妈妈就在旁边，但见盟盟打开信封，照着字条完整地念出了"我想打管亦苏的屁股"。

多多的妈妈说，当时我就大为惊讶，本以为幼儿园里的孩子都是不认字的，写了那么一行，无非就是应付一下多多，谁知道盟盟一字不错地念了出来。讲到这里还连连说，"真是尴尬"。我们听了觉得非常有趣，一起情不自禁地笑起来。

我说盟盟的确认了不少字，学前考察他的老师，给他的评语也是"识字量大"。其实我们也没有特别地教他，就是接送幼儿园多数是我，走到哪里认到哪里，说说讲讲，念念背背，就这样会了一些。当然还有"另外"，我没有细说，比如看《十万个为什么》，我是要他读的；另外背诵经典和诗词也是认字的过程，肯定增加识字量。

既然认了不少字，也不浪费掉，现在上学了，我就配合学校的语文教学要求，发挥他的优点，指导他阅读经典而通俗的读物，比如《伊索寓言》。我先把故事讲给他和优优听。因为故事通俗易懂生动，他们都很喜欢，一个故事起码读两遍。

在此基础之上，进一步要求盟盟自己阅读原文。我没空时就是爸爸的事情，但是方法一以贯之。现在看来，效果还是有的。等到年级高一些，再将故事回炉，那时就重在理解和发挥了，那样对于写作肯定是有帮助的。

（2017年9月10日）

散记优优贵州游

9月14日，我从杭州直飞贵阳，在机场等候两个小时，奶奶携优优到了。利用16、17两个休息天，祖孙三人先游黄果树瀑布，后看青岩古镇。优优表现出色，多有精彩，这里散记一批故事。

1. 8块钱不多

冰激凌是优优的最爱，买了一个，才吃几口就要上车了。车是旅游大巴，两个门都很高，上下不很方便。奶奶本想照顾他，伸手给他拿冰激凌，但是没有拿好，掉到地下了。

最爱的东西没了，优优当然心疼，疼得放声大哭。这是这次出来他第一次哭，还哭得那么伤心，似乎一时半会儿停不下来。总得制止，不然影响一车人的情绪。我对他说，不哭，下车后再买一个；如果哭，你就一直哭下去，也不会再给你买了。

他当然懂得权衡利害，马上不哭了。到了黄果树景区的第一个景点陡坡塘，我们下来观景，兑现诺言，要买冰激凌，总算找到一处，让他自选一盒。

奶奶来到付款处，一问价钱8块。当家都知柴米贵，于是说这么贵啊！优优一旁听到了，马上说："8块钱不多。"连卖冰激凌的阿姨都笑了，问他一个月拿多少钱。

奶奶一边走，一边把这个故事讲给我听。我是懂的，在他的心里，其实是怕奶奶嫌贵不买了，那样不就吃不成啦，所以才说不多。当然，真的得到一盒新的冰激凌后，他的情绪不仅就像天气大好，连脸色也像山花一样烂漫。

（2017年9月16日）

2. 两次灭火

黄果树，游人如织，我们静静地坐在凳子上，一边观赏飞流直下的壮观主景，一边休息。这时，旁边的几位老年游客抽烟，香烟飘来。我们在下风，优优心里肯定不满，但表达方式却很特殊：向着奶奶说"有3个爷爷抽烟，我们家爷爷不抽烟"。

我们要起身走了，优优却看见木板地上有一截长长的香烟——我也看到了，基本是一支整烟，还在燃烧——嘴里嘀咕着："是谁扔的香烟啊？"说罢伸过小脚，把燃烧的香烟踩灭。我们说他做得对，因为消灭了安全隐患。

回到出发点散团，我们需要走过高架桥。走着走着，走到一个拐弯处，又一个香烟袅袅的烟蒂被他发现，他又对我们说："谁又乱扔烟头啦？"一边不满，一边一脚扑灭。我们不仅内心欣赏，也再次表扬，更觉得贵阳市应该给他发个荣誉证书鼓励鼓励。

（2017年9月16日）

3. 认识水牛

昨天游了黄果树瀑布，今天来看青岩古镇，秋阳高照，感觉很好。还在门外，我忽然看见路边一条小河里，有一个动作很大的动物，以为是什么特殊生物，直喊优优快看。

大家一起快步走到跟前，原来是一条水牛沉在水里，时不时潜下去浮出来，还不断向前游动着。我儿时有过牧牛的经历，对此并不稀奇，但是优优就不同了，第一次认识，有些恐惧，可更有兴趣，看样子很想更近一点看看。

难得的生物课，我要抓住和利用时机，于是一边说"走，爷爷带你下去看水牛"，一边牵着他的小手走下草坡，来到河边。水牛大概不知我们来意，呼啦一个转身，躲了好几米远，静静地注视着，幸好有根绳子拴着它，要不然它会躲得更远。

我知道我们惊吓了它，向它招手示意友好，优优也跟着摆动小手。它终于放心了，静静停在远处，呼吸着带水的气息，似乎在认真地听我怎样向优优叙说它们牛类的故事。

优优一连两次问我："它吃什么呀？"是啊，牛也是以食为天啊。优优的关怀虽然很人类，更让我知道在他的潜意识里已经知道吃的重要了，于是指着水边茂盛的青草对他说："水牛就吃这个啊！"他将信将疑，一定在想："青草能吃吗？"

我再次向他说明水牛可喜欢吃这样的青草了。他终于相信，也就放心了，在奶奶的召唤下，恋恋不舍地离开小河，离开了水牛，向古镇走去。

（2017年9月17日）

4. 步步紧跟孙悟空

孩子们都喜欢孙悟空，优优今天在青岩古镇的表现，却让我更加知道孙悟空对孩子的影响真是太大了。

进得古镇，走过几段路，一拐弯，在一座高高的建筑物下，看见一个真人装扮的孙悟空。我们为之一惊，太像啦，说形神兼备活灵活现一点也不过分。

优优起初有点紧张，但是内心更加惊喜，一下子就被孙悟空的形象紧紧抓住，看得目不转睛，实在按捺不住，还伸出自己的小手，小心翼翼地摸了摸孙悟空手上的毛。孙悟空不仅没有不友好的表现，反倒亲切地配合他，实实在在地满足了一下他的好奇心。

接着走，继续游，不仅吃了冰激凌，而且吃了中午饭，连状元猪蹄他都吃了不少。饭后，我们尽管都有些累了，还是继续向前。别说，优优也真是坚强，始终都是自己走路，甚至走得比我们更多。

我们正在漫步状态中，身后忽然走来一个孙悟空，这可不是上午站在那里的孙悟空，而是一个健步如飞的孙悟空。人们一片惊讶，优优更是兴奋，一下子忘记了我们，抛下了我们，说他大步流星一点也不夸张，反正步步紧跟着孙悟空，唯恐落下。

是盛情的成梅伉俪把我们带到这里的。陶爷爷不放心了，快步紧追，究竟追到哪里了我也不知道，反正我们到了出口处才重新聚起。

说真的，当时我还真怕陶爷爷赶不上他，成梅奶奶说没事，他们在一起。想想也是，如果不是陶爷爷，优优很可能会跟着孙悟空一起走上花果山，钻进水帘洞。

（2017年9月17日）

5. 不让买戒尺

适当体罚促进学生学习，是我们的教育国粹，可以不夸张地说，那是集数千年教育经验形成的社会共识。我们是新社会的人，读书时学校已经不提倡体罚学生了，但是体罚还是存在的，主要就是揪揪耳朵，几乎没有家长反对体罚的。

就是在民国时期，新式学校兴起，在一些落后的地方还是实行私塾式的教育，这是我从老年父辈那里听说的。因为"严师出高徒"是公认的教育信条，所以体罚是被看作严的形式。

体罚学生的专用工具叫戒尺，是用竹板或木板做成的，讲究的上面还有图有文。这些都是历史掌故，没有想到在青岩古镇一家店铺见到了它。当然现在是作为旅游商品出售的，长度不超过一尺，上面刻满密密麻麻的文字。我很想买一个玩玩，对奶奶和优优说"这是过去老师专门打学生用的"。

听到这里，优优坚决反对我买，竟然噘着小嘴巴说："不让爷爷买！"我看着他直发笑，和大家嘀咕："这么个小屁孩都知道规避惩罚。"看来惩罚真是不受人欢迎的，虽然它是许多方面所必需的。

优优，你知道吗？规避惩罚最好的方法不是反对"戒尺"，而是不去犯规。

（2017年9月17日）

6. 只买一个就行了

上午，奶奶带着优优逛街，说，我给盟盟买个东西，也给你买个好吧？奶奶心想优优一定会很高兴的。

但是没有想到，优优却对奶奶这样说："奶奶，你只买一个给盟盟就行了，我不要，我和盟盟一起玩，不就给奶奶省钱了吗。不然，把奶奶的钱用光就没了。奶奶的钱不多。"

奶奶说到这里颇觉感动，而且对我说，这话他说了几遍，可见是他真正的想法。说到这里，一边夸奖优优懂事，一边感叹"优优这次出来进步真大"。我也觉得他的进步很大。

（2017年9月18日）

7. 开门插卡

门卡就是打开宾馆房门的钥匙，优优对它特别感兴趣。第一次看了我们开门，以后每次都要自己动手。但是，门太重了，他有心无力，只有这时才让爷爷或者奶奶发挥作用。

门开了，插卡供电，观察一次也就懂了，然后他还是每次争着自己动手。是啊，咔嚓一下，灯就亮了，多有意思啊！但是毕竟才4岁多，身体不够高，插卡够不着，我就抱着他满足心愿，从此插卡成为他的专利。

离开房间时，取卡也有困难，但不需要我们抱起。开始，我们觉得他是解决不了问题的，没有想到他的小脑袋还是能够想出办法。只见他把手指摸到卡上，一点一点地往上推，要推三四下才能让卡脱离卡槽，再慢慢地把卡控制到手里。

开始他还把卡掉到地上，后来就很熟练了。奶奶再次感叹："孩子还是要经常出来见识锻炼，感觉优优这次出门大有长进。"是这个道理啊，孩子这样，大人何尝不是如此呢！

（2017年9月18日）

8. 什么是人

吃过早饭，奶奶准备逛商场，优优呢，既不捣乱，也不帮忙，但是突然问奶奶："什么是人？"不知道他为什么会提出这个问题。奶奶回答他："你就是人啊，我们都是人啊。"

我接过话来，说可别小看优优的提问，他实际上提出了一个极其复杂和深刻的哲学问题。比如你我他都是具体的人，而他问的却是一个抽象的人，涉及对于人的界定。

想想真是这样啊，全世界不知道有多少人给出关于人的定义，但是人言人殊，莫衷一是，所以优优实际上在无意间提出了一个宏大的理论问题。

当然，他肯定不知道这些，只是在无意中碰触到了这样一个基础性的哲学命题。但我是有想法的，难不成他也是喜欢理论的人？但愿。

（2017年9月18日）

规则与变通

下午回到家里已经7点多钟了。我进门就听见盟盟和优优尽情的笑声，感到更加开心，于是放下其他事情，陪他们一起看个仓鼠视频玩玩。笑声推着时针转到8点一刻，"睡觉"，奶奶一声令下，哥俩一起走进房间，跳到床上。

小床本是盟盟专用的，后来来了优优，还喜欢一个人睡，盟盟就跟我和奶奶同睡大床，这个格局就这样一直持续到昨天晚上。今天应该还是这样，但是变故发生了：盟盟也要睡小床。矛盾发生了，就需要解决，怎么解决呢？这很重要，我就是要借机训练他们解决矛盾的方式方法。

先让他俩商量，盟盟说一人睡一头，优优同意，但是他要求睡在向北的一头——那是他天天睡觉的方向，不想改变；盟盟也不愿意头朝南睡，要睡在朝北的一头。相持不下，盟盟说两人睡在一头。优优同意，我不同意，因为那样他们就会很长时间不能入眠，达不到早睡的目的。

僵局总要打破，这就需要制定一个刚性规则——共同遵守的约定。但我不提主张，还是让他们自己想办法解决矛盾。盟盟说包剪锤，谁输了就睡大床。规则出来了，优优也同意。我说，规则就是约定，约定就要执行。开始，3个回合不分输赢，到第四个回合时，优优出个剪刀，盟盟出个铁锤，赢了。

好，优优应该睡到大床上了吧，但是他就是愣在那里，不说上大床，也不说不上大床，内心一定矛盾。我说，优优，包剪锤就是规矩，既然你同意了，输了就要服输。他实在无话可说，但是心里一定委屈——天天就是这么睡的，怎么今天就改变了呢？

其实我也替他委屈，于是跟盟盟商量，想用友爱的力量变通一下，维持原来的格局，保持原来的秩序。甚至为了加大感化的力度，我对盟盟说："你谦让一下弟弟，明天爷爷没课，早上送你上学好吧？"盟盟说小床本来就是他的，言下之意就是不同意。说得没错，原本就是这样的啊。

既然在理，我就不好强制执行——我也需要带头遵守制度——于是哄着优优睡到大床上，对他说，我和奶奶一人一边，把他放在中间。我的用意十分清楚，就是以此烘托他的重要。看上去优优并不心动，但是最后还是不说一句话，静静地躺到大床上。别看优优才4岁多点，真的很讲道理的。

他们的矛盾解决了，我呢，却给自己找到了新的任务：暂时放下其他工作，首先把今晚这个故事记下来。目的就是通过这个经历，让他们从很小就能懂得，在人际交往中，总会产生矛盾，解决问题的公式性的方法就是互相协商—约定规则—依规办事；变通可以，需要重新协商约定，但是任何变通没有超制度的功能。我以为这既是古老的法则，也是现代的规则。今后也不会轻易废弃这个规矩的。

（2017年9月21日）

优优喜欢小蚂蚁

优优特别喜欢小蚂蚁，每次走在路上，眼睛经常盯着地，一旦看见小蚂蚁，总是情不自禁地高呼一声："爷爷，小蚂蚁！"在从幼儿园回家的路上，只要一下车，肯定要爬上路边的一个花坛，专心致志地寻找小蚂蚁。盟盟没有上学的时候，两人常常一起，围绕小蚂蚁忙得不亦乐乎。

上午，奶奶送盟盟去上课，我就在家里陪着优优，伺候了早餐，给他找来一个绘本，书名叫作《分享，得体地说》，我念给他听，指给他看。他呢，一边听，一边看，还一边问，终于把一本故事书讲完了。需要复习一下英语，下午又是他的课。但是更需要休息一下。休息总得找个节目。找个什么节目呢？不想走远，那就到门前的草地上去找小蚂蚁，既休闲又放松。

听说要找小蚂蚁，优优开心极了，连鞋子也来不及换，直说："爷爷，我就穿拖鞋可以吧？""行。"我回答他。他又说，"那我拿个东西去装，好吧？"我又答应了他。他拿起一个盟盟练习旱冰的塑料桩，我们一起来到草地上。

门前有块草地真好，孩子们可以有空阔的户外活动场所。到哪儿去找小蚂蚁呢？我提示他，就在草地的石板上找。他蹲下了，开始没有找到，以为没有，我说等等，一定会有的。我们终于发现第一只，他高兴极了，要我抓，我说爷爷的手大，不好抓到。他就把拇指和食指并在一起，伸出去，把第一只抓起放到旱冰桩里。

转过来再找，小蚂蚁就像来赶热闹，一只，一只，接二连三地来到石板上，他抓了一只又一只。但是不放心，因为小蚂蚁总是从旱冰桩的尖底往上爬。为了让他放心，我给他示范，只要小蚂蚁爬到上面，我以手指一弹，它也就跌落底部。优优终于放心了。抓得不少了，应该换个节目了吧？

就在这时，他的眼睛一亮，发现一棵青草上有一种很像蜻蜓的小蜜蜂。我以为是蜻蜓，但是抓起一看，也像蝴蝶，更像蜜蜂，准确的学名我也不清楚。他问："爷爷，它叫什么呀？"意思就是到底是叫蜜蜂还是蝴蝶呢？我说它更像蜜蜂。但是无论蜜蜂、蝴蝶、蜻蜓，还有小蚂蚁，它们都有一个共同的名字，就是"昆虫"。

"小蜜蜂"一动不动，我们以为死了，把它放进旱冰桩里，为里面的一群小蚂蚁提供午餐。可能受到蚂蚁的刺激，也可能里面的温度更高，它竟然能动了。优优兴奋地告诉我："小蜜蜂活了。"时间到了，要回家，他要把它们一起带回家，我说只带一个"小蜜蜂"吧，把小蚂蚁们放回草地。

小蚂蚁们被放生了，我们进家了，优优开始忙碌着小蜜蜂。我正在记录刚才的故事，他又来到我的跟前，和我黏糊。我说"优优自己玩，爷爷要写优优的故事"，并且把题目念给他听。他不听便罢，一听马上补充说："爷爷，我还喜欢'小蜜蜂'呢！"我说："是的，优优不仅喜欢小蚂蚁，也很喜欢'小蜜蜂'。"他这才放心地玩去，我就赶紧敲下他今天的事迹。

（2017年9月23日）

绘本《点》的故事

祖孙天伦

盟盟和优优正在梦乡,我翻看了一本为他们准备的绘本,被里面的故事深深吸引。想对他们说,你们醒来时,我会指导你们阅读的,但我更喜欢以文字的方式留下这个故事。因为它不仅对于你们现在,就是等到你们做了爷爷的时候,它也会教给你们这样一种不朽的智慧。现在,它就教育了我。

故事是这样的——

美术课结束了,瓦士缇还是一动不动地坐在椅子上。她的图画纸上什么都没有。这是一个多么糟糕的表现啊!

老师弯下腰看了看那张白纸。"啊!暴风雪中的一只北极熊。"是说坐在那里的瓦士缇吧?北极熊是珍贵而可爱的动物。"真可笑!"瓦士缇有点倔强地说,"我就是不会画画!"

老师笑了,"那就随便画一笔,看看能画出什么。"这样的要求实在太简单了,简单到不画都说不过去,瓦士缇抓起一支笔,在纸上狠狠地戳了一下,说:"完了!"

似乎有点赌气。老师却拿起画纸,煞有介事地仔细研究起来,并且发出一声"嗯——"接着把图画纸推到瓦士缇面前,轻声地说:"现在,请签名。"

瓦士缇没有想到老师是这样的态度,想了好大一会儿,镇定下来。"好吧,也许我不会画画,但是我会签名。"说罢,随手签下自己的名字。

一周以后,当瓦士缇走进美术教室的时候,惊讶地发现老师的办公室上方挂着一样东西。那是个小小的点——原来是她画的那个点,还用波浪形的金色画框装了起来。

看着那个美丽的点,她的信心大大提高,还似乎有点不服气,"哼,我还能画出比这更好的点"!说干就干。她打开从来没有用过的颜料,涂啊涂,一个红色的点,一个紫色的点,一个黄色的点,一个蓝色的点,一个接着一个的点出来了。

蓝色和黄色混在一起,瓦士缇发现竟然变成一个绿色的点。他更加好奇,接着继续尝试,用了好多好多种颜色,画了好多好多个点。

"如果我能画小小的点。那我一定也能画大个儿的点。"她在想，并取出一支更大的笔在更大的纸上涂颜色，也就画出了更大的点，直到不用专门画点就能画出一个点来。

后来，在学校举办的画展上，瓦士缇的点引起了巨大的轰动。一个小男孩抬头看着她，由衷地夸奖道："你真是一个伟大的艺术家！我要是会画画该多好啊。"

"我敢打赌，你也行。"瓦士缇说。"我？不，我不行。我连用尺子画直线都画不好。""这不正是当年的我吗？"瓦士缇一定是这样想的。想到这里，她笑了。

她模仿自己的老师——这时，自己其实也已经变成了老师，递给小男孩一张白纸："那就随便画一笔。"小男孩画线的时候，手里的笔一直在抖。他画出的线弯弯曲曲。瓦士缇盯着看了一会儿，平静地说："请签名。"

结果怎样呢，也许又一个瓦士缇出现了，也许……

盟盟和优优，故事美丽吗？当然美丽，我想你们会这么认为的。但是我们更应该看到它所蕴含的思想、精神与智慧，就让我们一起好好领会吧。

（2017年9月23日）

香，香，香

盟盟在做作业，奶奶在厨房，妈妈没回家，爸爸帮我整理电脑，书房不好使用，我就躺在床上给优优讲《井里的青蛙》。讲完了，他很开心，爬到我身上磨蹭。

忽然，他故意对我说："爷爷的脚好臭。"我说爷爷的脚是不臭的。接着他就要我搬起自己的脚闻闻臭不臭。我只好服从指令，但怎么也搬不到鼻子上来。他以为我没有尽力，要求我进一步抬高。我说爷爷老了，骨头硬了，搬不起来啊！

听到这里，他就以身示范，搬起小脚，先闻一闻，再让我闻一闻，还要问问："我的脚臭不臭啊？"也就是有点汗味，还真的不臭，当然，再不臭也不会是香的吧！但是我却假惺惺地说："香，香，香。"

他得意了，一得意，把右脚的袜子脱掉，给我闻闻没有袜子的小脚，我还是"香，香，香"地赞美；他更乐了，又把左脚的袜子脱了，让我继续闻。我闻了，又是一迭连声地"香，香，香"。看，可把他得意的。

得意也就得寸进尺，又想了新的一出：非要我闭上眼睛，不闭还不行；闭了，好，还进一步命令我不许睁开，他叫我睁开时才能睁开。我知道他有名堂，但不知道什么名堂。终于感觉到了——

他把两只袜子塞到我睡衣上面的口袋里，不让我睁眼看，却问我闻到了什么，我就假装细细品味仔细辨别："怎么有点香啊？"说到这里忽然装出有了新发现的样子，一迭连声地喊出："香，香，香，真香啊！哪来的香啊？"

这下子，他就更加得意了，何止得意，还得意地笑，不仅笑，还笑得咯咯咯地响，甚至笑得有点接不上气来，让你不得不感到天真的可爱，童真的快乐。

（2017年9月27日）

盟盟语文考了99分

盟盟入学已经快一个月了，语文教材也学习了一个单元，昨天经历第一次单元达标测试，也是考试，取得了99分。我还是满意的。但是这一分是怎么扣的呢？不仅需要找出错误所在，更需要研究错误原因，举一反三，获得启示。

整卷分为"知识·能力·运用"和"阅读·理解"两大类。在阅读理解类只有"读古诗，完成练习"一题，10分，内容是骆宾王的《咏鹅》，给出3项要求，一是"读古诗，用'——'画出表示颜色的词语"。二是"下面的哪幅图能表达古诗的内容？在正确的图下画'√'"。同时配上3幅不同形态的鹅。三是"下面的这些字是大白鹅身上的什么地方？连一连"，也配了一只大白鹅图画。可供选择的"这些字"就是"掌、毛、颈"。

盟盟就在这里被扣了一分，错在把"掌"字连到脑袋上。对着卷子，我们问他为什么出现这样的错误？他说"就是不懂"。很好，我们表扬了他的诚实态度，顺便重温《论语》"知之为知之，不知为不知，是知也"

的圣训，同时告诉他鹅掌就是鹅的脚，并进一步扩展到人的"手掌""脚掌"，还有"熊掌"等。对，还应该告诉他一个"易如反掌"的成语，等他放学吧。

但是我们需要分析、研究错误，才能找到今后努力的方向。首先，是他缺少生活经验。真正的鹅他似乎从来没有见过，因此对于鹅身体部位的名称也就缺少直观化的认识。其次，学习中忽略了理解。就像这首《咏鹅》诗，他就烂熟于心，但是概念化的。我们应该但没有进一步图示化讲解，他也没有能够获得关于"掌"的知识。由此获得的启示就是今后对他需要加强字义、物义等训练。

（2017年9月28日）

吃枣子，学数学

我正在修改文章，奶奶说："你还不去接优优吗？"我还真把时间忘了，于是匆匆忙忙地收拾行装，顺手把两个红红的枣子塞进包里，三步并作两步，走了20分钟，顺利接到优优。

出了园门，走在路上，取出一个枣子问优优吃不吃。优优反问我枣子洗了吗，我说洗好的。他又问装在哪里的，我说包里。他就挑毛病了，"包是脏的"。按说他是对的，但我匆忙之中来不及讲究，就对他说："包是干净的。"

他不再问我了，开始吃。吃着吃着，大概吃出了感觉，还想吃吧，竟然对我说："爷爷，我要吃5个。"我一听，将计就计，和他计较开了，也是顺答他的问题，说："好啊，到家以后，我一定让你吃5个枣子。"

但是没完，我要和他玩玩数学。"你已经吃了两个枣子，那么还要给你吃几个才够5个呢？"我问。他一口回答"5个"。我把问题重复问一遍，他不立即回答了，而是掰起指头，把大拇指和食指屈起来，数一数剩下的几个指头，才给我一个明确的回答："3个。"

"对，优优真棒，爷爷很高兴。"这也是我的由衷称赞。说实话，忙了盟盟，轮到他真的精力不够，许多事情也就心有余而力不足了，他能有这个表现我已经有些意外，也就很有满足感。

公交车来了，我们上去，3 站下车，下来接着算。但是换个方式："优优已经吃了两个枣子，他要吃 5 个，那爷爷还要给他吃几个呢？"我这么问他。"5 个"，他就这么明确回答我，似乎是太想吃"5 个"了。

我再问一遍，他又开始把 5 个小手指当教具，而且充分调动起每一个的积极性，终于说出"3 个"。这就对了，我再次给他一个大大的赞扬。

（2017 年 9 月 28 日）

学习《登鹳雀楼》

盟盟入学将近一个月，在语文第一单元的测试中取得 99 分的成绩，一分丢在诗歌阅读理解上。我们从这个失误中得到启发：过去我指导他学习诗词经典等，侧重知识增量，以后应该更加注重理解。今天试做一个《登鹳雀楼》教案。

唐朝诗人王之涣的《登鹳雀楼》，是一首千古不朽的诗歌名作，只要还有炎黄子孙，还有中华文明，还有中国汉字，这首诗歌就将永留人间，长在人心，可谓与日月同辉，与天地共存。

大致说来，欣赏该诗可以从下列 3 个层次逐渐进入。

一、艺术性：形式是诗，意境是画，诗中有画，画中有诗，诗画一体。
二、思想性：意象丰富，联系自然，空间辽阔，哲理隽永，催人攀登。
三、方法性：手法白描，文辞典雅，方位对应，动感明显，图画感强。

该诗在语文考试中入题的可能性很大，其得分知识要点大概有：

1. 白日依山尽——表示的方向是"西"；
2. 黄海入海流——表示的方向是"东"；
3. 欲穷千里目——表示的空间特征是"远"；
4. 更上一层楼——表示的望远条件是"高"。

如果以图表示，可供选择的重点应在一二两句中。

1. 山峦重叠，略有日影，晚霞满天，要求学生以该诗第一句作答。
2. 万里黄河，从高而低，奔腾流淌，要求学生以该诗第二句作答。

（2017年9月29日）

记优优一笔坏账

好不容易放假，盟盟和优优出去两天，今天半下午也就回家了。进门不久，奶奶就喊"优优三天都没洗头了"。是的，是的，那也得等到洗澡时才能解决问题吧。终于洗澡了，为给奶奶减轻负担，我就帮忙。一番哗啦啦，终于洗好了，送一个出去，迎接下一个进来。

优优越来越调皮，乘我不注意，拿起我的皮拖鞋，悄悄放到水池里，正要放水，见我发现，赶紧关起龙头就往下面的厅里走，我的皮拖鞋还是被湿了半截。批评是免不了的，他呢，得意扬扬地走到下面；也不知道搞了什么名堂，再上楼梯时被磕了一下。

当然疼了，疼了就哭，一边哭一边说："就怪爷爷，让优优摔疼了。"这时奶奶和我结成统一战线，共同批评他："爷爷在帮盟盟洗澡，你自己摔的怎么怪起爷爷了？"他尽管知道没有道理，还是进一步要求"爷爷道歉"。

我不道歉，奶奶哄他，说"奶奶代表爷爷道歉了"。到底是个机智的孩子，见有梯子马上就顺势下楼。哭声没有了，腿也不疼了。我说："爷爷要把你今天的坏事写下来，同意吧？"再伟大的帝王都怕史册留骂，再平凡的小民也讨厌被说不好，优优也没有摆脱这条规律的支配，于是立即表态："不让爷爷写！"

"好好好"，我的"好"声没落，已转身来到书房。看样子他对我写不写他的坏事没有把握，但是懂得干扰我。他首先走进书房，看看我写不写，好像他已经识字了一样。我说爷爷要工作了。他是走了，但是啪的一声，从外面把我的电灯关了——心里一定在想：这下你写不成了吧？

灯是不亮了，他也真的走了，因为他们严重缺觉，奶奶安排他们提前休息。我就静静地敲着他的故事，记录他的调皮，只是我要对他说："宝贝，安心睡觉吧，爷爷不是在记录你的坏事，而是在享受你给我们带来的乐子。"

节日快乐，祝你好梦！

（2017年10月2日）

优优拖车

中秋的中饭吃过了，优优忽然折腾起滑板车。等我出来时，优优的滑板车已经在人行小道上滑出了很远。我不放心，跟了上去。见我来了，他丢下车，老远地冲过来，和我哆哆地一抱，又去滑了一段。

可能累了，也可能没了兴趣，或者两者都有，总之不想继续滑了。"可以，那就回去吧。"我说。他要回去了，但是要我把车拿回家。"不行，"我坚决地说，"要不你滑着回去，要不你推回去，反正我是不会帮你拖回去的。"

哭，他有点委屈地哭了，我指着两边的楼房，告诉他不要影响别人休息。他不听，继续哭，我说："爷爷再说一遍，不听我就走了。"他还停不下来，我再重申一遍，他依然故我。我拔腿就走，但不是回去，而是走向更远的地方。

转了几座楼，回到他停车的地方，哭声没有了，只听见咔嗒咔嗒的拖车声。他见我重新出现，不走了，也不拖了。我表扬他："很好，能自己把车子往回拖。"我的用意他很清楚，就是不会帮他拖的，他不说话，只好把车子继续拖着走。

我建议他滑回去，他既不听，也不滑——滑回去多么没有面子呀。我不为难他，只是一直跟着，跟到穿过草地，走到家门口，车子停下来。这时，我才给他一个表扬："优优今天做了一件很好的事情，就是能够自己把车子拖回家来。"

我顺便追加一句："自己的事情自己做，很好。"虽然只是重申过去的老原则，想来今天他对这个老原则有了新体会，而且体会也更深刻一些了吧。

（2017年10月4日）

盟盟修车

盟盟要骑自行车，自行车后面的两个辅轮，春天时就已经卸下了，现在他要重新装上去。我反对，因为他已经基本学会不要辅轮骑车，尽管不是很熟练，但是完全不需要重新装上那个东西了。

但他胆子小，还是要装，那就自己装吧，反正我是反对装的，自然不会帮他这个忙，也顺便练练他的本事。他要我把工具箱取下来，可以，但是他得给我搬来凳子。我的用意就是每一步都不让他偷懒，凡是他能做的，就是坚决要他自己去做。我尽管心里很不忍，还是暗暗地心狠。

我估计他是摆弄不好的，也就回书房修改自己的文章了。在我出来看他的时候，两个辅轮已经被安装上去了。他还要打气，请我帮忙，那可不行，我仍然不同意，指示他先回房间取来打气筒。打气筒来了，我做一个示范，伸手拧下气门芯盖子，剩下的都是他的事情了。

这会儿我只视察而不说话，看他折腾，别说，第一个轮胎的气还真的被他打得饱饱的；还有一个，接着来吧。这次，他已经知道先把第一个气门芯盖拧上去，然后再把第二个气门芯盖拧下来。接着又是一阵呼哧呼哧。第二只轮胎也给打足了气。"很好"，我给他一个赞许。

遛弯儿去，但规定只能在小区里面骑，不得骑远——注意安全。他转了一圈回来了，因为辅轮没有安紧，松了，没有关系，重来吧。他还是请我帮助，又一次没有获得同意，只好自己搬去工具箱，继续先松后紧，大概有点差错，竟然拿起扳子当锤子，叮叮当当敲起来，那个架势还真像一个修车工。我始终站在一旁欣赏着。

再去遛弯，这回我跟着出去，但是远远地看着，只有优优用两条腿与他比赛，一会儿来，一会儿去，宁静的小区似乎只有他们的笑声，还有哧啦哧啦的辅轮摩擦地面的声响。

（2017年10月4日）

审　题

现在一年级上学期的数学，对于盟盟来说没有太大难度，但在家庭作业中却暴露出来一个重大问题，就是他往往不认真看题目就下笔做题，结果错误自然难免。爸爸已经多次批评他，甚至罚站，可是问题还是没能完全解决。

今天早起，我指导他读过一本绘本后，要他拿出数学《金三练》练习卷，他不解我意，我坚持要他拿出来再说。《金三练》拿了出来，他在那里等候我，等候与《金三练》有关的故事发生，尽管他还不知道会发生什么故事。

我要他打开书，翻到没有做过的地方，从第一题开始，每道题读3遍，但是不要用笔回答。这点文字量对他来说可能太容易了，于是他以滚瓜烂熟的语速很快读完。我明显感到他没有入心，于是一字一顿地告诉他——数学题目应该这么读。

题目越大越简单，复杂的问题都藏在小题里。比如在一道"数一数，填一填"大题里，第一道小题是两个立体正方体、两个立体长方体、两个圆柱体，还有一个球；另设6个括号，就是6个问题，仅文字就有两行多，信息量十分饱和。

他读了两遍，开始回答第一个小题，"一共有（　）个图形"。他说："爷爷，它问的是'几个'而不是'几种'，所以要答7个。"这个分析与回答大大出乎我的意料，于是大大地表扬了他，说"从这个回答看出你的语文水平真的很不错"。

阅读数学文字题本来就要这样咬文嚼字。接下来，当然是以此为例，进一步引导做作业时要看清题目的重要性上来。但是，我很明白，要求看清题目的话已经说过许多遍了，肯定会让他产生心理疲劳，那就要找个有烈度的词汇来说明问题。

终于想到了"审题"，对，这是一个很有烈度的概念。

当然这个"烈度"是需要解释后他才能明白的。于是告诉他，看题就是审题。审题就是把题目当作犯人审问。说罢，把手在桌子上一拍，模拟法官："你这题是什么意思？你要我怎么回答？我应该怎么回答？"说这样一审问，问题也就清楚了。

刚刚说到"审问"，他马上就说到"审问之"——那是《中庸》的名句，他早就烂熟于心。我接过他的话茬说："对，就是博学之、审问之的'审问'。"尽管《中庸》的"审问"对象可能不是数学，但是这个"审问"原则完全可以用到数学学习上来。

再接下来，"博学之，审问之，慎思之，明辨之，笃行之"，从他的嘴里流利地说了出来。我深感欣慰，没有想到今天的综合收益是如此之高，不仅再次嘉勉，而且奖励他去玩15分钟游戏。那是我答应他的，需要兑现。

（2017年10月6日）

一路漫谈李煜词

英语开始节后上课了，盟盟的课在上午，优优的课在下午。爸爸下午送优优，上午我来送盟盟。还没出小区，想利用一点时间复习一下李煜的3首词：《相见欢》《虞美人》和《浪淘沙》。

先说《相见欢》，句短，字少，比较容易。"无言独上西楼"，我才念了第一句，没有想到他马上接着"月如钩"；我再"寂寞梧桐"——这句很长，把它拆开，刚一停顿，他就"深院锁清秋"，下面不用说了，自然而流利，看得出全词他已烂熟于心。

我很惊喜，不是惊喜于他的熟练，而是惊喜于我们"创造"了一个新的接龙式的学习方法。我暗暗地想，这也是今后可以经常运用的一个方法。他一定也很喜欢——现在已经喜欢了，因为这种方法对他来说并不常用，当然有新鲜感,而且带来的压力要小得多,更重要的是还有一定的竞争性,可以刺激学习兴趣。

轮到《虞美人》了,我一言他一语,顺利完成。刚刚无障碍地复习了《浪淘沙》,他就岔道走上另一条红色的小路,我由他自在地走去,我循着旧路径直向前。但是在不停地想,也就有了新的想法,想更进一步,由机械背诵转入对字词义的理解。我并没有刻意安排,本来就是随意的,于是想到哪里就拎出一个问题。第一个被拎出来的就是《虞美人》里的"问君能有几多愁,恰似一江春水向东流"。

先给"君"字一个解释,"君就是'你'的意思,是尊称,但在这里却是作者自问"。我知道,"尊称"一说现在对他有些抽象,但是没有办法,有些概念一时无法具体到他们能懂的程度,只好通过多念叨念叨使其能够意会。苏东坡说的"书读百遍,其义自见",也就是这个道理吧!

接着讲"几多""恰似",几多就是多少,恰似就是好像、就像的意思,联系起来理解就是:请问你能有多少忧愁呢?唉,一言难尽啊,就像春天里的江水,缓缓地无穷无尽地向东流去啊!我多用了一些形容,为的是增强画面感,形象感,当然也就更能适合他现在的理解水准。

进入《浪淘沙》了,直接跳到"雕栏玉砌应犹在,只是朱颜改"。"雕栏"就是雕刻花纹的栏杆,我们家的院子就有栏杆啊,只是没有雕刻花纹。"玉砌"——被他理解到"玉器"上去了,我就特别指出"砌"的写法是石字旁加"切",说明砌就是用砖或者石头砌墙和台阶,玉砌就是指用很好的石头砌起来的台阶,就像我们家的错层台阶。"应犹在"就是应该还在的意思。

接着一转,"只是朱颜改"。需要从"朱"字开始讲,他已有红色的知识,但缺乏对同音异义字的把握,于是告诉他:"朱"就是红,"颜"就是色,"朱颜"就是红色;"改"就是改变,这里应该是说红色褪变了,当然不是说红色被改变成其他颜色了。说到这里正好走进公交站,我就指着座位对面的广告红字,说原来的颜色肯定比现在鲜艳,现在虽然还是红色,但是色调已经不再那么红了,这就是"朱颜改"。

还没说完——当然也说不完，也不需要说完——要下车了。今天我们漫谈式的学习，虽然不是刻意安排，却在不经意中深入一个层次，就是由机械背诵进入字词理解。他的学习，我的讲授，也将从此跃入新的阶段。

（2017年10月7日）

倾听与听课

下午鞭策盟盟做作业，针对他存在的缺点，与他谈了倾听与听课两个方面的问题。两个问题相近，但不相同，所以需要分开来讲。

先谈倾听。倾听就是虚心听取别人说话。怎么倾听呢？我主要向他交代3点，一是态度，二是注视，三是内容。当然这只是要点，具体这样展开——

第一，态度，态度要诚恳，诚恳就是发自内心地欢迎别人说话。第二，注视，注视就是要以眼神关注对方——他的缺点就是不大在意这点，所以我就特别强调：眼神对视可以形成交流。他问我为什么？我说眼睛是心灵的窗户，别人通过你的眼神就能够感觉到你在听或不在听他说话。这点很重要，它决定别人对你的态度。第三，内容，就是一定要细心听别人说话的内容，抓住他说了什么。他毕竟还小，所以不多讲其他道理，就是让他先把这几个要点掌握住。

再谈听课。听课是学生学习的基本形式，不会听课就很难学好。怎么才会听课呢？需要掌握教学过程的5个环节：组织教学、复习旧课、讲授新课、总结要点、布置作业。为此，我还特地从5个问题中各挑选出一个关键词写在白纸上，然后再进一步展开。

先说组织教学。这要尽量联系他的经验，于是问他：老师进课堂开始讲课，你们都要统一站起来，再一起坐下去吧？他说是的。我说这就是组织教学，目的是要集中大家的注意力，听课才有效果。

大家坐下后，老师开始讲课了，但是首先要复习昨天或者上一堂课所讲授的重点内容，以唤起对昨天课程的记忆，强化大家的印象，也为今天的新课做个铺垫。这就是复习旧课。

接着讲授新课，这才是今天课程的重点。新课因为科目不同，讲授方法也不同，但大概总是要告诉大家，今天我们要学什么课，然后提出知识要点在哪里，并且给予解释，再配合适当的练习，包括提问发言。

新课讲完了，一定会进行总结。为什么要总结呢？因为老师讲解的过程是阐述问题的过程，阐述问题需要举例、说明、证明等，但是说多说少总是围绕一个或几个基本点展开的，所以，老师总结的内容就是讲授的重点。

最后一个环节是布置作业。作业就是练习，目的是巩固已经学习了的知识，也是通过作业练习提高对知识的应用能力。作业通常分为两种类型，一是当堂练习，二是家庭作业。

当然，在这5个环节中，关键是二、三、四3个环节，在这3个环节中，讲授新课最重要，也是最基本的；另外，复习旧课和总结新课基本上是一回事，只是大致相同的内容分别在总结要点和复习旧课两个环节中重复完成而已。

也别以为我是一言堂，我是分别说的，在中间还不断要他复述我所讲的倾听三要点和听课5环节。还好，他都给我讲出来了。当然，也别以为一次会了就能永远记住，我曾经这么"自以为是"过，结果证明不是那样的。鉴于过去的教训，以后还是要不断复习，直到他能把这些方法铭记于心。相信这对他的学习是有所帮助的。

（2017年10月7日）

温良恭俭让

早上，我计划去南京图书馆查阅资料，顺便送盟盟上学。地铁上，看到一个公益广告，是一位耄耋老者蹒跚向前，年轻的司机为他让路，年轻的妈妈带着女儿上前搀扶。

我和盟盟都看到了，他对广告内容很感兴趣，就在这时，一位阿姨为他让了座位。场景触发我的感想，马上拿出手机，点出"温良恭俭让"5个字，请他认认看，估计他能认出4个，"恭"字应该有困难，没有想到他都认识。我顺势口述一遍："温良恭俭让。"告诉他："这5个字就是我们中国人（君子）的基本风度。"

当然需要给出适合他的解释，于是我说："'温'是态度温和，不能凶巴巴、恶狠狠地对人。'良'是善良，要心眼好，能够与人为善，就像刚才阿姨为你让座。'恭'是屈己（弯下身子）敬人，也就是尊重别人。'俭'是节俭，生活上不浪费，更不奢侈，这是对天物（大自然赐予我们的东西）的珍惜。'让'是谦让，不与别人进行无谓的争斗。"当然——我进一步补充说，不和别人做无谓争斗，不是回避竞争，竞争是社会发展进步的动力，需要肯定，但是最健康、最良好的竞争态度就是学习别人，做好自己。

这些道理，在有的地方是抽象了些，但是不能完全避免抽象，一方面我坚持灌输必要的抽象概念，另一方面，他也基本能够适应我的表达方式。就像出发时，我们一起温习上次教他的倾听三要点，他就基本给出让我满意的回答。

（2017年10月13日）

讲两则外国人的故事

盟盟和优优：今天爷爷阅读信息时看到两则小故事，觉得有趣，也很受教育，和你们一起分享，想来你们是不会反对吧。

1. 坚韧不拔的松下幸之助

松下幸之助是日本著名企业家，不仅创立松下电器，而且创造了诸如"事业部""终生雇用制"和"年功序列"等现代企业管理制度，因此获得"经营之神"的美誉。但是他的人生和所有人一样并不是一帆风顺的。他的一次求职就不顺利。

那次他到一家企业求职时，被告知"我们不缺人，一个月以后再来"。一个月后他还真的来了。"有事，过几天再说。"一般人可能会非常不满，至少也会有些灰心吧，但他没有气馁，过了几天真的又来了。

"你脏兮兮的，我们不要。"没有想到，竟然因为仪表又没通过。好，知道问题出在哪里就好。不久，他穿着一身干净整洁的衣服来了，衣服还是借钱买的。当他再次被告知因为"你不懂电器知识"而不被录用时，他不仅没有气馁，反倒激发出更大的进取精神，两个月后，他已经学习足够的电器知识，当然是又来了。

精诚所至，金石为开。对着他，招聘者十分感慨地说："我干了几十年，第一次看到像你这样有耐心和韧性的。"他终于被录用，从此走上事业的成功之路。

我想对盟盟和优优说：这个故事的核心精神就是坚韧不拔，集中表现在认真和执着上。其实，在人间，既没有不认真的执着，也没有不执着的认真，认真和执着本来就是做好一切事情的基础。我好想盟盟和优优今后成为最讲'认真'的人。

当然，别忘记了，在《伊索寓言》那本书里，有一个龟兔赛跑的故事。试想，你们如果既有认真，又有那只乌龟的精神，该是多好啊！

2. 青霉素背后的故事

一位善良的苏格兰农夫从粪池里救出了一个小男孩。这个小男孩后来成为一个著名的历史人物，他就是丘吉尔。他因为在第二次世界大战中做出伟大贡献而名垂史册。

男孩的父亲是位绅士——相当于中国古代贵族式的君子，当然十分感谢农夫，要给他酬谢，但被谢绝了。绅士说：我们签订一个协议，我带走你的孩子，给他最好的教育。这次，农夫没有拒绝，而是同意了——看来他是一个很有见识的农夫。

农夫的孩子名叫弗莱明，他因此受到了良好的教育，也因为受到了良好的教育而大长出息，不仅发明了青霉素，而且还获得了诺贝尔奖。在此之前，肺病是可怕的，尤其是肺结核就是当时人类的绝症。

数年后，绅士的儿子得了肺病，这当然是遇到了很大的麻烦。但是有了青霉素——肺炎和肺结核病的克星，也就不可怕了，他自然得到治愈。要不然历史恐怕就不是今天的面貌了。

我虽然没有对盟盟和优优说，但却很想对他们说：冥冥中似乎有一种因果定数，用佛教的语言讲叫因果报应，用世俗的语言讲叫因果关系。不管怎么说，是人都想获得善果，但是善果同样不会从天上掉下来，不仅需要以善心播下善良的种子，更要以持续的善行努力耕耘着善良。只要这样，定有收获。

回到故事的前头，农夫救了掉进粪坑的小男孩，是善良之举，绅士让农夫的儿子获得最好的教育，也是善良之举，最后农夫的儿子用良好的教育所得到的知识回报整个人类，更是大善之举。

须知，善良是美德的基础。美德是人间的天堂。

（2017年10月17日）

战斗的晚上

现代的都市生活，节奏紧张是一个人人都有的体会，其最紧张的时间段往往集中在早上，以至人们把早上形容为"战斗的早晨"。我们家有些特殊，也就更加紧张，紧张到晚上也是"战斗的"。

爸爸出差去了，妈妈没有时间管理孩子这等小事，奶奶去接盟盟放学，我在地铁口迎接他们，把盟盟带回家里做作业，奶奶再去幼儿园接优优回家。我和盟盟一到家，首先完成规定动作"一二三"：换鞋，洗手，喝水，然后用10分钟，边吃水果边游戏，同时准备做作业。

10分钟到了，开始完成学校布置的作业。就在这时，奶奶和优优也回来了。盟盟做作业时，优优不断光顾捣蛋，也不断受到批评。大约一个小时，盟盟的作业完成了，但不够"全部"，数学补充练习册找不到，估计被同学拿错了，只好明天补做。

奶奶已经忙完晚饭，我们4人共进晚餐。优优最近吃饭成为困难户，所以费口舌是少不了的。晚饭简单，鸡蛋炒饭，我因地制宜，急中生智，把切成块块的一盘哈密瓜端上来当菜。草草完成了这个作业，天气凉了，赶紧收拾衣服，盟盟和优优晚上6点40分都有英语课，只有一个小时了。

正在收拾，优优大哭，原来兄弟俩在玩枪战，优优从休闲厅摔了下来，我没有时间管他，感觉也没有什么大不了的，待出来一看，他躺在地上。虽然只有三级台阶，的确摔得很重，连走路都困难。本以为是盟盟干的坏事，一番调查，排除嫌疑，盟盟免于批评，一起出门。可是优优说不能走路，要坐小车，好，好，好，为赶时间，那就从了他。

走在路上才是我们最轻松快乐的时候，没有想到小哥俩这么友好，优优要盟盟推车，盟盟也乐意推着弟弟。我呢，角色转换，由大工变成监工。但出了小区，车多，要考虑安全，我就又从二线走到一线。盟盟不同意，优优竟然亲自下车调解"纠纷"：让我和盟盟一人抓一边的车把。我不说话，心里暗自好笑。

终于到了车站，来了815路公交，奶奶直催快上。我对奶奶一贯信任，走路嘛，她就是我的方向盘，所以长期的信任让我对她的相信到了迷信的程度，于是4人加个小车义无反顾地一起上去了。车上，我也不想到站的事，反正有奶奶提醒。但是站坐过了。这个意想不到的问题让我再一次深刻认识到，再伟大的人物也会犯错误——那可真是颠扑不破的真理啊！

匆匆下车，一边茫然四顾，一边嘀嘀咕咕，正好遇到一位好心的阿姨，主动告诉我们，往回走一个站。高架桥下，车子不好坐，我们无可奈何而又"意气风发"地走在大路上。一边走一边想，好人就是有好报啊，前天我在南图门口就给一个小姑娘认真地指点迷津，得到她感恩戴德式的感谢，这不，今天我就得到了好报。

总算到了，腿真的有些累了，好在盟盟和优优都在教室里，我和奶奶就坐到过道的沙发上等待他们下课。奶奶看她的电视剧，我来记下这个"战斗的晚上"。

（2017年10月17日）

一只彩色的乌鸦

幼儿园中四班为促进阅读，实行绘本漂流，优优今天带回家的是卡罗拉·荷兰特绘图、埃迪特·施爱伯—威克撰文、三禾翻译的《一只与众不同的乌鸦》，我得先看看里面的故事，抽空再给优优读。一看方知，简单的印制蕴含着既是西方的又是超西方的智慧。说它是超西方的，起码以中国的智慧也能够给予解释。

天下乌鸦一般黑是人所共知的定论，但是绘本说的却是一只彩色乌鸦的故事。正因为所有的乌鸦都是黑色的，这只彩色乌鸦就显得与众不同。不过这样的与众不同不仅没有给它带来好运，反倒使它不断受到同类，还有鸽子、枭、麻雀、海鸥等飞禽的驱赶，最后只好飞进浓密的白雾里。所幸这一切只是彩色乌鸦所做的一场噩梦。

但当噩梦醒来的时候，乌鸦首领对它说的话却是意味深长令人深思的。乌鸦首领说："这样的事在现实中是有可能发生的。"作者是西方人，当然是以西方人的视角说出这句话的，所以这句话其实是说这样的事情在西方是有可能发生的。"可能"只是委婉的说法而已。那么在东方呢？估计作者没有想到这么多，但是我们东方人在读这个故事的时候，却是首先用东方的思维来思考这个问题的。

我们中国是典型的东方国家，彩色乌鸦在西方世界所遭遇到的不幸，在我们中国乃至东方也完全可能发生。比如中国古代有个文雅的说法："木秀于林，风必摧之。"通俗的民间格言也有："出头的椽子先烂"和"枪打出头鸟"，等等。独秀的树木、出头的椽子以及出头鸟，其实就是绘本里的彩色乌鸦。这说明，虽然东、西方世界具有方方面面的不同，但是同是人类必有相同或相近的心理。

这个故事的事理是有普遍意义的。我们的盟盟和优优，现在还不会十分尖锐地面对这样的问题，但是今后，相信无论在什么地方执业生活都会遇到"彩色的乌鸦"问题，也许自己就会成为"彩色的乌鸦"，我们应该怎么面对和处理这些问题呢？绘本没有答案，但我相信西方人必有自己的智慧，先不深究。但在我们的文化中可是蕴含一种能够普照世界的智慧之光，当然可以也应该成为我们处理这类问题的原则，那就是"君子和而不同，小人同而不和"。

这是孔子的话，见于《论语·子路》，意思是说德行高尚的人，能够求同存异，包容不同；德行不高的人表面一致，却心志不同。这个思想对于认识和处理同和异的关系具有深刻的指导性。盟盟和优优，今后的某天，你们看到这里，也许心里会问："爷爷，你是怎么认识和处理这样一对矛盾关系呢？"我现在就来告诉你们我的见解与主张，当然它也是我一贯处理这类问题的秉持。

首先，要建立起一个基本认识，大千世界，"同"和"异"无处不有，绝对存在，在社会生活中，它们也是一对永远不会消失的矛盾和现象。既然它们的存在不依我们的意志而改变，我们只能面对和正视，也必须面对和正视。

其次，既然"同""异"并存是不以我们的意志为转移的客观实际，那就必定有一种支撑其存在的"天理"，那就是客观真理，我们所要做的就是努力认识，认识到了其中的理，也就获得一种认识世界的智慧。

再次，人是最为鲜活的存在，不仅有成群结队的"黑色的乌鸦"，也有鹤立鸡群的"彩色的乌鸦"。"面对彩色的乌鸦"，我们应该容人之长取人之长，而不是敌视他人之长。如果我们自己是"彩色的乌鸦"，那就既要努力合群，更要敢于特立独行。

最后，我要向你们指出，这个故事中的道理需要你们长期领会、认识、处理。真正做到，不仅需要较强的认知能力，更加需要道德的勇气和气度。否则，不管我们愿不愿意，我们都会在有意无意中压缩那个"彩色的乌鸦"的生存和发展空间，使"这样的事在现实中是有可能发生的"，变成"这样的事在现实中是会肯定发生的"。

（2017 年 10 月 18 日）

我唱《小耗子》

重阳是传统节日，也是我们宝贵的精神文化资源。优优所在的爱德美幼儿园中四班，要借助重阳节对孩子们进行一次尊老孝亲的教育活动。但是老天爷把今年的重阳节安排在明天，明天是星期六，怎么办？只好提前过。

但我不知道。吃过早饭正在工作，听到妈妈说，幼儿园要求每一个孩子今天都要带一位家里的老人去。显然，是要请老人们去配合幼儿园开展的教育活动。奶奶没空，还有谁呢？只能是我了。

我当仁不让，就和优优早早来到班上，见到陈老师在忙茶水，一看大壶小壶一大堆，特别是那么大的一壶开水，她很吃力，再说她年纪也不小了，我就上去帮一把，也是特地给优优做个助人为乐的榜样。很快忙完，赶快把优优送去做操。

9点钟后，我们一帮老人陆续走进教室，接受戚老师的领导安排。大约是第三个节目，安排小朋友们单独上台表演，没有想到我们优优怯场，任我怎么动员上去唱个英语字母歌，他就是不肯上去。很好，让我发现了他的一个缺点。

再下一个节目就是请爷爷奶奶和外公外婆们上去表演节目。各位老人似乎也不积极。优优这时反倒十分积极，非要"爷爷上去表演"，而且把我的手拉着举起来。我尽管没有准备，但是不能不去，如果不去，会让优优失望，再说了，下面我就不好再要求他勇敢上台。

那就给他做个示范吧。示范什么呢？大脑经过快速搜索，定格在《小耗子》上。这是我在儿时学过的一首儿歌，记忆至今，后来带盟盟，再后来带优优时，都给他们唱过，也就巩固了儿时的记忆。既然上台，先在心里默唱一遍，词还记得，于是给大家唱道——

>小耗子，
>上灯台，
>偷油吃，
>下不来。
>这时叫奶奶，
>奶奶叫不来，
>骨碌骨碌滚下来。

唱过了，有的爷爷奶奶外公外婆还给我轻度表扬，但是最开心的还是优优，一脸得意，就像是他成功演唱的一样。我刚重新入座，他就要我教他，活动还没结束，我就轻轻地教他最后一句。刚才，我正在写这篇文章，他和奶奶在一起，还唱出了"骨碌骨碌滚下来"。

儿歌就是儿歌啊，浅白上口有趣，易学易记，当年我学的，60年后还能唱得出来，今天的优优一听就会。抽空再把剩下的几句教给他，希望他也能在60年后还能和我一样唱得出来。

谢谢爱德美幼儿园，谢谢戚老师、郁老师和陈老师，也谢谢各位爷爷奶奶、外公外婆！

（2017年10月27日）

高贵要从小事起

我正在浏览早新闻，听到奶奶和爸爸夸奖盟盟，乘车从来不抢座位。是的，我也是这个感觉，只是平时没有太过在意，经他们这么一说，这个感觉被进一步激发和强化，于是走出书房，一边给盟盟点个赞，一边顺势做个理论提升：

这就叫高贵。高贵的品格就是要从这样的小处培养起。

说过这话后，忽然想起美国著名作家海明威，顺手从书架上取下来徐知免等翻译的《最美的散文》（世界卷）。这是我送盟盟上培训班读英语时买下并阅读过的，其中海明威《真实的高贵》给我留下较深的印象。现在再读一遍，越发觉得很有再读的必要，也的确再次受教。

我想与盟盟和优优分享这篇优美的散文以及寓于其中的思想，更想把这篇思想性、哲理性很强的小文融入精神世界中，好在不长，我就抄录于下。

风平浪静的大海上，每个人都是领航员。

但是，只有阳光而无阴影，只有欢乐而无痛苦，那就不是人生。以最幸福的人的人生为例——它是一团纠缠在一起的麻线。丧亲之痛和幸福祝愿彼此相接，使我们一会儿伤心，一会儿高兴，甚至死亡本身也会使生命更加可亲。在人生的清醒时刻，在哀痛和伤心的阴影之下，人们与真实的自我最接近。

在人生或者职业的各种事务中，性格的作用比智力大得多，头脑的作用不如心情，天资不如由判断力所节制的自制、耐心和规律。

我始终相信，开始在内心生活得更严肃的人，也会在外表上开始生活得更朴素。在一个奢华浪费的年代，我希望能向世界表明，人类真正需要的东西是非常之微少的。

悔恨自己的错误，而且力求不再重蹈覆辙，这才是真正的悔悟。优于别人，并不高贵，真正的高贵是优于过去的自己。

我为什么欣赏和喜欢这篇文章呢？因为我也认为，高贵虽然是一种人人向往与追求的高档品，但是获得它并不比获得财富和知识简单，因为高贵不是由华丽外表装饰出来的做派，而是源自内心的一种真实品质。人是复杂的，我们当然也是复杂的，其实我们始终都在善恶之间挣扎，只有善恶的天平倾向于善的一边时，我们才更接近于高贵。

记住：高贵不是等级。正因如此，高贵才能在平凡人身上闪闪发光，而且正是无数平凡人的高贵，才托起一个美好的时代，打造一个灿烂的文明。就像面对一个座位，抢着坐上去是坐，自然地坐上去也是坐，但在两个"坐"之间却有一道贵与贱的汉界楚河。

（2017年10月27日）

一根橡皮筋

今天奶奶有空，我们就一起去幼儿园接优优，但是行前因事耽搁，错过了一趟车，晚到几分钟。我们到时，戚老师正带着中四班两三个小朋友在那儿等候，不用说，大家心里都急。

我先到几步，还没进园就喊优优，他有点木讷地看着我，显然心里也在着急，转不过弯。我说："你看谁来了？"话音未落，奶奶已经进园，看见了奶奶，优优就像看见了太阳，脸上马上有了笑容——自从盟盟上学后，我和奶奶已经很难一起来接优优了，昨天优优还跟我嘀咕这件事。

路上有家水果店，规模不小，品种很多，尽管家里的水果已经好几堆，奶奶还是提出要去买点枣子，好像是要弥补她对优优的"愧疚"。进去了，还顺带买一盒桂圆。交了钱，我们三人一起走出店门。忽然看见优优手里拿着一根橡皮筋，他的身上应该没有这个东西，我凭经验判断，应该是他从店里带出来的。

问他，没有回答，就是默认，我要他立即送回去。他很清楚我的原则——决不允许把外面的东西带回自己家里——二话没说，很快送了回去。其实这根橡皮筋只是店里扎水果盒子用的，可能就是顾客丢弃在地上，优优出于好奇顺手捡起带走玩的。尽管如此，我们也不允许。

我和奶奶一边走，一边讨论这件事，我说，优优很自然地拿在手里玩，说明不是刻意的，只是好奇，但是即便如此，也要制止，否则，久而久之就会成为习惯。一旦成为习惯，成人后，很容易导致轻则贪小，重则偷盗，那样就是人生悲剧了。奶奶说："所以习惯都要从小把。""把"是南京人常说的话，就是"要把握住"的意思。

　　优优走在旁边，静静地听着我们议论。我特意表扬盟盟："从不把外面的东西带回家。"其实盟盟小时候也曾经把幼儿园小纸片和小塑料件带回家，而且一连三次，被严重惩罚后才彻底改掉毛病的。奶奶当然知道我的用意，跟着一唱一和："优优也是这样的。今天是因为觉得好玩，下次肯定不会的。""是的。"我以肯定奶奶观点的方式肯定优优，当然意在给他一个引导与激励。

　　优优无声而轻松地走在我们的身边。我和奶奶继续议论："在他们的未来，本事小点没有什么大不了，但是做人绝对不能出现大的道德问题。如果真有大的道德问题发生，严重的就是家败人亡鬼吹灯啊！"正是基于这样的认识，也正是为了这点，我们才需要在他们人之初就严格把关，连一根橡皮筋也要郑重对待。

（2017年11月1日）

优优将我军

　　最近，早上送优优上幼儿园的事情由妈妈承担。今天早上，优优出发前要换鞋子，我刚好走出书房，无意间发现他背着小书包，躺在沙发上，静静地享受妈妈为他换鞋。

　　我马上批评他"偷懒，不对的，自己能干的事情让别人做，可耻"。并且补充一句，"人只有自己做不了的事情，由别人代劳才是应该的，否则都是不对的"。说这话时我一脸严肃，但内心在笑。

　　他呢，马上就有反应，嘀嘀咕咕了两句。但是究竟说的是什么，不仅我和奶奶没有听清楚，就是近距离的妈妈也没听得很明白，于是再问他说什么，他又说了一遍。

终于被我听出来了。我向大家重述一遍:"那你为什么要我和盟盟两个人为你送碗呢?"言下之意当然就是说送碗这样的事情你是能够做的,为什么要让我和盟盟做呢?明白了他的意思后,大家不约而同地呵呵大笑。

事实的确如此,逻辑无懈可击。我是怕他们养成好逸恶劳的恶习,有时特地请他们做一些杂事,比如我在书房用餐,餐后就请他们把我的碗送回厨房;在餐厅吃饭,饭后也让他们把桌上的空碗送回厨房。

他们倒是很好,从来都能按照指令完成任务。但是谁也没有想到优优竟然如此"怀恨在心",在这里等着我,并且以子之矛陷子之盾。我只能以实相告:那是爷爷培养你们的劳动习惯。我知道,这样的深谋远虑他们不可能一时完全懂得。

优优呢?既不反对,也不辩解,丢下拖鞋,拔腿就跟妈妈出门。我说"你的拖鞋还没放好",他连理也不理我。待我起身收拾鞋子的时候,他已经走出了门前的草地。

我和奶奶一起笑骂:"坏东西!"一会儿,妈妈却在微信里告诉我:他在路上说"有爷爷帮我收拾"。他是那么明白。我和奶奶又笑了,再补骂一句:"就是一个坏东西!"

(2017年11月3日)

秋阳下的阅读

自从盟盟诞生之后,就我本心而论,希望他能够做个读书人。今天,他的阅读形象再次点燃了我的希望之光,虽然微弱,也是希望。

今天周六,我要进城买书,奶奶带着盟盟和优优一起来玩。到了,奶奶怕他们进店调皮影响别人,就带他们一边晒太阳,一边随性玩耍候我出来。当我提着一摞价值360元的书籍来到他们身边时,盟盟靠在石台阶上静静阅读的情景,让我觉得秋阳格外灿烂而明丽。

我表扬了他,奶奶说我走后他就一直看到现在。其实这种阅读情景经常出现在平时的生活中,只是今天让我特别受到触动,所以内心也就格外高兴,以至"尽量不要在阳光下看书"的告诫也没舍得说出来。

还剩最后几页，我催促他吃饭去。行走途中他也没有放下，直到读完。我想该不读了吧，没想到他又取出一本边走边读。终于被我叫停。但那份稚嫩的宁静，让我格外爱怜。不由得想起自己当年——再艰难的田间小道也不能阻挡阅读的兴趣——心中暗喜："真有乃祖之风？"

我一贯重视他的读书，还在三四岁时，发现他对文字和古典作品接受能力不错，于是从《千字文》教起，就是当作儿歌念，逐渐到《三字经》《弟子规》等，还有《大学》《中庸》《论语》《孟子》，甚至《道德经》《孙子兵法》也有涉及，诗词积累更多一些，最近拓展到诸如《伊索寓言》和欧·亨利的短篇小说等西方文学。我相信，思想与文学作品就是一个人的精神营养。

爸爸督导他的作业，我已经不止一次批评他教得太多太深，告诫他不要揠苗助长，毕竟刚上小学两个月。没有想到，今晚盟盟泡澡时，竟然和我讲起律诗、绝句和古风，还有平仄韵调。惊讶之余，背出几首古诗让他判断，嗨，该律答律，该绝说绝，这样看来，爸爸似乎也有道理嘛。我就索性再讲点《诗经》和乐府，反正就是闲聊而已。

但是所有这些都是"计划经济"，尽管主要是我顺势而为，毕竟都是指令性的。今天他的阅读情形之所以令我高兴，是他让我看到了"市场经济"的雏形。别看他读的不过是《小头爸爸和大头儿子》的卡通书籍，但是这种源自兴趣的阅读冲动，我把它看作具有"市场经济"的魔力，如果真能持续，将会使他今后在"读书人"的轨道上至少多走几步。

再说了，今后他能从事什么职业，自有天命安排，但我深信，不管从事什么职业，阅读的习惯与能力都是必要的，也是宝贵的，更是持续上进的动力之源。所以我们还要继续鼓励与引导，以使雏形中的"市场经济"能够发育成熟，成为驱动进步的动力机制。

（2017年11月4日）

怎么阅读
——解读《最后一片叶子》

我很喜欢欧·亨利的短篇小说《最后一片叶子》,也想把他推荐给盟盟。尽管他刚进小学一年级,而且才上两个月,我还是给他朗读过至少4遍。

他是喜欢的,连优优也跟着喜欢,我就得寸进尺,当然也带着试验性质,动员他自己阅读。开始,一段一段地往下拱,后来请他一页一页地读,生字越来越多,效率不算高。看来还是一段一段推进好。

今天,我准备明天去外地讲授的课,途中突发奇想,想做一个尝试,就以这篇文章为教案,教他怎么阅读文章。我并不指望他马上就能全部接受,但是相信掌握一些要点性的方法还是有长远意义的,比如我曾经告诉他怎么倾听,他就把几个要点铭记于心了。

说话总要开口,作文也有开篇。开篇方法不一,这篇小说就是以场景描写打开故事的盒子。具体场景就是华盛顿广场西边的一个小街区,逼仄混乱,乱七八糟,大致相当于贫民区,正因如此,这里被发展成为一个没有成就的艺术家们的"艺术区"。

接着,两个重要的人物出场了,她们就是苏和琼西。志趣相投使她们共同开设一间工作室。但是很不幸,琼西感染了在当时就是绝症的"肺炎",连医生也断定她只有一成希望,还得看她的求生意志。医生的话让苏哭湿了一条餐巾,连故作开心的口哨调子也被吹得滑稽。

该琼西登场了。她数着窗外古老的常春藤落叶来计算着自己的末日,甚至连吃喝也开始拒绝。但被苏发现了,她尽力地宽慰、照料、鼓励绝望中的琼西。就在最后一片叶子即将落下之前,最伟大的主人公老贝尔曼才姗姗登场。

他是一个生活邋遢,酗酒,似乎还很愤世嫉俗的人,别看已经是六十好几了,艺术上却一无所成,直到现在还只能给年轻的画家们做做模特赚几个子儿。虽然总说自己要画出一幅杰作,却一直没有动笔。但在听苏说了琼西的胡思乱想后,气得双眼通红,含泪大声嘲笑这愚蠢的幻想。

他再次声明:"总有一天我会画出那幅杰作,然后我们一起搬走!"说到这里,还加重语气地说:"老天!一起搬走!"说完,两人来到楼上,显然他想看看可怜的琼西,但她已经睡着了。苏拉下窗帘,他们去到隔壁房间,却相对无言,只是忧心忡忡地望着窗外的常春藤。总是需要回到工作中,于是老贝尔曼穿上蓝色的衬衫,继续扮演那个隐居的老旷工。

这是一个不动声色的转折,同时埋藏着一个惊人的伏笔——

故事的场景再次切换。故事的最低潮也终于来到。早晨,仅睡一个小时的苏发现琼西无神的双眼正在瞪着拉下来的绿色窗帘。这时,琼西气若游丝地命令苏:"拉上去,我要看看。"这几乎就是一个生死对决的时刻。苏无奈地照做。

可是,大出琼西意料的一幕出现了,竟然还有一片常春藤叶子贴在墙上。她又度过漫长的一天,自然又经历了一场灵魂远去前的心理挣扎,直到暮色降临,她们仍然看见那片孤零零的常春藤叶子依旧紧紧地依附着墙上的藤蔓。直到第二天天刚亮,那片叶子还在那儿。

走出低谷,必然爬坡,故事终于进入高潮。琼西开始反思自己犯浑,想到死是一种罪过,不仅要求苏给她盛点肉汤,在牛奶里加点波特酒,还要一面镜子和几个枕头,她想坐起来看苏煮汤。生的希望被焕发了,第二天,苏终于被医生告知:琼西"脱离危险了"。

但是,故事的最后,也是最高潮,却以悲凉的结局缓缓推出。就在琼西脱离危险的这天下午,苏连人带枕头一把抱起琼西,告诉她:"贝尔曼先生因为肺炎今天在医院去世了。"如果仅止于此,也就是一个平凡的噩耗而已。但在这里,作者却以对贝尔曼先生死前状况的详细描述,揭示了一个平凡之死的伟大意义:

他只病了两天。第一天早上,看门人发现他倒在楼下的房间里,疼得没有办法。他的鞋子和衣服都湿透了,被冻得像冰一样。他们想不出在那样一个可怕的夜晚,他究竟出门去了哪里。后来,他们找到了一盏还亮着的油灯,一把被挪动过的梯子,散落在地上的画笔,还有混着绿色和黄色颜料的调色板。

说到这里,苏要求琼西:"你看看窗外吧,亲爱的,看看墙上那最后一片常春藤叶子。你不是奇怪风那么大,它怎么能不飘动,也不掉落吗?

唉，亲爱的，那就是贝尔曼的杰作——他在最后一片叶子掉落的那个晚上，把它画在了墙上。"

贝尔曼终于画出了自己的杰作，而且得到苏的肯定。但苏肯定的只是贝尔曼的作品，至于贝尔曼的品质与精神，包含在小说的字里行间，也在墙上的那片叶子里，不直说，却留给读者去思索，去理解，去重建，这就是艺术作品的形象思维，也就是用形象表达思想。

我可以告诉我的两个特殊的小读者——盟盟和优优：那个冰冷的晚上，最后一片常春藤的叶子掉落地下，零落成泥，但是那片墙上的叶子却永不凋零，它铭记着贝尔曼先生生命的价值，还有他那超越生命的善良和爱。正是这种伟大的精神，才使《最后一片叶子》永远地留在我们的心中。

盟盟，优优，我最亲爱的宝贝们，相信，10年后，你们将会逐渐读懂这篇文字，不仅会郑重地体会欧·亨利作品的精神，也会体会我对你们的期望与心情。

（2017年11月7日）

给盟盟买书

外出讲课，只要可能，每次返程总要从车站的旅友书屋或机场的书店带走几本书，今天也不例外。如果说有例外，那就是这次的书是专为盟盟买的。

上午课间休息，看到班级群里数学老师张老师发的照片，把今天数学考到97分以上的10个小朋友照了个集体照。盟盟在里面，我的心里特别高兴。因为他平时基本都在这个分阶，但总是拿不到100分。丢分基本都在粗心上。今天早上我还特地给他打了一个电话，告诉他粗心是不好的，我们要做个认真的孩子。

孩子需要鼓励，怎么鼓励呢？买书，于是买了157元的书，分别是《动画中国》和《父与子》。《动画中国》是个系列，只有4本，《大闹天宫》《哪吒闹海》《黑猫警长》和《葫芦兄弟》，每本里面包含不少子目，有的子目不在主题范围，显然是凑页数的，属于可以忽略的小问题，所以全数拿下。

《大闹天宫》和《哪吒闹海》属于神话故事，反映的精神却是典型的中国式的浪漫主义，我就曾经喜欢过，现在也不讨厌。《黑猫警长》和《葫芦娃》他爸爸儿时就爱读，现在再版，说明经过沉淀越发经典了。关键是这本中英文对照朗读的《父与子》，通过二维码扫描就能在手机上聆听和阅读，我既觉得新奇方便，也感觉真正读完读会，无论是中文还是英文，口语都能获得较好的进步。况且优优还可以接着用。

　　已经快到站了，我到家时盟盟应该已在家里了。不提前告诉他，给他一个惊喜！盟盟，你知道爷爷是多么爱你吗？给你买书，无非希望你现在做个爱读书的孩子，今后成为一个有文化的人。生活已经证明，没文化不仅可怕，而且可笑。

（2017年11月15日）

盟盟，你做得对

　　班级要交生活费，每人189元，盟盟带去200元，找回11元，放在桌上，但是因事离开，回来时桌上只有一元钱。放学时，他把一元钱交到爸爸手里。

　　爸爸问他怎么只剩一元钱，他说另外10元钱可能被一个同学拿走了。爸爸问他问没问过那个同学，他说没有；再问他对别的同学和老师说过没有，回答还是没有。爸爸表扬他做得对。

　　我刚回家，奶奶向我转述这件事，虽然爸爸不在身边，我还是与爸爸不约而同地问了上面的两个问题，均得到肯定答复。而且，我从他若无其事的神态看出，他真的并不在意这10元钱。我表扬了他。但我要进一步把他不张扬这件事情的意义揭示出来，让他能有更自觉的认识，今后才能更好地坚持。

　　于是对他说："盟盟，你这件事情做得很对。知道对在哪里吗？"他当然不明白更多的道理，我就给他分析。

　　首先，我们对于这件事情只是怀疑，没有确实的证据证明就是谁拿的，所以不能随便乱说，否则弄不好就会冤枉人的。其次，即使知道是谁拿的，不过10元钱而已，不必那么太认真，也许别人真的很需要这个钱，就算帮助别人了。再次，我们通过这件事了解了一个人，今后注意，就不会再发生这样的事情，我们也就可以避免更大损失。最后，更重要的是，让这件事情就这么悄悄地过去，既保护了别人的尊严，也维护了彼此的友谊。须知，凡是以揭露别人的阴暗面而获得快感的人，本身的心理就很难说是健康的。

说到这里，我还给他讲一个从前的故事。说是一个孩子偷了同村一户人家的瓜，被这户人家家长发现了；他也看到这户人家家长发现了他。这位家长呢，既没有声张，也没有当面指责偷瓜的孩子，而是远远地走开，装作没有看见。

多少年后，孩子长大了，一天，他鼓足勇气向这位家长坦承曾经偷过他家的瓜，你看到了却不张扬。这个孩子对那位家长充满感戴，感戴他对于他声誉和尊严的保护。直到这时，这位家长还是矢口否认发生过这件事情。

看看，这是一种多么宽厚仁慈的心地，开阔博爱的心胸。盟盟，爷爷的宝贝，你今天的做法，爷爷为你高兴，你也让爷爷深感欣慰。希望我们的盟盟，当然还有优优，今后也能像那户人家的家长，做一个博爱之人，对于他人，能够有一种发自内心的尊重，而且能够坚持到底。

当然，即便从祸福角度来讲，得饶人处且饶人，既能让别人获得道德自省的机会，也许还能使自己在关键时候得到意想不到的帮助。还有一个古老的"绝缨会"故事可以证明。

故事说春秋时代，楚庄王在一次庆功会上，命自己的爱妃给众将领敬酒，突然遇到大风吹熄了烛火，一将乘机扯了妃子的衣袖。妃子顺手揪下该将头盔上的缨穗，并报告了楚庄王，要求追查。楚庄王并不追查，而是一边说"酒后也"，一边命众将领统统摘下自己头盔上的缨穗。该将因此免于一劫，于心铭感。在另一次战斗中，楚庄王被围，该将冒死相救。楚庄王问其故，答曰自己就是扯了王妃衣袖的人。

故事也许是虚构的，但是蕴藏在里面的道理却是真实的：饶人不痴，痴人不饶。所以，爷爷说你今天做得对。

（2017年11月27日）

笑醒了

今天下午是蚌埠医学院的课，上午到达已是吃饭时间。近来睡觉对我来说比较奢侈，饭后一觉，觉得真香，尽管生怕睡过了，还是完全进入梦里，这也真是难得的奢侈，奢侈的享受。

忽然盟盟和优优来到我的床上，当然是家里的床，我斜躺着，他俩一人一边跟我嬉闹，花招层出不穷，我不做任何反抗，只是静静地享受那份天伦之乐。

嗨，开始换花样了，盟盟挠我，优优也跟着挠。我一向怕挠，但是现在不怕，也有强行压抑的因素。他们见我无动于衷，自然不甘心，非要让我笑起来。

盟盟压住我的右手，招呼优优压住我的左手，又开始挠。我还是强忍着，只给微笑，绝不大笑，心里就想不让他们的阴谋得逞。他们呢，任劳任怨，无怨无悔，坚持不懈地挠。我就是要看看两个小东西还能耍出什么花样来。

没有想到的一招终于出现了，优优吐出自己的舌头，舔着我的脖子；我也终于感到痒神经被触动了，强忍不住，扑哧一下笑出声来，就这样笑醒了。

一看，1点半，赶快洗个澡。洗澡的时候，我还一边摸摸被优优"舔"过的地方，一边体会刚才梦里的甜蜜。

盟盟和优优，爷爷最亲爱的宝贝，谢谢你们！是你们让我平生第一次感受到了什么叫睡着都笑醒了。没有你们，爷爷无论如何没有现在这么幸福啊！

（2017年12月3日）

途中的阅读

上午要去南图为一篇文章的几个注释做版本校对，顺便送盟盟上学，也让他爸爸休息休息。刚出小区不远，盟盟对我说起有人叫王二轩——这本来很正常，但是对于他这个年龄的孩子来说不免有些稀奇——我接过来说，与此相关的名字很多，比如说王二小、王小二等都是人名。

讲到王小二就想起一个歇后语：王小二过年——一年不如一年。首先告诉他什么叫歇后语，然后再说这句歇后语的意思是说年年退步。不能只有退步吧，还要进步，于是顺便补充一个芝麻开花——节节高。正要解释芝麻，他说知道，吃过芝麻。我当然知道他吃过，但是需要告诉他芝麻开花的形态，以更好地说明"节节高"。

我已经有点自满了——刚刚出门就教给他两个歇后语，还不满足吗？但是进了地铁后，他要玩手机，我将计就计，搜索一下欧·亨利的信息。我正在教他慢慢地阅读欧·亨利的小说。我读给他听，但是字迹色淡我看不清楚，有的地方还读错了，他反过来加以纠正。

我连出两个错误后，他不耐烦了，自己阅读起来。我就耐心地欣赏他的阅读，他竟然流利地读完下面的几段文字——

《欧·亨利短篇小说精选》精选了欧·亨利最优秀的29篇短篇小说代表作：被人们所熟知的《麦琪的礼物》《最后一片叶子》《带家具出租的房间》……充满神秘色彩的《绿色之门》《托宾的手相》……拜金主义背景下发生的《财神与爱神》《擦亮的灯》……

他的故事展现出令人啼笑皆非的悲悯、独特的幽默和不到最后一秒绝对猜不到的结局，带给您拍案叫绝的读书体验。它们描绘了欧·亨利那广阔的世界，从他挚爱的纽约街道，到国界以南充满异域风情的地方。

欧·亨利的作品将会一直成为好故事的典范。

我想努力发现他的错误，相信他一定会出现错误，比如悲悯的"悯"他应该不认识的，但是地铁行进中的轰鸣掩盖了他的错误。不过我还是欣赏他把这么长的文字完整流利地阅读下来。

除了必要的简单的提炼外，我又挑出啼笑皆非、拍案叫绝两个成语，并且告诉他意思，相信他是记住了，因为他已经说出了哭也不是笑也不是和拍着桌子叫好的意思。

还有一个小时南图才开门，我就在地铁站里一边躲雨，一边记录今天早上和盟盟共同缔造的故事。同时还不断接受别人的问路，享受着被人请教的快乐。

（2017年12月6日）

2018年

（盟盟8岁，优优5岁）

走在回家的路上

下午3点多钟了，奶奶要我快去幼儿园接优优，顺便活动活动。我一向听老婆话，跟老婆走，当然得令而行，踩着点步行几个站，准时接到优优。

接到优优后的第一个问题是怎么回去，我问优优，他说打车；我说不需要，那就坐公交吧。红灯拦住了我们，一分多钟，有点烦。我东张西望，还是没看到希望，就进一步和优优商量："爷爷想活动活动，我们走路回去行吗？"没有想到他爽快地答应了。我很高兴。

我从家出发时就带了雪饼和京果，路上问他吃什么，他要吃雪饼。好，我帮他撕开一个口子。塑料皮怎么办呢，我在观察。附近没有垃圾桶，优优就把塑料皮装进食品袋里。我们一边说话一边向前，经过一个垃圾桶，我已经走过去好几步了，他却把我喊住。我不知就里，停下，他说"你没看见垃圾桶吗"？我恍然大悟。他把那张塑料皮取出放进垃圾桶里。"很好"，我表扬了他。

向前，向前，向前，优优忽然问起他什么时候过生日。他是4月10日生，我说早呢，还有4个月。他静了几秒又问我："我过生日给同学们送什么礼物呢？"我说到时候再说吧。想想也应该听听他的想法，于是反问他："优优想给同学们送什么礼物呢？"大概他觉得雪饼好吃，就说"想给大家送雪饼"。我没听清"雪饼"，以为是说"彩笔"。他纠正我："是雪饼。"我答应了他。

雪饼的"雪"字就是地上的雪，我指着地上的雪告诉优优。前几天雪很大，这两天草地上处处都有残雪，他触景生情地问我，"雪为什么还不化掉啊"，我一边回答他，一边提问他："雪化后变成什么了？"他还真不知道，我说变成水。为了更直观，我就轻轻捻起一小撮僵硬的残雪放到手心，攥一会儿，化了，放开手，他没看见雪，却看见了水，也就有了更好的答案。

走到门口了，我开门，他要尿尿，我说回家尿吧。他却忽发奇想，问："爷爷，尿能把雪化掉吗？"我也觉得有趣，更感到有了一个现场教学的机会，也就顺着他说，"那你就试试啊，反正是自家门口的草地"。说罢，我顺手一指太阳花上的一片雪——干干净净的，好做实验。

刚刚开锁进门放下钥匙，优优进来了，说："爷爷，你是怎么知道尿能把雪化掉的啊？"我从心里笑了起来：宝贝，爷爷小时不知道做过多少次这样的"科学实验"呢！

（2018年1月8日）

盟盟甘做无名事

今天周日，早上6点半，优优还在呼呼大睡，盟盟醒了，就像平时一样，第一声就高喊奶奶。我闻声放弃阅读新闻，走进房间，他在调皮式的问候后就假装躲避我。我蹿到床上抓住他，不停地拍打着他的小屁屁，这是我给他的一种特殊的"吻"。

他则高声叫道："爷爷打我啦！爷爷打我啦！"奶奶来了，我们一起，你一言，我一语，说一些无关紧要的话。奶奶忽然想起来什么，向我说到本月12日，是个周五，爸爸送他上学，很早就到学校，学校没有一个同学，也没有一个老师，门口只有保安和保洁。

怎么呢？我不解，心想一定有什么坏事，但是等候下文。奶奶接着说，盟盟一个人走进教室，自己做起班务。我一听自己做班务，为之一惊，也为之一喜，马上重视起来，接连考察几个关键点。首先问他班上连一个人都没有吗？"是的"，盟盟这么回答。那么你究竟做了什么事情呢？他说首先翻了班牌，接着打开电灯，打开窗户，开了电脑，扫地，不仅擦了黑板，还抹了窗台。

还真干了不少。我又问他，做完这些后还是没有人来吗？他说在快做完的时候来了一个同学。接着我又追问：在你做完这些事情之后向老师和同学们讲了没有？他说没有。"很好，"我赞赏他，"这就叫埋头苦干，这就叫甘做无名英雄，这是一种非常美好的品德，爷爷听到了，就像你考了全班第一名一样高兴。"

知道为什么吗？盟盟，爷爷要对你说：一个人来到这个世界之后，必须完成两大任务，一是做人，二是做事。只要做事，就是在为社会贡献。我们所做的事，当然希望得到社会的承认，但是不能仅仅为了得到社会的承认而去做事。如果仅仅追求别人的承认，我们做得再多，在精神上也许还是虚荣的奴隶而已。

须知，做事就是人的天职，人的本分，也就是在做人。一个真正的人，总是在做自己觉得应该的事情。当我们发自内心地为自己所做的一切感到应该、高兴、快乐和光荣的时候，你就已经获得一种信仰，一种自觉，这时，不管你处在社会的什么地位，你都进入了生活的最高境界：幸福。

亲爱的盟盟，这些道理都是爷爷在你的激发下产生出来的，也是应该告诉你的；当然，现在你不会很懂，但我写在这里，今后你会越来越懂的。同时我也想让你知道，爷爷一生中做的无名英雄的小事业也是说不过来的。

（2018年1月14日）

是"le"，不是"yue"

我对盟盟和优优的教育是非常重视、一贯重视的。为了他们的教育，传统启蒙经典读物买了不少，像《千字文》等就有几套。一场大雪，让寒假提前了，至少一年级的寒假提前了。爸爸生病发烧，我接手盟盟的教育，其中一项就是把上学前没有读完的《千字文》继续推进。第二大板块的内容就要背诵完了。

昨天晚上睡前，我在书房，盟盟忽然喊我。我闻声前往，原来他正拿着闻钟主编、徐国静审定，号称"无障碍阅读""新课标必读名著"的《千字文》。他指着书说："爷爷，《千字文》这里的字错了。"我很惊讶，觉得不会有文字错误的吧。可是，他指着"乐殊贵贱，礼别尊卑"一句，说"是乐（yue），不是乐（le）"。我一看，拼音还真是这样标的，我立即表扬他真用心。

越想越觉得书上的这处错误严重。"乐"是一个多音字，但在《千字文》这个地方它不是 le，而是 yue，所表达的首要词义就是音乐；其次，它说的是一种礼乐制度，就是"乐殊贵贱，礼别尊卑"，讲的是以音乐的规格来表现等级制度的意思。孔子说"八佾舞于庭，是可忍，孰不可忍"，是广为人知的历史典故。孔子所斥责的就是一种通过"乐"的僭越而破坏固有制度的行为。现在该书把它标为 le，那上面的意义就被完全消解了。也真是是可忍，孰不可忍！

转过来，我对盟盟说："你真的很好，很棒，看书细致，敢于怀疑。"联系过去学过的《中庸》，再提示一句"博学之"，他接着"审问之，慎思之，明辨之，笃行之"。我说你这就是审问之，慎思之，明辨之，是深入学习的表现，也是今后研究问题的思想基础。

联想我在大学时，听过一位老先生的讲座，说学者读书只能读中华书局、商务印书馆和三联书店出版的书籍，因为其他书籍错误多，误人子弟。当时觉得老先生"迂腐"。可是看看后来的情况，特别是眼前的"le""yue"之误，还能说老先生迂腐吗？

（2018 年 1 月 29 日）

盟盟的期末评语

2017 年 9 月 1 日盟盟走进马府街小学一年级（2）班，一晃一个学期结束了。爸爸参加完家长会后，带回一本南京市教育局编的《我的成长脚印：小学生素质成长记录册（低年级）》，其中的"班主任对我说"和"任课教师对我说"算是总体评价。

"班主任对我说"是这么说的："管亦苏小朋友，这学期你的进步很大，从一个腼腆内向的男孩成长为积极参加各项活动、热爱集体、团结同学、积极向上的男生。课堂上总能看到你认真听讲的眼神和积极发言的小手，课后总看到你安静地拿着一本书认真阅读的身影。大量的阅读和较好的接受能力使你的成绩稳步提升。可是你在课堂纪律方面还要加油，也不够自信。相信自己，你才能自内而外散发魅力，感染身边的人。加油呀，管亦苏！期待你更大的进步。"

"任课老师对我说"则是这么评价他:"管亦苏小朋友:你单纯、乖巧。课堂上,有时专心听讲,认真思考问题,积极举手发言,作业干净整齐,字迹漂亮。可不知什么时候,你身边那位叫'细心'的朋友悄悄离开了你,你能用行动找回这位朋友吗?老师相信你一定能行,加油!"

盟盟,从这些评价用语看出,老师们对你的培养很用心,所以观察很细致,给出的评价也是准确的。我们需要好好感谢老师,按照老师指出的方向认真努力。

综合你的缺点有3个方面,一是课堂纪律有时不够好。这就需要你认真反省在哪些方面表现得不够好。你要知道,任何人的差距往往取决于对于自己缺点与不足的态度。二是不够自信。你是存在这方面问题的。其实你很优秀,但是由于自信心不足反而影响你的发挥。人不能自满,但一定要自信。三是粗心。比如你的数学只考99分,因为你竟然把"1+2+3"给"=12"了,实在是错得莫名其妙啊!这就是粗心。粗心就会丢分。须知,细节也能决定成败。

我们对你最满意的地方就是你的阅读。你在家里的表现我们看在眼里,通过老师的评价进一步看出你在学校的表现,联系起来可以说,你已经基本养成阅读习惯。这是很好的习惯,也是可贵的品质。知道我为什么这么说吗?

因为一个人的知识应该是一个血肉丰满的体系。但是我们不管在哪里上学,老师给我们的永远只能是基础知识,给我们构建起来的也只是知识体系中的"骨骼"。至于"血肉",只有通过大量的课外阅读才能获得。这样的大量阅读离不开阅读习惯的支持。所以阅读习惯既是一种持续学习的动力,也是一种获得学习能力的基础与必要条件。

(2018年2月4日)

盟盟送我的新年大礼

小时候的盟盟也够调皮的了,但还不算十分调皮,自从进入小学一年级后,情况有了不小的改变,使我更加觉得读书真好,受教育真好。

其实，对于读书盟盟是喜欢的，甚至可以说是很喜欢的，在家里的表现我看在眼里，在学校里的表现，老师已经在期末评语中说了，"课后总看到你安静地拿着一本书认真阅读的身影"。今年春节，他和优优一道去外婆家过了几天，外公对我说："盟盟变化很大，很有教养，不多说话，没事就是捧着一本书看，文质彬彬的。"外公的话，算是盟盟送给我的第一份新年大礼。

对于孩子真实而恰当的夸奖是必需的，这不仅是给他们成长的激励，也是对他们成长的定向引导。年初三，我们就把盟盟接回家了，途中向他转述外公对他的表扬，他一边默默地听，一边继续看他的《米小圈上学记》。这一套书他已经读到四年级的了。

我的书房他是每天必来的，而且要来很多次。年初四那天，他要来玩玩游戏，我同意了；大约玩过半个小时，应该下来，也就下来了。但他没走，而是看了看我的垃圾桶——已经被杂物装满了，我还没有来得及清理——马上俯下身子，把垃圾桶里的塑料袋子提出来并系好。

我不动声色地看他怎么做，心想应该完成了吧。没有想到，他又寻找新的塑料袋子，但不顺利。我帮助他找到一个备用的旧袋子，然后他就慢慢地把它安到塑料垃圾桶里。他完成这道工序后，我才心满意足地表扬他会做事、肯做事。虽然这是他第一次为我清理垃圾，却是今年春节送给我的又一份大礼。谢谢盟盟，爷爷的宝贝儿，你的每一个进步都是对我的奖赏！

趁盟盟吃饭的时候，我写好这篇文章，想起应该让他知道这件事和这篇文章，于是把他叫来，先听我读；才读几句，觉得让他自己读不是更好吗。他也就按照我的要求往下读，仅有两三个生字不认识，其他不仅顺利通读，还删去了我一句话里多余的一个"的"。我感觉又收到了一份大礼物。还没完，他又把文中的成语和他感兴趣的词语用红和绿两种颜色标了出来。这样的动作是游戏，却是有意义的游戏，我支持而欣赏。

（2018年2月21日）

盟盟纠正《数学报》

昨天晚上,我回到家里已经9点多钟,放下包发现桌上多了两份一年级版的《小学生数学报》,我问盟盟报纸从何而来,他说是学校发的;同时告诉我,他已经快看完了。我无暇顾及,既没有深入考察他,更没有深入考察报纸。

现在他的作业基本都是爸爸管。今天晚上,盟盟按照老师要求把《数学报》上的题都做完了,拿去向爸爸汇报,顺便指出报纸上的一道题是错的。爸爸看了看,是有问题,向我反映。为求确证,我进一步审题,也觉得真有问题。题是这样出的:

玫瑰花(图)种了15棵,喇叭花(图)种了6棵,再种几棵玫瑰花(图)就和喇叭花(图)同样多?

盟盟的解答是"15-6=9(棵)",根据题意,他的解答是没有错的,但他是在把玫瑰花图案和喇叭花图案做了一个位置颠倒之后做出来的。

我对他再一次发现正规印刷品上的错误仍然给予高度肯定与鼓励。但我知道自己的数学能力极其平凡,所以在盟盟睡觉后,再把这份报纸上的题拿出来看了又看,看看会不会是我们搞错了。看来看去,还是觉得报纸的题意表述确实是有问题的。

比如,"再种几棵玫瑰花(图)就和喇叭花(图)同样多"一句,至少可以做两种理解:其一,问"再种几棵玫瑰花(图)就和喇叭花(图)同样多"。玫瑰花已经15棵,多出喇叭花9棵了,怎么能问"再种几棵玫瑰花"呢?如果真的"再种",岂不是越种越多,永远也不会"同样多"。其二,如果在"再种几棵"后加个",",接下来"玫瑰花(图)就和喇叭花(图)同样多",理解起来也很别扭勉强,因为"再种几棵",也是以喇叭花比照玫瑰花,而不是以玫瑰花比照喇叭花,所以,怎么看都觉得有问题。当然,这都是由于图案颠倒所带来的。

也许报纸有报纸的解释,但是我们还是按照自己的理解,肯定盟盟善于发现错误的能力与精神,至少我是非常注意培养他存疑和质疑的态度。

《吕氏春秋·慎行论·疑似》有语："使人大迷惑者，必物之相似也。玉人之所患，患石之似玉者；相剑者之所患，患剑之似吴干者；贤主之所患，患人之博闻辩言而似通者。亡国之主似智，亡国之臣似忠。相似之物，此愚者之所大惑，而圣人之所加虑也，故墨子见歧而哭之。"无论是治学、治事、治世还是其他，能够辨别真伪对错的，不能不说是必要的智慧。而要获得这种智慧，既需要天然禀赋，更需要长期训练，所以，但凡盟盟发现书中错误我总是十分愉快而欣慰。

当然，我还不忘附加一句要求："我们也要善于发现自己的错误。"因为他往往看不出自己作业中的错误。所以老师说他："不知什么时候，你身边那位叫'细心'的朋友悄悄离开了你。"并指示："你能用行动找回这位朋友吗。"老师的希望何尝不是我们的要求呢！

（2018年3月10日）

看"揭发"爷爷的大字报

春天了，门外风和日丽，我们让盟盟和优优去儿童乐园玩耍。已有一些时间，不太放心，前去看看。看见滑梯上贴着一张A4纸，标题是《业委会，你要愚弄我们广大业主到几时！》，上面列举业委会的十大"罪状"，我虽不是业委会主任但也是监委会主任，还是被光荣地列为"罪魁祸首"。

对我而言，这些并不新鲜，早在六七年前，我们业委会刚刚建立的时候，就遇到过这种情形，现在这不过是换了事主的故技重演。大字报最早出现在上周一，即3月5日，贴在各幢公寓楼里，我从微信群里听说后出去转转，捡回一张，敲成电脑文字，全文发到小区群里，让全体业主都知道这件事，而且动员大家按照大字报上的电话向纪检监察和市民热线举报我们。今天又听说贴到别墅群里，我连看的兴趣都没有，没想到他们连儿童乐园也没放过。

转了两圈，我对盟盟和优优说："你们来看看人家'揭发'爷爷的大字报。""啊，还有这事"，他们的心里一定这么想，要不怎么马上就不玩了，按我的指示迅速地跑到大字报前。盟盟问我："有你的名字吗？""有啊"，我顺手一指，他看到了。优优不认字，好像出乎本能，伸手就要撕下大字报，刚刚扯开了一个角，我制止了他，盟盟回到家里拿了胶水把扯开的一角重新粘好。

一起回家的路上，我对盟盟说，大字报核心内容就是说爷爷贪污小区的钱。没想到他对爷爷的"贪污"根本不关心，连问都不问一句，好像深信爷爷根本不会做出这种可耻的事情来。对的，爷爷当然不会干出这等违法犯罪的勾当来。

盟盟和优优，你们现在还小，但是你们今后也许也会遇到爷爷现在遇到的事情。社会是复杂的，因其复杂，时时都会发生冲突，再大再小的冲突都是由利益引发的，区别在于有的是物质形态的，有的是意识形态的，论其性质无非公私缠斗，正邪相搏。一般程度就是这种无聊的形式，严重的会有流血，甚至牺牲。只要动了别人的奶酪，很难得到体谅的，哪怕你是圣人也会被骂，哪怕你做得再好，也会遭到反对。

爷爷动人奶酪了吗？肯定地说，动了！爷爷不仅带出一个小的"傻瓜"团队（业委会），而且带出一个大的"傻瓜"团队（再加上监委会），甚至还有一个更大的团队（业主代表大会），我们大家紧紧地团结在一起，担负起该负的责任，让我们的"敌人"收买不了我们，威胁不到我们，甚至面对成建制的"暴徒"我们也能众志成城，无所畏惧。但是敌人也是聪明的，懂得堡垒最容易从内部攻破，于是他们挖空心思，想从我们内部收买势利之徒。有的也真中招了。

其实爷爷从2016年11月就辞去业委会主任了，但爷爷不是不负责任地一走了之，而是从根本上调整原先小区的制度结构，依法重新设计一套适合小区需要的制度体系，顺利完成换届选举之后，转而担任监事委员会主任，以保证小区的新制度能够运行成熟，从而形成制度文化。这是责任啊，义不容辞！

但是，最近半年多来，围绕小区的核心权力，发生了方方面面的明争暗斗，现在大字报就是最新的斗争形式与动向。斗争的焦点则集中在核心职位和对业委会公章的争夺上。尤其是公章，那可是一个用自己法定主体行为名称制作的签名印章，事关整体重大利益，一旦落到坏人手里，后果不堪设想。比如，公章一旦落入贴大字报的人手里，他只要利用公章向法院发出一份撤诉公函，我们全小区围绕会所产权进行的数年的维权斗争成果顿时就会彻底失败。但是，我们的业委会真是了不起，他们牢牢地捍卫了公章，也就坚定地捍卫了全小区的根本利益。

"敌人"自然不会善罢甘休，更不会甘心失败，这不，连大字报这种手段都用上了，尽管徒劳，但是一定会有这种性质的最后疯狂。我最亲爱的盟盟和优优，须知，人只要奋斗总会遇到困难和对手，必须要有坚韧不拔的毅力才能坚持下去。这就要有信仰的支持。没有信仰就没有信念，没有信念，也许我们为公为私也能产生一时的正义冲动，但是要矢志不渝坚持不懈地去奋斗可就不容易了。

你们也许会问，也应该问："爷爷，你的信仰与信念是什么呢？"不说宏大的，就以刚才我给业委会与监委会的几段微信来表达吧，相信你们今后会慢慢体会的，尽管不是现在，但是你们终将会有懂得这些道理的时候。

各位：本小区的组织架构十分牢固，加上有一批久经考验、对小区公共利益忠心耿耿的骨干，任何违法捣乱活动都不会发生他们想象中的破坏力。他们以为贴贴标语，造造谣言就能动员业主起来造反，实在低估小区自治组织和制度体系的硬实力和软实力，更是低估了小区业主的觉悟程度。

业主对于这些大字报基本没有大的反应，这就是过去数年积攒下来的软实力在发挥作用。所以我们一定要继续高举义务奉献的道义旗帜，把小区的根本问题——会所维权的障碍——排除，赢得诉讼，然后整个小区管理就能从根本上由被动转向主动。

那时，我们只要把握住内部不发生蜕化变质这一点，整个小区生活就会真正实现长治久安，所有业主都能共享会所红利。我们全体的奋斗与努力就是为了实现这样一个理想。

盟盟和优优，你们虽小，但是已经陪伴爷爷一起经历了这件事情。这个经历对于你们的意义，将会随着你们年龄的增长而日益彰显出来。归根结底，我，还有你们，都是社会的人。社会就是我们生活的环境，所以对于社会事务，一定要有责任感，只要正义呼唤、公共需要，就应该当仁不让，敢于担当并尽己所能。

（2018年3月11日）

优优认字

　　一直以来，我和奶奶共同感觉有点对不住优优，因为我的工作实在太忙，精力自然顾不过来，所以对于优优的启蒙教育有些心有余而力不足，以至5岁了，虽然也教过他一些东西，但是没有教更多的东西。

　　最近幼儿园要搞一个识字班，我们报名参加，但是几次请假外出也耽误了不少，感觉他的兴趣不高。我警惕了，昨天晚上，开始给他讲从幼儿园带回家的绘本故事，顺便教他"上下"等字，为了区分，告诉他一横在下就是"上"，一横在上就是"下"。

　　早上起床后，我想考考昨晚教他的字，在白板上写出"上下"让他认，他一点障碍也没有。他鼓励了我，进一步写下"三、四、五、六"几个简单汉字，结果也是毫无障碍。接着再先后写出"人、大、小、口、心"等，他统统认出来了。这时我们彼此都很受鼓励。

　　我想拓展一点，首先写个"女"，并说出读音，指着旁边的妈妈和奶奶说："妈妈是女人，奶奶也是女人，就是这个'女'。"他则进一步发挥出来"小女生的'女'"，还说他有女生朋友，也有男生朋友。我鼓励他交朋友女生男生都要交。

　　我估计，他至少可以认出30个左右的汉字。刚好听到他说还认识"土"，我就顺势写出"土"，的确没有问题。再在"土"的上面加一横，他说这是"王"，"大王"的"王"。没错，再在下面加一点，他不认识了，我说是"玉"，就是美好的石头。

　　乘他兴奋，我又写出几个字，他都顺利认出，这应该是老师的功劳，我以此为基础，演化出"天""回""日""中"，这些对他来说都是真正的生字，但是现在都认出来了。他还是很会联想，讲到"回"字，马上就说回家。但是"日就是太阳"，我已经说了两遍，意思没有记住，直到开门去上幼儿园了，我又叮嘱一遍，下午接他时再来考考看。

为把汉字中的10个基础数字认全,我补写了"一""七""八""九""十",但是"七"和"八"他没有认出来,其他没有问题。到此,他还扬扬得意地说:"十"和"九"超简单。我说没有难认的字,只要会了就简单。

明天他满5岁。就觉得今天是他的一个重要转折,重要标志就是认字兴趣被激发出来了。我对奶奶和妈妈说,成功的教育就是激发出孩子的兴趣。有了兴趣就有进取的动力。看来从今天开始,我,我们大家,都需要加大对于优优的教育投入,至少要让他在上学前能够自己看简单的书。

其实,他对自己的荣誉和地位还是非常重视的。我记录他们的故事已经超出20万字,每次念给他听,他从不拒绝,而且不让我省略议论部分,必须从头到尾念下来。刚才出门时,他还特地叮嘱我,要把他早上认字的故事写下来。我答应了。《优优认字》就是他给我布置的作业,他回来后,还会检查的。

优优,希望你每天都能保持今天的劲头,那样我们都会更加进步,也更加开心。

(2018年4月9日)

盟盟阅读《拉封丹寓言》

对于读书,我一向主张杂,因为"杂"通常是一种丰富的形态,从经验上讲,也只有杂才能做到丰富。丰富不一定就有力量,丰富而缺乏组织,其力量就是简单的和。系统论认为,系统的整体功能≠各要素功能的和,而是取决于各要素的结合方式。最有效的结合方式就是组织。真正的力量源于组织。组织就是使要素系统化。

读书也是这个道理,都是从杂开始的,通常没有计划,甚至连目的也不明确,也许阅读源于兴趣,兴趣就是目的。这样的读书是一种自发活动,没有进入自觉阶段。自觉的标志就是具有鲜明的目的性,以解决问题为宗旨的。任何问题的形成都是多种因素促成的,所以解决问题不能直线思维,而要系统方法,只有系统的方法才能形成合成的力量。

我对盟盟的阅读活动也是从杂开始的,但是始终注意杂而有序,就是尽量地注重阅读的系统性。比如教他阅读中国的文化典籍,首先给他灌输夏商周秦汉晋隋唐宋元明清等王朝大系，这是一个纵向的时空概念，没有它，再多的知识很难准确定位，知识价值是大打折扣的。再比如，教他阅读西方名著，同样注重体系化。在寓言方面，首先读《伊索寓言》，然后引导读《克雷洛夫寓言》，还在两个月前，建议他读《拉封丹寓言》。他忽然抵触我，那就放下。

今天晚上，他在整理自己书架上的《米小圈上学记》，口中念念有词，不仅念叨《伊索寓言》《克雷洛夫寓言》，而且念叨《拉封丹寓言》。对于后者，他虽然没有读过，我已经给他灌输了概念，只是没有想到他几个月了还把书名记在心里。现在我乘机问他"想看吗"，他点头同意，我顺手从书架上取下，顺便告诉他，在世界文学史上，寓言类的作品就是以《伊索寓言》《拉封丹寓言》和《克雷洛夫寓言》为代表，读过这3本书，基本就获得对于寓言的系统知识。

他听完我的唠叨，捧起《拉封丹寓言》坐到我的转动沙发上，静静地阅读起来，似乎津津有味。为了培养他的兴趣，我不惊扰他，而是走到一边，直到快要睡觉了，才走进来催促他放下，他说已经阅读了88页。当然，这个书的版式宽大，而且是以诗行排版的，尽管如此，也还是读了不少。更重要的是他开始阅读这本书，而在这本书阅读完成后，也就了却了我要求他了解关于寓言知识体系化的心事。

（2018年4月22日）

指导盟盟看图写话

盟盟的知识存量还是不错的，因此我有时说他"是我们管家的学问家"，这是调侃，调侃中带有鼓励，更带着希望。

但是没有想到"学问家"也出问题了：在看图写话上出现障碍，面对一幅图，有时不知道从何说起，写也写不了几句话，有时就几乎不写了。"毕竟才一年级"，固然是个自然的原因，但是其他原因还是要找的。

什么原因呢？首先要检查我们自己的问题。我觉得一开始对于这个方面没有在意，以为不会有问题。还有吗？应该还有，那就是爸爸要求太高，连别人说过的话都不允许他再说，结果欲速则不达，反而给他造成心理负担。

当然，有没有自身的问题呢？肯定也有的。首先，态度需要检讨，比如写不出来索性就不写了，当然这个问题不一定存在，但是不能排除这样的问题。其次，马虎，不愿深入审图，就是审题，当然就进入不了写作状态。

出了问题不可怕，解决不了问题才可怕。怎么解决问题，除了要求态度端正之外，关键要选择出正确的方法。在所有的方法中，思路应该是最重要的，就是平时人们常说的思路决定出路。

前天是五一节前的最后一天，家庭作业也有一个看图写话，内容是一个猴子顺着河流用绳子拉着一根木头，一只熊扛着一根木头，一头猪拱着一根木头，大家一起向前。好，现在我们就开始了，但是只说不写。

第一步，主题。我问盟盟："他们在干什么？""运木头。"棒极了，他们的确是在运木头。好，那我们就把这幅图的主题设定为"运木头"，而且就用它来做文章的标题。标题就是主题，主题就是说话围绕的中心。

第二步，人物。就是要说明哪些人在运木头。"猴子、熊和猪"，他说。又是很棒，回答太准确了，我继续鼓励他。

第三步，目的。"他们运木头干什么呢？"我问。他说"建房子"。"对，就是建房子。"我继续肯定他，同时启发他在这里需要发挥一点，比如为什么要建房子。他说"他们想住大房子"。"多么好的目的，就是这样的"，我说。

第四步，准备。建房子需要准备，最重要的就是准备材料，我问他要准备什么材料。"木头"，他说。对的，这就扣上主题了，但我不说其他材料，因为他还没有更多的经验，说多了反而扰乱思路。

第五步，取材地点。"木材在哪里？"我问，他愣了一下。我说其实就是树啊，山上的树是不是更多？他们就是从山上把木头往回运的。明确了"山上"，也就明确了取材的地点。

第六步，运输。这里他表达不是很清楚，我说是不是利用河流水的浮力运输。这里我也没有看清楚，其实岸上、河里都有，熊和猪都是走在岸上的。但就这么说吧。

第七步，人物表现。就是3个字：扛、拉、拱，他已经说出了猴子用绳子拉，熊用肩膀扛，猪用鼻子推。我告诉他"推"也可以用，但是更准确的说法应该叫"拱"。顺便教他个"拱"字。

就在这个环节里，他说出猴子要熊和猪怎么做，我大加赞扬他对人物特征把握很准确。因为在这3个动物里，猴子最聪明，所以猴子指挥他们，自己用绳子拉着木头，利用水的浮力运输，而他们则扛和拱。

最后要谈体会，而且说明最后两个环节是重点。关于体会，最关键的就是4个字，他有那个意思，但是没能准确表达，我告诉他就是"团结合作"。运木头需要团结合作，到了这里还需要团结合作才能把木材搬到建房子的目的地。

不讲了，剩下的时间让他自己去写。写时他还问了一个问题："什么叫拟人化？""就是把不是人的动物当作人来写"，我根据自己的理解向他这样解释。他好像真懂了，"啊"了一声，一边擦掉"它"，一边说："拟人化应该是这个'他'。"

当然，他没有把"团结合作"作为一个独立的段落写，而是写进故事的最后叙述里。"行"，没有更进一步要求，首先要激发兴趣。我也没有检查，时间不早了，睡觉去，明天再看。我相信，从今天开始，他会有一个进步的。

（2018年4月29日）

我和盟盟学《周易》

之所以使用这个文章标题，意在说明在对《周易》的学习上，我并不怎么先进，只是为了教盟盟才和他一起学习的。要说先进一点，就是比他多认几个八卦文字，对于该书价值的认识也能更充分一些而已。

《周易》简称为《易》，在中国文化典籍中属于上游作品，居于群经之首。总揽全书，除后人所写的绪论之外，由《易经》和《易传》两块构成主体。该书不是成于一时，竟于一人，司马迁说它人更三圣（伏羲、周文王、孔子），世历三古（上古、中古、近古），思想光芒万丈，对于中国人的影响长达3000多年，而且是深刻而全方位的影响。但在中国历史文化典籍中，它又是最难读懂的经典之一。

盟盟早就知道书名了，因为他太小，我没有深入教他；但从上周开始，我觉得应该深入一步，开始与认字结合起来教他八卦。为什么这样选择？因为"《易》有太极，是生两仪，两仪生四象，四象生八卦"。太极是《周易》关于宇宙的本体论，而八卦则是关于宇宙演化的图示，代表中国人经典的具象世界观，也是奠定中国人思维方式的哲学基础。

传授这些概念是很不容易的，所以我不从高度抽象的太极切入，而是从8个具象概念教起。第一步在白板上写出，乾、坤、坎、离、震、巽、艮、兑，先解决认字问题。第二步再在每一个字的下面画上特定的代表符号，就是☰、☷、☵、☲、☳、☴、☶、☱，并分别讲解每一个文字与相应符号的对应关系，当时就要他记下比较容易的4个符号。这些符号在白板上挂了一天。第三步就是写出八卦的文字和符号分别代表的天、地、水、火、雷、风、山、泽等8种自然现象。3个层次的知识在白板上挂了三四天，我吩咐在没有掌握之前，不让大家擦掉。

今天周日，盟盟突然要我考他八卦，而且主动拿出草稿本，背对白板，要我报，他来写。我以为他要写字，很高兴，没提任何特殊要求，而是顺应他的要求。结果没有想到，他把8个代表符号写了出来，而且完全正确。这让我大为惊讶，也就"得寸进尺"，要求他把八卦的8个原文、符号与8个字代表的8种自然现象对应起来、统一起来，到了这时，这个要求就已经不是难事了，他当然也是顺利完成。

正在为"孺子可教"而高兴的时候，没有想到的事情发生了，他要考我。为了体现平等，我同意他的要求，接受他的考试。文字对我不是难事，早就有些印象的，这次教他又得到强化，所以顺利过关；但是符号就难了，因为我与他同时起步，尽管努力记忆还是记不过他啊，没有办法，中间的4个符号错了。错了就是错了，我就老老实实地认错，表示一定再做努力。

（2018年5月6日）

《春晓》"是爷爷写的"

早起，挂在休闲厅墙上的大约两平方米的白板上，清晰地排列着我昨晚写在上面的唐朝诗人孟浩然的《春晓》一诗——

春眠不觉晓，
处处闻啼鸟。
夜来风雨声，
花落知多少。

这首古老的诗作真是文学艺术中的珍品，具有不朽的生命力，历经千年以上的洗练，直到今天还几乎无人不知。我们的优优自然应该知道，所以我开始教他背诵了。

优优在客厅就餐，两厅相连，我与优优互相观望毫不影响。虽然旁边写着我教盟盟的"食不语，寝不言"，但我对孔子主义也不搞教条主义，而是充分利用这段时间。

于是指着文字，先教他认字——我通常把认字与背诵结合起来，他不可能一次完全认得，没有关系，反正就是顺带教的；同时给他讲讲意思，也是顺带的事情。

经过两个早晚，他基本会背了，我才感到没有写出题目和作者姓名不够完美，那就立即补上。说完"这首诗的名字叫作《春晓》"之后，接着追问一句："你知道这首诗是谁写的吗？"

我的本意很清楚，就是要通过这种启发的方式"请"出作者来，于是自问自答地告诉他："这首诗是孟浩然写的。"

他一定觉得不对，明明是你写在白板上的，怎么能是别人写的呢？于是马上做出反应，反应得适时而又自然，差不多就是无缝对接地说："是爷爷写的。"我和家里在场的人都笑起来了。

生活不能没有笑话。笑话是对重压的释放，是对单调的润色，也是对情绪的调剂。但凡笑话都是人创造的，区别在于有的是刻意创造的，有的是无意创造的。优优,你在今天无意创造的笑话,不仅具有天真的美丽,更有自然的魅力。

（2018年6月11日）

盟盟装灯

厨房的吸顶灯坏了,而且有了一段时间,奶奶前几天去买了一个灯管。这类简单劳动,我就不劳物业大驾了,昨晚,亲自动手安装好,但是灯却不亮,显然灯管有问题。

今天,奶奶带着盟盟和优优一边去玩,一边换灯管。终于回来了,我准备动手,盟盟却要自己安装。我看了看,毕竟他马上就要升入二年级了,能做的事情可以做的,于是点头同意。他马上搬来梯子,蹭蹭蹭地上了4个阶梯,伸手就摸到灯罩。

梯子是金属的,我自然想到绝缘问题,想让盟盟站在塑料凳子上,但是一想不够高,也就让他利用梯子。也想给他讲点绝缘之类的知识,看看梯子是黑色胶木包底,再说灯管安装安全系数很高,我就没有开口,只是自己在心里掌握安全的尺度。

优优也来看热闹。我要盟盟先拧下灯罩,再把灯管投进卡簧里稳住,减少灯管接电处的损坏风险,再安装接头。他没有发现接头是有方向的规定性,我就一旁提醒他,把灯管插头的凹型和灯管的凸型对接即可。他顺利完成了安装。

这时,大家不约而同地动员优优开灯。他在有了工作之后,精神状态马上就不一样了,只见他摸到开关,啪的一下就"点"亮了厨房的新灯,大家的心情也被一起点亮。他更是扬扬得意。最后,我吩咐盟盟装上灯罩,还要他搬回梯子,归到原处,告诉他,这叫善始善终。

尽管盟盟平时动手很多,诸如修童车之类的事情我都让他动手,他也乐于动手,但是像今天这样的"高空作业"还是第一次,应该说干得不错,所以我要记下这个故事。

（2018年7月4日）

盟盟一年级下学期的成绩

盟盟一年级第二学期期末考试结束了，由于老师不在成长手册上登记分数，我们只能问他。他说语文96分，全班第三名，数学97分，全班第二名，当然还有一个97分，我对他说，只能算是并列第二名。这与我们的预估差不多，我们对他这个成绩还是满意的。

已经放假几天了，怎么没有看到操行评语呢？我忽然产生了疑问。盟盟说"在书包里"，既像漫不经心，又像宠辱不惊的样子，反正他玩他的，让我有些怀疑，是不是有点什么问题，于是进一步追问。他终于从书包里翻出了《成长的脚印》。

在《成长的脚印》"我的学习（二）"里，没有记载分数，但是有成绩记录，只是以"优"和"良"的方式记录。在"平时"一栏获得一良、五优，期末两优，但在"总评"一栏得到的是三良十优。三良是对道德与法治、科学与音乐的评价。爸爸说，这个学期是被留下了两三次，有时是碰了人家，有时是人家碰了他，但是破坏了秩序。

那再看看"我的总结"，实际上就是总体表现的文字评价。班主任老师是这么写的："管亦苏小朋友：聪慧、爱思考的你，学习起来总是那么轻松，这不知羡煞了多少人。最让人欣喜的是这个学期你学会了团结和谦让。课间经常帮助学习有困难的同学共同进步，这些都让老师忍不住地对你竖起大拇指。这学期你的书写进步不少，但最近好像又回到从前了。孩子，学习上比的不是聪明的头脑，而是勤奋和耐力，继续努力吧。"

班主任老师评语的文风活泼，语重心长，让我们深感庆幸：我们盟盟遇到了一位很好的老师。事实上远不止一位。最让我们满意的是道德品质的进步，如"学会了团结和谦让"，不太满意的地方就是没有提到阅读方面的信息，尽管这方面的成绩记录是"优"。总起来说，他这个学期迷上了《米小圈上学记》，把一年级到四年级统统读了个遍，但是对经典名著读得少了。

（2018年7月4日）

享受文化的快乐

我对盟盟和优优阅读中国传统经典是有计划的。原打算这个假期要给盟盟讲授《论语》100句（段），大约占我所选内容的一半，本周忽然想调剂一下，教几首名词，而且要选择长一些的作品。毕竟马上就要上二年级了。

首先教他苏东坡的《水调歌头·中秋》。该词无名，直接以词牌作为标题，我觉得题名"中秋"更好，就以"中秋"为名。一个半天背会上半片，再一个半天背会下半片。爸爸回来又给他进一步讲解。我觉得他的接受能力还行，第二天再教《念奴娇·赤壁怀古》，因为典故多，困难一些，但是一天之内还是背会了。

当然需要讲讲两首词的地位与价值。首先告诉他，《水调歌头·中秋》是苏东坡的重要作品之一，特别是在汉文化写中秋的诗词作品里，它独占鳌头，因此在整个中国文学史上，它就成为写中秋的代表性作品。《念奴娇·赤壁怀古》更有特殊的地位与价值，因为它是豪放派的代表作，当然苏东坡也因此成为豪放派的代表人物。

既然讲到豪放派，当然就要讲讲婉约派，以及婉约派的代表人物柳永。代表人物一定要有代表作品，那柳永的代表作品是什么呢？就是《雨铃霖》。我们是从昨天开始学习婉约派的第一代表作。但孩子毕竟玩心重，况且还有优优不断捣蛋，所以效果不如前面，也就学完上片，那就索性放松一段吧，没有继续完成下片。

今天上午是英语课，我最近几天比较轻松，亲自送他，也喜欢送他。途中消遣，先把昨天学习的《雨铃霖》背诵给他听，再请他背。但有些卡壳。我心生一计，一人一句，我先来；第一轮结束了，再请他领背；为了巩固，最后我提议两人一起背诵。终于熟练了，趁热打铁，再把前几天学过的两首重新背诵一遍。很好，可谓滚瓜烂熟！

需要上个层次，聊聊这样的活动的意义。但是对一年级的孩子，不能抽象而要形象。于是对他说，我们从家出发一路走来，背诵诗词，这样的文化活动给我们带来的是什么？是快乐。他同意。是啊，我们的确没有任何负担，就是闲聊而已。

我接着说，如果苏东坡和柳永没有这样的作品留给我们，我们也就没有这样的文化，那么我们一路上的情况是什么呢？他当然回答不了这样的问题，我接着发挥：要不无话可说——无聊，要不一通是非八卦——无趣。当然还可以有其他话题，但没有什么话题比我们现在的话题更有意思。现在，我们背着诗词名作走向车站，一路上都在享受这些优美的文化作品给我们带来的快乐，这就是一种很高的精神享受——享受文化的快乐。

（2018年7月7日）

"望梅止渴"呢？

盟盟开学就上二年级了。暑假很长，加点"料"还是需要的。我的选择是尽量系统训练古汉语。因为没有这样一门知识，所谓文化素质就会出现重大残缺。试想，中国数千年的文明史，创造出来的辉煌文化，绝大多数都是以古汉语记录留存下来的，所以在古汉语方面一旦出现明显短板，不仅无法正常阅读古代文献，更谈不上真正汲取民族文化中的精华。

这样的"料"怎么加呢？诗词之外，重在"四书"，间杂"五经"和"诸子"，同时选择一些短小精悍的神话寓言之类的文章，既有故事性，又有吸引力，也容易背诵。当然这主要是从语文的角度考虑问题的，也不是短期行为。今天为他准备的就是《望梅止渴》——

魏武行役，失汲道，三军皆渴，乃令曰："前有大梅林，饶子，甘酸可以解渴。"士卒闻之，口皆出水，乘此得及前源。（南朝宋刘义庆《世说新语·假谲》）

这些内容不是印刷品，我是用手写在白板上的。为了准确，先把原文抄在一张便签纸上，然后再转抄到白板上。就在这时，一个电话分了心，谈完工作，转身来找那张写着《望梅止渴》的纸片，却怎么也找不到。那就不找了，也就几十个字，再写一张吧。

谁知写好后，一转身，准备把纸上的内容抄到白板上，却忽然看见那张便签纸好好地贴在书房门上。我问盟盟是谁贴的，他说是优优贴的。我问优优，怎么想得起来把它贴在门上的，他说："写在白板上会被擦掉，贴在门上擦不掉。"原来是这样想的啊！听得我好生心疼。真是——

祖孙天伦

暑假教孙重古今，
便签纸上抄原文。
望梅止渴又一课，
拟将白板写分明。
倏然忽失魏武事，
仔细总也无处寻。
转身觑得房门上，
优优粘贴好用心。

（2018年7月13日）

北大清华都要上

两天前，盟盟睡在床上，突然问："爷爷，北大好还是清华好啊？"

我很惊讶，"怎么问起这个问题？"我心里想，眼睛转向他，向他提问。

原来他在手里摩挲着两枚清华和北大的胸章校徽，那是妈妈很久前送给他的，不过就是玩具。

我说"北大清华都好，就看你喜欢上哪个"。他想了想又问："我想两个都上，可以吗？""当然可以，那就要这样安排"，我说——

"大学本科先上清华或者北大，毕业了，硕士研究生阶段再考另一个学校，这样清华北大也就都上了。""当然，"我又补充一句，"硕士阶段毕业后，还有博士，那就可以再回到读本科的学校。"

今天上午我送他去上课，离家时两枚胸章校徽丢了一枚，他很不高兴，准确判断出是优优拿走了。是的，我知道，的确是优优拿走的，他大概——当然也想玩玩嘛。

我于是安慰他："没关系，你们一人上一个。"听了这话，他平静地和我一起走出家门。等公交的时候，我摸摸他的头，怜爱地问他："如果你去读北大或者清华，我和奶奶每个月都去看你一次，好吗？"他点点头，轻轻地，但若有所思地说："可以。"

上楼梯了，他又问我："上清华北大需要多少分啊？"我说这要根据当时的情况定，一般600多分就可以了。他没有惊叹，我却怕他有压力，就说别看多，好多门一分摊也就不多了。他就一门一门地算，连音乐、体育和天文都算上了。

我当然知道，他的想法不过是这个阶段的天真幻想而已，但我十分珍惜他的幻想。因为人的成长的确需要一种幻想牵引。

我的小学同学吴国恒，现在是个民企小老板，20年间三四次与我相见，每次都会问我一个问题："怀伦，你还记不记得你说过的这样一句话？"我问什么话，他说"五年级的时候你借大家书看，说现在看别人写的书，以后我要写书给人看"。

实在地说，我记不得儿时还说过此等豪言壮语，但他每次见面闲聊都要说到这句话、这件事，而且不下3次，每次都能没有出入，说明他的记忆很牢固。

对我来说，究竟有没有这件事并不重要，重要的是我人生起点极低，却被"文化"这根绳子终生牵引，直到现在还在牵引我孜孜不倦走向那个理想的彼岸。这还不够吗？

子曰："吾十有五而志于学，三十而立，四十而不惑，五十而知天命，六十而耳顺，七十而从心所欲不逾矩。"少年有志是后面所有的基础。

鉴于我的人生经验，我很珍视他的志向，哪怕只是幻想。我课前问他，"爷爷把你想上清华北大的理想写进记录你们成长的书里可不可以？"他很认真地想了想，说："可以。"这不，他在上课，我就把他的理想故事记录下来，非为其他，而是为他今后建立一个激励机制，起码也是一件值得回忆回顾的少年趣事。

人生在世哪能没有追求呢？追求一百能得八十也就很不错啦！盟盟和优优，我最亲爱的宝贝：爷爷对于你们的最低理想，就是不做罪人，不做病人，做一个自食其力的人。至于最好的局面，那就完全依靠你们自己了。

（2018年7月17日）

和盟盟聊基础知识

上午，我送盟盟上英语拼读课，一路走着一路聊。差不多每次聊天都有主题，今天我们也有一个主题，那就是聊聊基础性知识问题。现在我把聊的要点结合相关的想法写个短文留在这里。

从基础教育方面说，全部的文化基础知识主要就是文理两科。在理科方面主要是数理化3门，其中数学又是基础的基础，其地位与价值应该相当于文科中的语文。理科不是我们家的强项，所以我们需要特别重视学校里的课程教育。

文科的基础课其实就是文史两门。史是历史。人们通常说读史明智，明什么智？就是思考问题能够古今一贯，即能进行多维比较思考，自然受到多种智慧启发，于是就"智"了。总之，历史是帮助人们树立正确世界观、人生观与价值观的知识学问。虽然这还是今后的事情，但是认识还是需要"超前"的。

文就是语文。语文在文科中的地位与价值，就相当于理科中的数学，主要包括中英两门语言。英语也是我们家的短板，所以我们很早就到外面培训，不管形势变化和不变化，对于英语重要性的认识我们都不会改变。因为只有掌握这门工具，才能获得开启西方智慧之门的钥匙，也才有未来走向世界的桥梁。

中国语文其实存在古代汉语和现代汉语两个门类。虽然现代汉语当然、已经也必定成为通识性的母语，但它毕竟只有100多年的历史。长期以来的厚今薄古，结果产生文化断层；教训深刻，现在开始有所调整。但不管调整不调整，我都主张必须有基本的古汉语知识修养。

为什么？试想，人类四大文明古国，独中华文明香火不绝，其中自有天道，也有天意。记录这种文明成就的除了文物就是文字，文字就是古代汉语，所以没有必要的古代汉语知识，等于自绝于数千年的中华文明。这对于中国人来说，无异于文化断根，自然很可怕。

我是知行统一论者，所以我对盟盟和优优的文化启蒙始于幼儿园。优优还小，主要施教对象是盟盟。教他基本都是从古代文献开始的。不说远的，就讲今年暑假，原计划把《论语》中的名句名段基本掌握，他也确有进展。由于他有些底子，昨晚他拿起刻满《论语》的戒尺，竟然朗朗上口，一气读完上面240多个字。我也觉得很新奇。

但是想想《论语》的文字还是比较古奥，而且思想性强，又是整本书，所以我临时调整计划，打算这个暑假先教他20篇短小古文，尽是神话和寓言，故事性强，重点训练字词义，要求基本背诵。虽然多数是先秦文字，思想性也强，毕竟更加易懂。现在快要完成一半了，总量也有800多字，效果也不错。昨天学习《自相矛盾》，我把原文写在白板上，教会其中的生字读音和意思后，他全文基本能够理解。毕竟他开学才上小学二年级，没有理由不满意。

在这个计划完成之后，下面准备再选一些《古文观止》里稍长的文章，哪怕十篇八篇的也好，那样整个中学阶段的古文就有比较厚实的基础。回过头来集中学学四书五经也就容易多了。至于现代汉语，在现实的语言环境中，困难应该远小于古代汉语吧。

盟盟和优优，这些话尽管现在是主要对盟盟说的，但是整个计划应该成为你们今后学习文化知识的指导思想。让我们一起努力。不管今后做什么工作，都要做一个有文化修养的人，好吗？

（2018年7月25日）

盟盟，你出色完成了任务

盟盟：一直以来，对于你的家庭文化教育，我是坚持把塑造中国魂与认识中国文相结合。原计划这个假期完成《论语》的全书学习，如果进度好，适度进入《孟子》。在学习《论语》几章后，效果不错，但我觉得还是抽象一些，应该具体些更好。我也是在摸索中前进。

怎么具体呢？我想还是应该以短小精悍的古汉语篇章来加强文字与语感训练，于是逐渐选择了45篇小古文，分为"神话""传说""寓言"和"故事"4类。在这4类之中，前两类基本做到体系化和历史化，第三类没来得及细化，似乎也不需要过分细化。第四类的故事具有随意性，比如蒲松龄的《狼》，就是很早前给你当故事讲着玩的；但是注重思想性，所以列入《学弈》和《薛谭学讴》等，这是从品德的角度考虑的。

原计划整个假期要你完成背诵20篇，效果不错，一个月不到，到今天你已经完成了任务，而且每一篇都是背诵之后才通过的。看样子你的负担似乎不算太重，还是比较轻松。我今天早上向你宣布，背会了《女娲补天》放假一周。当然在此期间还要回回炉，以巩固前面完成的篇章，我的目的就是要让你牢牢记住这些学过的东西，终生能用，而不是似是而非，更不是得而复失。那样岂不是前功尽弃。

至于深度，总结一下，我们是这么进行的：第一步把原文写在白板上。我们的白板很大，有两米多长，一米多高。第二步在生字上加注拼音，再通读全文。第三步，讲解字词之义，这是重点，至于思想意义不做太多阐述。第四步就是顺带介绍一下出处，主要目的是让你获得初步的文献概念，但不过分强调。最后的任务就是你的了，先通读5遍，然后慢慢背诵。短的文章，读个十遍八遍，长的多几遍也就行了。还有语法，那是你爸爸的事情，他比我强。

我是不是揠苗助长呢？我固不智，还不至愚蠢至此。总要你能接受我才实行，如果你接受不了我是不会勉强的。能接受而不实行就是浪费。其实，你已经学到的东西比这要多得多。但是以今天为一个时间截点，记录下你第一次比较系统学习古文的成绩。恭喜你！但不要骄傲，还有20多篇没有学习。即使学完了这些，还有更高的要求，你要准备好啊！

（2018年8月10日）

附：《盟盟学习小古文》目录

一、神话

1. 盘古开天辟地　　　2. 女娲兄妹
3. 女娲造人　　　　　4. 女娲补天

5. 夸父逐日　　　　6. 羲和生十日
7. 羿射九日　　　　8. 嫦娥奔月
9. 吴刚伐桂　　　　10. 愚公移山
11. 精卫填海

二、传说

1. 有巢氏构木为巢　　2. 燧人氏钻木取火
3. 神农尝百草　　　　4. 黄帝战蚩尤
另附：黄帝战蚩尤
5. 涿鹿之战　　　　　6. 共工怒触不周山
7. 刑天与帝争神　　　8. 大禹治水
9. 仓颉造字

三、寓言

1. 滥竽充数　　　　2. 郑人买履
3. 守株待兔　　　　4. 刻舟求剑
5. 自相矛盾　　　　6. 掩耳盗铃
7. 揠苗助长　　　　8. 朝三暮四
9. 曲高和寡　　　　10. 失斧疑邻
11. 买椟还珠　　　　12. 狗恶酒酸
13. 井底之蛙　　　　14. 鹬蚌相争
15. 杯弓蛇影

四、故事

1. 吴牛喘月　　　　2. 蜀犬吠日
3. 望梅止渴　　　　4. 二子学弈
5. 薛谭学讴　　　　6. 伯牙绝弦
7. 佝偻承蜩　　　　8. 齐人攫金

9. 老马识途　　　10. 两小儿辩日
11. 南橘北枳　　　12. 讳疾忌医
13. 狼

2019年

（盟盟9岁，优优6岁）

学《荀子》，做弓箭

在先秦诸子中，荀子是儒家思想集大成者，名与孔孟并列。《荀子》一书，无论是在思想史还是文学史上，均占有一席之地。其中《劝学》一篇最有代表性，文辞优雅，比喻丰富，几乎无人不知。尽管盟盟已经接触先秦多数典籍，但《荀子》还是空白，我想填补这项缺憾，在白板上写下《劝学》的第一段：

君子曰：学不可以已。青，取之于蓝而青于蓝；冰，水为之而寒于水。木直中绳，𫐓以为轮，其曲中规，虽有槁暴，不复挺者，𫐓使之然也。故木受绳则直，金就砺则利。君子博学而日参省乎己，则知明而行无过矣。

在这段话里，"𫐓"和"槁"是重点生字，当然要解释。可怎么解释呢？他已经二年级了，还是有些辛苦的，不能完全枯燥地灌输，而是要想点办法。最好的办法就是玩，别说孩子，就是成人不也喜欢玩吗？好，终于有办法了，我对盟盟说："走，爷爷给你和优优做弓箭。"

这可是他向往已久的事情。他按照我的吩咐去厨房拿出大剪刀。为防止被冻，我们穿好衣服，拉开门走到草地上，借着灯光，摸到一丛迎春花旁，咔嚓、咔嚓地剪下几根枝条。回到家我就拧开煤气，一边烤，一边告诉他，白板上的"𫐓"的意思，就是把木材放在火上烤，使它弯曲"为轮"；他一下子说出"嗯，就是做车轱辘"。

"是的"，我肯定他，心想轮子他是知道的，所以容易产生联想。接着我又告诉他，这么烤，就可以把挺直的树枝烤弯，弯成弓。他好奇地问我是怎么会的。我说我并没有用这种方法做过弓，但是看见了这个"𫐓"字，想起我的父亲，就是你的曾祖父，当年用这个方法做过农具，现在我用他的方法给你和优优做弓箭。"

　　说着说着就烤好了，我再拿出粗粗的棉线，扎紧两端也就成了弓。箭呢？把一起剪下来的细枝条稍加整理就是"箭"了。就在盟盟兴高采烈地四处射靶的时候，我把优优的也做好了。一人一把弓箭，他们一个比一个兴奋。乘着盟盟开心，我不仅把《荀子》第一段的文意讲给他听了，而且要求他连读5遍，记住其中的关键句子，再去玩。

　　我做事是追求效益最大化的。忽然想起不能把手里弓箭的"附加值"浪费了，于是又要盟盟和我一起找几个与弓箭相关的成语或词语，一会儿也就找出来几个，什么"左右开弓""开弓没有回头箭""惊弓之鸟""箭无虚发""箭在弦上，不得不发""万箭穿心"等等，反正就是玩，能想到的就说出来呗。

　　大概受到"万箭穿心"的启发，盟盟反过来要我猜个字谜。我当然要积极配合他，满足他的愿望了。"一箭穿心"，谜面有了，他还特别说明"就猜一个字"。出谜语的人总想难倒对方，不然就没有乐趣。我想了几秒钟，给出一个"必"字的答案。他肯定了我的回答，皆大欢喜。一旁的优优不管这些，在那儿聚精会神地射箭呢！

　　已经3天了，无论是盟盟还是优优，对于弓箭的兴趣都是有增无减，我已经3次为他们的武器更新换代，他们也一连刨了几根筷子做箭，直叫奶奶心疼不已。我对着奶奶自我夸耀："怎么样，我做的弓箭胜过买来的任何玩具吧？"

（2019年元旦）

我们家的"老师观"

　　最近连续看到学生打老师的报道，有的是时隔20多年仇恨不化，对已成老者的当年老师施暴，有的是年仅15岁的中学生，竟然锤击年轻女老师致其受伤昏迷，对此，我深感悲哀。

　　作为学生家长的家长——爷爷，不想太多评论这些事件，但在心里有些"庆幸"，庆幸对自家孩子（盟盟）很早以来一直不断地进行"老师观"

教育，就是要求他正确认识老师、正确理解老师不同的教育方法，并尊重老师。我相信这对他的成长是有益的。

具体说来，我们是这样不断灌输以下观念要点：其一，只要走出家庭，只有老师是最爱我们的人；我们也应该爱老师。其二，"教不严，师之惰"；反过来，我们需要尊重负责任的老师。其三，老师不会嫉妒学生，相反，总是希望学生比自己更有出息。其四，老师最喜欢品学兼优的学生，这是对学生的正确引导。其五，我们总是在盟盟面前不断地表扬学校，表扬班主任和各位任课老师，告诉他自己是很幸福的，遇到这么多优秀老师。其六，不同的老师会有不同的教育方法，要学会适应，不是抵触。其七，对老师要心存感恩。遇到严格管教自己的老师，要做善意理解，需要学会反求诸己。

"反求诸己"，出自《孟子·离娄》，"行有不得，反求诸己"。还在暑假里，我们就在白板上专门写下这样的话，并概说其意：就是一个人的行为如果不能达到预期的效果，那就要反过来检讨自己。现在我再次强调并要求他熟记以下的解释——

> 反求诸己，就是凡是发生与自己有关的问题，首先要从自己的方面查找原因，找出自己的问题所在；然后再去寻找其他方面的原因，这是解决问题的一个基本方法。
> 自己方面的原因叫内因，别人方面的原因叫外因，外因通过内因而发生作用。比如，作业不能按时完成，那首先是自己对完成作业的态度不积极不主动造成的。
> 真正认识到了问题的原因，也就找到了解决问题的门径。而寻找门径的思想方法，这里就叫作"反求诸己"。

也许有人认为，对一个小学一二年级的学生用这种抽象的哲学化语言说教，未免太早。但我另有想法：对于一些基本的观念性的思想方法，越早植入他们的意识中会越早发挥积极作用，这就和背诵诗词经典是一个道理：需要长期不断温习领会，从而终身受益。

总之，我想通过这个意见引起各位家长对于师生关系的重视，并且尽量施以正确的教育引导孩子。至于对老师一方的原因、要求与管理，相信专业的教育单位自有方法与标准。

（2019年1月3日）

我和盟盟说作文

在盟盟的寒假作业里，有一篇《过年了》的小作文，要求写200字。他心玩野了，有点不想干，赖到我身上，显然是既想偷点懒，又想蹭点智慧吧。

我就一步一步提示他，也是进行作文的思路训练。先给他以"过年了，放假了，我们去外婆家了"开个头，但是要他找出时间和空间点在哪里，他都答对了，我很满意。

接着告诉他，描写要从"大一般到大重点"，比如说，到了外婆家一定很高兴，为什么高兴？"因为那里有操场、广场，还有很多娱乐点"，这说的就是"一般"。一般就是普遍，也就是概说；概说完了需要突出重点，"我特别喜欢操场"，这是大环境中的大重点，以此引出下文。

拎出来大重点后，再进入第二个层次的概说和重点，可以叫作"从小一般到小重点"。"小一般"就是先对操场进行总体描写，比如"操场上有篮球架、乒乓球台、秋千、跷跷板等"；接着再写出小重点："但我最喜欢的不是这些，而是广阔的操场。""因为我和弟弟可以在操场上进行射击比赛。"

说到秋千架和跷跷板，他发愁了，说"那里没有这些东西，这么说不是骗人吗"。哎，到底是孩子，把做人与作文混淆了，需要把他从伦理道德观念中解放出来。于是告诉他，"做人要直，作文要曲"。

这是写作理论，需要稍加发挥，我说，"直"是正直，这是道德；"曲"是曲折，这是写作。曲折要通过故事情节加以表现，但故事情节可以移植，比如你们常去玩的胜太广场就有这些东西，把彼时彼地的东西移植过来和"骗人"不是一回事，也是作文允许的。

接着顺便谈谈问题。指出《过年了》就是一篇小型记叙文，需要掌握时间、地点、人物、故事等几大要素；其中重点在"故事"。讲故事需要把握住发生、经过、结局等几个要素，所以你的这篇小作文重点就在你和弟弟在操场玩射击游戏。要尽量写得充分。

我讲到兴头上，接着告诉他，不管写什么文章，都要把握住审题、布局、展开、结尾等几个大环节，这就是文章的套路。

"审题"就是老师要你写什么才能写什么。"要你不写什么就不写什么"，他补充一句。"对"，我肯定他的发挥；接着说，命题作文训练的就是以主题为纲的完整表达，所以需要"正确"，"违反这个原则，就是跑题，跑题的文章文辞再漂亮都是不及格的"。

"布局"是对文章结构的设计。所有的文章都有结构，《过年了》是篇小作文，也是记叙文，需要有时间、地点、人物、故事和结局等几个要素，每一个要素都是结构。"结构"是个抽象概念，需要形象支持，于是我用地基、墙体和房顶说明房屋的结构性，他总算领会了。

"展开"才是作文的重点所在。不同的文体有不同的展开方式，论文的展开叫论证，散文的展开叫描写或议论。前面讲的射击场景就是描写。描写要生动而有文采。生动使人爱读，文采就像衣服的色彩，可以通过增色增加美感，也能让人爱读。

最后说说"结尾"，也叫收尾，对于论文来说就是总结，对于散文来讲就是紧束文气，可以议论，也可以抒发感叹等。因为散文的特点是形散而神聚，有一个收尾更好一点，但是形式可以多样化。

（2019年2月8日）

说明：我写随笔基本是信马由缰，不循套路，倘能合规，那也是文章的规律使然，绝不是硬套出来的。

本文属于对刚才给盟盟即兴讲课内容的即时记录，主要是想以身作则。因为我对他说了："就是刚才这样一堂作文课，也能写出一篇文章。"他睁大眼睛表示惊讶，所以我就给他做个样子。

原来写了700字左右，在微信发表后，有友人请我再展开一些，遵命增加了几百个字，现在是1000多字。

给盟盟写一篇"范文"

盟盟在上二年级,开学就是下学期了。学校已经训练他们写作 200 字的小文。今年春节下了一场雪,瑞雪兆丰年,大雪给今年开了一个很好的头。旧雪还没融化,昨夜又加了一层。早上起来,想和盟盟说说怎样写雪;转念一想,还是自己先写一个示范小文,可能比讲怎么写更有意义。于是就以《春节的雪》为题,写了 230 多字。

春节的雪

今年的春节很不一样,下了一场好大的雪,让新年更有新气象了。

初三晚上,大雪悄悄地降落人间。等我醒来,睁眼一看,一片雪白的世界,门前的草地被铺上白毯,我兴奋极了,赶紧穿戴整齐,走出家门,走进厚厚的雪地。

但我不玩雪人,我做了一个大大的雪球,抱在怀里。雪球就像一只小熊,圆墩墩的,十分可爱。我看着他,亲着他,不断地把他放到地下打滚,越滚越大,越滚越胖,越胖越可笑,越胖越可爱。

大雪让今年的春节更美,我也更加开心,好想优优快点回来,和我一起滚出更大、更胖、更可笑、更可爱的"小熊"。

(2019 年 2 月 9 日)

我给盟盟说才德

尽管《孟子·尽心》说"得天下英才而教之"是人生之一大乐事,但是教人真不是一件轻松的事情,教好人更是谈何容易。这不是我的独家体会,而是人人都有的经验。

还在 2015 年春天,盟盟幼儿园班主任老师请我给家长们讲讲自己的育孙理念,却之不恭,也就做个发言,回家后迅速整理成《百年树人,以德为本》一文,现在已经作为本书序二,其观点也是我的一贯教育理念。

盟盟二年级上个学期有些逆反表现，在同学座位上倒过胶水，我们严厉批评后没有再犯；但在公共场合有些放肆，虽经批评，还没有明显改正，我正心烦。期末考试，他放了个不大不小的"卫星"，爸爸开过会回来说他语文、数学两门总分名列年级第一名。

我抓住机会，马上在白板上写下"德才兼备"4个字，首先告诉他这是一个成语，接着分别解释4个单字和一个整词的意思，最后联系实际，对他说，取得年级第一名的成绩算是暂时有了点"才"，但是我们的道德水平还很不够好，这就叫有才缺德，不算真优秀；只有德才兼备才是好汉。

这是比较集中的一次说才论德，看样子他还是有所触动的。但是我在心里一直琢磨怎样进一步把德才兼备的观念推进到他的观念中，这就想起司马光的才德论，我觉得在中国文化中，司马光把才德关系给出了最好的论述。

终于等到今天，早上他还没醒，我就在白板上写下"才者，德之资也；德者，才之帅也"。这句话出自司马光对于春秋时代智伯（又名荀瑶、智瑶等）败亡教训的总结，全文近400字，但是核心观点就是这句话，说它是经典之论并不为过。

他还在穿衣服时，我就把这句话口述给他，并且讲讲意思；等到他吃饭时，我就指着白板，不仅解释"才""者""资""德""用"等字义，而且省去虚词，缩略成"才，资，德，帅"。还进一步告诉他，德与才的关系是我们需要终生面对的问题，从学习的角度讲，到高中阶段，作文主要是议论文写作训练，德才关系就是必须要议论的命题。

教育也要讲究附加值。我围绕司马光的德才观，不仅顺提一下他已经知道的司马光砸缸故事，更介绍司马光的伟大著作《资治通鉴》，再把书名4个字解释一下，而且顺手拿出一册《资治通鉴》让他实物见证。反正就是捎带的事情。

当然，还有进一步打算，那就是司马光论述才德关系的全文，不但要他学，而且要他背，然后再不断深化理解，几年后再进行写作训练。相信渐渐地，"才者，德之资也；德者，才之帅也"才会真正内化成他的观念。

大道无形，却无处不在，观念也可视作一种"道"吧？所以观念的形成只能慢炖，不能急煮。

（2019年2月10日）

被哲学误了带书包

今天早上真是热闹，盟盟上学，我要返校，也好，就把两件事情统一起来做：先送他到他的学校，我再去我的学校。

但是开门前，鞋子里有一些微小的细粒，不是沙子，而是盟盟和优优的水弹枪没有发泡的子弹——两个小坏蛋有时会跟我调皮，作弄我，不得不清理，一清理就被耽搁一下，更重要的是分散了注意力。

上学总要带书包的，平时，书包重，都是我们背，盟盟就带餐具，大概这个原因，使他没有带书包的习惯。我在清理了鞋子里的细粒后，匆匆忙忙地出门了，正是匆匆忙忙，又使我忘记带书包，盟盟竟然也没在意。

估计他还在想死人世界的故事，不知他在什么书里看到了这个故事，刚走出门前的草地，他就向我提出究竟有没有死人的世界。这是一个世界级的问题，当然也是一言难尽的难题，因此又吸引了我的注意力。

我们于是一起讨论，首先说的是有没有的问题，我对他说，这个问题人们已经探讨了几千年，有的认为人死后进入另一个世界，有的却认为没有那个世界，反正到现在也没有结论，还会继续探讨下去的。

他说已经有个人在探讨。我想也许就是它看的书的作者或者是另外的人，但是纠正他：肯定不是一个人，而是一些人。他又问"死人的世界就是天堂和地狱吗"？我说那是宗教的世界观；对于世界的真正探讨是科学和哲学。

"科学就是化学吗？"他问。我说"化学也是科学"。还没说完，他又说了一句："还有物理。"我说，"数理化都是科学范畴，但属于自然科学。自然科学主要是从物质的角度认识和改造世界。"

但是，认识世界还有一种方法，那就是哲学。我们继续这个话题：哲学是一门智慧之学，虽然它要回答世界是什么，但是更注重为研究和认识世界提供思想方法，所以说它是智慧之学。

我正想进一步说说科学，当然还有自然科学与哲学的关系，已经到了胜太西路地铁站。马上就要安检，我们几乎同时意识到了没带书包，我肯定比他多一层想法：只顾谈哲学却忘记带书包。怎么办？我马上指示他先去学校，我回家拿了书包再给他送去。

他去了，这是他第一次一个人上学，我相信他能够顺利到达。于是加快脚步返回家里，拿起书包重新进入地铁。20分钟吧，我走出地铁，正好遇到一轩同学的爸爸，他告诉我盟盟还站在学校门口，没带书包不敢进校。

我这才想起忘记交代他先进教室值日。估计他怕老师，不敢进去，也就在这儿傻等。真是一个小傻瓜！当然，我也是个"大傻瓜"，这是他刚才给我戴在头上的新帽子。

（2019年3月15日）

买书有用吗？

我喜欢买书，看到喜欢的书，只要可能，通常不在乎花那么一点钱的。昨天下午在南京南站的旅友书屋买了4本书，3本是为孙儿盟盟和优优买的，一本是为自己买的；今天再进芜湖站的旅友书屋，又买了4本，买完了还给两个孙儿写了一封信——

盟盟、优优：你们好！爷爷希望你们爱读书，昨天在南京南站给你们买了几本书：一本《格林童话》，青少版，适合你们。一本《伊索寓言》，虽然家里已有，但这个版本更好。还有一本《海底两万里》，是法国科幻小说之父凡尔纳的代表作，他会提高你们的想象力。此外，我也为自己买了一本著名散文家汪曾祺的《慢煮生活》，现在还不适合你们，今后你们也会看的，所以也算是给你们买的。今天下午在芜湖站又买了吕思勉的《上下五千年》、陈书良所著的《六朝人物》、英国威尔斯写的《世界五千年》，还有一本房龙写的《人类的故事》，一共4本，总共花了400多元钱，但我买书从来不在乎钱，尤其是为了你们。

写完这封信，我就坐在车上想，想一个社会问题：买书有用吗？这是一个近似愚蠢的问题，但要说出一点为什么是愚蠢的道理并不容易。其实这与"读书有用吗"是同一个问题，因此也有相同的道理。是啊，别看这个问题我们天天面对，但是真正具有清晰认识的人并不很多。别说买书，就是说起读书的意义，那也基本都是功利性的答案为多。这不奇怪，因为从来就有一个读书为了做官，做官为了吃穿的观点。谁能说、谁又敢说这个看法就是错的？本来读书不读书都得吃饭，读了书的往往更靠文化知识谋生；但这肯定不全面，因为它忽略了读书的更多意义，其中最重要的是形而上的意义。

读书的形而上意义是什么呢？就在于它可以帮助人们构建自己的精神、价值和信仰体系。人心不可无上帝，只是各有各的上帝而已；心中没有上帝的人没有信仰，没有信仰无异于行尸走肉，起码也是浑浑噩噩，这样的人生纵有快乐，也是浑噩之乐。人生之至乐是乐天，冯友兰说，乐天者能看到天地大道，道体流行。迷则为凡，悟则为圣，真能达到乐天境界的可是少之又少，但能借助读书构建起自己的精神、价值和信仰体系的却是成群结队的。哪怕像龚自珍说过的著书都为稻粱谋，那也是读书以后获得的体验。不读书的也能看到这点，但是表面的、直观的，只有大量读书之后获得这样的认识，才是到达否定之否定境界之后的感叹，才是更高层次的认识。人一旦获得这种认识，就一定能够获得信仰、价值与批判的意义。到了这个层次的人，无论是坚持还是摒弃都是自觉的，因为他们已经是在价值与信仰层面上做选择。

再从事实来看，书对人的影响主要是观念形态的，因此一本书影响人一生的例子不胜枚举。尽管我们并不知道究竟哪一本书、哪一些书会影响哪些人的一生，但是只要相信一本书可以影响人的一生，一些书更能改变人的一生之后，人们就一定会该买的买，该读的读。就像吃饭，谁都知道人不能不吃饭，但是究竟哪一口饭到底发挥了什么营养作用大概没有几人说得清，尽管如此，人们还是知道营养就是从这一口一口的饭中获得的，所以人们是一定要坚持吃饭的。

依理类推，我们不能因为一时还不知道哪本书或者书中的哪些观点、哪些内容会对我们发挥影响就放弃购买。放弃买书在一定意义上就是放弃阅读。虽然袁枚在《黄生借书说》里认为，"书非借不能读也"，说到底，那些还不是爱读书的人。真正爱读书的人，没有几个不希望拥有自己的书。有了自己的书，至少方便学而时习之，温故而知新。果能这样，也就把买书与读书相统一了。所以我认为，在力所能及的情况下，买几本书还是不错的选择；如果既能买也能读还能用，那就更加不错了。

（2019年3月27日）

一篇好故事

比起我们小时候，也就是几十年前的小学教育，盟盟他们现在的教学质量真是太好了，一年级就开始看图写话，而且写得越来越像话。想想有点不可思议，但是从盟盟的"写作"实践来看，这样的教育设计还是可行的。

这已经是第二个学期的期中，秦淮区搞了一次调研考试，以语文第四单元课程为考试内容，统一出卷。盟盟得了98分，回到家来，第一件事情就是喜滋滋地向我报告成绩，还说有的同学说他是全区第三名。不管第几名，总算名列前茅吧。

我拿过卷子，看看扣掉的2分，再看看图写话，这才是全卷的重点，语文吗，这是最能反映综合成绩的。题目叫《看图写故事》，规定的写法是"看图，发挥想象：如果有一天你变得很高很高，会做哪些事情呢？把你这一天的经历写下来。写的时候，可以用下面的词语。"

"早上起床""上午""到了下午""天黑了""风筝""乌云""星星"等，共有7个，下面设计了224个方格，全题10分。以下是他根据题目要求写的故事，我原文记录下来，既作为他入学一年多来的一次语文学习总结，也作为他下一步继续前进的阶梯。

长高的我（原稿文）

早上起床，我发现自己变得很高很高。我想："这么好的机会，可不能错过了。"于是我就赶快出门去帮助别人。我一出门就看见了一个小孩儿的风筝挂在了树上，我赶快跑了过去，帮那个小孩儿拿下了风筝。到了上午，天空中乌云密布，我就使劲一吹，把乌云吹跑了。到了下午，我并没有发现要帮助的人，于是就回家去休息。到了晚上，我再一次出去帮人，看见一个小女孩正把手举向天空拿星星，可是拿不到，于是我就伸手把星星拿了下来。这时,我听到人喊:"管亦苏,快迟到了!"啊,原来是一场开心的梦啊!

我感到这篇小文章的立意很好,想象丰富合理,情节曲折出奇,结尾也出人意料。当然还有很多需要改进的地方。应该怎么改进呢?我和他一起研究,稍加修改,也就成了下面的样子。当然格子太少,分段太细会影响发挥,我们只是从文章"应该"的角度来修改完善的。

长高的我(修改文)

早上起床,我发现自己变得很高很高。心想这么好的机会,可不能错过了,赶快出门去帮助别人。

刚一出门,就看见一个小孩的风筝挂在树上,他很着急,我赶快跑过去,帮他把那只风筝拿了下来。

已经上午了,天空乌云密布,我怕下雨耽误孩子们玩,就使劲一吹,把乌云全都吹跑了。到了下午,我没有发现要帮助的人,也就回家休息。

晚上,我再一次出去帮助别人,看见一个小女孩,把手举向天空,想拿星星,可是拿不到,我一伸手就帮她把星星拿了下来。

这时,我听到奶奶喊:"管亦苏,快迟到了!"啊,原来这是一场开心的梦啊!

(2019年4月26日)

打草激发的哲学课

今天周六,长孙盟盟在家做作业,绿化工前来打草。打完后,盟盟拿起大扫帚就扫了起来。虽是游戏性质的劳动,却触发我的哲学灵感,和他简单聊过后,觉得有必要构思一篇小文。对于一个二年级的孩子来说,这肯定过于抽象,但是不断重温,相信他会获得一些意念,对他今后不会没有意义。

首先聊聊"世界",所谓世界,字面上与宇宙的本义都是古往今来天地八方,古往今来是个时间概念,天地八方则是个空间概念。但世界的真正意义应该是天地人的总和。这些对于世界的看法就是一个世界观问题。

世界的主体肯定是人。人从哪里来的呢?人们的看法不尽相同,宗教与神话的观点认为世界是神创造的,人自然也是神创造的。但是还有一种唯物主义的世界观,认为世界源于自然,人也是从自然界来的。这个观点得到近现代自然科学的支持。

人更是社会的存在,只能生活在社会中。但人不管生活在什么样的社会中,与自然都是不可分离,也是不能分离的。比如,我们永远需要空气、阳光和水这些基本的自然资源,没有它们,我们连几分钟也不会存在,地球也会变成死球。

可见世界的结构包括自然和社会,二者紧密联系。我们栽花种草是为了美化自然,美化社会,本质是改造世界。改造世界的活动只能是人的活动,其行为一定是在人的主观意志指导下发生。就像种草是人的选择,浇水也是人的选择,打草还是人的选择;但都是按照心中的优选方案执行的选择。

可是人往往自以为是,执着于已经获得的认识。人们所做出的任何选择,通常都被认为是最佳方案。就像这块草地,开始种的是绿化草,我们认为清一色好看;后来,我们却喜欢自然的本真,允许百草丛生,认为这是一种生态的平衡,还认为是最佳方案。

认识与行为总是统一的,我们对世界的认识与态度是发展变化的,我们改造世界的行为也就总是不断发展变化的。这些认识与行为的发展变化,可以通过不同的方式表现出来,但在本质上都反映人的目的性。目的性就是主观性。

自然是物质的世界,却始终是人认识的对象。人们在数千年的历史中,对自然的认识成果是丰富复杂的,从根本上说,大致就是从天定胜人,到人定胜天,再到天人合一。天人合一虽然义项多端,但在现在已经被演化成一个人与自然关系的概念。伴随每一个主流观点的形成,总有一些其他观点产生;此时的一些非主流的观点,到彼时又会转化为主流观点。这也反映认识的规律。

但是这些认识成果总是围绕人与自然关系的主线展开的，所以每一个主流观点往往规定着当时人们对于自然的态度，反过来又总是对于社会发生深刻的影响。在认为天定胜人时代，人们敬畏与顺应自然；在人定胜天时代，人们战天斗地，按照自己的愿望安排自然；在天人合一时代，人和自然和谐相处，任何对自然的改造都要合规律、顺天道。

到目前为止，天人合一的观点应该更为文明，已为人们广泛接受，作为指导生活，处理人与自然关系的最高智慧。环境伦理、环境意识与环境保护，等等，都是在天人合一观的指导下产生出来的社会主张。我们的种草与打草也是对于这种哲学观的自觉遵守。

（2019 年 4 月 27 日）

一颗荔枝

优优和我一样，喜欢吃水果，家里的水果我和他吃得最多。奶奶今天买回几斤荔枝，盟盟和优优在儿童乐园玩，我一边看着陈忠实的《白鹿原》，一边吃着桌上的荔枝，物质与精神一起加餐。想到盟盟和优优的指甲嫩，不能剥荔枝的硬壳，否则容易使指甲变形，我就发挥自己的"优势"，剥好一些放在旁边等待他们回来。

正好优优一个人回来了，是奉盟盟指令回来拿跳绳的，说是要与人家比赛。我先把他留下来，让他吃了一些剥好的荔枝再走，他当然很高兴地完成了"任务"。走前，我请他再把一颗剥好的荔枝给盟盟带去，也是借机考察一下优优的品德，看看他到底能不能带到。

好大一会儿，我已经用放大镜读过两章小说的内容，他们一起回来了。我放下在读的书，和他们闲话几句后，首先问盟盟："优优给你带去了什么东西啊？"盟盟说："跳绳。""没有别的了吗？"我问。"还有荔枝"，优优就像猜到我的用意，接过来马上补充。盟盟说："我没吃，优优吃了。"优优赶紧解释："是盟盟不吃给我吃的。"

"很好，"我说，"我就是要看看那么喜欢吃荔枝的优优到底能不能把这颗荔枝带到，你带到了，做到了，我很高兴，为你的诚实守信而高兴。"说罢，抱起他，狠狠地表扬："这才是真正的管德好！"我还特别解释："德好就是品德好。""管德好"是优优的学名。"我为他起这个名字确有心理暗示的考虑",今天给他入学报名时我还向微笑的老师给出解释。

当然不能忘记盟盟。他听了我对优优的表扬,似乎觉得这件事情与自己没有多大关系,但是我可要有意识地把他的行为与美好的品德联系起来,这就需要发掘他在这件事情上的优点。于是对他们说:"盟盟的品德也好,因为他不喜欢吃水果,但是并没有把荔枝随便处理,而是给弟弟吃,说明关爱弟弟,这也是品德好啊!"

他们默默地听着,各自的内心肯定获得满足。到此,故事应该圆满结束了吧?不,一个意想不到的插曲出现了。优优问我:"爷爷,你把这事写到文章里吗?"因为他们已经记事,加上我写他们的文字已经突破20万字,也就没有继续记录的激情,但是他们知道有这样一本书稿,盟盟看了一些总是哈哈大笑。优优这么一说提醒了我,我马上回应他:"肯定要写的,我马上就写。"这个提问说明他年纪虽小,但已经有了较强的道德荣誉感,不然不会提出这样的问题。

表扬与批评都是教育的方式,表扬是肯定其是,意在扬长,批评是明言其非,意在避短,二者不可偏废,真能有机结合,好好运用,效果一般总是不错的。从生活经验来看,表扬总是人人喜欢的,仅爱表扬而听不得批评的人,人格是有重大缺陷的;真正能够听得见批评的人,才能形成平和健康的人格,也必定具有比较开阔的心胸。

当然,无论批评与表扬,"大人"还是"小人",都要坚持"三真",首先事情要真实,不能弄虚作假,事假无真,结果自然毫无意义。其次要有真感情。批评一定要有善意,虚假的批评最容易变成恶意攻击,自然容易引起不良反应;言不由衷的表扬也是难以达到表扬的效果。还有一点就是提炼真是,"是"即事理,万事万物皆有其理,能从平凡的事情中总结出真正的道理,无论是表扬还是批评,总能促进人的进步。

如果再进一步看,表扬与批评是有特殊文化功能的。从特定的意义上说,中国历史典籍汗牛充栋,其所承载不外上述"三真"。"不朽"应是国人的终极关怀,凡人得名列谱牒而不朽,伟人因名垂史册而不朽。历史高山巍巍兮,真正的高度不过"荣辱"二字。裁定荣辱的基本标准固然是"真事",但最高评判却不过道与德。道冠古今,德配天地,"道德"二字崇高至伟，曾引无数英雄竞折腰，现在与未来同样如此。这也是文化的韧性与伟力。

（2019年5月11日）

优优的命题作文

《祖孙天伦》已经列入"管怀伦文丛"出版计划。如果说还有什么遗憾，那就是因为优优来得晚，文字内容少一些。但是的确不想继续写了。没有想到，昨天晚上优优竟然给我下一道指令，要我写一篇记录他昨天表现的命题作文。这让我大感意外：一个刚刚走进小学一年级的小屁孩，对于被写进文章竟然这么在意。

奶奶经常抱怨我，说我偏向盟盟，教他很多知识，但是对优优的关心就不够。我说这可真是冤枉我了，别说他们才两个，就是再多，我也不会偏心的。主要是我老了，工作和杂事又多，没有精力，也就懒了。当然还有一个原因，盟盟学的许多东西就是来去幼儿园的路上我唠唠叨叨他就会了，而优优好像另有特点。

昨天晚上，优优的爸爸有事，请我帮助督导优优的作业。我打开作业目录一看，任务并不多，语文就是完成识字、背诵《对韵歌》（6句22字）；数学也就把"1、2、3、4、5"几个阿拉伯数字各写3行。学前我就抓了优优练字，这个基本没有困难，而且他写得很不错。但是两项任务也不轻，因为无论是语文还是数学，都要复习第一单元，准备节后测验，这才是重点任务。

语文复习顺利完成，我在他复习过程中还增加了一点标题上的生字和拆开的单生字。数学分别有"数一数""比一比""分一分"和"认位置"4项11页，还有平时作业本上对于这4项的练习。这么一算，任务还真不少。我们一项一项地推进，扎扎实实地完成。就在这个过程中，我欣喜地发现优优这个孩子有几个优点十分突出，而在过去我们却没有十分在意。

首先是他的态度很认真，对我指点的问题从不马虎，对他不足的地方清清楚楚，比如有的作业没有拿到"优"，他就对我说：因为书写"出了一点格子"。其次是很有韧性，特别是复习数学，已经不早了，但是自始至终不提休息。我几次看看他都有点舍不得，劝他歇歇再复习，但他就是不同意，坚持一气完成。更让我意外的是，在复习的全过程中，语文背诵还有点反复，但是数学没有一处发生障碍，都是顺利通过，偶尔还能发挥一点，还特别愿意讲给我听。

对孩子当然需要鼓励，但是鼓励需要正当和及时。我一边陪他复习，一边不时对他大加赞赏。看上去他很平静，实际上内心是很高兴的，要不他不会最后对我提出要求，让我把他今天晚上的表现写成文章。我特地问他是不是要写进我要出版的书里，他说是的；今天早上又一次叮嘱我，好像怕我忘了。

临近中午，他们都出去过节了，我就来偿还欠他的文债。不过完成这样的命题作文并不枯燥，记下这样的故事也不吃亏，我反倒觉得十分高兴。因材施教、因势利导，是教育的不朽信条，我是准备要好好把这些原则与我们优优的特点更好地结合。只希望优优能够更好地成长，成长得更好。

（2019年9月13日）

说明：优优的命题作文完成后，已在昨晚给盟盟和优优朗读，得到同意，算是通过审查。

一篇富有想象力的作文

盟盟最近一个多月，写作文不让我看，我虽然不放心，还是尊重他，也是借机让他放手去做做看。他今天晚上说，他的作文被老师给了"优"还加了两颗星。他大概有点信心了，同意让我看看。我一看，真为他的想象力而惊讶。经他同意，我把他的这篇作文抄录下来。以下就是他的《团结就是力量》一文。

星期天，上帝在天宫的花园里种花，这时来了一拨厉害的小偷，把上帝绑架了。上帝很生气，于是放出了闪电劈小偷；小偷拿出避雷针，闪电就被吸到避雷针里了。上帝又召唤出了雨，可小偷拿出雨伞一撑，雨一点也没淋到身上。上帝看出这些法术都没用，只好认输了。

小偷们统治了世界，把上帝丢到人间，并且收回了他所有的法术。从此，小偷们整天忙着把人们教坏，还让人们拆掉所有的监狱，建造一个专门关好人的地方。上帝也被抓到了那个地方。小偷教他变坏，上帝就是不听。小偷很生气，想把上帝除掉，可他们不知道，上帝还有一招，那就是团结。

上帝把那个地方的好人都团结在一起，去天宫找小偷报仇。上帝对天宫的路很熟，就抄了近道去天宫，轻手轻脚地去大门前察看，发现小偷们正在午睡，他们一群人都冲上去，七手八脚地把小偷们五花大绑，并且抢回了法术，再把小偷们压到一座大山里。从此，小偷的统治被推翻了，大家又过上了幸福的生活。

我对全文只改了几个字，而老师的评语则是："语言简洁，情节明快，一波三折，想象大胆奇妙，寓意深刻。"从评语看出老师还是不简单的。我录下他的这篇作文，既为纪念，更为记录，记录他成长过程的一个转折点。

（2019年11月14日）

我的弟弟

《我的弟弟》是盟盟独立完成的另一篇作文，我们和老师都觉得不错，老师甚至给了他5颗星。征得他的同意，我再将这篇文章收录进来。以下是这篇文章的原文。

我很喜欢弟弟，但他却是一个调皮捣蛋的小男孩，才上一年级，就经常给我添乱，你看他又在捣蛋了。

今天，他早早地写完了作业，就趁着我拿《数学补习题》的时间拿走了我的钢笔，然后悄悄地躲到沙发后面不吭声了。我直到写语文作业时才发现钢笔不见了，找呀找，就是没有找到。突然，我觉得沙发那个地方很可疑，走近发现果然是他干的，这才拿回了钢笔。

他大概不服气，趁着我去客厅喝水的工夫，又拿走了我的修正带、草稿本、字典等文具，就连书包也被拿走了；我回来时发现，写字台上空空荡荡的，像被洗劫过一样。我很生气，觉得肯定还是他干的，可我找遍几个房间的每一个角落都没发现它们，就差卫生间了。

应该不会在那里面吧？我想，但还是走进去看了看，发现所丢的文具果真都在里面：我在肥皂盒里找到了橡皮，在马桶盖上找到了书包，在水龙头后面找到了语文本……文具回来了，我加快速度，很快完成了作业。

临到睡觉，我又发现被子没有了。不是他还有谁会干这个事情呢？他大概觉得没有什么东西可藏的了，于是就把我的被子藏了起来……结局能是什么呢，你是知道的。

（2019年11月30日）

2020年

（盟盟10岁，优优7岁）

为盟盟示范写植物

开学了，继续躲避新冠肺炎，课就在家里上。有个语文作业小练笔，要求随意写个植物，盟盟写人不错，写植物还不行，竟说不会写，当然也有点懒。怎么办？那我就来做个示范吧。

兰　花

写字台上的兰花长在花盆里，花盆是个笔筒形状，单株的就像插在笔筒里的一支支画笔，整盆的却像一幅画出来的水墨画。

兰叶茂盛，疏密相间，自然分布，活泼泼地像个女孩子的满头秀发；特别是那被风儿吹起的风度，摇曳婀娜，百媚千姿，特别可爱。

花盆中间长出两根淡黄色的花枝，就像两根金色的簪子，款款地绾住了女孩子那满头的秀美，更像挺拔的竹子，擎起了满盘就要滴落的绿色。

正是这满盆的绿色，让弟弟认为盆里的不是"蓝花"，而是"绿花"，而且一脸稚气地认真坚持，直把全家逗得哄堂大笑。

（2020年2月14日）

"爷爷，你又不是古代人"

今天晚上，我要求盟盟和优优挨个儿给我读刚学过的英语，既是督促检验他们，也是享受他们给我的快乐——我就对他们说："爷爷非常喜欢听你们读英语的声音，感到那就是天籁之音。"

此言也真，每每听他们阅读英语，我都会静静地体验那童声的美妙；再看看他们的小脸蛋，心都有些醉；特别是那小嘴巴，上下翕动，吐出那些个珍珠落盘的脆响，我感到天下没有比这更加美妙的音乐，说来真是无穷的享受啊！

就是这个"读书声"，让我突然想起那副几乎人人皆知的对联："风声雨声读书声声声入耳；家事国事天下事事事关心。"我觉得应该让他们尤其是盟盟知道，于是写到白板上，但是盟盟已经上床了。

优优还在外面，他就一边看着我写一边跟着念。没有难认的字，所以就难不倒他这个一年级的小朋友。但我这次的写法不同于平时，而是从上到下从右到左。还没写完，他就问我："爷爷，你又不是古代人，为什么用古代的方法写字啊？"

听了这话我很惊讶，想来想去，别说他，就是盟盟我好像也没有专门讲过传统的书写方式啊，他是怎么知道"古代的方法"的呢？百思不得其解，只能说，信息化时代，他们能够获得信息的途径太多太多了。

（2020年2月14日）

初试句读

为防新冠病毒，盟盟和优优在家上网络课程。今天网络出问题，他们9点半才能开始。这段时间干什么呢？

我一边让盟盟背背毛主席的《沁园春·长沙》词，一边和他们聊聊闲话。我说着说着一声叹息："爷爷昨天晚上到今天早上才给一篇古文加了标点符号。"

因为研究明代焦竑的《老子翼》，需要首先看《老子翼原序》，一看发现还是密密麻麻的一篇，没有标点，也找不到有标点的现成本子。既然无法偷懒，只好硬着头皮自己干。上面的感叹就是做这事的辛苦情形。

童言无忌，哪知深浅，盟盟听罢就对我说："这还不容易，我们一年级就学过了。"我不禁笑道："真的吗？如果那样，爷爷睡着都会笑醒的。"

既然说到这里，索性就进一步对他讲："你们如果学过的，那也是白话文断句，这在过去叫句读，就是给古汉语断句。""教学"要讲直观性。我打开电脑，点出820字的《老子翼原序》请他试试。

还用说吗？他才小学三年级啊，哪会这个呢。他一看才说"都是繁体字啊"。我说是啊，真正的古书都是繁体字，而且没有标点符号。现在古文中的标点符号都是最近几十年才加上去的。

我当然不会勉强他，给他看看主要是开阔眼界。不曾想到他反倒要我标给他看。我就一边标，一边给他说道几句。同时告诉他，我也只是粗粗完成对它的句读，不敢说就是对的，还要进一步推敲。

完成这件事情之后，我一边感叹一边告诫他们："活到老学到老，还有3桩没学到；就是学到了的，未必就能学好。爷爷70岁了，还在天天学习，真正感觉到还有那么多东西都不懂啊，一点也不敢懈怠。我只希望你们能像爷爷一样不偷懒就好。"

（2020年3月23日）

"搭配"地学习

在家庭闲散式消遣性的语文学习中，善于"搭配"不失为一种好的选择。所谓搭配就是学习一个内容，可以再选择相关的作品联系着学习。

盟盟还在幼儿园时，我就动员他先学"胜利者的歌"，就是刘邦的《大风歌》。小孩子还是很喜欢"胜利""失败"一类故事的。

《大风歌》，三句头，很快就会了；再问问想不想学个"失败者的歌"，愿意，那就乘势搭配一首项羽的《垓下歌》。立场完全相反，他理解不了那种特殊的意蕴，但能大概感觉到根本对立的感情与气势。

上学了，学校要求背诵一批诗词作品，其中有王维的《渭城曲》，不算太难；再乘机搭配一首高适的《别董大》，无论是写景还是抒情，与上一首都是截然不同的。正是截然不同才有较强的对比性。

疫情不上学，在家学学《琵琶行》吧，88句，很长，但每天几句，终于背通了。再搭配点什么呢？嗯，《琵琶行》的小序，一篇通俗的小古文，何不乘机掌握呢！

通过后，想让他再读一篇经典古文《曹刿论战》。不要求背，要求熟读。但是《曹刿论战》关键在"论"而不在"战"，战争的场面是一个什么状况呢？《楚辞·九歌·国殇》应该派上用场。

"操吴戈兮披犀甲，车错毂兮短兵接。旌蔽日兮敌若云，矢交坠兮士争先。凌余阵兮躐余行，左骖殪兮右刃伤。霾两轮兮絷四马，援玉枹兮击鸣鼓。天时怼兮威灵怒，严杀尽兮弃原野。出不入兮往不反，平原忽兮路超远。带长剑兮挟秦弓，首身离兮心不惩。诚既勇兮又以武，终刚强兮不可凌。身既死兮神以灵，魂魄毅兮为鬼雄。"

相信，读过之后，他们会从艺术的角度基本掌握古代战场短兵相接、冲锋陷阵、英勇无畏、视死如归等一系列慷慨悲壮、虽死犹荣的人文信息与战斗精神。

（2020年5月2日）

一碗荷包蛋

家里要换两台空调，早上6点钟师傅就上门拆卸旧机。优优还在沉睡，盟盟醒了。师傅完工后要堵空调洞眼，我让他们免了，自己来。说实话，看着他们的辛苦，我还是很有感触的。堵个洞眼对我而言举手之劳而已。

优优也醒了。早餐，我让他们自己剥粽子，过去都是奶奶剥好——显然有些溺爱——现在奶奶不在，我就让他们自己干。本来就是应该这样的。优优搞不好，我就请盟盟帮忙。然后我就去草地上忙我的"农活"。几棵空心菜还没有完全挪栽好，盟盟喊我回来吃他给我做的鸡蛋。我听说是他给我做的，惊奇地放下手里的活计赶快进得门来。

厨房没有，餐桌没有，鸡蛋在哪里呢？我问盟盟，原来给我端到书房里了。进来一看，嗬，一碗糖水荷包蛋，碗上还放着一双筷子。我看着清清的糖水，不太成形的鸡蛋——第一次，他的技术还没成熟——心里十分高兴，连说："盟盟，这是爷爷第一次吃到你给我做的荷包蛋！真好！宝贝儿真能干！"说罢再用手机拍了一张照片；然后端起碗，渲染气氛让大家看——我就是要以这种略带夸张的方式鼓励他的劳动与善性。

他在桌子上做他的事，我一边扫地一边对他和优优说："宝贝们，我们需要永远知道这个道理：人活着，首先要吃饭。要有饭吃就要劳动，要劳动就要有能力。能力都是培养出来的，而且都是从小事情上培养出来的。所以，你们、我们、我们每一个人，都不能拒绝劳动。"

联系前面的一幕，我提醒他们："就像前面的两位师傅，他们辛苦吧，肯定，早上4点钟就起床了，但是光荣，因为他们在真实地劳动。你们长大了，如果做不了别的，就做一个这样的师傅爷爷也是高兴的。因为自食其力是人站立在天地之间的基础。"

（2020年5月5日）

盟盟学《诗》

《诗》是《诗经》的简称。我很早就开始给盟盟灌输过一些选段，现在他三年级了，有了一定的文化基础，想乘疫情在家的机会给他再系统灌输一些。

第一步做好选题。我认真地翻翻全书之后，初步决定选择《风·周南·关雎》《风·周南·桃夭》《风·邶风·柏舟》《风·邶风·静女》《风·卫风·木瓜》《风·郑风·子衿》《风·魏风·伐檀》《风·魏风·硕鼠》《风·秦风·蒹葭》《风·秦风·无衣》《小雅·鹿鸣之什·鹿鸣》《小雅·鸿雁之什·鸿雁》《小雅·谷风之什·北山》《小雅·鱼藻之什·鱼藻》《大雅·文王之什·文王》《周颂·清庙之什·玄鸟》等16篇，内容覆盖风雅颂3类。

接着讲解背诵。有的先背诵后讲解，有的先讲解后背诵。今天进入《桃夭》，但人们对本诗的理解历来不尽相同，没有关系，我先讲自己的理解，同时告诉他人们的不同看法。这时可以提升性地顺便向他贯彻一个"诗无达诂"的原则。别看这是董仲舒在汉代提出的概念，而且当时就是特指对于《诗经》的训诂或解释没有统一的标准，但在今天看来，它更具有普遍意义：这就是理解诗歌与理解许多事物一样可以"求同存异"。当然"求同存异"必须是"大同小异"，比如"之子于归"之"子"只能是女孩，不能解释成男生。

再进一步，要对《诗经》给出总体介绍：《诗经》是中国第一部诗歌总集，收录305篇诗，分为风、雅、颂3类，内容反映的是西周至春秋的历史与社会生活面貌。这可是确定的知识，需要背诵性记忆。为强化记忆再在基础方面做点发挥——首先，由于《诗经》的"雅"又分为"小雅"与"大雅"，所以《诗经》又被称为"四诗"，并且以苏东坡的名对"四诗风雅颂"（上联是"三光日月星"）为证。其次，调动过去的历史知识：周朝分为西周和东周，东周分为春秋、战国两个阶段，所以《诗经》也可以叫作"周诗"。然后要集中点明《诗经》的精神特质："思无邪。"当然要说明这是孔子的经典语录："《诗》三百，一言以蔽之，曰：'思无邪'。"就是说没有乱七八糟的思想，作品的精神品质都很正道、正当、正常。

至于《诗经》的创作方法，也是欣赏诗歌的审美根本"赋、比、兴"，就往后放放了。写到这里，传来消息，说5月11日三年级开学了，看来这个计划实行需要更长时间了。

（2020年5月8日）

分配西红柿

今天周一，盟盟和优优放学都晚，我和奶奶已经等得急了。我走进草地，一边给各种盆栽蔬菜浇水，一边等候两个宝贝归来。水才浇到一半，他们已经走在石头小径上了，我悬着的心也就放下了。

他们总要玩玩，喂猫、逗猫，十分开心，我却一边继续完成浇水任务，一边欣赏各色蔬菜。硕果累累的西红柿让我尤其满足。这时，盟盟说："呀，这个西红柿比早上更红了。"是的，的确更红了，估计再有两天就要采摘了。

我忽然想起，只有这么一个成熟了的西红柿怎么分配呢？何不乘机考考他们。于是把盟盟和优优叫到身边，给他们提出问题，当然不是数学题，而是道德题。

"这个西红柿快成熟了,但只有这么一个,你们看看怎么分配好呢?"我在等候他们的回答。没有想到优优抢先说:"我和盟盟一人一半。"别说,这个答案与我心里想的完全一致。

盟盟在旁边接着说:"我分5份,1份大的,4份小的,大的给爷爷吃,其他大家吃。"妈妈不在家,自然没有计算在内。我十分惊讶,也很满意他们的方案,接着给出点评——

"你们的分配方案虽然不同,但是都很好。共同的优点就是心里都有别人,不是只有自己。不同的地方就是优优想到了自己的哥哥,而盟盟却想到了全家。"

他们默默地听完,没有表示异议,说明他们也是赞成的。

（2020年6月8日）

诚心诚意

诚心诚意是一个汉语成语,其义就是真心实意,虽然出典不是《大学》,今天我却把它与《大学》的意诚心正相联系,作为对他们道德教育的一个切入点。

事情是这样发生的:盟盟放学回来说,班上一个同学和另一个同学玩闹,使另一个同学的上肢骨头响了一声,可能发生骨折。我们听了,受到启发。平时我们就要求他们兄弟在学校要团结友好,尽量不要和同学发生矛盾,尤其不要发生肢体性的冲突,现在听到这种情况觉得更加需要强调安全。

既然强调安全,就要知道安全的利害关系,对这个问题要用他们听得懂的话说。我对他们说:同学之间冲突,不管有意无意,一旦发生人身伤害,过去简单,现在十分麻烦。伤害一方（年少）固然不需要承担刑事责任,就是不以刑法作为裁定罪与非罪的标准,但是一旦产生伤害后果,需要承担民事责任,就是对于受害一方的经济赔偿,严重的甚至倾家荡产。这样的警告他们大致是听得懂的。

当然还有比这更重要的提醒,就是道德关系。我们一贯要求他们与同学相处,一定要平等友善,不欺弱小。今天特别强调的却是友善不是表面文章，需要具有发自内心的真诚支持。"真诚"就是诚心诚意，既是情感也是道德。怎样才能做到发自内心地"真诚"呢？我想起《大学》。

3年前，盟盟就背过的，那时他的兴趣很高，我就顺势引导，说不定现在都忘了，那就乘机温习一下。他们在吃饭，饭后还要做作业，不在这个问题上做过多要求，于是我就拿起《大学》读给他们听。优优听不懂的，那也顺便听听吗。至于盟盟，即使记不完全，也能唤起一些记忆。《大学》开篇即曰——

大学之道，在明明德，在亲民，在止于至善。知止而后有定，定而后能静，静而后能安，安而后能虑，虑而后能得。物有本末，事有终始。知所先后，则近道矣。古之欲明明德于天下者，先治其国；欲治其国者，先齐其家；欲齐其家者，先修其身；欲修其身者，先正其心；欲正其心者，先诚其意；欲诚其意者，先致其知。致知在格物。物格而后知至，知至而后意诚，意诚而后心正，心正而后身修，身修而后家齐，家齐而后国治，国治而后天下平。自天子以至于庶人，壹是皆以修身为本。其本乱而末治者，否矣。其所厚者薄，而其所薄者厚，未之有也。此谓知本，此谓知之至也。

这就是通常讲的"三纲八目"，是贯彻全书的纲领与宗旨。但我们今天是带着问题学习的，所以特别强调"意诚""心正""身修""家齐""国治""天下平"之间的关系，尤其突出"意诚""心正"两个基本点，并且联系诚心诚意一词的内涵，以说明待人真诚，其心必正；只要意诚心正人就善良；只要善良，既可以避免伤害别人，也可以避免被人伤害。而且即使一时有过，也更容易得到谅解，能够更好解决问题。不管是谁，只要做到这一点，一生中起码减少许多灾祸。由此可见意诚心正、诚心诚意是多么重要。

（2020年6月11日）

睦 邻

"远亲不如近邻,近邻不如对门",说的是友好邻居的重要。可不,春天我想种菜,还想多种一些,一时没有那么多盆,这时,一位芳邻让我用他的盆子,一下子扩大了我的种植面积。

那是他们过去的花盆,现在闲置,大大小小共有几十个。开始我没好意思接受,更有一些不好回报的顾虑,后来实在是苗多盆少,于是在他们再次力主下,我就直接搬过来使用。作为报偿,我把其中的4盆辣椒放到他们与我们的临界线上,明确地告诉他们:由我打理,归他们收获。

第一批辣椒长大了,绿油油、亮晶晶的,很诱人,但是他们却不摘,估计是不好意思。那天,我瞅个机会把长大的辣椒摘下,满满一盒子,亲手递给他们。他们推辞,我连说谁都不缺这点东西,就是吃个新鲜好玩,他们这才高兴地收下。

进入梅雨季节,雨水充足,气候适宜,蔬果疯长。今天下雨,我出去看看黄瓜,看到4条长长的,整整齐齐,花还没谢,浑身是刺,挂着雨水,的确诱人,这时生吃是再好不过了。顺手摘了下来,敲开邻居家门再次奉上。这一次他们十分开心。

回转身一看,给他们的4盆辣椒又有一些长大了,再一次顺手摘下来送上去,听说他们不太喜欢吃辣,告诉他们可以与黄瓜配着做,减少辣度。回来后,和太太说了说刚才的事情,她也很高兴,说下次再送点茄子、瓠子、豇豆等。

人在生活处,真正能够守望相助的往往是邻居,所以说"邻居好,赛金宝"。邻里之间的投桃报李,虽是俗人之交,但是由桃李承载的友谊也很美好,至少能给平凡的生活多抹几笔油彩。《诗·风·卫风·木瓜》曰:

投我以木瓜,报之以琼琚。匪报也,永以为好也!

投我以木桃,报之以琼瑶。匪报也,永以为好也!

投我以木李，报之以琼玖。匪报也，永以为好也！

（2020年6月13日）

说明：这个故事不是盟盟和优优直接缔造的，但是写给他们还是有意义的。

优优害怕"大道理"

优优在上一年级，暑假后就要升到二年级了，可是在我们的眼中和心里，他还是一个小屁孩。既然是个小屁孩，懂个什么了——虽然从没说过这样的话，似乎总有这样的潜意识。

对于一些教育理论还是有所了解的，比如对孩子说话不要唠叨等。但是再好的理论没有恰当地对应到具体的事实上，总是抽象的存在，他看上去已经很懂，其实理解不会真切，只有经过了才有体验。这不，我们家今天遇到的这件事，也让我们真真切切地体会到了"不唠叨"的重要。

爸爸说今天给盟盟和优优放假，奶奶就带着他们去逛景枫，那里有儿童游乐场。我没随行，但是奶奶在电话里和我说两个人都玩疯了。可是两个到底相差3岁，兴奋点不会完全一样，玩着玩着，就玩分开了、不见了。奶奶盯着盟盟，以为优优会跟随的。待到发现优优不见，时间应该不短了。

当然着急，找人为要。奶奶本想广播寻人，还算智慧，一想那样可能反而会启发"人贩子"——我们可是时刻警惕这种社会毒瘤；于是带着盟盟，毫不声张，在偌大一个超市里，四楼、三楼、二楼、一楼、负一楼；负一楼、一楼、二楼、三楼、四楼……也不知道究竟跑了多少趟。

这时的优优一定也很急。幸亏优优的衣服颜色亮丽，在三楼被盟盟一眼看出，他兴奋地对奶奶说："优优在那里！"于是分而复合，这才知道，优优也是楼上楼下一遍遍地寻找奶奶和盟盟。现在看到奶奶和盟盟，就像久别重逢，对着他们，既是诉苦也是撒娇吧，说"奶奶，我腿都跑不动了，但是我死都不会离开商场"。听到这话，真叫人心疼。对于这一点，我很相信他。

在祖孙3人往回走的途中，优优忽然特别叮嘱奶奶，不要告诉爷爷刚才走散的事情。"为什么？"奶奶问他。他说："爷爷知道了，一定又是一套一套的大道理。"在他7岁多的历史上，我还是第一次听到这样的话，尽管是奶奶转述的，我还是十分震惊，不仅感受到了他的"人小鬼大"，也开始认真反思自己的管教方式：至少还要简化语言，尤其是说教式的语言方式，尽量让他避免我的"大道理"。

（2020年7月31日）

"不要听人的鬼话"

一年级的优优放暑假了。暑假作业中有一项叫"课外阅读卡"，有40多张吧，要求记录阅读的书名或故事名，还有时间。具体分为"1.在阅读过程中，我又认识了几个生字；2.我又学会了几个很优美的词语；3.抄写你喜欢的句子；4.家长的评价"等4个方面。

我们选择了《伊索寓言》，每天阅读两则故事，从这里面找出要求的字词句。今天，我们阅读到《父子抬驴》一篇。说的是父子赶着一头驴去集市，途中一个妇女、一个老头儿、一群孩子、一个老妇人分别从不同的角度批评他们父子不同的做法，他们无所适从，总是根据别人的意见不断调整自己，以适应别人的主张，最后只好抬着驴子向前走，结果还是被一群人批评为"傻瓜"。就在他们气愤羞愧中，驴子乘机逃跑了。

在"家长的评价"一栏中，我是这样写的："人做事要有主见，只要自己选定的目标是正当的，就要坚持下去，不要被别人的议论轻易动摇。这是《父子抬驴》这则寓言故事告诉我们的道理。"

按说应该先由他谈感想，我再整理记下，但是没有那么充分的时间，于是我先写好，念给他听。当然，我要尽量让他消化我所提炼的思想，于是再反过来向他提问："优优，我们从这个故事中学到了什么？"

"自己选好的事情就要做下去，不要听别人的鬼话！"这个回答，让我大吃一惊。首先是他能够用自己的语言对我的观点进行重新表达，这是一种能力。其次，从他斩钉截铁的态度与语气中感受到了一种自信，这是我特别高兴的。

当然，我还要引导他避免极端，于是进一步对他说："并不是说别人的意见都不能听，关键是自己要能分清正确与错误。只要是正确的意见我们还是需要择善而从。只有错误的意见才是'鬼话'，那是不能听的。"

说到这里，我进一步联系我们的实际，说："比如爷爷，你和盟盟每一个正确的意见我都及时采纳；对于自己的错误，只要你们提出来，我总是马上改正。"他，还有一旁的盟盟，认真地想了想，没有说话，似乎的确找不到不是这样的情况。

我再进一步现身说法："爷爷一生不喝酒、不抽烟、不赌博，甚至连爱读书都被别人嘲笑过，但是我认为自己是对的，所以一直坚持。"听到这里，盟盟和优优终于抓住了我的一个"破绽"，于是一起反对我的意见："爷爷你是喝酒的。"盟盟还指出我喝过"海之蓝"。

盟盟说的是事实。我在冬天觉得胃寒时，会喝上一杯温酒暖胃，也有陪太太喝几口葡萄酒的时候。于是我向他们解释：人们日常所说的"不喝酒"，通常有两种含义，一是滴酒不沾，二是特殊时候少许喝一点，但是不成生活习惯。我属于后一种。所以爷爷一生从来没有醉过酒。他们终于默认我的话，我也才过了关。

（2020年8月9日）

做一张好的名片

孩子大了，事情也就多了，越来越有主见，越来越有个性，也就"儿大不由娘"，以至兄弟之间吵吵闹闹也是常有的事情。不说道理不行，但是道理说得再多，也难以抑制孩子的天性。早起，又听到房间里有吵闹声，我走了进去。

经过调查，优优的责任更大，但他说是盟盟先搞他的。我就分析给他们听，只要是闹矛盾，往往双方都有责任。正确的态度是什么？首先承认事实，这表明自我认识并愿承担错误和责任，然后就容易改正，这样问题也就解决了。如果发生了矛盾，尤其是自己责任更大，却推卸责任，这本身就说明我们已经犯了两次错误。

当然还有，吵闹会损害一个家庭的荣誉。我们的内心都有一种对于光荣的认同吧，这就是荣誉感。荣誉既能获得，也能损失。就像刚才吵闹，你们就损失了荣誉。不仅如此，你们还损失了家庭的荣誉。我隔着房门都能听到声音，别人肯定也听到啦。别人会想，也会说："这就是管家的两个孙子！"你们想想看，后果严重吧？

还有更严重的后果。我说，我们每一个人其实都是一张名片，不仅代表自己，还代表自己属于的那个群体。我们总要属于一个群体，在家属于家庭，在校属于班级、学校，将来工作了就属于一个单位，甚至还属于一个城市、一个省份、一个国家。正因如此，我们做了好事，别人说起来，就会说某某班的某某同学，某某学校的某某同学，某某单位的某某员工……大家一起都获得了荣誉；反过来呢，大家也就一起不光荣了。

当然——我要特别强调，如果我们出国，我们就是中国的名片，不管想到想不到，我们都在代表中国，因此，我们无论是做好事还是做坏事，别人首先会说："那是个中国人"。须知，一出家门就代表家庭，一出国门就代表国家。

你们看看吧，"名片"是多么重要，所以我们一定要做一张好的名片。

（2020 年 8 月 28 日）

和优优聊《孔雀和神后赫拉》

人的一生能否幸福，很大程度上取决于能否正确处理自己与他人的关系。要处理好自己与他人的关系，首先需要正确认识彼此的长处与短处，尤其是正确认识和对待别人的长处和短处。能够尊重别人长处并包容别人短处的人，通常都有良好的人际关系。这些道理看似简单，实行很难。对于孩子来说，需要从小就进行道德训练。

训练也要抓手，就是要有具体的切入点。这样的切入点其实很多，随时随地都会出现，关键在于善于捕捉。今天我就抓住《孔雀和赫拉神后》这个题材作为切入点。这是优优在假期中阅读的《伊索寓言》中的第62篇。

故事说，夜莺在众鸟的舞会上高歌一曲，赢得大家喝彩。孔雀也一展歌喉，但是遭到众鸟嘲笑。于是他去找神后赫拉，也想拥有夜莺的歌喉。神后赫拉却历数着他出类拔萃的身材与外表，可是孔雀还是自怨自艾。最后神后赫拉开导他——

每个人都有自己的命运和特点。命运之神赐予了你美丽的外表，赐予了老鹰强大的力量，赐予了夜莺美妙的歌喉，赐予了乌鸦预言风险的能力……任何鸟都有自己的优点，但又不可能拥有一切优点。其他鸟对命运之神赐予的东西都很满意，你还有什么可抱怨的呢？

"优优，"我对他说，"在我们学过的61篇寓言中，大多数都是讲述故事，把深刻的道理包含在故事之中，而不是直接告诉我们；但是这一篇有些特殊，文章最后安排神后赫拉发表大段议论，直接揭示了故事所要告诉我们的智慧：每个人都有自己的优点，但是不可能具备所有人的优点。"这就是成语"尺有所短，寸有所长"的意思。

他听着，认真地听着。我继续说我的看法："人都有自己的优点，才构成人们团结合作的基础。但是上天不会把所有的优点赐予一个人，因为那样会把这个人累死。"我想再引申一步："所以，我们在人群中，应该看到并尊重别人的优点与长处，否则，团结合作就会产生问题。""看不到人家的优点和长处，是认识水平不够；不尊重，可能就是嫉妒心作怪，那就不好了。"

当然，我继续说："问题还有另一面，那就是人有优点，就必有缺点，能有长处，就必有短处。也不要小看人的短处，它同样是构成人们团结合作的基础。因为团结合作就要取长补短。"他还在继续听着。我就乘兴继续说道："所以，我们在尊重别人优点与长处的同时，还要接受并包容别人的短处与不足。这样，我们就会有很多朋友。"

我当然知道，他是似懂非懂的。但是我们既然读到了这里，那就应该理解深刻一些。我想，这些看似抽象的道理，说不定就是通过这样的方式进入他的潜意识。而这正是我所期望的。今天记下这个经历，为的还是让他们今后慢慢体会。

（2020 年 8 月 29 日）

今日游记

今天是入秋以来气候最好的一天，云彩不让太阳露脸，虽然风儿积极性不高，但是秋天的感觉还是明显，正是出游的好日子。

明天，盟盟和优优就要开学了，奶奶说，今天就带他们玩玩吧。说罢，我们就一起向南京博物院走去，尽管已经去过多次，还是想带他们去那里玩玩。下了地铁，我们在"永和大王"吃了中饭，乘 2 号线地铁到明故宫下，再一路向东走去。

中山门已经遥见了。我要考考他们，让他们加强印象，于是指着前方，问那是什么地方。镏金的"中山门"3 字与城墙色差不大，加上反光，盟盟竟然没有看出来；优优的角度可能更好，抢先回答："中山门！"我和奶奶同时夸奖优优假期进步真大。

我们忘记今天是周日，没带身份证，也没预约，所以没能进得了南京博物院。已经走到这里，总不能就这么回去吧。"走，爬城墙去。"我说。我们顺着城墙根一直向北，直到无路可走。折返，走到一个城墙出水槽，我把他们托着送上了城墙，让他们看看更多的风光，玩了好长一段，再把他们接应下来。盟盟小心翼翼，优优提心吊胆。

穿过地下通道，他们三人去马路南边一家珠宝店门前买水，三人竟被人家招待请坐，久不出来，我去看看。刚一进门，就听见几位中年妇女你一句我一句地夸奖两兄弟长得漂亮。我却指着优优说："他昨天还说爷爷长得丑。"说罢，我就蹬着鼻子上脸，把昨天他们两兄弟的合影给大家展示一下。当然，也有一点骄傲。

还在继续走向南京博物院的门口时，我想应该给盟盟讲授一些眼前的文化知识，于是指着匾额上面的"南京博物院"，告诉他，这是沙孟海写的字。沙孟海是 20 世纪中国最有成就的几个书法家之一。盟盟和优优还小，还不是时候，我就没说康有为、于右任和李志敏等人。

回家，优优跟着奶奶，我则牵着盟盟，一前一后，顺着中山东路向西，却自然地分开距离。中山东路真美啊，我说的不仅是眼前的景色，还有一种沧桑的情感。优优自由自在地玩着、笑着、跑着，奶奶一边不紧不慢地跟踪，一边不停地提醒着优优应该注意的事项。

我和盟盟的共同语言当然更多，讲到南京曾是中国的首都。望着参天的法国梧桐，我提醒他看看树的形状，并说树龄反映城市的历史，它们比爷爷的年龄都大。

在前进的途中，盟盟竟然和我聊起印度和巴基斯坦，不仅说出了印度的4个种姓——婆罗门、刹帝利、吠舍和首陀罗，而且说出它们各自的社会地位与职能。说真的，我没有想到，这是他让我最为惊讶的地方。平时我们都没有和他讲过这些，这些系统的知识是怎么获得的呢？看来阅读还是很有成效的。

走到南航门前，我指着马路对面的"中国第二历史档案馆"，"能认出来吗？"我问他。他竟然无障碍地全部读出来。我真的吃了一惊，因为这是郭沫若的手书，有的还是繁体，更特别的是像"档案"那样的专业术语，并没有进入他们现在的教材。那就顺便告诉他，这是郭沫若写的。郭沫若是和鲁迅齐名的文化人，但是建树要比鲁迅全面得多。

看来，不仅需要和孩子们一起出去走走，还需要和孩子们进行更多的交流。今天一游，才让我感到孩子长大了，盟盟的进步尤其明显，心里也就特别欣慰。

（2020年8月30日）

山寨作文

优优二年级了，开始学习作文了。记得在上个学期期末考试卷上，优优的看图写话很能抓住要点，为此，我大加称赞。现在不同了，没有图，只有命题，第一篇《快乐的课间》要写150字，第二篇要求写自己喜欢的小动物，自拟标题，但要写170字。

在上周写《快乐的课间》时，优优犯难了；今天再写《我喜欢小猫》还是犯难。怎么办？我当然知道，几乎没有人写作文不是从模仿开始的，模仿就是现在说的"山寨"。没有现成的作文可供山寨，那就山寨我的吧。于是我就捉刀代笔。只是写完后，我不仅分析文章，而且要求他反复朗读，体会文章的写法。

第一篇：快乐的课间

下课铃响了，老师还没走出教室，同学们已经争先恐后地跑到操场上。

操场沸腾了！同学们有的跳绳，有的打拳，有的踢毽子，还有的打乒乓球。更多的同学参加集体跳绳，只有明明一个人单跳。

看我走来，明明要和我比赛，正合我的想法。我一分钟只能跳五六十个，他却能跳七八十个。我对他说："你真棒！"

我还想再跳一会儿，上课铃响了，我们只好把快乐的课间留在操场上。

分析：第一段开始就用"下课铃响了"，是说明"课间"开始了。第二段描写的是课间活动的场景状态，突出"快乐"。第三段写自己的活动，既要反映同学之间的友谊，还要表现主人翁的思想品德。最后一段是呼应第一段的，描写大家对于"课间"的态度。

老师在批改这篇作文时，在第二段加了"同学们"，在最后一段把原文的"丢"改成"留"，我大加赞扬老师"改得真好"。我要通过这件事使优优懂得怎样对待自己的不足和别人的意见，同时也是树立老师的威信。

第二篇：我喜欢小猫

在我家的草地上，大大小小的动物真多，小狗、小兔还有黄鼠狼，我都喜欢，但我最喜欢的还是那只小猫。

它长得就像老虎，两眼炯炯有神，身上穿着老虎的衣服，走起路来虎虎生威。一旦受到惊吓，能像箭一样地一蹿好远。

我早上上学，它不声不响地为我送行。放学了，它又不知道从哪里来到我的身边，喵喵喵地叫。

我知道它饿了，拿出猫食喂它。看它吃得真香，我都舍不得走了。我对它说："你就慢慢吃吧，我做作业了。"

分析：第一段先列出不同的小动物做衬托，重点落在自己喜欢的小猫上。第二段就是描写小猫的形态。第三段写的是小猫对我们的感情。第四段是写我们对于小猫的感情。三四两段合起来，就能反映出人和猫之间的关系，也就说出了"我喜欢小猫"的道理。

（2020年9月14日）

再写一个范文

今年国庆中秋结伴而至，假期自然更长，老师要求优优他们写一篇《秋天来了》。优优的写话还是费劲，但我不着急，再说着急也不能解决问题啊，还是继续给他引导示范吧。

这次，我要求他抓住天、地、人3个"点"，也可以叫"面"，加以展开，在每一个点或面上，只要能够写出3句话或者更多一点就可以了，这样的作文一定能拿到及格以上的成绩，说不定还能得到良好。

写"天"要围绕天色、太阳、云彩等天象展开，在每一个天象上稍加发挥，连起来就行。写"地"要围绕地上的事物，比如植物和动物，还是从每一个点上开始发挥，再串联起来就可以了。"人"是人物，这个点既有外在的样貌，也有内心的活动，怎么写都行，只要不跑题，但要和"秋天"联系起来。

说归说，还需要提供一个200字的示范文章——

秋天来了

秋天来了，天更高，也更蓝。空中的云彩比平时更白，风儿一吹，飞一样地向远方飘去。

门前的草还是绿的，但是蝴蝶、蜻蜓少了。蜜蜂、知了也不唱歌了，只有桂花开得金灿灿的。

小河里的水清清的，成群结队的鱼儿游来游去，很快乐，像是要去哪里开会。

路上的行人越走越快，打伞的越来越少，穿长衣服的越来越多。那个小姑娘的长裙子五颜六色，真好看。

明天就是中秋节，听说月亮特别圆。爷爷奶奶说，晚上，我们全家要看月亮，吃月饼。

秋天真好！

（2020年9月30日）

难得大笑

我怎么也没想到，优优的一个天真自然严肃认真的表现把我腰都笑弯了，连我自己都觉得自己一点也不像个爷爷，反倒像个孩子；更让我瞬间想起了自己的青少年时代，那时我就经常这么笑的。

喜怒哀乐人之常情，也是生活常态，笑声则是喜乐的外溢。我不敢说天天都有笑声，也还是经常有的，不过多是淡笑、浅笑、微笑，有时也有苦笑，只是那种喜不自胜、情不自禁、发自内心、酣畅淋漓、笑出声响的笑，的确是多年以来都没有过了。

感谢优优，感谢优优的逗，给我一次多年不遇的这样的笑。本来他在学校犯错误了，老师要他写检讨。检讨内容一共两件事，第一件是上课讲话，第二件我也不知道什么事。正是因为不知道，看到他的检讨才让我意想不到；也正是意想不到，才能产生如此强烈的"笑"果。

孩子啊，就是天真，因为天真，不仅可爱，还格外逗人。优优在检讨第二件事情时竟然对老师这样说："过去您在和我谈我问题时我不理您，以后我一定理您。"这可绝对是他自主原创的句子，童气十足，精彩之至，首先把我逗得大笑，经过我的重述，家里的每一个人都大笑起来，盟盟直到睡到床上了还在笑。

优优呢，原本检讨的沉重把他压迫得一本正经，可能根本没有在意我们在笑什么，甚至莫名其妙；但是我的几次重述和大家不断的笑声一定帮助他理解了笑点，自己也就觉得好笑了。但他笑不出声，甚至连牙齿都没露出来，而是侧过脸去，面向墙壁勾着身子偷偷地笑，看那样子也在不停地笑。

我就坐在他的旁边，读着他的检讨，看着他的憨态，更加疼爱他。我顺手搂起他，捧着他的大脑袋，轻轻一吻，他的笑脸更红了，我的心里也更乐了。

（2020年11月2日）

用故事治好优优的"顽症"

提出问题：优优已经上小学二年级了，但不知从什么时候开始有了一个毛病：头不断地向右、侧前面点头，带动脖子也就有点扭，而且持续时间少说一年多了，最近还越来越频繁，以至隔一会儿就要来一下。我越看越焦急，想方设法还是纠正不了他。到底应该怎么办呢？

分析问题：是颈椎问题吗？从现象上说有些像，就像颈椎不舒服需要调节。但是实际上道理不充分，为防止颈椎病，他们两兄弟从小到大我都不给枕枕头，就是平睡。那就只能是不良动作，如果这样就是心理问题，久之不改就会成为不良习惯。现在已经快成习惯了。

解决问题：奶奶"休假"去了，就我一人照顾他们兄弟，前天晚上我瞅空给优优讲了一个我的故事，那也只是个故事，目的性很强，就是通过我的纠错经历启发他。

我说："优优，爷爷在10岁时爸爸妈妈都死了，爷爷奶奶也死了，家里就剩下我一个人。那天，我和一位堂叔叔一同走在上学的路上，堂叔叔看到我的一个缺点，于是对我说：'怀伦，你走路为什么摆头呢？'我是真的不知道我有这个毛病，更不知道从什么时候有这个毛病的。"

我于是接着说："堂叔叔的批评让我知道自己还有这个缺点，于是我就开始注意改正，只要走路，我就经常提醒自己注意不摆头，从此也就再没有这个问题了。直到现在我还很感谢那位堂叔叔对我的教育，牢牢地记住他的恩德。"

他还不懂"堂叔叔"的意思，我向他解释："就是一个家族，但不是亲叔叔。"其实这个解释他还是难懂的，没有办法，只能解释到这里。他没有再提出更多的问题，但我继续说："人都有缺点，但是改正了也就没有了。"他今天放学后我还要把《弟子规》中的"过能改，归于无"作为抽象总结教给他。

说是说了，但我并没有抱太大希望。可是这两天忽然发现他的头不再那么隔一段时间就点一点扭一扭了。感谢部队，让我学会了思想政治工作，于是抓住他的这个闪光点，大加赞扬。他爸爸昨天接他们放学回家，我又大大夸奖一番，意在通过这种表扬巩固成果。

我发现他还是十分在意的。今天早上我送他们上学，再一次对优优说："等奶奶回来，我要向奶奶好好讲讲你的进步，再不乱点头扭脖子了，让她惊喜。"他听了很高兴，说"还要讲给妈妈听"。我说那是当然的，等她回来我一定要好好讲讲优优的变化。

总结问题：我从这个生活故事中获得这样一个经验：解决孩子的一些毛病，不仅需要方法，还需要耐心，就是等待。但是等待不是消极的过程，而要在积极等待事物转化的契机，一旦出现就及时抓住，积极有效地加以利用。就像打仗需要抓住战机一样，机不可失，时不再来，掌握好这个"点"，把握好这个度，就会事半功倍。至于怎么抓住战机，掌握好"点"和度，那就需要因人而异、因时而异、因事而异，总之，运用之妙存乎一心。

（2020年12月8日）

接孙归

是日，风雪交加，接两孙放学，途中有感。仿骚体而不泥。

（一）

乾坤渺渺兮，
天地凄凄。
九寒瑟瑟兮，
道路迤迤。
风冷索索兮，

雨雪霏霏。
枯木萧萧兮,
衰柳依依。

(二)

我行踽踽兮,
步履迟迟。
轨舆轧轧兮,
情何期期。
眼望遥遥兮,
念更急急。
亟盼切切兮,
意尤汲汲。

(三)

其来缓缓兮,
我心逶逶。
相拥殷殷兮,
笑颜弥弥。
将挽款款兮,
燕语呢呢。
归程漫漫兮,
愿随岁岁。

(2020年12月29日)

优优黯然神伤

  小朋友都爱动物,优优也不例外。但是今天优优在逗猫咪的时候,一不小心被猫咪抓了一下,面对伤痕,妈妈很不放心,马上带他去打防疫针。盟盟要写作业,只能留在家里。

打完针小朋友膀子胀痛，为了安抚他，妈妈带他去吃有食物制作表演的大渝，毕竟牛排和火焰冰激凌是小朋友的最爱。刚一落座，邻桌的冰激凌来了，制作场面欢呼雀跃，如火如荼。妈妈正在忙着点单，一扭头却发现优优闷闷不乐，像在想什么心事，更像在低头抹泪。这和眼前欢乐的场景不符，妈妈一时愕然，放下菜单，问他怎么了？是不喜欢这里，还是手臂痛？

优优虽然不语却不断摇头。都不是，那又是为什么呢？妈妈再问，优优低低地说："我想盟盟了。"妈妈十分惊讶。优优接着说："如果盟盟能来就好了，也会看到这么好看的火焰冰激凌。"

听到这里，妈妈如释重负，一边发出"哎哟喂"的感叹，感叹"多好的弟弟啊"，一边连忙安慰，表示下次再带哥哥一起来，我们先试吃，觉得好，下次一起同行好不好？优优这才释然，开始神情专注地一边看表演，一边期待美食！

家庭违和，家道难兴，也是生活的不幸。兄弟关系是家庭关系的重要环节。兄友弟恭不仅是传统伦理美德，也是我要求他们兄弟的一贯坚持。今天的故事让我收获一份特别的喜悦。

（2021年1月23日）

说明：本篇是2021年之作，因为是孤篇，仍归在"2020年"。

家族直系亲人

我最亲爱的孙儿盟盟和优优：我的《祖孙天伦》一书即将付梓，但是《沧桑留念》却出版不顺，那我就把该书中《我的祖父祖母》《我的父亲母亲》《我的姑母》和《我的恩妻》4篇散文作为附录移入《祖孙天伦》一书。我是这样考虑的——

一、我的祖父祖母、父亲母亲和姑母是我的祖上和先人，我成长环境中的伦理人格、我的人之初是由他们奠定的。二、他们代表一个传统文明的时代，你们今后可以通过他们更加真切地认识我们家族和民族远去的历史，增加对于传统时代质感的了解。三、任何生命都有自己的根系，了解、追忆并怀念远祖先人，既是人们的普遍愿望，也是滋润我们道德心性，提升生命品质的人文养分。四、我的姑母虽然在血缘上不是我们家族的直系亲属，但是她在我的父母去世之后，曾经收留养育我8年之久，她就是我的再生父母，所以我要特别地将《我的姑母》一文附录于此，希望她能在我们的家族中享有应有的地位和永久的尊敬。五、我的恩妻就是你们的祖母，总的来说，她以一己之身惠及我们管氏三代，无论是过去还是现在，只有她一年四季、昼夜不息地养育着你们，哪怕将来，直到你们长大成人，她仍然会像日月一般照耀着你们。当然，收入该文是让你们更多了解你们的祖父祖母曾经的岁月。

我想，你们通过这个附录，能对自己家族的历史上溯到高祖一代，从而在心灵上建立起"高曾祖，父而身。身而子，子而孙"等纵贯嫡系的人伦谱系，它远胜于只有姓名符号的家族谱牒。我更相信你们会越来越深刻地体会到：原来我们的家族是如此普通、平凡而又值得骄傲！

1. 我的祖父祖母

祖父管茂业，是我汤氏曾祖母的长子，在兄弟六人中排行老二，与我同辈分的人们大都以"二爹爹"称呼他。在我的故乡，"爹爹"不是父亲而是爷爷。但是村里村外的老人则时常尊称他为"老绅士"，这是从过去沿袭下来的习惯。

祖孙天伦

因为他是很有名望的长者,族内冲突,村人纠纷,往往由他调解仲裁,而且通常成功。在他去世多年后,人们还常常向我说起他那"紧眨眼、慢开口"的调解矛盾的方法,就是多观察情形,多听取各方意见,然后再慢慢地提出自己的看法,因此处理矛盾的结果通常令各方满意。

平日里,他虽然很少对人发火逞凶,可是他那特有的气质常常不令而威。已经进入晚年的伯母在忆起祖父时,还时常说起他从没骂过她,但自己不知怎的就是怕他,以至在他面前吃饭时手都发抖,所以说起后事,她无论如何也不愿魂归故里,安葬在有祖父长眠的祖茔。我也有过相似的经验。我们一群小伙伴,无论玩得多么高兴,只要他的身影一出现,大伙儿马上就作鸟兽散,大一点的孩子还会丢下一句"老绅士来了"。

梁园镇是他的外家,也是我们那里最为繁华的集市和文化高地,他的教育就是在那儿完成的,估计只有小学程度。但是他对文化却异常崇敬,如厕大解通常只用黄草纸,决不亵渎带字的纸张;偶尔看见被污的字纸,总是神情庄重地捡起,再划根火柴烧掉,眼睛看着火苗,嘴里还要嘀咕一点仓颉造字的故事。

在我最初的记忆中,他已经是一位古稀老人,所以从不下地干活,但常常饲养耕牛。每天,定时把牛牵出饮水,把屎把尿,再适当地溜达一段路程。冬季的每天下午,还要把煮熟的黄豆包在稻草里塞进牛的口中增加营养,这叫"添料"。青草旺盛季节,他骑在牯牛背上,就像老子出关,慢腾腾地走向离村很远的东冈。那里地势开阔,草长莺飞、野兔奔跑;旁边的王大塘波光粼粼,从天而降的成群白鹭,站在浅水处悠闲地觅食。牯牛不停地走动,寻找更好的青草,牛背上的他也随着牯牛的走动而不停地摇晃着。他那看似假寐的形态,既像了无牵挂,又像若有所思,悠然自得,感觉他不仅在享受自然,更是在陶醉人生。

睡得很晚,起得很迟,是他特有的生活习性。早起的第一件事情就是烧水泡茶。杯中斟满茶水后,桌上已经摆上我母亲从盐菜缸里掏出来的一碗蒜头和蒜梗。他一边吃着咸蒜,一边喝着茶水,然后再吃早饭。吃饭时不多说话,只有遇到某个特定话题,他才会以自己的生活体验教导父母,自然也包括我们。

山芋成熟之后,做饭的祖母和母亲,每天在灶下烤上两只山芋奉上。收浆之后的山芋,经火熏烤,香味特别诱人,吃来也甜润可口。乡间有句熟语："天上龙肉，地下驴肉，赶不上火烧芋头。"乡人把山芋叫作"芋头"。他对这样的熟语特别欣赏，也常常加以引用，就是有时把"驴肉"改成"鱼肉"。他也的确喜欢吃鱼。

只有晚餐他才吃着与全家相同的饭菜，但是中餐却一向特殊。他有一个专用餐具，像碗一样，只是平底略微上凸，上沿周边是立体形状，乡人称之为"洋锅"。洋锅属于炻器，主要用来盛菜，只是他那专用的洋锅更加小巧精致。虽然里面的内容不断更新，但始终装着荤菜，而且除我之外，谁也不去分享。不过他的用度非常节制。每当荤腥告罄，通常是他自己去集上采购，有时则是父亲从河里或者塘里打捞鱼虾补充。

他爱喝酒，但只有年节宴客才正式喝上一壶。酒壶是紫砂的，有半斤以上的容量。酒盅才是最精致的器皿，里外都有彩龙图案，一道槽沟沿着杯壁上下相贯，下通盅底，上与盅沿相齐，外呈半月形。满口饮酒与普通酒盅没有什么不同，但在最后一口通过槽沟时，会发出一声尖尖的哨响，好像在大声称赞"好酒啊"！在他不在的时候，我曾把那只酒盅偷偷地拿出试试玩玩，因为没酒，虽有响声却没有那个效果。家道中落后，我就再也没见过这样的酒具。

抽烟是他的爱好。当时的卷烟虽然稀罕，他还是经常有货，但主要是抽旱烟。他肯定用过火石，只是我没有留下记忆，点烟大多用的是火柴，也有用黄纸媒子引火。细细黄黄的烟丝，装在一个正方形的铁盒子里，每次打开总是香气扑鼻。烟具比较精致：长长的烟管，已经磨得锃亮锃亮，烟嘴和烟锅都是金灿灿的铜制品。烟锅里的烟丝点燃后，吧嗒、吧嗒地抽着，如果在黑暗的夜晚，火星儿一闪一闪的煞是好看。

品茶是他的必修课，也是一件很麻烦的事情。烧茶，他有专用的茶炉和水壶，用的燃料也很精实，一般是枯死的树枝和晒干的劈柴，偶有树根。囫囵的树根斧子不好劈开，就用锯子分解，力所不逮时，一旁玩耍的我就被调动起来。看到我们祖孙对锯，经过的人们总要夸赞着："孙子也能帮忙啦！"他则一边喘着大气，一边笑着应答别人的话题。

为弥补柴火不足，他还时常把牛粪分割成煤球一样的小块，晒干后再捡回家中备用。因为要给茶水保暖，茶壶被埋在茶焐里。茶焐是木头制作的，形状像个提水吊桶，只是没有横梁却又加个盖子，还有一个出嘴的豁口,里面塞上棉褥等保暖材料。远出归来时,大概口渴难当,直接对着壶嘴咕嘟咕嘟地喝着温凉的茶水,也只有这时他才放下斯文。

除了应邀做客,他很少访问人家,但他的老年朋友似乎不少,家里往往宾客不断。老友相聚,大都一起品茶聊天,对着遥远的山影,谈着谈着总要谈到寿比南山;说起想象中的大海,话题最终还是归于福如东海。这些都是暮年人生的自然渴望。当然,大家对他的福气也交口称赞。他们有时也会带来某某老友故世的讯息,总以"倒掉了"代指死去,自然引发一番缅怀式的议论、感叹。

对于孝道他特别看重,并且身体力行,在他过世多年后,长辈们还不断地给我讲述他的孝行。比如他和兄弟之间也会发生矛盾冲突,甚至有过激烈的行为,但是不管冲突多么可怕,只要我的曾祖母到场正坐,各方马上垂手侍立,各陈其理,恭听母训,绝不敢高声而语,更没有言辞顶撞。曾祖母一番圣裁,风波平息,再叮嘱几句也就离身返回。最多隔夜,兄弟和好如前,好像是对母训的郑重落实。

他礼仪周全,不厌其烦,对神灵更是十分虔诚。每逢重大节庆,总是身穿长袍,足蹬新履,洗手净面,上香击磬,再跪拜如仪。红烛高照,四壁生辉;香烟袅袅,满屋温馨;磬声悠悠,肃然起敬。礼仪完成后,他则身处上座,笑对全家,我们也如沐春风。春节是最为隆重的节日,他也是以这样的姿态接受我们和其他晚辈的跪拜。作为回礼,他通常是请我们吃花生切糖和爆米欢豆。

他和祖母一生只有两男一女,姑母早已出嫁,伯父远在南京谋生,他们对我的父母格外疼爱。我的母亲姓蔡,名继珍,他和祖母从不直呼其名,总是叫着"蔡丫头"。"丫头"的意思就是女儿,用在儿媳身上属于爱称。他虽然令人敬畏,却从来没有对我父母疾言厉色。偶有不满,也是慢条斯理地引述民间格言或者圣人遗训,之乎者也一番,既有正面训示的意义,也有旁敲侧击的味道。对此,父母往往相对而视,会心一笑;只有他们觉得明显不对时,才相互劝慰:"上人,年岁大了。"言下之意,就是不必认真,免得忤逆老人;同时也是委婉地表达他们对于批评的反应。这时,他总是沉默着,当然,这也是他接受不同意见的特殊方式。

父母虽然相互恩爱,有时也会因为生活琐事而争吵,但决不互相辱骂对方的父母则是他们一贯坚持的原则。每当矛盾激化时,也有肢体冲突,而他却总是和祖母一道努力把双方劝开；如果不能奏效，他和祖母肯定站在母亲一边敲打自己的儿子。现在，我每当回望故园时，总是要在心中一遍遍地重温那种永不再现的人伦氛围，细细地感受着他的睿智和明达。

祖母谢氏，心地善良，勤劳质朴，略懂一些诸如接生、刮痧等民间医道，好像还会一些巫术。通常在晚上悄悄地出门，悄悄地回来，再和祖父悄悄地耳语，我猜想，讲的应该就是出诊的情况。

算命的瞎子说我八字硬，克父母，为趋吉避凶，我与祖母另居一屋。小屋建在村子东头，仅有两间，很别致，大大的窗户，显得宽敞明亮，有些时髦。父亲已经在门前场地的四周栽种了椿树、枣树、柿树，也许还有一些别的植物。只有晚上我们祖孙俩才入住其中。

她一生忙碌，即使冬天也睡得很晚。夜晚的工作就是纺纱，作为家织土布的中间产品。我每天晚上都是伴着她那呜呜的手摇纺车声进入梦乡。就寝前，我陪着她，她就不停地给我打着各种谜语。"枣囫尖，枣囫大，三间房子装不下"，这是关于油灯的谜语。就是现在，我每次吃完枣子，还常常一边把枣核留在嘴里不停地转着玩着，一边回想着与她一起猜谜的那些晚上。

当然，猜谜的同时，她还给我讲着各种各样的故事。在牛郎织女的故事里，有一个最为诱人的情节，说是到了七夕的子时，南天门就打开了，这时，地下的人们只要看到南天门一开，不管抱到什么东西都会变成金子。冬天的故事印在心里，到了秋天也没褪色，于是眼巴巴地盼着七夕早点到来。终于到了牛郎织女相会的那个晚上，我早早地躺到门前的床上，一边憧憬着那个美妙的时刻，一边把眼睛睁得大大的，千方百计地不让自己错失良机，但又总是在那个时刻来临之前稀里糊涂地进了梦乡。直到第二天一早，揉着惺忪的睡眼，看着美丽的朝阳，懊恼不已，但又无可奈何，只好巴望着下一个七夕。

她本来耳道重听，一天夜里却听到为祖父备用的寿器咚咚作响，天一亮，她就把这个灵异现象说给家人和左邻右舍，认为这是死人的预兆，是有人想用这副棺材了，但是一点也不紧张。真是巧合，几乎就在话音刚落时，西村就真的有人前来报丧，并且提出借棺请求。

在我心中，她是我的保护神，从来不像祖父那样深沉、父亲那样严厉；相反，她对我的爱细腻、周到，近似溺爱，不仅平时对我的生活处处优待，走亲访友也总是携我同行。她每次从南京的伯父家里回来，也一定要留下一些糖果等点心，到了晚上睡觉前再悄悄地塞到我的口袋里。这种特权在我心里就是定例。每年端午都喝雄黄酒，酒后她把杯底沉淀的雄黄搽到我的脸上和身上，说是能够驱蚊避灾。姐姐妹妹们只有恰巧在旁才能顺便沾光。

我生性倔强，在受到父亲责罚时，从不求饶，更不逃跑，可是心里还是急切地期盼她快来祖护我。她也总能适时而至，伸手把我揽入怀中，一边呵护着我，一边批评我"犟驴吃犟鞭"，意思是说我不会像姐姐那样见机行事寻机而逃。但有一次例外，她对我却既不同情，更不呵护，充分地表现出她那爱的原则性。

那年我刚上小学一年级，一天手中略有零钱，和一个远房妹妹从集上买来月饼，躲在一个高高的田坎下，一边分吃，一边玩耍，竟然忘了上学，后来索性不去了，却又装模作样地跟着别人一起上学、放学。如此两天下来，家人浑然不觉，但在第三天晚上放学的时候，怀满堂哥早我几步把老师的信送到祖父手里。我刚入家门，以为一切正常，哪知祖父怒气冲天，不由分说，直把我打得屁滚尿流。对此情形，她竟然一反常态，没有任何祖护，真是令我大失所望。

父亲回来，闻知此讯，又是一顿痛打。我哇哇大哭，尽量提高哭的音量，希望祖母快来救我，但她不仅仍然无动于衷，反倒一旁骂我"昏头了"。她让我第一次感到孤立的可怕。说来真是奇怪，从那以后，我再无逃学记录，直到我沦为孤儿都一直坚持上学读书。今天想来，祖父与父亲的那一顿痛打真的让我终身受益，而她的"冷漠"则是那么英明。

（2005年10月7日写，2010年6月修改）

说明：祖母对我的精神具有重要影响。此文之外，另有《祖母留给我的"龙"》，载于2011年9月凤凰出版传媒集团江苏人民出版社出版的拙著《笔下风流》；还有《吃京果，想祖母》，另载于《文心随笔》卷。

2. 我的父亲母亲

我的父亲管恒俊和母亲蔡继珍是一对平凡的中国农民，在我10岁、他们32岁那年就永远地离开了我。整整46年过去了，他们的音容笑貌在我心里依然清晰可辨，在我回顾56年的人生经历时，从他们勤劳、智慧和种种美德中升华出来的人格精神，不仅使我更觉历久弥香，而且至今还在滋润着我的心灵；同时也使我确信，伟大的精神往往就蕴藏于普普通通的草根阶层。语曰："礼失而求诸野。"诚哉斯言！

（1）重教

父亲在村里算是能写会算的人，但所受的教育程度并不高，只是高小毕业。母亲则是目不识丁的村妇。不过，他们对我教育的重视程度却远远超出他们同时代的许多人。

当时，农村孩子的成长大都处于自然状态，没有现在的学前教育；孩子即使长大读书，许多家长无非是想让孩子认一些字，今后在生活中不被他人欺负而已。但是父亲对我的期望可不是这样。那是个阴雨天，他一边打着草鞋，一边指着一本厚厚的外文书籍对着祖父祖母和母亲说："怀伦他们今后是要读这些书的。"

期望产生动力，在我入学之前，父亲就对我进行文化启蒙，每天都把要我认识的字写在小黑板上，随时考问。我对认字从来没有困难和厌烦。那天早饭光景，门前场地上聚集了许多端碗串门的乡亲，闲谈中，他们要考考我的认字能力，父亲就在场地上写下教我认过的字。我自然没让大家失望，父亲也十分自豪。不过这类学前教育却忽视了数学，直到我入学前几天，父亲才开始教我10以内的加减算术。当然，这与重文轻理的乡风不无关系。

每到过年，家家都会张贴年画，父亲买回的年画特别多，有的是剧照，有的是动物，还有中堂字画。父亲喜欢戏剧，家里不仅有许多剧本，我还经常听到父亲在送肥下地的时候唱着他所喜欢的庐剧和黄梅戏。显然，他也希望我能喜欢，于是经常指着年画给我讲解内容，许多戏剧传奇豺狼虎豹的故事，我就是在那时初步了解的；但是他对海洋里的动物知识显然不足，只能指着年画下端的文字告诉我动物的名字。

祖孙天伦

我是1957年秋天入学的。入学前,父亲首先把家里的长桌挪出来,摆到门前那棵又高又大的老椿树下,清洗上面的灰尘和污垢,晾干之后再刷上桃红色的颜料。报到那天,父亲扛着粉刷一新的长桌走在前头,我很忐忑地跟在后面,不知道学校究竟是什么样子。

到了学校,父亲站在我的身边看着老师对我的简单考察,对我听不清楚的提问,就用适合我的方式提醒着,然后帮我把崭新的课本装到母亲亲手缝制的书包里,再把我送到指定的教室安顿好座位后才离开。临走时,还少不了一番诸如听老师的话、用心学习之类的轻声叮咛。我目送着父亲走出教室,父亲也几次回过头来面带笑容地张望着我。

父母不仅重视我的文化教育,也很在意培养我适应社会的能力。在与所有亲戚的走动中,他们带我同行的次数最多,我逐渐长大后,家里需要在亲戚中间传达的简单信息通常就成为我的任务。但是父亲非常关注我在途中的安全。在去姑母家的路上有一条小河,河水有时会漫过堤坝向下流淌,成为过往行人的障碍。父亲那次特地送我过去并告诫:水小能过就过,遇到大水就回家;不管什么地方蹚水,一定要把膝盖对着上游,横着过去,千万不能用腿肚子对着来水的方向。这个方法在父亲去世多年后我还坚持运用。

村里集会,父亲也会把我带上。后来的知识使我推想出那次应该是1954年选举人民代表的情景。就在我家邻居门前的场地上,搭着一个主席台,主席台被装扮得五彩缤纷,上面坐着一排人,应该是干部或人民代表吧。台下聚集着全体村民,父亲也站在他们中间,我就骑在父亲的脖子上看热闹。大概是台上的主持人要求大家表决,只见台下的人们唰的一下高高地举起手。人们的情绪很高,互相比赛着,看谁的手举得更高。父亲一边用左手按着我的两脚,一边把右手高高地举起。我就紧紧地抱着父亲的脑袋。那是我最早"参加"的政治活动。

1960年春天是父亲的最后岁月,八口之家只有他、怀香姐姐和我了。父亲躺在堂屋中间的临时病床上,已经不能起身,肯定知道存日无多,托人叫来几房堂兄弟,有六七位之多。父亲叫人把我们在外用的全部衣物搬出,堆在病床前准备分给大家。几堆衣物比病床还高。父亲口述分配方案,由恒全四伯父记录。分配前,父亲提出条件:"如果我好了,全部衣物都要还回;如果我好不了,这些衣物就送给你们了,但你们要帮我照顾好怀伦,一定要让他念书。"尽管大家满口应承,但是父亲又怎会真的放下心来?直到今天,我想起那个场面,不仅越发感到父亲当时的满心不安,自己的心也更加战栗和酸痛。

(2) 慈幼

在我更小的时候,父母的慈爱我无法知晓,但从父母爱怜小我 8 岁的弟弟怀聪的情形可以想象得出。冬天农闲,一家人团聚一起,父亲做着诸如搓草绳、编草鞋、结渔网之类的事情,不会走路的弟弟被安置在"站窝"里。"站窝"是用稻草编结的取暖设备,圆形桶状,口小底大,贴近底部安着一排木条,木条下面放着一个火盆,弟弟放在上面,既安全,又暖和。休息时,父亲抱起弟弟,时而不停地转圈,时而高高地举起,时而托着弟弟打"蹲蹲站",就是一手抓住弟弟的两只脚,一手卡住弟弟的腋下,让他练习站立的本领。弟弟有时紧张,有时嘎嘎地笑个不停。母亲一边做着针线活,一边不时地抬头笑着看着,并提醒父亲小心些。姐姐、妹妹和我就在一旁开心地观望。祖父悠闲地抽着旱烟。祖母则在侧身抽纱的时候笑吟吟地欣赏着。

从我记事开始,每年除夕我都先在外婆家吃过年饭再回自己家。那年我也就四五岁吧,除夕前就下起大雪,到了除夕的傍晚,冈峦起伏的地上已经积起了厚厚的白雪。我刚吃过年饭,父亲就出现在外婆家,一边和外家亲戚们说着家常,一边接过外婆递来的围裙掸去身上的落雪。然后把我上下捂得严严实实,也就露着两只眼睛,再用宽大的粗布背带把我牢牢地绑缚到他的背上。在高低不平的阡陌小道上,父亲深一脚浅一脚地踽踽而行。开始我还东张西望,看着雪花如何落在父亲的帽子上,对钻进父亲脖子里的雪花融化的情景更觉新鲜,渐渐地,也就呼呼而睡。在我睁开眼睛的时候,迎接我的已是全家的笑脸和母亲的亲吻,还有那满屋崭新的年画。

母亲回外婆家的时候,通常领着我一道前往。在半道的两片湿地中间,有一条蜿蜒的小路直通前方,路边建了一座供奉着菩萨的小庙。母亲每次走到那里,总要停留片刻,焚香一炷,再合掌许愿。母亲的愿望究竟是什么我听不清楚,但是内容肯定与我有关——她在许愿之前,总是把站在一

375

旁的我拉近身边，贴近菩萨，然后再嚅动嘴唇。此刻，与其说母亲是在用语言，倒不如说是在用心灵与菩萨沟通，祈求神灵保佑我和全家。

如果上学时下雨，父亲一定带着雨伞来到学校接我回家。没有风的时候，我们一人一伞，一前一后地沿着乡间小路走回家里。雨伞是竹子和油布做成的，很厚很重，如果遇到大风，我就控制不了，有时连人带伞一起滚到路边的田里。这时，父亲就收起我的雨伞，蹲下身子，让我趴到他那宽大厚实的背上，一手托起我的身体，一手举着雨伞。雨伞是尽量往后倾斜的，除了增加抗风的力度，更重要的是父亲要用他的父爱遮蔽着我。他只有感到吃不消的时候，才变换着两手，或者把我放到地下，稍做休息后再继续走向那个温暖而没有风雨的家。

那时的男人是体力劳作的主力，所以男孩普遍受到重视，不过这种偏重在我家里也就是在饮食上对我有些特殊而已。我在午饭后上学时，母亲经常把一些吃的东西塞到我的手里或书包里，而姐姐就没有这个待遇。那天，母亲把两片锅巴夹着的咸货塞到我的手里，我边走边吃，两个关门的乳牙就是在那次路上啃鸡腿时开始松动的。母亲告诉我是"换牙"，并且要求我把掉下的门牙扔到床下，认为那样我的新牙齿就会顺利生长。一天上午，母亲在去外婆家的路上捉住一条黄鳝，中午专门为我烹制，但我怕腥，就是不吃，母亲非常失望。今天想起她那失望的眼神，心里依然十分酸楚。

1960年的春天，粮食普遍匮乏，人们忍受着饥饿的折磨。为了抗饿，大家纷纷寻找替代食物。那天中午，母亲装了满满一碗黑乎乎的山芋叶子，把我一人叫到房里，打开箱子，拿出一个盐水瓶，把珍藏多日的花生油倒在碗里拌匀给我。我坚决不吃这种粗糙食物，母亲生气而悲伤地说："你这也不吃，那也不吃，只能是死路一条！"说罢，一边艰难地吞咽自己碗里黑黑的山芋叶子，一边用噙着泪花的眼睛看着我，好像我马上就会死去似的。

（3）勤敏

父亲除了一般农活之外，每年冬天都要为明年的生产和生活准备必要的资料。春节前，家里总要拆除旧灶重砌新灶，这样的活计父亲从来不请工匠，都是自己动手。新灶砌成后，在两个烟道的正面写着"上天奏好事，下界保平安",这是对灶王爷的希望和请求。在烟道的侧面则写上"水星高照"。对于居住草屋,以禾草为燃料的农家来说,水星就是克制火灾的吉星。为了保护土墙,父亲还把整齐的麦秸用黏土缮到易受风雨侵蚀的墙面。亲戚家里遇到这些事情时,也都请他帮忙完成。

当然,编织渔网也是父亲必须完成的工作。渔网通常分为3种规格:大网被固定在"X"形竹竿末端的4个点上,形成一个长方形,上安一个粗粗的木把,木把靠身一端则是一个月牙形木块,用它顶在腿上,既承受重力,又减少肉体痛苦。中网是固定在"T"形圆木杆上的,俗称"推网",用在狭窄的水道捕鱼捞虾。小网则是圆口锥形,又叫"网捞"。鱼虾和泥鳅喜欢溯水而上,缺口流水处就是它们喜欢聚集的地方,大网和中网无用武之地,只有"网捞"才能发挥作用。1954年的大水我记得清楚,家里连水桶都装满了鱼虾泥鳅和螃蟹,父亲上年的辛劳终于使全家得到丰厚的回报。

母亲的女工非常出色,传统的中式服装,包括祖父的长袍短褂都是自裁自做,只有新款式的中山装才请裁缝。全家8口人的鞋子由母亲一人承担,其劳烦程度可想而知。按照常规,每逢新年家里每人至少要做一套新衣,一双新鞋。1958年除夕,父亲没能回家,母亲在昏黄的油灯下,把一家三代8口人的新衣新鞋全部做好后,已是雄鸡打鸣时分,她匆匆上床打了一个盹,接着又进入厨房,张罗着全家新年的第一顿早餐。

为我雨雪天上学,母亲还专门给我做了"钉鞋",其形状简单,就像两片耳棉鞋,但制作程序很复杂:先把加厚的鞋底鞋帮经过千针万线的深纳密扎,帮底合成后,在鞋底打上大大的尖头圆钉,再把用桐油和蛋清调和的液体涂在上面,晾干后,在鞋内塞上一些鸡毛和棉花等保暖材料,雨雪天穿上既保暖又防滑。

刺绣更是母亲的绝活,主要用在女性的鞋子、围裙和男孩的帽子等物品上。刺绣的程序是先把白色的剪纸图案贴到适当位置,再配置不同色泽的丝线,然后飞针走线,直到完成。虽然一般的妇女都会刺绣,但其本领大都用在鞋子上。母亲有两点与众不同:剪纸图案如果出现残缺,用指甲掐线也能完成,那就是无笔绘画的功夫。另外就是绣制的凉帽独具特色。母亲给弟弟做的凉帽我是记得的:一个几厘米宽的布料头箍,额前部位绣着一只老虎,四周都是植物根蔓花朵,老虎图案的两端缝上几朵以弹簧为枝的花卉，弟弟一动，帽上的花卉就大幅地摆动，弟弟不动，它们仍然小幅地摆动。因为款式新颖，花色鲜艳，加上动感很强，无论走到哪里，都会引起人们的一阵关注和声声赞许。

从养蚕到纺丝织绢，父母能够全程操作。蚕蛹破茧而出时，母亲把它们放到白纸上，它们一边不停地颤动翅膀，一边撒下芝麻粒一样密密的蚕子。蚕子在纸上风干后，母亲就小心翼翼地把它们揣到贴身的怀里增温焐化。蚕蚁出来时，母亲先用黄花菜喂养，稍微长大后改吃桑叶，只有桑叶不足的时候，才用柘树叶子代替。但不管什么叶子，表面都不能带水，否则会导致蚕宝宝拉稀。

蚕宝宝不断长大，蚕箔也不断变更，当所有的筛子、匾子、簸箕都装不下的时候，就让它们爬到帐子上。到了结茧的时候，我们床上的帐子和满屋的稻草把上都是金灿灿、白花花的蚕茧，就像璀璨的群星。左邻右舍不断前来参观，姑娘们更是频繁进出，这是家里最为热闹的时候。

蚕茧下架不久，家里开始缫丝，人手不够，就把舅舅们请来帮忙。堂屋里摆上两口大锅，锅里的水烧热后就把蚕茧放进去。两位舅舅不停地抽丝，父亲和母亲就把抽出的丝绕到丝滚上。缫丝工序完成后，祖母和母亲就用手摇纺车纺丝。父母把纺出的丝加工成丝线和绢带，再染上不同的颜色，除了自用，其他的就拿到集市上出售。

（4）孝长

在我的记忆中，父母从来没有对祖父祖母高声言语过，更没有语言顶撞。只有一种情况例外：祖母耳背，家人讨论家政和交流外部重大信息时，她往往神情茫然又内心焦急，这时，母亲就会对着她的耳道大声地复述着议论的要点。

父亲在上集采购的时候，经常给祖父祖母带回一些点心，两位老人总是一脸灿烂，那是对父亲孝行的满足与陶醉。当然，祖父祖母很快就会把这些点心分出一些塞到我的手里，多的时候家里每人都能得到一些。

在天热又不逢集、祖父洋锅里的荤腥不多的时候，父亲就会在别人午休时分，带着我到水塘或小河里捕鱼捞虾。父亲扛着大网，背着鱼篓，鱼篓里放着一个网捞。走到水边时，脱下鞋子和长裤，慢慢地走进齐腰的水域，左手平平地把大网放入水中，右手持着撒竿。撒竿由一长一短的两根竹竿连接而成，大约有45度斜角。短竿握在手里，通过它操纵长竿。父亲运用撒竿有两种方式：赶鱼时就把长竿贴近水面，从右向左，以接连不断的小动作击水，发出啪、啪、啪的连击声，水面也不断泛起轻轻的涟漪。当鱼竿接近渔网做最后一击的同时，左手迅速提网，如有收获，就用网捞把鱼转放到鱼篓里。另一种方式就是把撒竿深入水里，贴近地面，由右向左运动，那是赶泥鳅的动作。要是在水草繁盛的地方，父亲就用推网在水草之间一推一收，那是捞虾和毛鱼的动作。父亲的辛劳既让祖父的"洋锅"不断丰富，也使全家生活有所改善。

当时政府为了把南边粮站的粮食调剂到北边的粮站，需要大量的人力。父亲在水利工地上，母亲就参加到运粮的队伍中。从护城公社的东李粮站到杨店粮站，来回足有30里的路程。送粮结束后，参加运输的人们集体开伙，每人大约能分到两碗干饭，基本吃饱。几乎所有的人都是以此填饱肚子，只有母亲自己吃下一碗，把另外一碗端回家里，先拨一半给祖父，剩下的就放到锅里和着青菜一道煮开，成为我们的晚饭。一同送粮的人每每劝告母亲不必如此，顾惜自己最重要，舅舅也这么劝她。母亲却总是哀叹着："一家老小，我总不能看着他们饿死啊！"但是祖父还是在吃完家里仅有的一碟豆瓣酱后离开人世。由于借去祖父寿器的人家早已绝户，父母就把家里的一只站橱改造成一口简易棺材，尽量妥善地让祖父入土为安。

母亲对她生命的结局并非没有预料。不知为了一件什么事情，她必须与家在大路陈的大姨娘见面，但是她们两人谁也没有力气能够直接走到对方的家里，尽管那只是一段5华里左右的路程。于是根据约定，她们各自从自己家里出发，拄着棍子艰难地相向前进，终于在前管的村后会合了。年岁长的大姨娘头上已经有了不少白发，形容枯槁，无限伤感地对着母亲说："老姐，只怕没有下次见面了！"母亲则一边流着眼泪安慰她，一边以叹息的语气说："大姐，不是还有来世吗？"这声悲哀的叹息，既道出了凝重的姐妹亲情，也透露了母亲对彼此生命终点的了然。她们互道珍重、洒泪而别后，又沿着原路，颤巍巍地走上各自的归途。

一语成谶，这次分别真的成了她们的永诀，几天后的一个晚上，父亲还在水利工地上，母亲终因长期饥饿，加上过度劳累，第一次晕倒在刚刚拔下的稻草堆旁。这本是一个严重信号,但是母亲醒来后,拄着一根木棍,依然艰难地继续为我们的生计操劳着……

(5) 恩爱

在我五六岁的时候,母亲在夏天生了一场重病,好像是伤寒。祖父祖母心情异常沉重,父亲更是焦急万分。他们不断地请来不同的医生给予诊治,但是很长时间都没有起色。那位护城的医生走前不知说了些什么,父亲对着昏迷中的母亲抱头痛哭,懂事的怀香姐姐泪如雨下,怀馨妹妹也大放悲声,只有我愣愣地站在旁边。感谢上苍,母亲躲过一劫,全家都松了一口气,父亲的精神就像获得一次解放,笑声重新荡漾在我们的生活里。

民间有句熟语:"夫妻本是同林鸟,大难临头各自飞。"但在我记忆中的父母却是大难当头患难与共。那是1959年的冬天,父母显然感到厄运来临,在劫难逃,他们商量着把不会走路的弟弟丢掉。父亲在昏黄的油灯下写着弟弟的姓名、生辰八字、出生地点和家庭情况,母亲则把弟弟的被子和四季衣服收拾齐备。那件红粉色的缎面背带裤子,就是今天我都能够一眼认出。第二天天还没亮,母亲送父亲和弟弟出门前,反复亲吻着弟弟的脸,一边流泪一边神情凄然地说道:"儿啊,你是大妈的心头肉。不是我们心狠,是要放你一条生路。"父亲为减少母亲的痛苦,趁着黎明前的黑暗,快步走出家门。母亲在父亲回来后详细地询问了弟弟的情况。父亲告诉母亲弟弟有了确切的下落——梁园镇的南头,他还假扮路人走进收养弟弟的人家,看到那家两口子开始喂养弟弟才放心地离开。母亲听后,长叹一声,如释重负。

就在这天,怀香姐姐快快地跑来告诉我,说父母正在商量,过了这关我们全家就搬到江西去。肯定是她把"江苏"听成了"江西"。她尽管上学能够跳级,毕竟只大我一岁,地理知识肯定不足;况且我们在江苏有伯父一家,而在江西则举目无亲。但这说明父母此刻仍在同心合力地规划未来。

也就是这年冬天,父亲到溧河工地上参加兴修水利的劳动,家里仅有的一只小猪死了,母亲把小猪收拾干净,腌好晒干,切下几块用水蒸熟后,深深地埋到腌菜罐子里,托人捎到工地带给父亲。父亲从工地回来路经梁园镇时，顺带买了一瓶颜色淡淡的酱油。晚上，父亲坐在母亲身边，打开酱油瓶子递给母亲，母亲喝了一口，再递给父亲，让他多喝些。父亲一边喝着酱油，一边和母亲商讨着别的事情。

母亲在一个晚上静静地离开人世，我一点也不知道，是父亲低沉的悲咽惊醒了我。那悲咽，近似抽搐，是一种行将灯枯油尽的绝望哀鸣，是极度压抑而无力宣泄的特殊表情，是父亲对母亲的万分不舍，也是父亲对母亲一生的最高追念。怀香姐姐以哭丧的语气一边推我一边说："怀伦，妈死了。"弟弟丢了，祖母、妹妹和祖父都已经先后走了，现在母亲也永远地走了。当时我睡眼蒙眬，表情木然，既无悲声，也没眼泪，但在46年后的今天，我行文至此却泪眼摩挲，悲不自禁，苍天：予弗负汝，汝盍殛予！

（6）哀思

1969年，父母去世已经9年了，我参军离开家乡。从此以后，我的生活和工作流离辗转，浪迹天涯，但是只要一有机会我都要返回故里，探视那两座掩埋着祖父祖母和父亲母亲的坟茔，按照故乡习俗，焚纸鸣炮，礼拜致哀。尽管如此，那种子欲养而亲不待的悲情遗憾，总是萦绕心头挥之不去。1994年春节，父母连续双双入梦，使我悲情汹涌，哀痛之心无法慰藉，于是决意以传统方式告慰他们的亡灵。1995年暑期，就在父母离世35年的时候，我重整祖茔，立碑纪念。光阴荏苒，人世沧桑，往事历历，恍然如昨，抚今思昔，感慨唏嘘，挥笔写下情悲心痛的《悼父母》，并铭刻在碑上。其文曰：

> 吾父吾母，功德永辉：
> 赋我生命，立于天地。
> 哺我幼年，百岁奠基。
> 教我文明，事业肇启。
> 勤务农桑，合家所寄。
> 孝长慈幼，远近皆碑。
> 茹苦含辛，患难相随。
> 饥年舍寿，嗣续有继。

> 长眠故土，游子心系。
> 岁月悠悠，哀思难移。
> 慎终追远，勒石铭记。

（2006年春节）

3. 管恒英——我的姑母

我祖父祖母有两儿一女，姑母管恒英是我父亲的姐姐、伯父的妹妹。因为伯父远在南京，她和父亲相处时间最长，所以姐弟感情非常深厚，两家有事也总能互相关照。我还记得在我4岁那年姑母家翻盖新屋，父亲就和姑父等人一起去了很远的地方购买木材。

1959年夏天的一个中午，姑母来到我家，一边喝着南瓜叶子和南瓜花搅和在一起的麦面糊糊，一边和父母聊着家常。不知说到什么话题，父亲面色严峻地对我说："如果我们死了，你唯一能够依靠的就是大姥。"大姥是我对姑母的称谓。以我当时的年龄根本不懂这句话的含义，后来的事实证明，父亲的预见是准确的。

1960年春天，我家遇到灭顶之灾，我也因此成为孤儿。她家同样未能幸免于难：姑父和两个表哥先后故世，两个表嫂另嫁他人，整个家里只剩下姑母、表姐和表妹三人。表姐必珍长我一岁，是姑母养女，只有表妹必琴才是姑母嫡出。

当年农村人一般没有继承或监护娘家财产的观念，所以在我成为孤儿后，她回来看了看，对着空荡荡的娘家，满脸忧伤又无可奈何，拿走了孤零零地挂在墙上的一件皮袄。皮袄是祖母的遗物，也是父亲特地嘱咐留给她的纪念，要不早就给堂叔们拿走了。

我住在自己家里，但还没有独立生活能力，只能在生产队的食堂里吃包伙得以维生，她的堂弟把我领走，我临时住他家里。在这段日子里，她也正在挣扎，所以来看我的次数不多，但是那个早晨的情形却让我终生难忘。

夏天的太阳升起不久，姑母来到后管看我。我还没有醒来，睡在外边的凉床上，身上的被子已经被夜里的大雨淋透了。她见此情形，怒火中烧，声泪俱下地斥责她的堂弟，说他一家大小全都进屋躲雨，却把我一人撂在外头，就是要存心害死我。那是我沦为孤儿后，第一次感受到她对我的监管与呵护。

食堂解散后，我就离开堂叔家进入孤儿班，她常来看我，我会留下一半的饭食招待她。后来孤儿们被遣散，我与李光好和小姐子三人无处可去，被安排在大队部里一边上学一边当通信员。1961年，大队进一步遣散我们，记得当时的干部说："有家的归家，没家的归庙。"我无家可归，但"庙"在哪里呢？

大队正为我的去向犯难，我的表叔朱必先主动出面，把我送到姑母家。那天，黄栗树庙全队社员正在镰塘旁边的一块地里栽秧。表叔向姑母和队长刘来春说了情况，她没有异议。因为是生产队体制，我的到来与其他具体个人利益没有直接冲突，大家也没反对。我就这样成为她家的一个新成员。如果不是她的接纳，我真的不知到底会去向哪里。

在我之前，我姑父的外甥、表哥的表哥杨庆祥也从王户来到她家，为朱家顶门立户延续香火，当然也是为了解决包产到户后的生产问题。当年秋后，随着表嫂进门，这个多姓氏的联合家庭一下子增加到了6口人。虽然我上学免费，也有一些政府救济，但是一个活口给全家带来的负担还是不难想象的，给她带来的麻烦和压力更是可想而知。

父母去世一年多，我的身体长高一些，过去的棉袄开始显得紧身了，她就亲自动手，把我的棉袄改给必琴表妹御寒，再把已故的必发表哥的一件大氅改成适合我穿的棉袄。那是姑母给我做的第一件棉衣，在严寒的天气里，更是暖我身心的太阳。后来每年至少她都会给我做一套单装，而那布料都是她亲手纺出的棉纱织出来的，俗称"家织布"。

1962年，农村分田到户后，我在上学途经小丁户时，从一户人家已经收过的花生地里捡拾花生充饥，这在乡村不算犯忌。不承想户主非说我偷他家的花生，硬生生地抢夺我的书包。我才12岁，实在不是他的对手，就哭着回到家里。她立即带我冲到那户人家，谴责他的野蛮；对方理屈词穷，乖乖地把书包还给我。以后，我每当遇到强邻相欺，总是她挺身而出，使我避免了许多不幸与难堪。

我13岁那年的一个星期天，她把我带到一块地里，一边教我锄地，一边讲解要领。我没做过农活，对农活也没兴趣，在她走后，锄不多时就拄着锄把打盹。等她回到地里，并没有批评我，只是说："人，装龙要像龙，装凤要像凤。"这个饱含生活经验的俚语告诫，我铭记终生，受益无穷，在我漫长的人生经历中，不管从事什么工作，总是全力以赴，力争装龙像龙，装凤像凤。

来到她的身边，进入新的社会环境，每遇生人，她都要告诉我怎样称呼。如果我到人家办事，她也要把礼仪交代清楚。好在我从小家教严格，礼节礼貌向来都是训练重点，所以对新环境中的礼仪适应很快。我17岁那年，在帮助一户人家建造新房时，亲耳听到大家对我的评价："怀伦这个伢子，懂情顺礼。"我能得到如此评价，她的教诲功不可没。

少年心事当拿云，特别是读了一点书的少年，既有理想更有幻想，我也如此，有时还以满怀豪情的语言加以表达，往往引来讥讽。她总是告诫我："过头饭可以吃，过头话不能说。"从此我逐渐学会有所收敛。数十年来，我都坚持绝不轻言没有把握的事情，即使非要表达也会留有余地，这其实就是她教给我的智慧。

她是一家之主，但是家庭成员复杂，为顾全大局，有时自然对我有所忽略。那天中午我放学回来，一看冷锅冷灶，就到地里帮着干活，饭后上学也就迟到了。从此我中午就不再回家吃饭，免得使她为难。但她每天都把我的午饭留下。我每当下午放学回家，看到她从滚烫的锅里端出再热的饭菜，用嘴不停地哈气给烫疼的双手降温，我的心里好感动，更难过：在这个世界上，在那种条件下，除了我伟大的姑母，还有谁能如此长期不懈地哺育我呢？

我越长越大了，人们谈论我的婚姻也就越来越多，都说她要把必珍表姐嫁给我。如果那样，她的晚年肯定更有保障。但我和表姐好像命中注定没有姻缘，她也从来没有与我说过。直到我走进军营后，应该是她的意思，伯父来信正式提亲，为了不耽误表姐前程，我以三个"绝无反悔"了结这事。想来她一定非常失望，因为这几乎断了她对晚年的重大期望。

打这以后，她就另外考虑我的婚事，据怀田堂兄说，她一直念念不忘。也许就为这事，我寄给她的钱她很少花费。1974年夏天，我从西藏回乡休假，她执意把大部分汇款还给我，说等我结婚成家后才用我的钱。这也影响了我给她寄钱的积极性，加之我资助社会较多，次年又到中央民族学院上学，所以也就很少给她寄钱了。谁知仅仅半年她就长辞人世，至今想起仍然觉得那是不可弥补的遗憾。

就在这次休假时，她因家庭环境复杂，想随我进藏生活。她没有文化，肯定听不明白我的解释，于是再请她在供销社的一位朋友、也是同宗妹妹向我说明难处。我向这位同宗姑母进一步说明：姑母岁数大，血压高，经常头疼，身体状况的确不符合进藏要求，如果硬是进去，很可能结果非常糟糕。估计她最终也没能真正理解我的坚持。

死亡本是人生的一个部分，也是人生最后的节目，但人的认知能力的局限性决定对于死亡总会存在神秘主义。民间有个代代相传的说法："梦生是死；梦死是生。"我曾经不以为然，但是她的去世却让我真切感到并非纯粹虚妄，相信总有一天，人们对于这种现象会有更为合理的解释。

1976年春季的一天，我在课间收到怀田堂兄来信，告诉我姑母病重。我虽然担忧，并没有急迫感，因为不久前她还是好好的，也就是头疼而已，今天看来就是血压偏高。尽管如此，我还是开始考虑怎样向系里请假回去看看。就在这天晚上，我获一梦：她的病完全彻底地好了，好到干干净净的程度。这不正常，很不正常，醒后，我的心里很不自在。

课间休息时，我又收到怀田堂兄来信，他以沉痛的文字告诉我姑母已经去世，并嘱咐我不要回去了，说正是因为大家怕我承受不了这个事实，所以才没告诉我，而现在一切后事都已料理好了。

但我还是回去做了探望。棺木暂厝在她生前经常劳作的大田北头，在早春瑟瑟的寒风里，我站在她的墓前，向她深深地鞠躬，什么话也没说，却在心里反复思考着大家告诉我的一个情景：在送殡仪式上，家人、亲戚和远近村民共有近百号人，队伍浩荡，场面壮观，规模是平时很难见到的。一个中年寡居的平凡村妇，经历无尽的辛酸苦辣，为什么能够得到这么多人的爱戴？最好的回答就是她做人的风范获得广泛认同，而这种认同又是对她生命意义的最高肯定。她能获得如此哀荣，应该是很幸福的了。

虽然如此，她的过早去世却给我留下了深深的遗憾。当年，我的人生还在起步阶段，既未成家，也没立业，萍踪四海，如絮飘空，直到32岁才从西藏回到南京，拥有真正的家庭生活。而她却在6年之前撒手人寰，让我永远无法更充分地报答她的恩德，也让我永远地心存歉疚。这大概是上天有意不让我的人生功德圆满吧！

不过，在她去世30年后的今天，我想对她的在天之灵说："我最敬爱的姑母：在我父母陨落后，您就是我的太阳，不仅照耀我黑暗的少年时光，而且沐浴我渐渐成长。您的伟大，让我终生感戴，更让我为之自豪。您的心血没有白费，我就是您养育的丰硕之果，应该成为您的骄傲，相信您的在天之灵一定为我骄傲。您的恩德已经铸就您的生命价值，不仅长久地深藏我心，必将随着我的文字而得到更为久远的传播和延伸。"

（2006年7月16—18日）

4. 我的恩妻

我妻杨苏梅，1953年12月生于一个7口之家的工人家庭，父母之外一兄一弟两个妹妹，父亲在扬州工作。她17岁时进入国有企业南京压缩机厂，学徒3年后正式成为一名车工。一生没有政治追求，安于本职，自甘平凡，与世无争，本分持家，最终以工人身份退休。

从少年时代起她就长期与外婆生活，虽是小家碧玉，却备受呵护，被视为掌上明珠，直到1976年外婆去世后又回到两兄弟三姐妹的大家庭。成人后，求偶条件既不挑剔也不马虎：身材要高大，文化不能低，家庭关系要简单。而我择偶的心理期许则是长相说得过去，有工作，中学文化就行——那个年代一般人也就是这个文化——更希望有个父母健在的家庭。彼此要求可谓暗合，难说没有冥冥之助。

由于没有家，我很想有个家，尤其想在南京有个自己的家。可我却是安徽人，虽然已经跳出农门，却在西藏工作，必须要有婚姻关系才能实现在南京安家的理想。1977年春天，我虽然在中央民族学院历史系求学，仍然属于西藏编制，实现这个愿望近似幻想。而我偏偏不乏幻想，于是向伯父表明想法，得到支持。伯父委托亲家张罗。伯父的亲家是她父亲的朋友，就在我们需要牵线的时候，他们久别数年而重逢，几乎刚一见面就成为我们的月下老人。谁又能说没有天意？

我们从不相识，甚至从来就没有听说过彼此，建立起恋爱关系之后唯一的联系方式就是鸿雁传书。但她字迹大气，话语简洁，印在黑白照片上的面容姣好；一头乌发，辫子粗长，随意地编起，简洁端庄；云雾一般的刘海，自然地覆缀前额；朴素的着装，简单而恰好；浅浅的微笑，略带腼腆；眉宇间还情不自禁地流露出淡淡的小脾气。我向来钟情于清水芙蓉，在她这里显然获得审美的满足，从此她就在我的心里住下了。但是我的毕业去向不定，也不敢太过用情，只能维持着纸上谈"兵"。

肯定需要见面的。这年10月23日，我从广西实习回京途中从武汉下车，再沿江而下回到南京，在怀强堂弟的带领下第一次走进她家。她夜班刚起，身着一件红白相间暗显条纹的衬衣，与白里透红的面色相互映衬，几颗小巧洁白的纽扣闪闪发光，好像把那个小小的披房照耀得明光四射。身材虽然不高，但是气质青涩，谈吐自然，举止得体，见到我时满面绯红，犹如桃花盛开。我第一次面对这朵清水芙蓉，脱口而出："曾识恒娥真体态，素面原无粉黛。"

就在这个假期中，我们交往渐深，好感日甚；但是瞻念前途，我没有把握，她也很有担心。尽管我诚实而明确地告诉她，我的前途一是留校任教，二是重回西藏；不过重回西藏，也是可以内调回来工作的。尽管如此，她身边的各种进谏还是不断地影响她的心情，那天她再一次以稍带忧虑的口吻对我说："你可不能骗我啊！"我找不到更好的宽慰之词，却本真地反问她："你觉得我是骗人的人吗？如果我真的骗了你，不也骗了自己吗？"

其实我的性格外向，心地坦荡，并不复杂，所以她的话虽然是这么说的，内心却十分坚定；如果真的动摇，以她当时的优势，完全可以放下我，她可是那么多人心中的"小杨"啊；而我反倒不无担心：一旦留校不成，她还需要找一个远在西藏的我吗？所以我在心理上始终做好随时被"休"的准备，因此对她就是爱着，但意志并不坚定。

最终我还真的没能留校，从得到通知的那一刻起，也就做好结束一切的准备，但不主动提起。结果大出我料，她竟然没有一点动摇的意思，这时我才敢揣着对她的想念与牵挂，奔赴新的生活前程。行进在逶迤的青藏公路上，清风中、晚霞里，不知多少次地取出她的照片，看着，想着，想着，看着；她也总是那么面带浅浅微笑随我一路颠沛。

终于到了拉萨，我被分配到拉萨市第六中学任教。一个学期过去，桌上的台历已经换成1979年的，想想也快30岁了，应该有个自己的家。于是在书信中试探着问她：既然我们都不打算终止恋爱，年龄也不小了，那就完婚吧。她很快回信应允，我也就把寒假当作了婚假。我一向重义轻财，仗义疏财，又没有太多的家庭生活经验，尤其缺乏市民生活经验，以为结婚就是办个手续，既无心理准备，也无经济积累，事到临头才发现，原来婚事的复杂远远超乎想象。想来也没有什么不对，只是我缺乏这类生活经验而已，所以准备严重不足。

当时，我虽然无经济积累，但工资较高，钱并不是很难解决的事情，真正的困难是房子。我本来就孑然一身，四处飘荡，在南京唯一的亲人就是伯父。伯母曾经在她父母面前承诺借一间房子给我们完婚，然后我回西藏，她回娘家。没有想到真到需要新房的时候，伯母那里却出现困难。一切都是合理的，包括他父母的不悦也在情理之中。但是这个难解的纠结却大大推迟了我们的婚期。

一时困难渐渐变成了尴尬的僵局，我呼天天不应，叫地地不灵，假期一天天缩短，钞票一天天减少，从天目路到珠江路的林荫大道上，早已没有郁郁葱葱的梧桐阔叶，但是挺拔的雪松、高耸的银杏可以做证，我们是何等艰难地走在宽阔的人行道上，而且已经不知走了多少个来回，看似花前月下，全无激情甜蜜。我默默地行走，她静静地陪着，就像两个孤魂野鬼结伴而行，既无可奈何，又不离不弃。在那昏黄的路灯光下，我虽然看不见她紧锁的双眉，却能不停地听见她那低沉而凄婉的叹息。

是啊，连一张婚床也无处安置，这样的婚姻还能成立吗？男儿有泪不轻弹，只是未到伤心处。我的确无计可施，那天终于为无家可归而大放悲声，悲惊四邻。一场号哭纾解了心中的郁闷，反倒让我更加冷静，终于做出决定：怎样回来再怎样回去吧，大不了被人耻笑一次！我把决定告诉她，她除了伤感还是伤感。她的父亲不在南京，母亲知道情况后，在最后关头做出决定，把我们第一次见面的那间披房给我们作为婚房。虽然只有9个平方米，对我来说那可是人生的天堂，有了它，才有真正的家。我们匆匆地领了结婚证，又匆匆地走进婚姻的殿堂，也就匆匆地走上婚后生活的道路。如此艰难的婚姻，早已冲淡了新婚的喜悦，时间飞快，仅仅半个月后，我就不得不离她而去，而且是远走高飞，走得那么远，飞得那么高……

回到拉萨不久，我就得到她怀有身孕的喜讯，对我来说，这是天大的事情。我既与常人一样，而立之年，渴望为人之父；更有不同常人之处，身为人子，我的心里始终承载着逝去父母的生命重托。现在，我虽远在万里，已有越来越多的欣慰。但是，想到她，不免悲戚，空间距离那么漫长，休假制度三年两次，我根本无法飞落到她的身边履行丈夫的责任，只能凭借书信来往，隔空安慰，一切的一切任由她独自承担。好不容易通了一次长途电话，连她的声音我都感到陌生了，回到单身宿舍，深夜无人之时，想到她，以我的孤独感知着她的凄苦，静静地面向东方，默默地独自垂泪，唯一的可能就是把心中的念想托付梦乡。

1980年夏天，我休假回来，那是我们婚后的久别重逢，也是第一次长时间相处，长达3个月之久。我由于孤身一人，有业无家，加上工作成性，舍不得花费时间忙吃忙喝，加上物资短缺，气候缺氧，回到内地了反倒有些弱不禁风。我在家里不过就是接替岳母照看几个月大的儿子而已，有时陪她逛逛商场，竟然走不动更长的路程。她肯定意想不到，尽管未必理解，却始终没有嫌弃，而是精心调理我的生活。3个月后，我的身体胖了，精神更好，饮食口味也被她训练得近似挑剔。直到今天，但凡荤菜，尤其鱼虾，我很难接受别人的手艺。而她的烹饪从不刻意，就像她的品格一样自然，不过油盐葱姜蒜酱油和糖而已，但她就是人间最出色的厨娘。

被人关怀是幸福的，被妻子关怀尤其幸福。这次休假，我们满满地相处了3个月，对她、对我都是真正的小家庭生活。为了更加方便我们，在我回来后的第一天，岳母全家就和我们分开开伙。甜蜜的日子过得更快，假期到了，不得不再次分别。这次我选择水路先到重庆再到成都后改乘飞机返藏。下关码头，巨大的江轮就像在静静地等待我们一家，她和岳母，还有大姨、小姨带着儿子为我送行。长笛一声，越分越远，我们又一次成为长达两年的牛郎织女，直到1982年夏天，我才正式调回南京工作。记得回家的那天晚上，儿子从床下拿出我的照片，一边对着我看，一边娇哒哒地说："一样的嘛！"这个天真的惊讶声，带给我们无比的欣慰，也彻底冲散漫长的萦绕心头的分离、期待、想念、焦虑的苦涩，等于宣告我们全家开始了朝夕与共的新生活。

我的工作被安排在她所在的企业。当时的企业实行党委制，我的岗位是组织科，这在全厂曾经引起不小的轰动，许多人对她说："你家小管一来就占领了南压厂的上层建筑！"但她一如往常，只是更加谨言慎行，我在厂里工作一年时间，他连我的办公室也没进过一次。一年后，我应聘调入南京市委党校工作，再一次轰动全厂，她还是那么平平静静地上班下班，兢兢业业地履行着自己的工作职责。由于她始终如一的表现，我的到来与离开，既没有给她也没有给我带来任何不好的影响。

  日子吗，更是平常、平淡、平凡、平安，她上班下班，儿子上学放学，我与文字为伍，月月年年，写写讲讲，总之，三口之家，早分晚聚，波澜不惊，周日通常游山玩水浏览人文古迹。只是我向来不屑琐务，更不操持家务；她却具有很强的持家能力，而且特别能够吃苦耐劳。太阳还没出来就去上班，下班就进菜场，菜是哪里的好，肯定不会走错。大约在我回到家时，桌上的荤素稀干，酸辣咸甜，一应俱全。一年四季，春夏秋冬，天天如此，日日如是。衣在哪里买，鞋在哪里卖，市场行情，一清二楚。贵重衣裤鞋袜总在货比三家后，再带着我们父子出场试穿，大多一次成功，所以我们的穿戴通常引领时装新潮流。她为我们手织的毛衣毛裤，花纹简洁，搭配得体，穿在身上自然服帖。当年的生活还离不开针线，她的针线活有时与缝纫机扎出的水平有得一比，我就经常骄傲地夸她是我妈妈的传人。想起妈妈我就难过，妈妈如果还活着，她一定会是妈妈最喜欢的儿媳。

  2010年7月我正式退休，长孙盟盟也在这年的9月7日来到人间，好像特意前来陪伴我们的晚年。当时，她的身体小有不适，只好先把盟盟放到外婆家里养育；15个月后，她的身体开始好转，马上就把心上的宝贝带回身边。从早到晚，夜以继日，菜啊饭啊，汤啊水啊，瓜啊果啊，屎啊尿啊，棉啊单啊，洗啊涮啊，无微不至，事必躬亲，样样操心，只要有她操心，我就一定省心放心。她即使外出购物也要把盟盟带在身边，安全常识、生活知识、行车路线，随见随教，连地铁上的各种标志也不放过，就是漂洋过海，那也不能把心上的盟盟留在家里。有时我会对着盟盟喃喃道情："奶奶就是上天为你准备的福星！"一份辛苦一份情，盟盟在很长时间里，连穿衣起床都要奶奶伺候，吃什么、喝什么也必须得到奶奶的指令，我们全部失灵。

  2013年4月10日，盟盟不满3周，优优不嫌人多，更不怕吵闹，瞅个机会呱呱坠地，加入管门，家庭一时人丁兴旺，所有的人都感到负担加重，只是她的负担更加沉重。我虽退休，一如在职，始终都在工作状态中，年年如是，至今如此，所以难以为她分担更多，但又担心她被累到，请来一位住家保姆。那也只能减轻她的一些负担而已，盟盟还在手上，全家7人，一日三餐，浆洗冷暖，几乎都是她一手操劳。她是节俭的，就在优优开始走路时，为了省钱，她坚持不用保姆，这样，家里一月就能减少5000多元的开支，经济负担固然轻了，她的生活担子却更加沉重。

生活的细节总是更多地发生在平时，这样的平时是由最为无足挂齿的生活细节串联起来的过程。每个人，每个家都有自己的平时，在我们家的"平时"中，她简直就是不可或缺的总理，对于两个孩子来说尤其如此：早洗晚浴，鞋子在哪个角落，袜子在哪个抽屉，衣服在哪个柜里，被子拆装，季节换装，围巾大小，饭筷另放，器皿消毒，保温杯不能太重，小茶壶需要精致，一应生活琐事，婆婆妈妈，点点滴滴，一日三餐，三餐一天，无日无夜，没完没了，只有她日复一日地操劳，几无间断。偶尔也会抱怨"我是带薪的全职保姆"，但是抱怨之后，日子照旧，操劳照旧，一切照旧，明天的太阳照旧升起，明天的她依旧忙忙碌碌。其实她何止是带薪的全职保姆，更是带薪的全能保姆。两个小东西，从小托班到幼儿园，再到英语外教班，只要我不在家，基本就是她一人接送。盟盟小学二年级了，她又和儿子产生新的分工，早上她送上学，顺便进城买菜，走时还要不忘嘱咐我的早餐放在哪里；下午儿子接回盟盟，监督他的作业，这时她却走进厨房里。

寒来暑往，年复一年，月复一月，日复一日，盟盟和优优一天天长大，我虽然看不到自己一天天变老，却发现她的头发越来越少。每当这时，我都会慨叹生命成长与消耗。回想流逝的岁月，不管多少风雨，心里总有一道彩虹：她那青涩的娇容，油亮的青丝，粗粗的辫子，不仅永不褪色，而且总是那么美好可心。尤其是在空寂宁静的时候，我常会一遍遍地咀嚼着"一日夫妻百日恩，百日夫妻似海深"的民间格言，感到夫妻之间，爱到深处是亲情，更是恩情。每每看着朝阳一般的盟盟和优优，更深深地感到家有贤妻，泽被三代。但愿她对我们的恩情绵延久长。

（2019年春节）

后 记

　　《祖孙天伦》是我对两个幼孙的成长实录。开始并没有刻意安排多少内容，只是打算给他们留下一份家庭精神纪念品。但在记录过程中，越来越感觉到这份纪念品具有比较特殊的社会教育参考价值，于是决定结集出版贡献社会。

　　起先，我并没有计划写得很多，只打算写到他们上学为止，做到可读性与思想性统一即可。真的到了他们入学后，反倒觉得他们的事情更有记录的价值。虽然中间我因为工作繁忙不能正常记载，还是在10年间的不知不觉中写了388篇，加上附录4篇记述先辈和恩妻的散文，共计26万多字，而且越到后来也越感厚重。至于编辑方法，本有多种设想，最后选择现在的方式，因为这种自然的顺序正好契合他们成长的轨迹，更能表现他们一步步成长的精彩。

作　者

2021年元旦